기술전략

역사로부터 배운다

조용덕 지음

도서출판 탐진

서언

전략이란 무엇인가?

삼성에 근무하게 된 것은 그냥 우연이라고 할 수 있다. 미국에서 박사학위를 받고 교수로 있었지만, 사정상 귀국해야 했었다. 그래서 들어 오게 된 곳이 1990년 삼성전자였다.

한국의 최고 기업이었지만, 미국에서는 거의 이름이 없었던 기업, 삼성전자에 입사하였다. 입사하고 나서 상당한 고민을 했었다. 당시 유행하였던 TV 손자병법이라는 드라마가 현실이 되었던 것이었다. 눈앞에서 서류와 재떨이가 날아다니고 해서 이건 아니다 싶어 그만두겠다고 했더니 조금 더 상황이 인간적인 삼성경제연구소에 가면 어떻겠냐 해서 갔다.

거기서 당시 잘 나가고 있던 미국과 일본의 선진 기업들을 방문하고 Benchmarking 해서 그룹 내 전파하는 역할을 하였다. 그 와중에 1993년부터 삼성 신경영이 진행되는 과정에 "삼성 신경영" 책자를 만드는 작업에 참여하게 되어 책자 일부분을 작성하게 되었다. 많은 양의 테이프를 들으면서 내용을 정리하고 그것을 책자화하는 기간 동안 대단한 경험을 하였다.

그리고 1993년 말 삼성전자로 다시 복귀하였다. 복귀하면서 오랫동안 살아서 잘 알고 있었던 미국, 유럽의 업체들과 경쟁할 수 있기를 바랐지만, 현실은 중국과 일본 지역을 담당하는 역할이었다. 미국과 유럽을 담당하겠다고 하였지만 지금도 존경하는 당시 부사장께서 한 말씀하시는데 이기지를 못하였다 "미국에 뭐가 있느냐, 이제부터는 중국에 할 게 많다. 그러니 중국에 어떻게 진출하는 것이 좋을지 전략을 세워서 보고해 달라"는 것이 요지였다. 그래서 북경, 천진, 蘇州에 뻔질나게 다니고 전략을 세워서 보고하고 추진하는데 수년이 걸렸다.

그리고 반도체와 LCD 사업부의 전략을 담당하게 되었다. IMF라는 뼈아픈 경험을 거치기도 하고 반도체 실리콘 사이클, LCD의 크리스털 사이클 모두 겪으면서 경쟁의 무서움을 체험하였다. 국제 산업계, 특히 반도체/LCD 산업계는 경쟁력이 있으면 살고, 경쟁력이 없으면 모두가 달려들어 철저하게 짓밟는 정글의 삶이 적용되는 곳이라는 것을 한두 번도 아니고 십 년 이상에 걸쳐 수차례 경험하였다. 요새 항간에 삼성전자의 이익, 특히 반도체 이익이 운이 좋아서라는 얘기를 일부 하고 있다. 이런 얘기를 들을 때 혼자 쓴웃음을 짓고는 하였다.

반도체와 LCD는 장치 산업이다. 이 얘기는 지금 당장 공장을 짓겠다 하고 결정을 하면 실제 설계한 제품이 나오는 것은 최소한 2년이 지난 시점이라는 얘기이다. 야구 경기장에 야구공이 하나도 없을 정도의 청정도를 유지해야 하는 공장, 그리고 진도 8 정도의 지진이 나도 견딜 수 있을 정도의 공장을 건설해야 하는데 걸리는 시간, 필요한 설비를 설계하고 발주하고 설치하는데 걸리는 시간을 고려하면 최소한 2년간의 시간은 반드시 필요한 사항이다. 그런데 2년 뒤의 시장을 무슨 수로 예측하고 그 막대한 투자를 한다는 말인가?

만약에 투자를 해야 할 시점에 투자하지 못해서 시장을 경쟁사에 뺏기거나 막대한 투자를 해 놓았는데 시장이 받쳐 주지 못하면 공장은 놀아야 하는 경우 그 피 말리는 현상을 어떻게 설명해야 할까?

미국에서 시작된 반도체 산업을 일본이 완전히 점령하였다가, 다시 한국과 대만이 차지하였다가 현재는 한국이 점령하고 있지만, 중국이 진출 강도를 점차 강하게 늘려가고 있는 현실. LCD 산업도 일본에서 시작하였지만, 한국과 대만, 그리고 이제는 중국에서 무서울 정도로 투자하고 저 멀리 있는 인도까지도 참여하겠다고 한다. 이런 피 말리는 현실에서도 삼성은 제때 투자하고 제때 생산, 판매하는 것을 무려 30년 이상을 지속하여 전자 산업 세계를 지배하고 있다. 물론 시작할 때는 아무것도 없었지만, 지금은 세계를 지배하고 있다.

약 30년에 걸친 이 드라마에 참여했기 때문에 이런 드라마틱한 내용을 기록해야겠다는 생각을 하고 있었다. 우리 선배들이 피 땀나게 건설한 이 세계적인 산업을 어떻게 건설하였는지 산업전쟁에 참여하고 있는 우리 후배들에게 전하고 싶었다. 선진 대학교에서는 이런 내용을 구체적으로 교재로 삼아 강의를 진행하는데 우리나라에서도 이런 실제 내용을 가지고 교육을 진행하였으면 하는 바람도 한 몫하고 있다.

그래서 삼성의 전략실행을 기본으로 세계 산업역사가 어떻게 전개됐는지 정리하게 되었다.후배들에게 많은 참고가 되었으면 하는 바람뿐이다.

저자 **조 용 덕**

목차

제4장 디지털 시대에서의 전략

제5장 4차 산업혁명 시대에서의 전략

제 1 장

전략이란 무엇인가?

01. 그리스 - 페르시아 전쟁
02. 동양의 전략: 손자병법
03. 노르망디 상륙작전

01

그리스 - 페르시아 전쟁

전략은 (Strategy, 戰略) 그리스어에서 유래하였다.

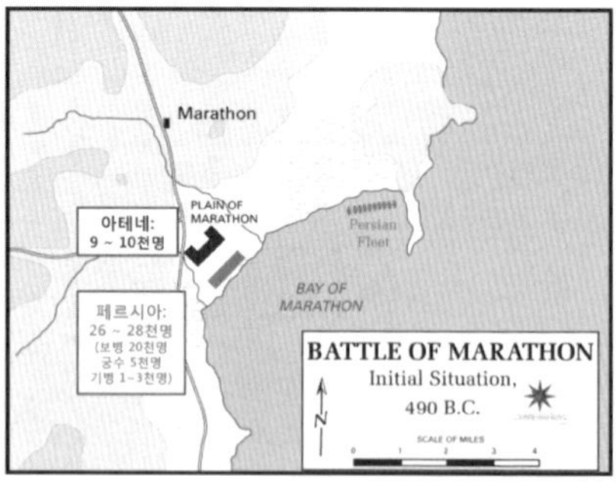

(Battle of Marathon, Wikipedia)
(Courtesy of Dept. of History, US Military Academy)

BC 490년, 당시 중동지역의 절대 강자였던 페르시아는 그리스를 첫 번째로 침략하는 과정에서 아테네에서 약 42km 떨어진 Marathon에서 그리스 연합군과 마주치게 된다. 페르시아 군대는 배를 타고 와서 Marathon 평야 근처에 있는 항구에 정박하고 진을 치게 된다.

이에 페르시아와 전쟁 경험이 많았던 그리스 연합군의 Miltiades 장군은 Marathon에서 아테네 등 내륙으로 가는 길을 봉쇄하는 동시에, 페르시아 군대의 절대 강점인 기마병을 활용하기 어려운 습지와 산악지형에 진을 치고 싸울 준비를 하였다. 4일간의 대치 상황이 지속되는 과정에서 페르시아 군은 밤을 틈타 기마병을 다시 배에 태우고 아테네로 직접 가는 것을 모색하게 되었다. 이를 눈치챈 그리스 연합군의 Miltiades 장군은 전격적인 작전을 감행하게 된다.

기회와 위협 요인이 동시에 발생하고 있는 상황을 파악하고 의사결정을 하게 되는 것이다. 먼저 위협 요인은 그리스 연합군의 모든 전력이 Marathon에 집결하고 있었기 때문에 페르시아의 목표였던 아테네에는 방어수단이 전혀 없었다. 기병대를 태운 배가 아테네에 도달하는 순간, 전쟁은 진 것이나 다름없는 상황이 발생한다. 다음으로 기회 요인은 기병대를 배에 태웠기 때문에 이들을 다시 내리게 하는데 필요한 시간 동안 페르시아 군대의 전력에는 큰 차질이 생기게 된다. 이 시간 동안 전투를 해서 이길 가능성이 그만큼 커질 수 있다는 것이다.

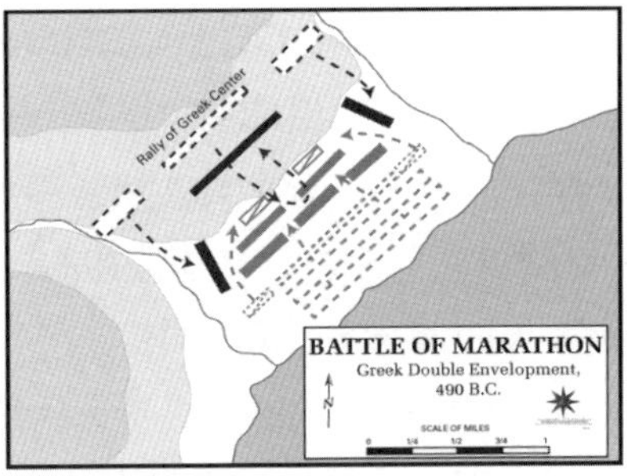

(Battle of Marathon, Wikipedia)
(Courtesy of Dept. of History, US Military Academy)

이런 점을 고려해서 대치 상황을 끝내고 그리스 연합군은 먼저 공격을 시작했다. 여기에 연합군의 Miltiades 장군은 여러 차례 페르시아 군대와의 실전 경험으로 페르시아 군대의 중앙은 항상 강한 인력으로 배치하지만, 양옆은 상대적으로 취약하다는 사실을 파악하고 있었다. 이에 페르시아 군대의 중앙에 직접적으로 강하게 대응하기보다는 그리스 군대의 중앙 숫자는 반으로 줄여서 약하게 대응하고 좌측면과 우측면 등 양 측면의 보병 숫자를 두 배로 늘려 양옆을 강하게 보강하였다.

전투를 진행하면서 초기에 페르시아 군대는 아테네 진영의 가운데를 쉽게 밀 수 있어 쉽게 이기는 것처럼 생각하였다. 진영의 중앙을 쉽게 밀고 올라가다 보니 양 측면도 쉽게 밀고 올라갈 수 있게 되었다. 자연스럽게 그리스 연합군이 페르시아 군대를 원형 형태의 둘러싼 모양으로 변형되었고 양 측면이 강했던 그리스 연합군은 가운데 몰린 페르시아 군대를 거의 전멸시킬 수 있었다. 군대의 숫자에서 거의 2배에 달했고, 또, 과거에 그리스와의 전쟁에서 한 번도 져 본 적이 없었던 페르시아 군대는 바닷가로 밀려 엄청난 사상자를 내면서 패배를 경험하게 된다.

연합군의 Miltiades 장군은 Marathon 전투에서의 승리에 자만하지 않고 이미 배로 아테네로 출발한 페르시아 군대에 대응하기 위해 승리한 연합군을 독려하여 아테네까지 쉬지 않고 행군하였다. 그래서, 페르시아 군대의 배가 아테네에 도달했을 때에는 그리스 연합군은 이미 전열을 정비하고 페르시아 군대를 기다리고 있었다. 페르시아 군대는 얼마 전 철저한 패배를 안겨 주었던 그리스 연합군이 다시 아테네에서 자기들을 기다리고 있자 그대로 페르시아로 철수하기로 한다.

이 전투를 통해서 질적으로나 수적으로나 최강이라고 알려졌던 페르시아 군대는 패배를 당하였고 결국 그리스 침략은 접어둔 채 페르시아로 돌아가고 만다. 군대의 수적 열세뿐만 아니라 전투력의 열세가 분명한 전투를 지휘하는 장군의 입장에서 어떻게 하면 이길 수 있는가에 대한 방법을 제시한 것이 전략의 시초라고 알려졌다. 그래서 전략을 전체적인 시각에서 구도를 보는 장군의 예술이라고 표현하기도 한다.

우선, 연합군의 Miltiades 장군은 페르시아의 강점인 기병을 활용하지 못하도록 하는 지형을 선택하였다. 즉, 페르시아 군대의 전투방법은 기병을 활용해 중앙에 집중한다는 전략을 사전에 알고 이에 효과적으로 대응할 수 있는 방안을 선택하였다. 다음, 대치 중인 상황에서도 적극적인 정보 수집을 추진하고 이를 기회와 위협 요인으로 분석하고 적절히 대응하는 방법을 구상하였다. 이렇게 함으로써 막강한 군사력을 갖고 있던 페르시아 군대를 물리칠 수 있었다.

이를 페르시아 군대의 시각에서 보면, 우선 아테네 군대를 너무 무시한 것이 패전의 가장 큰 원인으로 볼 수 있다. 자신들이 먼저 Marathon에 상륙해서 전쟁터를 선정할 수 있었음에도 가장 큰 장점인 기병대를 활용할 수 있는 전쟁터를 선정하지 않았다. 그리고 그리스 연합군의 특이한 배치 이유에 대해서 고민하지 않았고 이에 대한 정보 수집도 소홀히 했던 것으로 보인다. 또한, 실제 전투에서도 자신들의 전쟁 패턴대로 실패한 적이 없었기 때문에 이번에도 승리할 것이라는 자만심을 가지고 있었다. 그렇기 때문에 양 측면에서 그리스 연합군이 강하게 들어 오는 것을 보고 전열이 무너지면서 혼비백산할 수 밖에 없는 상황이 벌어진 것이다.

이 전쟁은 페르시아 군대에 대응해서 그리스가 처음으로 승리했던 전쟁이었다. 이 전쟁에서 승리함으로써 막강한 페르시아 군대도 이길 수 있다는 자신감을 가질 수 있었고 이로 인해서 아테네의 황금시기를 여는 역할도 하였다. 이 전쟁에서 얻은 승리가 얼마나 중요했는지는 전쟁에서 승리했다는 소식을 숨 가쁘게 아테네에 전달했다는 사실에서도 알 수 있다. Philippides는 26마일에 (약

42Km) 달하는 거리를 쉬지 않고 달려서 아테네 시민들에게 "우리가 이겼다." 라는 승전보를 전달한 후 그 자리에서 숨지는 사건이 기록되어 있고 이 사건을 기리기 위해 후세 마라톤이라는 운동 종목이 생겨나게 되었다.

(전쟁에서 승리를 전달하는 장면, Wikipedia)

막강하던 페르시아는 Marathon 전투에서 패배하는 바람에 그리스를 정복하지 못하고 물러나게 되었다. 하지만 그리스를 호시탐탐 노리던 페르시아는 10년 후인 BC 480년 두 번째 침략을 시도하였다.

아버지 Darius I 대제가 이루지 못했던 그리스를 정복하기 위해 아들 Xerxes 황제는 몇 년간의 준비기간을 거쳐 드디어 두 번째 침공을 시도하게 된다. 이번에도 역시 다른 도시국가들은 항복하였지만, 아테네와 스파르타는 전쟁을 선택하게 된다. 스파르타가 주축이 된 그리스 군대는 테르모필레(Thermopylae)와 인근 해역인 아르테미시온(Artemisium) 해역에서 전투를 준비한다.

이 중 테르모필레 전투는 영화 300의 소재가 된 유명한 전투이었다. 그리스 연합군은 스파르타 정예군 300명을 포함해서 기껏해야 만 명이 되지 않는 인력으로 구성되어 있었으나 페르시아 군대는 수년간 준비를 하여 최대 100만 명까지 되었다고 알려지고 있다. 이런 열세를 극복하고자 세웠던 핵심 전략이 육지에서는 테르모필레, 그리고 바다에서는 아르테미시온을 방어하기만 하면 페르시아 군대가 그리스로 진출할 수 있는 것을 막을 수 있다는 것이었다.

특히, 테르모필레는 좁은 협곡으로 이루어져 있어 소규모의 보병으로도 대규모의 군대를 막을 수 있다는 장점이 부각되는 지역이었다. 특히, 페르시아의 막강한 기병이 전혀 기여할 수 없는 천혜의 자연조건을 가지고 있었다. 어마어마한 규모의 페르시아 군대가 소규모의 스파르타 군인들이 장악한 협곡을 뚫지 못하는 상황이 지속되어 페르시아 군대를 물리칠 수 있는 전략은 성공하고 있었다.

이에, 고민에 빠져 있던 페르시아에게 우연히 입수된 정보가 아주 중요한 역할을 하였다. 협곡인 테르모필레를 우회하는 산길이 있다는 정보를 스파르타 군대에 반감을 가진 그리스인으로부터 듣고 이를 확인한 것이었다. 물론, 이 길도 그리스 연합군이 지키고 있었지만, 페르시아 군대는 이를 쉽게 뚫고 들어가 협곡을 지키고 있던 연합군 군대의 뒤를 공격하면서 스파르타 군대를 전멸시켰다. 이후 페르시아 군대는 그리스 전체를 공략하면서 많은 도시국가들을 쉽게 정복해 나갈 수 있었다.

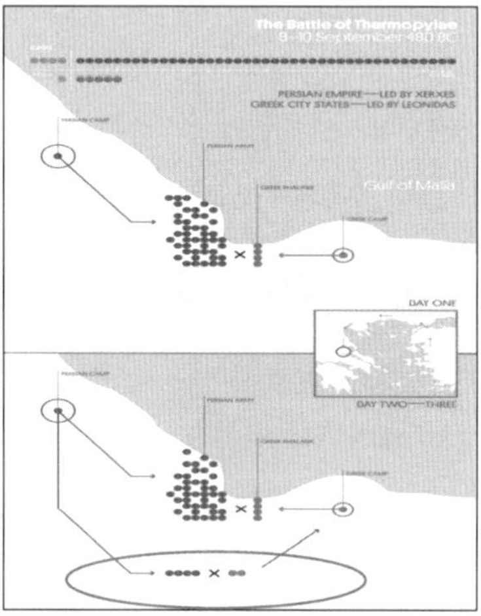

(Battle of Thermopylae, Wikipedia)
(Nicolo Arena, Density Design Research Lab)

비록 테르모필레 전투에서 그리스 연합군은 전멸을 당했지만, 절대적인 열세에도 불구하고 지형의 이점을 살려 상대적인 우위를 점할 수 있었던 전투로 기억된다. 단 며칠에 불과하였지만, 이 테르모필레 전투는 유럽에서 아주 의미가 있는 전투로 여겨진다. 그리스의 자유를 위해서 싸운, 특히 스파르타의 300인이 보여준 감동이 아직까지도 남아 있다고 하면 지나친 표현이 될까?

어찌 되었든 그리스 연합군은 막강한 페르시아 군대를 맞아 지형적인 장점을 최대로 활용한 군사적인 전략으로 성공적인 방어를 추진하였다. 만 명 이하의 군대가 백만 명에 육박하는 군대를 막아 낼 수 있을까? 단 며칠에 불과했지만, 테르모필레 협곡의 지형적인 이점을 활용하여 가능하게 만들었다. 주어진 환경을 최대한 이용하면 불가능도 없다는 교훈을 이 전투는 말하고 있다.

물론 그 주어진 환경을 제대로 지키지 못했기 때문에 그것도 한 명에게 나온 정보를 제대로 관리하지 못했기 때문에 결국은 전투에서 지고 또 전쟁에 지면서 몰살당하기도 했다. 주어진 환경을 어떻게 활용하느냐에 따라 생존의 방향이 결정된다는 것을 보여준다.

이후 테르모필레와 아르테미시온 전투에서 패한 그리스 연합군은 아테네

인근에 있는 살라미스(Salamis) 해전에서 반전의 기회를 노린다. 그리스 연합군내에서 싸울 것인지 말 것인지에 대한 분열 조짐이 보이자 한 장군이 기막힌 아이디어를 낸다. 페르시아 왕에게 첩자를 보내 그리스 연합군이 분열하여 철수하려고 하니 포위해서 공격하면 이길 수 있다고 거짓 정보를 제공한다.

이렇게 해서 페르시아 해군은 출동을 하고 그리스의 장군은 이를 역이용하여 기왕 이렇게 되었으니 죽기 살기로 싸워 보자고 그리스 연합군을 설득하여 결국에는 전투에 출전하게 된다. 한편, 이 전투에 그리스 연합군의 배는 약 400척, 페르시아의 배는 약 1,000척 정도 참여하였다.

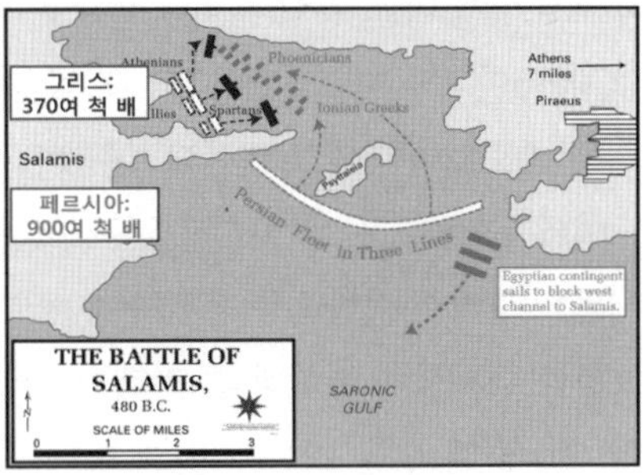

(Battle of Salamis, Wikipedia)
(Courtesy of Dept. of History, US Military Academy)

전체적인 전투력에서 열세였던 그리스 연합 함대는 살라미스 해협의 좁은 특성을 살릴 수 있는 전략을 추진한다. 특히, 이 살라미스 해전에 사용되었던 그리스 연합군 배의 머리 부분에는 우리나라의 거북선과 비슷한 충각을 부착하여 배를 들이받는 전술에 사용하였다. 좁은 해역에 많은 배가 집결하자 페르시아 함대의 배는 서로 충돌하며 제대로 된 기능을 발휘하지도 못한 채 참패를 당하여 전쟁에서 지는 결과에 다다르게 된다. 결국, 이 전투에서 실패하면서 페르시아는 그리스에서 물러나기로 결정한다.

살라미스 해전의 중요성은 세계 4대 해전으로 꼽힌다는 점에서 나타나 있다. 이 해전에서 마저 그리스 연합군이 패했다면 페르시아의 영토는 그야말로 중동뿐만 아니라 유럽까지도 포함될 수도 있었기 때문이다. 이렇게 중요한 해전이었지만, 연합군 내부에서는 싸워야 한다는 그룹과 싸우지 말아야 한다는 그룹으로 나누어 결론을 내리지 못하였다. 이때, 첩자를 통한 거짓 정보를 흘려 페르시아로 하여금 전쟁을 시작하도록 하고 또, 이를 역이용하여 그리스 내부의 단결을 추진한 그 심리전은 대단한 전략이라고 할 수 있다. 또한, 실제 전투에서도 좁은 해역이라는 점과 홈그라운드의 이점을 살리고 충각을 부착한 배를 이미 건조하여 갖고 있다는 점을 활용하여 충돌하는 방식으로 적을 유린

하는 전략은 탁월했다고 할 수 있다.

유럽으로 영토를 확장하려는 페르시아와의 전쟁이 지속되고 있었던 그리스에서는 어떻게 하면 페르시아와의 전쟁에서 이길 수 있을까가 중요한 현안이었다.

역사는 순환된다고 하였던가?

BC 480년 페르시아의 2차 침공 이후에도 크고 작은 전쟁이 지속되었다. 페르시아가 침공을 하고 그리스의 연합군은 이에 대응하여 그리스를 지키되 페르시아 군대를 유럽에서 중동으로 밀어내는 형태가 되었다. 이런 전쟁은 BC 450년까지 지속되었다. 그 후 약 100년의 세월이 지나간 BC 356년 그리스 마케도니아에서 알렉산더 대왕이 탄생한다.

여태까지 페르시아가 그리스를 오랫동안 침공한 것과는 정반대로 알렉산더 대왕은 그리스 연합군을 동원하여 페르시아를 침공하여 그리스와 중동지역을 포함한 대제국을 건설한다. 알렉산더 대왕은 마케도니아 왕의 아들로 태어났다. 10세 때 말을 파는 상인이 왕에게 팔기 위해 가져온 성질이 사나운 말, 부케팔로스를 소년이었던 알렉산더가 성공적으로 길 들이자, 그의 부친이었던 왕이 "아들아, 마케도니아는 네게 너무 작은 것 같다. 네게 맞는 왕국은 너 스스로 찾아라" 라는 말을 한 것으로 전해진다. 이 부케팔로스는 알렉산더 대왕이 대제국을 건설할 때 알렉산더와 함께한 것으로도 유명하다.

알렉산더 대왕이 13세가 되었을 때 왕은 알렉산더를 위한 교수로 아리스토텔레스를 선정하여 그의 교육을 맡겼다. 아리스토텔레스는 알렉산더에게 호머의 작품인 일리어드를 가르쳤다. 이 작품은 그리스의 트로이 전쟁을 배경으로 한 서사시로 기존 그리스 문학과는 다르게 정해진 운명에 굴하지 않고 영광된 죽음을 택하는 영웅들의 모습을 그린 작품이다.

(부케팔로스를 길들이고 있는 알렉산더, Wikipedia)

아버지의 암살로 20세 때 왕위를 계승한 알렉산더 대왕은 우선 그리스 내부의 반란을 발 빠르게 제압했다. 이 과정에서 알렉산더 대왕은 당시 유명한 철학자 디오게네스를 만나러 코린토스를 직접 방문하였다. 알렉산더 대왕이 "내가 당신을 위해 해줄 수 있는 일이 없을까?" 라고 했을 때 대왕이 햇빛을 가리고 있으니 비켜 달라고 한 디오게네스의 일화는 유명하다. 이렇게 그리스 내부를 안정시키고, 알렉산더 대왕은 눈을 돌려 페르시아를 바라보게 되었다.

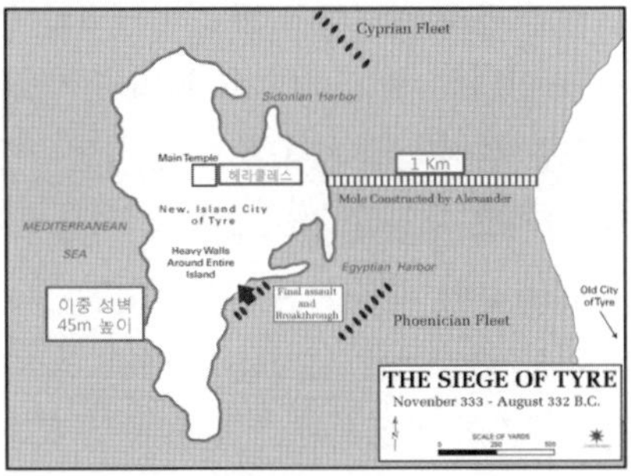

(Tyre 섬의 점령,Wikipedia)
(Courtesy of Dept. of History, US Military Academy)

BC 334년, 약 4만 명의 병력과 함께 출정한 알렉산더 대왕은 약 10년간에 걸쳐 32세에 바빌론에서 사망할 때까지 페르시아 제국 전체를 정복하게 된다. 이 수많은 전투 중에서 초기에 있었던 Tyre 점령사건은 알렉산더 대왕의 성격에 따른 전략 방향을 확실하게 보여준다. 알렉산더 대왕은 초기에 이집트를 점령하기 위해 남하를 추진하였다. 이 과정에 지중해에 있는 Tyre 섬의 중요성을 인식하고 점령하기로 하였다. 전략적으로 이 섬을 확보하지 못한다면 페르시아 내륙으로 진출할 때 역습을 당할 수 있다는 것을 알고 있었기 때문이었다.

그래서, Tyre 섬 주민들에게 항복을 권유하였지만, 실패를 하고 결국은 전쟁을 통해서 점령을 추진하였다. 문제는 이 섬이 거의 난공불락에 가까웠다는 사실이었다. 육지의 해변으로부터 1Km쯤 떨어져 있으며 섬 주위를 둘러싼 성벽은 해변을 따라서 있으며 높이가 거의 45m 이상으로 접근하기가 불가능하였다. 그래서, 알렉산더 대왕은 육지에서부터 섬으로 연결된 1km 인공다리를 건설하게 하였다. 섬으로 향한 인공다리 끝부분에는 높이 50m의 나무로 만든 인공 Tower 두 개를 만들어서 성벽을 공격할 수 있게 만들었다.

하지만, 이에 대응하여 Tyre는 말을 수송하기 위한 배를 개조해서 쉽게 불을 붙일 수 있게 하고 이를 인공 Tower에 돌진하게 해서 Tower에 불을 붙이는 火攻전략을 추진하여 성공하였다. 알렉산더 대왕은 해군의 도움 없이도 쉽게 Tyre 섬을 정복할 것으로 생각했지만, 이 사건 이후 해군의 전력도 활용하기로 결정한다. 그래서, 해군을 활용하여 Tyre섬 전체를 봉쇄하고 인공다리 건설을 지속하였다. 이렇게 해서 인공다리를 통한 공격과 해군을 통한 공격을 동시에 추진한 결과 배를 통한 공격을 통해 성벽의 일부를 무너뜨릴 수 있었고 결과적으로 섬을 점령할 수 있었다. 이렇게 하기 위해서 최소한 7개월 이상의 시간이 소요되었다.

이 사례를 통해서 알렉산더 대왕은 목표 달성을 위해서 필요한 것은 반드시 해야 한다는 점을 스스로 보여주고 있다. 세상을 정복하기 위해서 나왔는데 조그만 섬 하나를 정복할 수 없다면 어떻게 세상을 정복할 수 있는가라는 목표를 가지고 추진한 점도 그의 의지를 보여주고 있다. 어려웠지만, 그의 의지가 강했고 강한 의지를 달성하기 위한 창조적인 수단도 만들어 냈다. 목표 달성을 위해서 불가능은 없다는 사례로 볼 수 있다.

그리스와 페르시아 전쟁 역사를 통해서 전략의 개념이 정립되기 시작했다. 병사의 수나 외형적으로 절대적 열세인 환경에 있었던 그리스는 어려운 환경에서도 이길 수 있는 방법을 찾아내서 전쟁에서 승리하였다. 전쟁에서 이길 수 있는 방법은 전투하는 병사의 입장에서가 아니라 전체를 보고 판단하는 장군의 입장에서 찾는 것이 더 합리적일 것이다. 이렇게 전체를 보고 이기는 방법을 찾는 것이 전략일 것이다. 앞에서 본 사례에서와같이 불리한 상황에서도 이기기 위하여

첫째, 지리적 위치와 환경에 대한 분석을 추진하고

둘째, 자신이 보유한 장점과 단점을 이해하고

셋째, 장점과 단점을 활용한 전투 수행방식을 결정하고

넷째, 이를 최대한 효율적으로 추진하는 방법을 찾아 내었다. 물론 이 과정에서 적의 동향에 대한 정보는 전략을 수행하는데 아주 중요한 역할을 하였다.

이런 과정을 통해서 질 수밖에 없다고 보이는 전쟁에서도 이길 수 있다는 사례를 역사적으로 보여 주고 있다. 오늘날에도 이런 개념의 전략은 (Strategy) 다를 바가 없을 것이다. 전쟁에서 이길 수 있는 방안을 전략이라고 한다면 전쟁의 환경이 실제적인 전쟁이라기보다는 산업 현장으로 전환되었다는 것 말고는 동일한 개념으로 전략을 사용할 수 있다.

그런 측면에서 시대적으로 전략이 어떻게 발전해 왔는지를 연구해 보는 것이 이 책의 중요한 목표가 될 것이다.

02

동양의 전략: 손자병법

기원전 770년부터 진시황이 중국을 통일한 기원전 221년까지 여러 나라가 대립 항쟁한 시대를 춘추전국시대라 일컫고 이중에서 전반기인 기원전 403년까지를 춘추시대라 한다. 춘추시대만 보더라고 초반에 800여 개에 달하던 국가는 수십 개 국으로 감소하였지만 아직까지도 많은 나라들이 전쟁을 통해서 통합하는 과정을 거치고 있었다.

(손무의 손자병법, Wikipedia)
(Vlasta2,Bluefootedbooby on flickr.com)

손무는 기원전 545년 제(齊)나라에서 출생하여 가문의 내분 때문에 기원전 517년경 오(吳)나라로 피신하여 손자병법 13편을 저술한 것으로 알려져 있다. 손무의 손자병법을 읽은 오나라 왕 합려는 손무를 기원전 515년 군사로 임명하여 오나라의 위상을 크게 높이는데 기여하도록 하였다. 오나라의 군사가 되기 전, 생전 군사훈련을 받아 본 적이 없는 왕의 궁녀들을 훈련시켰다는 일화는 유명하다. 손무는 왕이 가장 아끼는 궁녀 두 명을 대장으로 임명하고 훈련을 시작하였으나 궁녀들은 훈련에 따르지 않고 장난처럼 여겼다. 그러자 손무는 자신의 명령이 명확하지 않았다고 여기고 다시 한번 명확하게 명령을 얘기하고 이해했느냐를 확인까지 하였다. 그리고 다시 훈련을 시작하였으나 궁녀들은 이를 다시 장난처럼 여겼다.

이에 손무는 명령이 제대로 내려지지 않은 것은 장군의 책임이지만, 제대로 지시를 한 명령을 제대로 수행하지 않은 것은 병사들의 책임이라고 하면서 왕이 가장 총애하는 두 명의 궁녀를 처형하였다. 이 두 명을 처형한 이후에 나머지 궁녀들의 군사훈련은 일사불란하게 진행되었다. 이렇게 해서 吳나라의 군사가 된 손무는 군대를 제대로 훈련시켜 강력한 군대를 만들었고 오나라의 위상을 드높였다

서양에서 전략이라는 용어가 처음 등장한 시대가 기원전 490년, 그리스와 페르시아 전쟁 기간 중이었는데, 비슷한 시기인 기원전 510년경 손무는 손자병법을 썼고 이를 전쟁에 활용하였다. 물론 손자병법에서는 전략이라는 용어 대신 병법이라는 표현이 쓰였지만, 두 사례 모두 전쟁에서 승리하기 위한 방법, 특히 장군의 입장에서 전쟁에서 이기기 위한 방법론이라는 공통점이 있다.

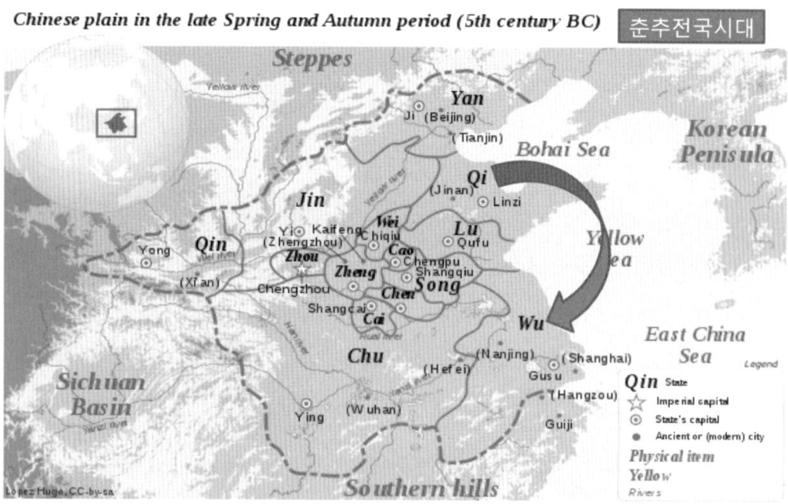

(오(吳,Wu), 초를 (楚,Chu) 포함한 전국 지도, Wikipedia)

손자병법이 쓰여졌던 시기는 춘추시대로서 수도 없이 많은 전쟁들이 일어나서 국가들의 통폐합이 시도 때도 없이 일어나던 시기였다. 손자병법을 볼 때 이런 점을 감안해서 보면 도움이 될 수 있다.

손자병법은 대나무에서 쓰여진 6,109자, 총 13편으로 구성되어 있다. 기본적인 개념은 전쟁을 해야 하는 기준을 경제적 이해득실의 관점에서 보고 있다. 경제적 이해득실에서 싸우지 않고 손실 없이 온전하게 전쟁을 수행해서 이득을 얻는 것이 가장 좋은 방법이고 (全勝), 그다음으로 할 수 없이 파괴적인 방법으

로 전쟁할 경우에도 가능하면 빠르게 속전속결로 하여 경제적 이득을 얻는 것이 좋다는 전략이다 (破勝).

이런 개념에서 1~6편 까지는 전쟁을 하기 전에 준비해야 하는 사항들 위주로 7~12편에서는 전쟁을 수행하는 과정에서 필요한 사항들 위주로 정리하였고 마지막 13편에서는 정보 수집의 중요성을 별도로 언급하였다.

	篇 名	주요 내용
1	始計篇, Detailed Assessment and Planning	전쟁 추진여부에 대한 의사결정과 준비 · 나의 수준 파악(五事)과 적군과의 비교(七計), · 승산을 높이기 위한 병법 (속임수 등)
2	作戰篇, Waging War	전쟁 수행시 이기기 위한 준비 (작전) · 경제적 파급효과 大 → 속전속결 필요 (拙速) · 군사들 사기와 포상, 전쟁물자 수급 등 고려
3	謨攻篇, Strategic Attack	전쟁 상황에 따른 차별화 전략으로 승부 · 全勝 → 破勝 단계별 전략 (伐謨,伐交,伐兵,攻城) · 승리 5대 필요조건(대세판단,상하단결, 유비무환 등) · 知彼知己百戰不殆, 不知彼不知己每戰必殆
4	軍形篇, Disposition of the Army	군대 배치와 형태 구축방안 · 먼저 이길 수 있는 구도/조건을 갖추고 전쟁수행 · 5대 고려요소(지형, 자원, 병력규모, 전투력, 승패비교)
5	兵勢篇, Forces	병사들의 기세 운영방법 (이기는 조직문화) · 부대편성/지휘 통제수단 운영 및 氣勢유지 전략 · 奇正전략의 적절한 운영, 타이밍 전략
6	虛失篇, Weakness and Strength	주도권 확보 방안 · 我軍은 집중, 전략을 숨기고 敵은 분산, 전략표출 · 강한 곳은 피하고 약한 곳은 공격(避實擊虛 전략) · 상황에 따라 물과 같은 다양한 전략 형태 구축
7	軍爭篇, Military Maneuvers	싸워서 승리를 쟁취하기 위한 전략 (制勝) · 정보획득 및 외교활동 등 사전 승리여건 조성 · 승리를 위한 핵심전략(迂直之計, 以患爲利, 風林火山陰雷, 四治전략(治心, 治氣, 治力, 治變) 高陵勿向/必闕勿迫등 용병원칙)
8	九變篇, Variations and Adaptability	지켜야 될 원칙과 변화에 대응하는 임기웅변 · 피해야 할 9가지 지형 상황 · 이해득실 비교 자세, 有備無患의 자세 · 리더가 피해야 할 5가지 위험한 자세
9	行軍篇, Movement and Development of Troops	지형에 따른 부대운영 방안 · 지형의 정찰, 유리/불리 판단 방법 · 적진의 동향 유추방법, 평상시 규율 준수 필요성

	篇 名	주요 내용
10	地形篇, Terrain	현장 지휘자가 보유해야 할 지식/자세 (현장주의) · 6가지 전쟁지형 종류, 망하는 6가지 조직행태 등 · 知彼知己勝乃不殆, 知天知地勝乃可全
11	九地篇, The Nine Battlegrounds	9가지 전쟁지역에 따른 대응방안(절박감/공동체정신) · 목숨걸고 싸우는 死地 등 9가지 지역별 대응방안 · 조직 모두가 시너지 효과를 내는 방안(率然)
12	火攻篇, Attacking with Fire	화공 방법에 (최후 수단의 공격) 대한 이성적 판단 · 5가지 화공방법, 전쟁의 결과와 궁극적 목적
13	用間篇, Intelligence and Espionage	전쟁에서 정보의 중요성 · 5가지 간첩의 종류 (鄕間, 內間, 反間, 死間, 生間)

비슷한 시기에 있었던 유럽의 전략에서는 전쟁 과정에서 어떻게 해서 이기게 되었는지를 설명하였는데 비해 손자병법에서는 전쟁을 해야 하는 필요성부터 시작하여 장군의 마음가짐과 철학, 전쟁을 준비하는 과정에서 필요한 사항들, 정보의 중요성까지 언급하고 실제로 전쟁을 진행하는 과정에서 수행해야 하는 내용까지를 자세하게 언급하고 있다. 그야말로 전쟁을 왜 해야 하는지에 대한 필요성부터 시작하여 어떻게 하면 이길 수 있는지에 대한 총체적인 내용을 포함한 전략이라고 할 수 있다. 이런 총체적인 내용은 현대의 전쟁이나, 기업간 경제 전쟁에 바로 적용해도 될 만큼 전혀 문제가 될 것이 없어 보인다.

여기에서 손무가 약소국가였던 吳나라(Wu)를 지휘하여 강대국가였던 楚나라(Chu)를 상대로 전쟁을 수행한 사례를 들어 보자. 오나라의 군사규모는 3만 명 정도이었으나 초나라는 약 20만 명의 병사를 보유하고 있었다. 이런 상황에서 오나라는 먼저 초나라를 공격하였다.

직접 전면전을 하였다 라기보다는 변방의 작은 지역을 공격하여 성공하였고 이후 초나라의 지원 병력이 도착하였을 때에는 그 지역에서는 사라지고 초나라 지원 병력의 뒤 부분에 위치한 다른 지역을 공격하는 게릴라 전술을 사용하였다. 이렇게 여러 차례 게릴라성 공격을 감행함으로써 성공함과 동시에 초나라 군대의 특성에 대해서 파악하기 시작하였다. 여기에서 생각해 볼 수 있는 것은 바둑에서의 전략처럼 적은 수의 바둑돌로 가능하면 많은 땅을 차지하는 것이 목적이지만, 또 하나 자기가 원하는 시간에 원하는 지역에서 전쟁을 하는 주도권을 가졌다는 점이다. 이런 전략은 1960년대 베트남 전쟁에서 미국이 패한 결정적인 원인으로도 볼 수 있다. 모든 면에서 열세였던 베트콩이 땅굴을 활용한 철저한 게릴라 전략으로 강대국으로서 전면적인 전쟁을 추진하였던 미국을 제압하였던 것이었다.

여기에 당황한 초나라의 장수는 대규모 군대를 동원하여 오나라와 연합을 형성하였던 채(蔡,Cai)나라의 공격에 나서게 되었다. 물론 채나라를 직접 공격하겠다는 목적보다는 연합군이었던 오나라가 도와주러 오는 것을 기다리고 있는 것이 목적이었다. 손무는 이에 대응해서 군대를 파견하고 초나라 군대의 시선을 채나라 로부터 오나라 군대로 돌리는데 성공하였다. 문제는 막강한 초나라 군대와의 싸움에서 이길 수 있는 방법이 있는가 이었다. 여기에서 손무는 병사들을 목숨 걸고 싸우게 만드는 死地의 전략을 구사하여 이기게 된다. 즉, 더 이상 갈 곳이 없어진 손무의 군사들은 그야 말고 목숨 걸고 싸울 수밖에 없게 되었다. 하지만 여기에 또 하나의 전략을 병행하여 사용하였다. 손무는 군사 중의 일부분을 빼서 초나라의 수도를 공략하기 위해 보냈다. 이런 상황을 파악한 초나라의 장군은 수도를 지키고 있는 다른 장군이 손무를 죽이고 그 공을 가로챌 수 있다고 생각했다. 그래서, 전쟁 현장에서 철수하여 수도 쪽으로 군대를 움직이도록 결정하였다. 이런 상황을 미리 예측하였던 손무는 앞서 가고 있던 손무의 군대로 하여금 초나라의 군대를 기다리게 하였고 뒤에 있던 손무의 군대는 초나라의 군대를 뒤에서 공격할 수 있게 되었다. 이렇게 되자 초나라의 군대는 앞뒤로 포위되어 완전한 혼란에 빠져서 자멸하게 되었다.

3만 명의 군대가 20만 명의 군대를 이기는 병법을 얘기하는 손자병법에는 전쟁에 필요한 모든 사항들이 포함되어 있다고 해도 과언이 아니다. 현대의 산업 전쟁에도 적용 가능한 전략의 모든 것을 포함하고 있다고 할 수 있다.

그런데, 그중에서도 현대에 있어서도 중요한 것을 뽑으라면

1) 13편 用間篇에 있는 정보의 중요성
2) 3편 謨攻篇에 있는 知彼知己百戰不殆 (SWOT 분석과 비슷한 개념)
3) 6편 虛失篇에 있는 주도권 확보방안 등을 들 수 있다.

03

노르망디 상륙작전

제2차 세계대전이 절정에 다다르고 있던 시점의 지도를 보면, 연합국은 기본적으로 영국 지역만을 기반으로 하고 있고 독일은 유럽의 대부분을 차지하고 있는 것을 볼 수 있다. 이런 상황에서 전세를 역전하고자 연합국에서 추진한 것이 노르망디 상륙작전이라고 볼 수 있다. 1944년 6월 6일 미국, 영국 등 8개국 연합국은 15만 명의 병력을 동원하여 프랑스 해안인 노르망디에서 상륙작전을 감행한다.

여기에 대응한 독일 방어군은 약 1만 명에 불과한 것으로 추산되고 있다. 물론, 독일은 1942~1944년 사이에 해안선을 따라 방어선 (Atlantic Wall)을 구축하였기는 하였다. 하지만 연합국이 대규모 상륙 작전을 추진할 것을 사전에 예측하고 있었던 독일이 왜 열세인 병력을 배치했을까 의문이 든다. 물론 이 당시, 독일은 소련과의 전쟁에 신경을 쓰고 있었던 것이 사실이지만, 그래도 상륙작전에 대비한 것이 너무 부실하였던 것이 아닌가?

(Atlantic Wall(노란색), Wikipedia)
(Uberstroker)

손자병법 1편 始計篇에 전쟁을 시작하기 전에 철저하게 분석해서 추진해야 한다고 하면서 "전쟁은 속임수"라는 표현을 하고 13편 用間篇 에서는 정보 수집의 중요성을 다섯 단계로 나누어 자세히 설명하고 있다. 노르망디 상륙작전은 정보전을 활용하여 철저하게 속임수를 사용함으로써 이긴 전쟁이라고 해도 좋을 것이다. 이 속임수에 넘어 간 독일은 제대로 준비도 하지 못한 채 연합군을 상대하게 되었다.

연합국의 유럽 상륙작전은 Overload 작전이라고 명명되었으며 실제로 진행된 노르망디 상륙작전은 Neptune 작전이었다. 하지만 여기에 독일에 혼선을 주기 위해 별도로 추진된 위장작전은 Bodyguard 작전이라고 명명되었다. 노르망디 상륙작전의 총사령관은 아이젠하워 장군, 그리고 지상군 사령관은 몽고메리 원수, Bodyguard 작전은 패튼 장군이 지휘하는 것으로 하였다. 이에 반해 독일군은 유명한 롬멜 장군이 수비 작전을 지휘하고 있었다.

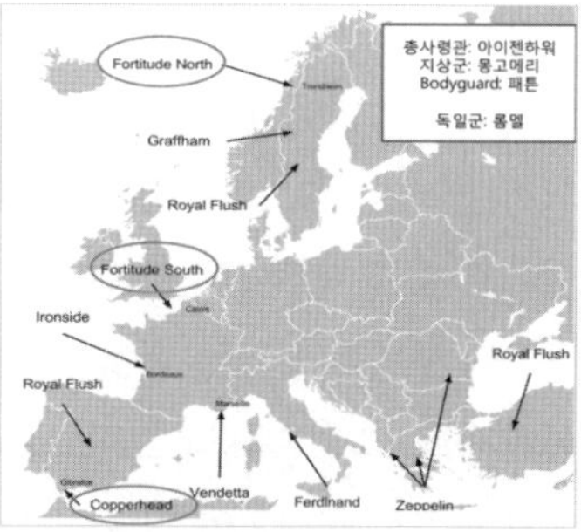

(다양한 위장작전(Bodyguard), Wikipedia)
(ErrantX)

독일은 소련과의 동부전선에 많은 신경을 쓰고 있었기 때문에 대서양 전선에는 그렇게 많은 신경을 쓸 수 있는 형편이 되지 않았다. 따라서 연합군이 언제 어디에 상륙하느냐에 초점을 맞추고 첩보전에도 신경을 쓰는 상황이었다. 이를 알고 있는 연합군도 다양한 위장작전을 통해 독일군에게 혼선을 주는 작전을 추진하였다. 이 중에서 Fortitude North는 25만 명의 유령부대를 만들어 독일군을 노르웨이로 유인하였고 Fortitude South는 역시 유령부대를 만들어 프랑스 칼레에 독일군 기갑부대를 묶어 두었다. 위장 작전 중 흥미로운 것은 Copperhead 작전이다. 지상군 사령관이었던 몽고메리 장군이 어디에 있느냐는 어디에 상륙하느냐를 유추할 수 있는 중요한 정보사항이었다. 그래서, 몽고메리 장군을 닮은 Clifton James라는 배우를 아프리카, 지브랄타에 나타나게 하여 연합군이 지중해를 통해 상륙하는 것이 아니냐는 가짜 정보를 제공하기도 하였는데 독일군은 이 정보를 끝까지 믿었던 것으로 나타나기도 하였다.

이런 과정에서 연합군은 노르망디에 상륙하는 마지막 단계에서까지도 위장작전의 대상지로 칼레를 선정하여 수행하였다. 칼레 지역은 영국과 프랑스를 잇는 가장 가까운 해협이다. 영국의 해안도시 도버에서 프랑스 도시 칼레를 잇는 약 35Km의 해협이 있기 때문에 가장 빠르게 건널 수 있는 곳이다. 그래서, 연합군이 상륙작전으로 선정할 수 있는 유리한 위치에 있었다.

실제로, 노르망디 작전에 방대한 물자와 인력이 투입되었지만, 이에 못지않게 칼레의 위장작전에도 많은 물자와 인력이 투입되어 가짜 상륙부대를 만들어 내고 있었다. 칼레에 투입된 물자는 독일이 눈치채지 못하였지만, 가상 부대와 모형 탱크, 모형 비행기 등으로 구성되어 있었다. 당시에 항공사진으로만 정보활동을 수행하였기 때문에 도버에서 실제로 활동하는 첩보원이 있었으면 금방 알 수 있었던 사실도 당시 독일은 전혀 눈치채지 못하고 있었다. 여기에 추가적으로 패튼 장군은 지역 신문에 가짜 뉴스까지도 양산해 독일을 완벽하게 속이는데 성공하였다. 지역 신문에 "요새 미군 병사들이 들어와서 술을 먹고 난리를 치고 있으니 단속해 달라"는 등 연합국 정보기관들이 제공한 투고 뉴스까지 실어 독일 정보기관을 완벽하게 속이는데 성공하였다. 이런 결과로 독일군은 대서양 해안지대의 방어선을 구축했는데 이 중에서도 칼레 해안에 집중해서 방어선을 구축했다.

(모형탱크, Wikipedia)
(http://www.psywarrior.com/DeceptionH.html)

한편, 상륙작전을 할 수 있는 날은 매월 약 10일간만 가능하였다. 공습이 가능하기 위해서는 달이 밝아야 했고, 또 해안에 상륙하기 위해서는 많은 배들에게 최대한 높은 해수면이 필요한 것을 고려해서 1944년 6월 6일을 상륙하는 날로 정하였다. 이때 연합군에서 정한 암호는 D-Day로 나중에 일반적으로 사용하는 용어가 되었다. D-Day 이틀 전 6월 4일의 악천후는 이 모든 것이 어렵다는 것을 말해 주고 있었다. 악천후로 인해 비행기의 활동은 불가능했고, 강풍과 파도는 상륙 함정들이 발진할 수 없는 상황으로 발전했다.

6월 5일 연합군 총사령부에서 열린 회의에서 작전을 강행할 것인지에 대한 협의를 진행하였다. 이 자리에서 연합군 총사령관인 아이젠하워 장군은 강행을 결정하였다. 나중에 밝혀 졌지만, 날씨가 오히려 도움된 것으로 밝혀졌다. 프랑스 해안에 주둔하고 있는 독일군은 악천후를 이유로 침공이 없을 것이란 믿음을 갖고 경계를 풀고 있었다. 독일군 롬멜 원수는 이 같은 상황과 아내의 생일이라는 이유로 독일 집으로 귀가 하였고, 마찬가지로 고위 지휘관들은 부대를 떠나 있는 경우가 많았고, 일부 부대에서는 비상 경계령을 해제하기도 하였다.

여기에서 손자병법 8편 九變篇,에 있는 유비무환의 자세를 생각하게 한다. 여기에서 "적이 공격해 오지 않으리라는 예상을 믿을 것이 아니라 아군이 적의 공격을 좌절시킬 만큼 충분히 대비하고 있다는 것을 믿어야 한다"라고 되어 있는데 딱 이 경우에 해당하는 말인 것을 알 수 있다.

D-Day가 되자 자정에 공습이 시작되었다. 이후 6시 30분경 보병과 기갑부대로 구성된 상륙부대가 해안에 상륙하기 시작했다. 상륙작전이 시작되고 나서도 위장작전은 계속되었다. 연합국의 폭격기들이 칼레 앞바다에 출동하여 금속박편을 살포하여 독일군 레이더를 교란하였고 이는 칼레 해안에 곧 상륙작전이 있을 것이란 오판을 하게 만들었다. 이 때문에 연합군이 노르망디에 상륙하고 있는데도 불구하고 독일군은 노르망디로 병력의 이동을 하지 못하는 상황이 지속되었다.

D-Day 자정에 2만 명의 공수병이 투입되었고 그날 새벽 약 16만 명 이상의 병력이 80Km에 달하는 노르망디 해안, 즉, 유타, 오마하, 골드, 쥬노, 스워드 등 다섯 해변으로 분산되어 상륙을 시작하였다. 이들을 지원하기 위해 무려 5천 척의 함선이 동원되었다. 이 중에서 오마하 해변에서 전사자가 가장 많았다.

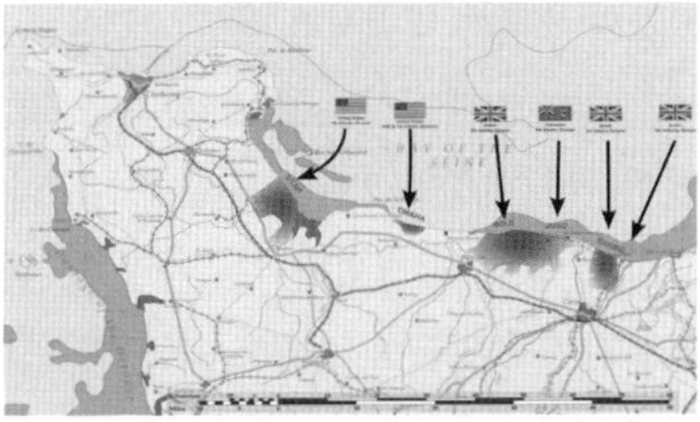

(노르망디 해안 지역별 상륙작전도,Wikipedia)
(Operations Greenwood and Pomegranate Normandy)

우선 독일군의 방어 준비가 가장 잘 되어 있었으며 강한 조류로 인해 상륙함정이 예상 지점에서 벗어나는 바람에 상륙 방해물을 제거하는 공습 효과도 얻지 못했으며 상륙지점도 적의 해안 기지 바로 앞이어서 상륙정의 문을 열자 말자 바로 독일군의 집중 사격으로 상륙 함정에서 내리지도 못하고 사망하는 경우도 많이 발생하였다. 독일군의 탄약이 바닥나는 시점에서야 비로소 해변에 상륙하는 효과를 낼 수 있을 정도였다. 나머지 지역에서의 상륙은 오마하 해변에 비해 상대적으로 손쉽게 진행되었다.

노르망디 상륙작전에서의 승리요인 중 가장 큰 것으로 언급되는 것이 위장작전의 성공이다. 독일군의 시선을 칼레 지역으로 돌리게 함으로써 독일이 보유하고 있던 자원을 분산시킬 수 있었던 것이 성공의 요인으로 볼 수 있다. 독일의 경우 정보의 획득, 특히 인간을 통한 정확한 정보의 획득에 실패함으로써 노르망디 상륙작전 대응에 실패하였고 궁극적으로 2차 세계대전에서도 실패하였다고 하면 너무 큰 가설일지도 모른다. 하지만 그 대가가 너무 컸다고 할 수 있다.

전략이란 무엇인가? 간단하게 답하기에는 너무 어려운 질문이다. 하지만 전략이라는 단어를 처음 사용한 그리스-페르시아 전쟁, 손자병법을 적용한 중국의 사례와 노르망디 상륙전쟁에서 본 바와 같이 이기기 어려운 싸움이었지만 이겼던 사례를 참고해 볼 수 있다. 상식적으로 이기기 어려웠지만, 이겼던 전쟁을 보면 핵심적인 사항들이 하나씩은 꼭 있는 것으로 보인다.

전략이란 전쟁에서 이기기 위한 방법을 말한다. 그냥 이길 수 있는 전쟁이 아니라, 이기기 어려웠던 전쟁이었는데 평범한 뭔가가 아닌 다른 것을 적용함으로써 전세를 역전시킨 바로 그것을 우리는 전략이라고 부를 수 있다. 그리스-페르시아 전쟁에서는 주변 환경을 최대한 이용한 군대 운영 전략이었으며, 알렉산더 대왕의 Tyre 사례에서는 바다를 건너는 인공다리 건설과 해상을 통한 압박, 손자병법에서는 지형 및 환경, 병사의 사기, 그리고 첩자를 통한 정보전까지 언급하고 있고, 최근의 노르망디 상륙작전에서는 정보전쟁, 그리고 이중간첩을 활용한 첩보전을 동원함으로써 어려웠다고 여겨졌던 전쟁을 승리로 이끌어 냈다.

이런 사례는 이순신 장군의 명량해전, 미국의 남북전쟁, 그리고 월남전쟁, 인천 상륙작전, 그리고 쿠바 봉쇄사례에서도 비슷하게 분석해 볼 수 있다.

전쟁에서 이기기 위한 방법을 고안해 내고 그것을 적용하는 것이 전략이다. 이런 전략은 전쟁에서뿐만 아니라 최근 들어 심각해진 경제전쟁에서도 적용되고 있다는 것을 확인해 볼 수 있다.

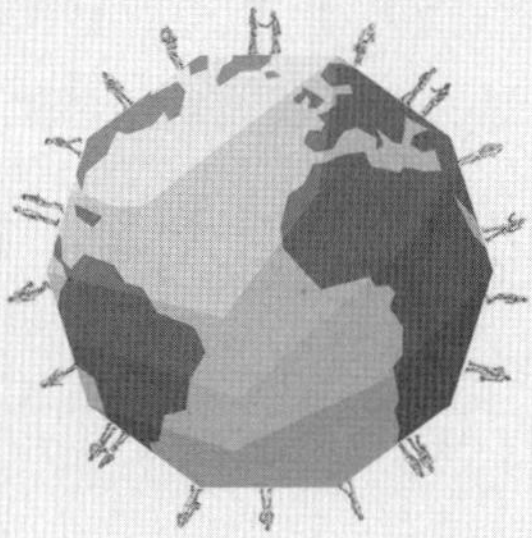

제 2 장

근대사 전략

01

규모의 경제: 덩치를 키워라

앞 장에서 본 바와 같이 전략은 (Strategy) 전쟁에서 유래가 되었고, 실제로 전쟁에서 사용되었다. 장군들, 특히 최고 의사결정권자들이 생각하고 실행하는 방법에 따라서 이기기도 때로는 지기도 하였다. 정말로 이기기 어려운 경우에도, 나의 상황과 적의 상황을 고려하고 山의 모양이라든가, 하천이라든가, 또는 날씨 등 주변 환경들까지 고려한 장군들의 의사결정에 따라서 이길 수 있는 방법들이 나타나게 되었다. 이런 의사결정 방법에 대해서 학문적으로 체계화되지는 않았지만 듣는 순간 미소를 띠면서 아! 그렇구나 하고 감탄을 하게 된다.

근대에 들어 와서도 이 전략이라는 학문은 체계화되지도 않은 채 암묵적으로 널리 사용되었다.

유럽에서 왕정과 봉건체제가 해체되고 농업혁명으로 어느 정도 식량의 문제가 해결되자 자유로운 농민층이 나타나게 되고 이들은 살던 지역을 중심으로 섬유 산업 등에 종사하게 되면서 근대적인 산업형태를 형성하게 된다.

섬유 산업은 목화 섬유 등에서 추출한 것으로 실(방사, 紡絲)을 만드는 방적과정(紡績, Spinning)과 실을 사용하여 직물을 만드는 방직과정(紡織, Weaving) 과정으로 크게 구분된다. 섬유 산업의 직물을 만드는 과정은 비교적 단순하였다. 실은 물레 등을 통해 수작업으로 뽑아냈고 이렇게 얻어진 실을 위에서 아래로 차례로 교차하면 직물을 만들어 낼 수 있었다. 그런데 이와 같은 과정을 초

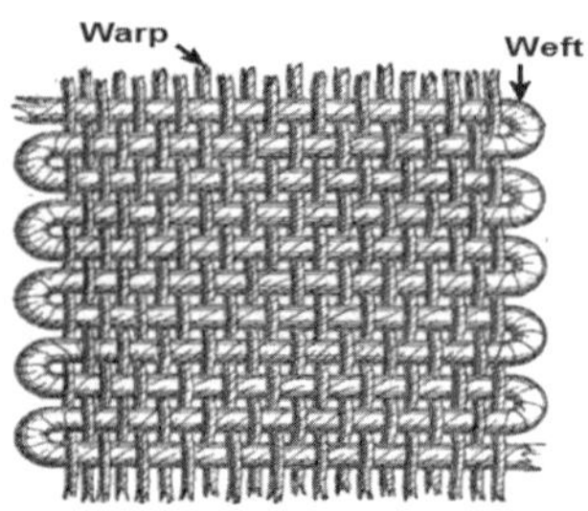

(단순 섬유 만드는 과정,Wikipedia)

기에는 단순한 기계와 사람의 힘으로 하였기 때문에 생산성의 한계에 부딪칠 수밖에 없었다. 특히, 방직과정에서 실을 위에서 아래로 차례로 교차하는 과정을 수작업으로 하였기 때문에 작업하는 사람의 팔 간격을 벗어날 수 없는 한계가 있었고 또한, 작업 속도의 한계도 있었다.

그런데 이를 해결하기 위한 간단한 도구, Flying Shuttle이라는 도구를 1733년 John Kay가 발명하고 특허로 등록하였다. 간단한 이 도구는 위, 아래로 벌려진 실 사이로 빠르게 자동으로 움직일 수 있어 작업하는 사람의 팔 간격에 구애를 받을 필요도 없었다. 따라서 작업의 폭을 획기적으로 늘릴 수 있었고 또한, 작업의 속도도 기존보다 엄청 빠르게 할 수 있었다. 이렇게 해서 직물을 생산해 낼 수 있는 방직과정의 생산능력은 급격히 증가했지만 실을 공급하는 방적과정의 생산능력이 이를 따라가지 못하는 현상이 발생하였다.

급기야는 효율적인 방적기를 개발한 사람에게 50파운드의 상금을 주겠다는 협회가 나타나게 되었다. 그러자 수많은 기술자들이 방적기 개발에 나서고 Hargreaves가 개발한 제니 방적기, Arkwright가 개발한 수력 방적기, 그리고 Crompton이 둘의 장점을 합쳐 개발한 뮬 방적기 등 많은 방적기가 개발되었다. 이 중에서 Arkwright는 발명을 근대적인 사업 체제로 전환하였다. 그는 이발사로서 틈틈이 가발 중개업을 하며 어느 정도 부를 축적하고 있었다. 당시 시계 기술자였던 존 케이가 새로운 방적기를 구상하고 있었지만, 자금난에 어려움을 겪자, 그를 고용하고 방적기를 개발하도록 하였다.

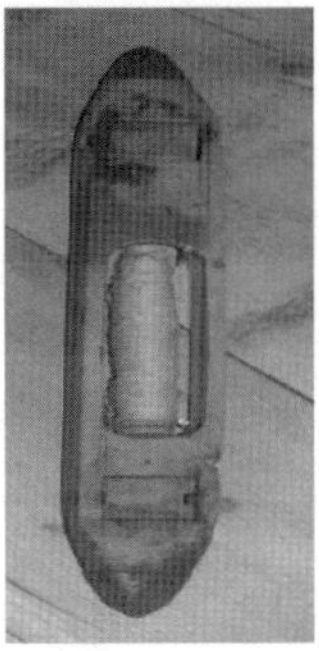

(Flying Shuttle, Wikipedia)
(Audrius Meskauskas)

1768년 수력을 이용한 새로운 방적기계를 개발하고 1769년 특허를 받았다. 이 방적기는 앞서 개발된 제니 방적기보다 빠르고 품질이 좋은 실을 만들어 낼 수 있었고 무엇보다 수력을 동력으로 이용함으로써 산업화할 수 있다는 장점이 있었다. 1771년 강을 끼고 있는 크롬포드에 공장을 설립하고 수력방적기를 활용한 근대적 생산 시스템을 설치하고 좋은 품질의 실을 대량으로 생산하게 된다.

1776년 사업이 확장되자 7층 높이의 두 번째 공장을 짓게 되었으나 1783년 특허소송에 휘말리게 되고 1785년 Arkwright는 방적기 개발에 지적으로 기여한 바 없다는 존 케이의 증언에 따라 그의 특허는 무효처리가 되었다. 그럼에도 불구하고, 그는 이미 막대한 부를 소유하였으며 1786년에는 영국의 번영에 기여하였다는 공로로 기사 작위까지 수여 받는다. 특효가 무효 처리되자, 더욱 많은 사람들이 방적 공장에 뛰어들어 더욱 많은 실을 생산할 수 있게 되자 이번에는 직물을 생산하는 방직능력이 부족하게 되었다. 그러자, 이번에는 Flying Shuttle을 쓰기는 하였지만, 아직도 수동으로 방직을 하는 기계에 동력을 적용한 동력 방직기(Power Loom)을 개발한다. 초기에는 여기에 수력을 이용한 동력을 부착하였지만, 나중에는 증기기관을 연결함으로써 생산능력의 획기적 향상과 자동화에 기여를 한다.

또한, 당시 목화를 써서 실을 만드는 것이 주요한 방적산업이었는데 목화솜에서 씨를 분리하는 것을 주로 흑인들의 손으로 하고 있었다. 그런데 이마저도 1793년 씨를 손쉽게 분리하는 기계가 발명됨으로써 섬유산업은 근대적인 자동화 시대에 돌입했다고 볼 수 있다.

(Whitney의 목화씨 분리 기계, Wikipedia)
(Tom Murphy VII)

산업혁명의 발전 과정을 간단하게 정리하면 근대적 농업혁명으로 먹고사는 문제가 어느 정도 해결되자 입는 문제가 중요한 문제로 대두되었다. 섬유산업은 이 때까지만 해도 대부분 사람의 힘을 통해서 움직였다. 여기에 Flying Shuttle의 개발을 통해서 직물을 만드는 방직산업의 생산성이 급격하게 오르자 그 후방산업인 실을 만드는 방적산업의 공급이 부족하게 되고 이를 개선하고자 만든 수력 방적기 산업이 힘을 받게 되었다. 여기에는 사람의 힘이 아닌 수력의 힘으로 동력을 쓰게 되면서 생산성은 급격히 향상하게 되었다. 이렇게 후방산업의 생산성이 오르자 이번에는 전방산업인 방직산업에 사람의 힘이 아닌, 수력의 힘을 사용하게 되고 나중에는 증기기관의 힘을 활용하게 됨으로써 엄청난 생산성 향상을 이루게 된다.

이렇게 한 산업이 발전됨에 따라 추가적인 연쇄반응이 일어나게 되었다. 방적기와 방직기를 전문적으로 제작하여 판매하는 집단이 생겨나 기계공업의 발전을 촉진하였고 면제품 수요의 급증에 따라 표백제와 염료의 도입이 필요하여 화학공업의 발전으로 이어졌다. 목화에서 목화씨를 분리하는 기술과 기계도 그 한 예라고 볼 수 있다.

이 모든 것들이 약 100년간에 걸쳐 영국에서 일어난 1차 산업혁명의 핵심이라고 볼 수 있다. 일반적으로 산업혁명은 18세기 중반부터 영국에서 시작된 기술의 혁신과 이로 인해 발생한 사회, 경제 등 큰 변화를 일컫는 말이다. 프리드리히 엥겔스가 처음 사용하였으며 후에 역사학자 토인비가 "Lectures on the Industrial Revolution of the Eighteenth Century in England"에서 구체화하였다. 산업혁명은 기술 혁신으로부터 시작하였지만, 정치와 경제 구도에도 심각한 영향을 미쳤다. 기존에는 왕족과 귀족 위주로 정치, 경제 활동을 하였지만, 일반인들도 새로운 기술을 개발함으로써 새로운 산업을 만들어 독점할 수 있었고 막대한 부를 축척할 수 있었다. 이 당시는 거의 모든 산업이 시작되는 시점이었기 때문에 누구든 새로운 시각으로 새로운 기술을 개발하기가 상대적으로 쉬었다. 그렇기 때문에 일단 사업에 성공하면 산업을 독점할 수 있었다.

앞의 방적기 사례에서도 본 바와 같이 주위의 산업환경이 섬유산업으로 바뀌고 있고 섬유산업의 핵심은 실을 뽑는 방적산업이라는 점에 Focus를 두고 기술을 개발할 수 있는 인력을 확보하고 경쟁자보다 좋은 제품을 싸게 빠르게 공급할 수 있는 기술과 설비를 확보하고 시장에 공급함으로써 시장에서 독점적인 지위를 유지하였다고 볼 수 있다. 이렇게 함으로써 막대한 부를 축적할 수 있었고 또, 궁극적으로는 정부로부터 기사 작위까지 받는 명예도 얻었다.

Arkwright가 세운 크롬포드의 공장을 시작으로 이 지역에는 방적공장들이 많이 들어서게 되었다. 2001년 유네스코는 이 지역 방적 공장의 역사, 기술적 가치를 높이 평가하며 유네스코 세계유산으로 지정하였다. 방적기 개발 사례는 독점적 기술 개발로 부와 명예를 얻었고 또한, 세계유산으로까지 지정된 성공한 전략의 사례로 볼 수 있을 것이다.

영국에서 시작된 산업혁명은 증기기관을 발명함으로써 더욱 확대되고 발전되었다. 이후 19세기에서 20세기에 걸쳐 진행된 미국의 석유 혁명 진행과정에서도 기업 전략으로 산업을 과점화할 수 있었던 사례를 볼 수 있다. 이 석유 혁명 과정을 통해서 역사상 세계 최대의 부자로 알려졌던 미국의 록펠러가(Rockefeller) 탄생하게 된다.

석유 산업의 역사는 우연치 않게 진행하게 된다. 1879년 에디슨이 전구를 발명하기 이전인 1850년대 중반만 하더라도 가정용 등불이나 가로 등불을 밝히기 위해 고래 기름을 주로 이용하였다. George Bissel은 펜실베이니아 지역에 휴가를 갔다가 그 동네 사람들이 자연 하천에서 채취한 석유를 가지고 불을 켜는 것을 보고 석유의 가능성을 알아보기 시작했다. 그래서 원유 성분에 대한 분석을 의뢰한 결과, 등불로서 충분한 타당성이 있다는 보고서를 입수하였고 휴가차 갔던 펜실베이니아 Oil Creek 지역에서 전문적으로 탐사를 시작했다. 그 결과 1859년 역사상 최초로 제대로 된 굴착기를 사용하여 석유를 시추하는 데 성공하여 펜실베이니아에 Oil Rush가 불어 닥치게 되었다.

이렇게 해서 미국 전역에 석유 시추산업 붐이 일어난다. 말 그대로 시추 봉으로 구멍을 뚫어 기름만 나오면 효율 같은 것은 문제 될 것도 없이 수집한 기름만으로도 부자가 될 수 있었던 시점이었다. 이런 시대적 상황에 맞추어서 1863년 록펠러와 뜻을 같이한 투자자들은 석유 시추산업이 아니라 정유 사업에 참여한다. 당시는 석유산업의 초기 단계라 기름에서 나오는 등유 (Kerosene), 약 60%만 쓰고 나머지 40%는 그냥 버리는 상황이었다.

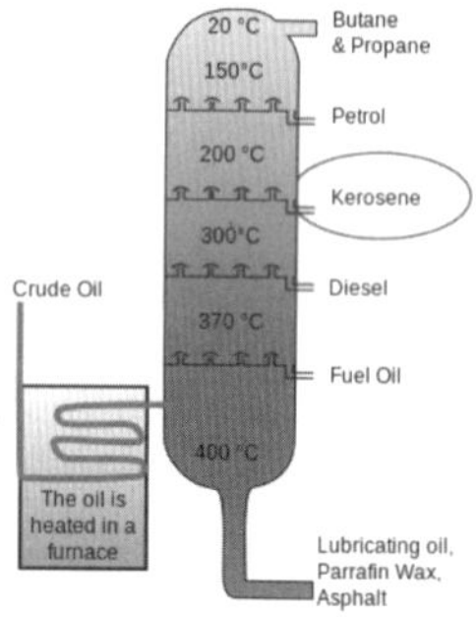

(가공 단계별 생산 제품, Wikipedia)
(Psarianos, T.Knott, Rogilbert)

록펠러는 가공 단계별로 나오는 제품을 구분하였다. 이 중에서 이전에는 주로 버렸던 가솔린은 정유공장 연료로 사용하고 기타 부산물로 나오는 제품들을 판매하여 매출을 늘렸다. 또한, 정유공장 자체적으로 배관공 등 기술자들을 고용하여 공정 운영에 필요한 경비를 다른 경쟁사 공장에 비해 반 이상 줄일 수 있었다. 이렇게 산업이 확장되는 시기에 경쟁력까지 확보하여 사업이 확대

되자 사업 확대에 반대하는 기존 동업자와는 결별을 선언하고 새로운 동업자와 자신의 이름을 딴 정유회사를 설립한다.

1865년 경매에서 한 업체를 7만 2,500달러에 사서 Rockefeller & Andrews 라고 이름을 붙이고 본격적인 석유산업에 뛰어들게 되었다. 이때 록펠러 스스로 "살아갈 길이 정해진 날 (It was the day that determined my career)" 이라는 표현을 써서 기념하였다.

남북전쟁(1861~1865년)이 끝나는 시점, 그리고 철도산업 발전 호황기에 이루어진 이 회사의 인수를 통해 록펠러는 많은 돈을 벌어들이고 또 이를 재투자하였으며 지속적으로 비용 절감을 추진하고 부산물 판매를 늘리는 전략으로 두 개의 정유공장과 마케팅 회사를 보유하게 된다. 석유 특수로 인해서 우후죽순으로 늘어난 정유공장의 공급 능력이 수요대비 크게 늘어나기 시작하자 록펠러는 1870년 기존 모든 회사를 정리하여 Standard Oil을 설립하고 독자적으로 운영한다. 여태까지 지속해 온 효율적 경영방식을 유지한 결과 정유공장 중 가장 경쟁력을 갖춘 정유공장으로 키울 수 있게 된다. 석유산업이 성장하면서 가장 큰 문제 중의 하나는 수송이었다. 시추된 유정에서 석유를 맥주 통에 모아서 역까지 운반하고 역에서부터 기차를 통해 전국으로 수송해 나가는 방식으로 운영하였다. 일부 송유관이 유전지대에서 기차역까지 건설되기도 하였지만, 전국으로의 수송은 대부분 철도를 통해 이루어졌다. Standard Oil은 가장 경쟁력이 있는 정유회사이기도 했지만, 동시에 철도산업에 있어서는 최대의 고객이기도 했다. 한편, 석유산업과 철도산업은 모두 초기의 성장기를 지나고 나서 공급이 수요를 초과하는 현상을 보이고 있어 어려움을 겪고 있었다.

이렇게 되자 두 산업의 주력업체들인, 3개의 철도회사와 록펠러가 운영하는 정유회사는 카르텔, South Improvement Company을 1871년에 설립하였다. 카르텔은 철도회사에 균등한 물량을 보장하는 대신에 철도회사는 정유회사 운송가격의 약 50% 정도 리베이트를 카르텔에 제공하기로 한다. 또한, 카르텔에 속하지 않은 정유회사 운송分도 50% 리베이트를 적용하여 카르텔에 제공하고 카르텔에 속하지 않은 경쟁 정유회사의 운송 정보를 카르텔에 제공해야 하는 등 록펠러의 Standard Oil을 위한 다소 충격적인 내용이 포함되어 있었다. 하지만 결정적인 것은 기존 운송가격을 100% 올리겠다는 점이었다. 이 가격 인상은 카르텔에 속하지 않은 정유회사의 심한 반발을 일으켰고, 결국 사회 정치적인 문제로까지 비화되어, 1년 만에 실행되지도 못하고 폐기되었다.

이런 실패에도 불구하고 록펠러의 전략, 경쟁사 대비 좋은 등유를 싸게 공급하는 경쟁체제를 유지함으로써 비싼 고래 기름을 사용해야만 했던 미국 일반 가정에서도 등불을 싸게 사용할 수 있게 하였다는 점은 높이 살만하다. 록펠러는 생산 경비와 운송 경비를 줄이면서 운영 효율을 높이고 이익 확보를 하면서 자금 확보를 추진하였다. 이렇게 확보된 자금으로 효율이 떨어지는 정유회사를 사들이고 이 회사의 운영 효율을 높이는 전략으로 정상화 시켰다.

이런 방식으로 1872년까지 클리블랜드에 있던 26개 정유회사 중 22개를 인수할 수 있었다.

이러한 수평적 인수뿐만 아니라, 유전지대에 필요한 송유관 사업, 오일 탱크, 배달 시스템 등까지 수직적으로도 사업을 인수해서 일반 가정에서 등유를 싸게 살 수 있도록 하여 전체적인 시장 점유율까지도 확대하였다. 여기에 추가적으로 석유를 사용한 타르, 페인트 등 부가가치 제품 300여 개를 개발하기도 하였다. Standard Oil은 단순한 정유회사로 머문 것이 아니라 수평적, 수직적 사업확대를 통해 1870년대 말에는 미국 정유 산업 전체 시장의 90% 이상을 장악하고 있었다. 이 개념은 제품 생산을 하는 공장에서부터 소비자에게까지 이르는 모든 과정에서 좋은 제품을 싸게 빠르게 공급한다는 신조아래 추진했었는데 현대에서는 이런 개념을 수직계열화(Vertical Integration) 라고 하고 있다. 물론, 당시에 이런 개념도 없었고 록펠러 자신도 몰랐을 것이다. 하지만 단순한 원칙, 소비자에게 좋은 제품을 싸게 빠르게 공급하기 위한 방법을 찾았다고 하는 것이 맞을 것이다. 여기에서 더 나아가, 1877년 Standard Oil은 기차를 통한 운송방법에서 벗어나 조금 더 혁신적으로 석유 파이프라인 네트워크를 건설하여 석유를 수송하려는 방법을 찾기 시작한다. 이런 혁신적인 아이디에 대해서 당시 철도회사는 Standard Oil 이 운송사업에까지 진입한다는 시각으로 인식하여 산업 독점에 대한 관심을 불러일으키고 사회적 이슈로 만들었다. 이런 사회적 이슈가 확대되어 1880년경 Standard Oil은 약한 기업들을 비열하게 매수하는 기업이라는 이미지에 직면하게 되었다.

이렇게 되자 정치권에서는 하나의 주에서 사업체를 세우고 다른 주에서 사업을 영위하는 것을 방지하는 법까지도 도입되게 되었다. 이에 대응하여 록펠러의 변호사들은 당시로서는 역시 혁신적인 아이디어를 제시하여 모든 주의 자회사들을 관장하는 지주회사 개념을 새로 도입하여 Standard Oil Trust라는 지주회사를 설립하여 운영하였다. 이 과정에서 2만 개의 유전과 4천 마일에 달하는 파이프라인 등 세계 정유 산업의 시장 점유율 90%까지 확보했으나 세간의 반감을 반영하여 가격 조정을 통한 직접적인 컨트롤은 포기하게 되었다. 대신, 1880년대 초반 간접 컨트롤 방식이라는 역시 혁신적인 방식을 도입하게 된다. 직접적으로 시장에서의 석유 가격을 조정하기보다는 파이프라인과 창고에 보유하고 있는 석유 재고량에 대한 보관비용을 시장 상황에 따라 조정하는 간접방식을 개발하여 이에 대한 보관증을 발행했다.

이 보관증이 주식시장에서 거래되기 시작되면서 현재 적용 중인 先物시장의 개념을 만들어냈다. 이 석유 선물시장은 1882년 뉴욕에 문을 열고 거래를 시작하였다.

한편 1879년 에디슨이 발명한 전구 때문에 등불용 석유의 수요가 급격하게 줄어 석유산업은 한때 어려움을 겪었으나 1910년대 이후 휘발유와 디젤을 사용하는 자동차 내연기관의 발명으로 도약의 기회를 다시 맞게 되었다.

산업 독점에 대한 사회적 이슈가 커지면서 1890년 Sherman 독점 금지법이 도입되고 이에 따라 Standard Oil Trust의 해체가 시작되었다. 1904년 Ida Tarbell이 쓴 "The History of the Standard Oil Company" 가 발표되면서 사회적 반감이 극대화되었고 마침내 1911년 연방대법원은 Standard Oil을 34개의 작은 회사로 분리할 것을 명령하였다. 이때 현재의 Exxon Mobile과 Chevron 등이 Standard Oil로부터 분리되어 나온 것을 보면 Standard Oil의 규모를 짐작할 수 있다. Ida Tarbell은 책에서 이렇게까지 규모를 키우기 위해서는 불법적인 정보 수집, 가격 전쟁, 가혹한 마케팅 전략 등 합법적이지도 공정하지도 않은 수단을 적용했다는 것을 언급하였다. 하지만 한편에서는 록펠러는 기업 인수를 추진할 때 기업 가치를 제대로 평가하였으며 지급방식도 원하는 방식에 따라 현금 또는 Standard Oil 주식으로 지급하여 주주로 되게 하는 등 최대한 합리적이었다는 보도도 많이 있다. 우리는 록펠러의 인간적인 측면보다는 그가 보여 준 전략적인 실행 측면에서 분석해 볼 필요가 있다.

고래 기름을 사용하여 등불을 밝히고 있는 사회환경에서 석유라는 신기술이 등장하기 시작한다. 이때 마침 석유가 등불로 사용될 수 있음이 확인되고 원유를 채취하는 기술도 확보되기 시작했다. 대부분의 기업들이 Oil Rush로 원유 채취에 관심을 기울일 때 록펠러는 정유 사업에 관심을 기울였다. 채취된 원유 중 등유에 해당하는 부분 60%만 쓰고 나머지는 버리고 있는 상황을 보면서 그는 우선 정유 과정에서의 원가를 줄이기 위한 노력을 기울이고 또한, 버리고 있던 나머지 40%를 활용하기 위한 방안을 찾았다. 이렇게 벌어들인 수익으로 경쟁력이 없는 정유공장들을 사들여서 정상화시키고 이익을 확대하였다. 이렇게 해서 정유 산업에 대한 지배력을 확보하고 어떻게 하면 소비자에게 좋은 석유제품을 싸게 빠르게 공급할 수 있을 것인가라는 관점에서 다양한 혁신적인 아이디어를 도입하였다.

석유산업 Value Chain 상에 있는 가치가 있는 유전사업을 인수하고, 기차를 활용하여 운송하는 방법에서 벗어나 파이프라인 개념을 도입하며 운송과정에서의 원가 절감을 추진하여 소비자에게 공급하는 공급 네트워크를 구축하고, 버리고 있던 원유 중 40%를 가지고 무려 300여 가지가 넘는 신제품을 개발하였다.

여기에 각 주에 흩어져 있는 자회사를 컨트롤하기 위해 지주회사 제도를 도입하고 가격 담합이라는 문제를 해결하기 위해 先物시장과 先物가격이라는 시스템도 도입한다. 현대 경영학에서 언급하고 있는 모든 최첨단 혁신적인 방안들을 100년도 훨씬 전에 이미 실천하고 있었던 것으로 볼 수 있다.

여기에서 핵심은 세상이 바뀌고 있다는 사실과 나의 현실과 경쟁자의 현실을 분석하여 어떻게 하면 소비자에게 좋은 제품을 싸게 빠르게 공급할 수 있을까라는 질문에 답을 하면서 대응방안을 찾고 실천해왔다. 다시 말해서 전쟁터의 장군으로서, 기업의 Owner로서 전략을 수립하고 실천해 왔다고 볼 수 있는 것이다.

이런 사례는 철강 왕으로 유명한 카네기에게서도 비슷한 사례를 찾아 볼수 있다. 영국에서 태어나 미국으로 이민 와서 철도회사에 취직한 이후 남북전쟁 이후 철강 수요의 증대를 예견하고 철강산업에 뛰어들었다. 예상대로 철강산업이 호황을 누리자 제철소를 중심으로 석탄, 철광석, 광석 운반용 철도, 선박 등을 수직 계열화하는 철강 지주회사를 만드는 등 록펠러와 비슷한 시기에 비슷한 사업 패턴으로 전략을 수립하고 추진하였다.

이들의 공통점은 세상이 바뀌는 상황을 예견하고 나의 경쟁력과 경쟁사의 경쟁력을 비교한 다음 경쟁력을 극대화할 수 있는 방안을 찾아 내어 수행하는 것이다. 이렇게 함으로써 전쟁에서, 그것이 실제 전쟁이던, 경제 전쟁이던 이길 수 있었던 것이다. 전략은 전쟁에서 이기는 방법을 말한다고 볼 수 있다.

남북전쟁이 끝나고 석유산업과 철강산업 등 기본 Infra 관련된 산업은 호황을 맞이하고 있었다. 거의 모든 산업의 발전 초창기였기 때문에 우선 공장을 세우고 물건을 만들어 내는 것에 집중했던 시절이었다. Standard Oil 경우는 경쟁사 대비 생산성 향상에 집중해서 상대적으로 성공을 거두었다고 볼 수 있다. 하지만 이때 생산성 향상은 주로 경험과 경영자의 주관에 의한 것이라고 해도 틀리지는 않을 것이다.

따라서 경험과 주관보다는 관찰과 합리적 판단에 의한 생산성 향상을 이루자고 하는 움직임이 나타나게 되었다. 이런 움직임의 대표적인 사례가 Frederick Taylor가 주도한 과학적 관리 (Scientific Management)라고 볼 수 있다. Taylor는 하버드 대학에 입학하기로 했으나 급격한 시력 악화로 인해 학업을 포기하고 대신 기계 엔지니어로서 4년간의 경험을 갖는다. 이후 Midvale Steel Works 라는 철강회사에 취직하였다. 밑바닥 작업자로부터 시작해 기술 총괄 책임자까지 고속으로 성장했다. 작업자로서 일하는 과정에 그는 현장 작업자들이 능력껏 일하지 않음으로 해서 회사 인건비에 많은 부담을 주고 있다는 것을 보았다. 그래서 현장 책임자가 되었을 때 적절한 개인별 업무 처리량을 정해야 할 필요성을 느끼고 이를 위해서 기계와 인간의 적절한 생산성에 대해서 분석하기 시작했다. 생산성에 대하여 인간이 차지하는 부분을 집중해서 연구하고 이것을 과학적 관리법이라는 이름을 붙이기 시작했다.

공장에서 일하는 과정에 그는 기계과에서 학위를 취득하고 이후 컨설팅 엔지니어로서 일하는 기회를 갖는다. 이때 공장관리를 시스템화하면서 제조비용에 대한 전문성을 갖기 시작한다. 이 경험을 바탕으로 단위제품 생산당 인건비를 지급하는 내용을 바탕으로 "A Piece Rate System" 라는 논문을 써서 학회에 제출하기도 하였다. 이후 Bethlehem 철강회사에 합류해서 컨설팅 업무를 수행한 후 그의 경험을 바탕으로 한 경영과 생산기계 운영 방법 등을 집중적으로 연구하여

1911년 "The Principles of Scientific Management" 논문을 제출하면서 유명해진다.

The Principles of Scientific Management

BY

FREDERICK WINSLOW TAYLOR, M.E., Sc.D.

PAST PRESIDENT OF THE AMERICAN SOCIETY OF MECHANICAL ENGINEERS

HARPER & BROTHERS PUBLISHERS

NEW YORK AND LONDON

1919

(과학적 관리기법, Wikipedia)
(Frederick Winslow Taylor)

논문의 주요 내용은 4가지 원칙으로 구성되어 있다.

1) 작업자의 단위 작업에 대하여 경험이 아닌 과학적인 방법을 개발해야 한다.
2) 작업자 스스로 작업을 선택하고 훈련하도록 하는 것이 아니라 작업자 선정, 훈련 및 교육, 개발 과정을 과학적으로 해야 한다.
3) 작업장의 모든 작업이 과학적 관리기법과 일치될 수 있도록 협력하여야 한다.
4) 관리자와 작업자 사이에 업무와 책임이 균등하게 배분되어야 한다. 과거에는 업무와 대부분의 책임이 작업자에게 배분되었다면 관리자에게 더 적당한 업무는 관리자에게 주어져야 한다.

Taylor는 기계 엔지니어 출신이었지만 산업계 전반의 효율을 올리는 방법에 대한 제안, 특히, 체계적인 관찰과 연구를 통한 과학적 관리기법을 도입했다고 볼 수 있다. 이중에서도 작업시간 분석을 (Time Study) 통해서 표준화된 작업과 보상 시스템을 도입했다고 볼 수 있다. 특히, 당시에 일반적으로 적용되었던 "Initiative and Incentive 경영방식"의 문제점을 지적했다. 작업자는 최선의 노력을 하기 때문에 (Initiative) 그 노력에 걸맞는 보상을 (Incentive) 해야 하는 것이 맞는 경영방식이지만 실제 작업현장에서는 그렇지 못하다는 점을

다양한 사례를 들어 제시하였다. 특히, 작업자나 기계의 생산성이 증가하게 되면 다른 작업자의 일을 뺏는다는 잘못된 선입관이 일반적인 경향이며 비효율적인 경험이나 방법을 적용하고 있다고 언급하였다.

Taylor가 제시한 방법에 대해서 반론도 많이 있다. 새로운 기술의 습득 없이 반복적이고 단순한 일을 기계같이 함으로써 인간성의 상실이라는 부분을 가져왔다는 점이다. 물론 이런 주장도 상당한 설득력이 있다. 하지만 작업시간을 표준화함으로써 생산성과 효율의 급격한 향상이 이루어졌다는 점도 또한 사실이다.

여기에 Taylor와는 별도로 진행되어 온 Gilbreth 부부의 Motion Study까지 연결되어 Time & Motion Study는 산업계의 일하는 방식을 획기적으로 개선하게 되었다. 특히 새로운 산업이 태동하고 있었고, 이에 발맞추어 신기술로 무장한 거대 기업이 탄생할 수 있었던 것도 이 과학적 관리기법 때문에 가능했다고 판단할 수 있다.

일반 사람들도 값비싼 자동차를 소유할 수 있게 만들어 준 Ford 자동차의 사례는 과학적 관리기법 때문에 가능했다고 볼 수 있다. Ford 자동차의 핵심 성공 요인은 컨베이어 벨트를 활용한 생산성 향상이라고 볼 수 있다. 생산성 향상을 위한 방법으로 분업과 시간과 동작의 표준화를 적용하였지만, Taylor와는 관계없이 별도로 진행되어 구축된 것으로 알려져 있다. 포드 자동차를 설립한 포드는 자동차를 발명하지는 않았지만, 자동차를 대중화시키고 현재의 자동차 사회를 만드는데 기여를 하였다.

어렸을 때부터 기계에 관심이 많았던 포드는 16살 때 디트로이트에 있는 볼트 제조회사에 취직해서 Motors에 대해서 알아 가기 시작했다. 이후 산업혁명 시기에 등장한 휘발유 자동차에 관심을 기울이기 시작한다. 개인적으로 자전거 두 대를 병렬로 배열하고 가운데 휘발유 엔진을 부착한 자동차를 독자적으로 만들어 냈고 스스로 운전 시험까지 한 자동차는 성공적으로 작동했다. 이후 자동차 회사에 취직하여 기술 총책임자로 일했으나 충분하지 못한 생산시설로 인해 1년 만에 그만두고 경주용 자동차를 만드는데 집중함으로써 그의 기술력을 널리 알리는데 주력하였다. 그의 기술력을 인정한 투자자들로부터 자금을 받아 1903년 마차 공장을 개조한 곳에서 Ford Motor Company를 설립했다.

하루에 단 몇 대의 자동차만을 생산하는 소규모 생산공장이었지만 1903년 드디어 첫 번째 자동차 Model A를 판매하는데 성공했다. 초기의 생산 라인은 한 대의 차를 생산하기 위해 고정된 작업대를 중심으로 두 명 또는 세 명의 엔지니어들이 조립 작업을 하는 형태이었으며 부품은 사전에 계약된 협력업체로부터 공급받았다. 모델 수도 다양해서 Model A를 포함해서 10개 정도의 비싼 모델을 생산하고 있었다. 이렇게 어느 정도 사업이 성공을 거두자 포드는 사업 초창기부터 가지고 있던 그의 비전을 실행에 옮기기 시작한다. 미국의 자동차는 크게 마차를 대체하는 고급 자동차 수요와 농부 등이 실생활에 필요로 하였던 실용적인 값싼 자동차로 나뉘었는데 포드가 애초부터 생각하고 있었던 값싼 자동차를 염두에 두고 개발하기 시작했다. 도로가 정비되지 않았던 시절에 값싸고 또 튼튼하며, 각종 허드렛일을 할 수 있는 자동차, 모델 T를 1908년에 개발하고 생산하기 시작하였다. 당시 미국 자동차의 판매 가격이 2천~3천 불 수준으로 유지되고 있었는데 도입 초기 모델 T는 850불 수준에 가격이 책정되어 있었다.

이 모델 T는 선풍적인 인기를 얻어서 공장 생산능력이 많이 부족하게 되어 더 이상 추가 수요를 받을 수 없는 상황까지 가게 되었다. 수요가 공급을 초과하게 되자 새로운 생산방식에 대해서 고민하기 시작했다. 당시의 자동차 공장은 고정된 작업대에서 여러 명이 한 조를 이루어 하루에 약 25대의 자동차만을 생산할 수 있는 구조였다. 이것을 개선하고자 포드와 기술자들은 현대식 개념의 움직이는 Assembly Line 개념을 1913년에 도입하게 되었다. 생산 라인에서는 3천 개로 구성된 모델 T 부품을 84개의 공정으로 분리하여 작업을 수행하도록 구성되었다. 이 방식이 처음 도입되었을 때 약 12시간 만에 모델 T 한대를 생산하게 되었으며 나중에는 1시간 반에 한 대씩을 생산할 수 있는 급격한 생산성 향상도 이루었다.

Assembly Line이 적용되기 이전인 1912년에는 82,388대의 모델 T를 600불에 판매하였으나 1916년에는 585,388대를 360불에 판매할 수 있었고

1927년에는 24초마다 한 대씩을 생산할 수 있게 되어 (중간과정에 3분마다 한 대씩 생산) 당시 시장에서 판매되었던 자동차의 반 이상인 천5백만 대를 판매할 수 있었다. 이렇게 급격한 생산성 향상이 가능하자 판매가격을 떨어뜨릴 수 있게 되어 더 많은 소비자가 더 싼 가격에 자동차를 소유할 수 있게 되었고 한편으로는 더 많은 작업자를 고임금에도 불구하고 채용할 수 있게 되었다. 하지만 다른 문제가 발생하고 있었다. Assembly Line의 특성상 작업자는 동일한 작업을 반복적으로 수행하게 되어 육체적 피로감뿐만 아니라 정신적 피로감까지도 누적되는 현상이 반복되어 이직률이 상당히 높아지고 있었다. 이 문제를 해결하고자 포드는 당시 신문기사에 나왔던 것처럼 하루 2.34불이었던 (9시간 기준) 임금을 5불 (8시간 기준)로 파격적으로 인상하여 지급했다. 이렇게 되자 고임금을 받기 위한 구직자의 행렬이 생겨나기 시작했고 여기에 추가적으로 작업장의 환경을 좋게 하기 위한 작업도 병행하였다.

여기에서 Assembly Line의 도입 배경과 과정에 대해서 자세히 살펴볼 필요가 있다. 고정된 작업대가 아닌 움직이는 Assembly Line에서 작업하기 위해서는 전제 조건이 필요하다. Line에서 작업자는 지정된 위치에서 지정된 작업만을 수행하여 부품들을 조립하면 생산라인의 최종 위치에서는 완성된 제품이 나오는 개념을 적용한 것이 Assembly Line이다. 첫 번째는 작업에 대한 분업이 이루어져야 한다. 모델 T 생산에서도 84개의 공정으로 분업이 이루어졌다. 그런데 이런 개념은 이미 아담 스미스의 국부론에서 언급된 바가 있었고 이미 이런 개념의 사업장은 사용되고 있었다. 또 다른 사례가 이탈리아 베니스의 배 건설 공장이라고 할 수 있다. 잘 알려진 바와 같이 베니스에는 운하가 아주 많았다. 1104년경부터 베니스에서는 이 운하를 적절히 활용하여 다양한 배를 생산하고 있었다,

운하의 처음에서 배의 골격을 조립하고 운하가 통과하는 지점마다 필요한 부품들, 특히 표준화된 부품들을 배에 올려서 조립하는 과정을 운하에 있는 다리 위에서 추진하였다. 이렇게 해서 운하를 빠져나와 바다에 도착할 때는 다양한 배를 완성할 수 있었다. 이런 조립공정이 최고조에 달했을 때인 16세기에는 하루 한 대 꼴로 조립할 수 있을 정도였다. 여기에서 핵심은 배에 필요한

부품들을 표준화시켰다는 점이다. 부품뿐만 아니라 다리마다 표준화된 공정으로 작업을 진행하였기 때문에 각각의 다리에서는 매일 똑같은 작업을 수행함으로써 효율을 극대화할 수 있었다.

(Assembly Line 개념의 운하, 베니스, Wikipedia)
(Horst-schlaemma)

이후에도 산업혁명 기간 중 영국 등에서 엔진이나 배들을 만들 때 상호 교환이 가능한 표준화된 부품을 사용하여 생산을 추진한 공장들이 있었고 나중에 발명된 증기와 전기를 활용하여 컨베이어 벨트를 사용한 깡통 공장들도 있었다. 하지만 포드의 기술자들이 벤치마킹한 사례는 의외로 도축장이었다. 1867년경부터 시카고의 도축장에서는 산업용으로 Assembly Line을 사용하고 있었다. 도축한 내용물이 천장에 달린 도르래에 매달려 정해진 순서로 정해진 위치로 이동하기 시작하면 각자 정해진 위치에 있던 작업자는 필요한 부분만을 분리해 내는 작업을 하고 있었다. 엄밀하게 얘기하면 Assembly보다는 Dis-Assembly 작업이지만 거꾸로 생각해 보면 개념은 같다고 볼 수 있다. 도축장 작업자들은 같은 장소에서 같은 부위만을 분리해 왔기 때문에 그 효율성이 엄청났다는 것을 포드의 기술자들이 벤치마킹 과정에서 파악할 수 있었다.

기술자들은 이런 내용을 포드에 보고했고 포드는 이런 내용에 대해서 개발할 것을 지시했다. 여러 차례 시행착오를 반복한 결과, 1913년에 Assembly Line에서 생산된 모델 T를 볼 수 있었다. 이후 작업자의 작업시간과 동작까지도 표준화를 추진한 Time & Motion Study를 적용하여 더욱 개선되기 시작하여 나중에는 차 한 대를 생산하는 데 걸리는 시간이 너무 빨라 차에 바르는 페인트가 미처 마르기도 전에 생산되기 시작됐다. 이 문제를 해결하기 위해 빠르게 마를 수 있는 페인트를 찾아 나섰고 일본에서 쓰이던 칠기에 쓰이는 Japan Black 페인트를 찾아냈다. 1926년 속성으로 건조할 수 있는 페인트가 등장하기 전까지 이 Black 페인트만을 쓸 수밖에 없었기 때문에 초기 모델 T는 검은

색 차가 대부분이었다.

포드의 경영 이념은 록펠러와 비슷한 수직계열화를 포함하고 있다. 완성된 자동차를 생산하기까지 모든 부품을 포드 내부에 두고 싶어 했다. 그래서, 자동차 생산에 필요한 철강뿐만 아니라 타이어 생산에 필요한 고무를 확보하기 위해 아마존 정글에 고무를 생산하기 위한 농장, Fordlandia 까지도 운영했다. 또 한편 생산의 글로벌화도 추진했다. 1911년 영국의 Manchester 지역에 첫 번째 해외공장을 열어 모델 T를 생산하기 시작했다. 섀시와 주요 기계부품들은 미국 공장으로부터 수입하고 일부 부품들은 현지에서 구매한 후 Manchester 공장에서는 조립하여 1913년 6천 대의 모델 T를 생산하였으며 1914년에는 Assembly Line을 도입하여 1만 대까지 생산할 수 있었다.

1911년에 이미 현대적 생산 방식의 일부인 Semi Knock-Down 공장운영 방식을 도입한 것이다. 이런 방식으로 생산을 추진하여 판매가 확대되자, 1931년 런던에 있는 Dagenham 공장을 새롭게 건설하고 사업을 확대하였다. 이런 글로벌화는 지속되어 캐나다, 호주, 브라질, 인도, 아르헨티나, 멕시코 등에서도 생산하게 되었다.

말 그대로 전 세계를 지배하는 왕국을 건설하였다. 수요가 공급을 초과하자 자동차 수요를 만족시키기 위한 방법으로 새로운 생산방식, Assembly Line 방식을 도입하고 부품의 표준화, 작업의 표준화를 통해 경쟁사 대비 압도적인 경쟁력을 확보하였다. 새로운 생산방식을 찾기 위해 동종업종이 아닌 이종업종인 도축장에서 벤치마킹을 추진하고 이중에서 핵심적인 내용만 생산라인에 적용하였다. 이후, 산업계에서 일반적으로 볼 수 있었던 수직계열화를 추진하였고 부품 및 작업의 표준화를 활용하여 해외에서의 생산을 하기 위한 방식, Semi Knock-Down 방식도 도입하여 자동차 생산의 글로벌화를 이루고 자동차 산업을 지배하였다. 하지만 이런 포드 왕국도 시대의 조류를 읽지 못했다. 제너럴 모터스가 포드를 제치고 자동차 산업의 제2차 부흥을 이끌었기 때문이었다. William Durant는 1886년 친구가 몰던 마차에 매료되었다. 마차의 바퀴에 스프링 서스펜션이 달려 있어 마차가 달릴 때 아주 부드럽게 달릴 수 있었기 때문이었다. 그래서 이 특허를 사들이고 Dort라는 기술자와 Flint

Road Car 회사를 설립, 마차사업을 시작하였다.

사업 첫해에 4천 대의 마차를 팔 정도로 사업은 호황을 이어갔다. 1895년 회사 이름을 Durant-Dort 마차회사로 바꾸고 1900년경에는 미국에서 가장 큰 마차 제조회사가 되었으며 1906년에는 5만 6천 대의 마차를 생산하기도 하였다. 또한, 다른 지역에 있는 여러 개의 마차 제조회사뿐만 아니라 삼림지를 소유하고 제재소, 바퀴를 만드는 회사를 소유하는 등 마차 제작을 위한 수평계열화와 수직계열화를 추진하였다. 이 과정에서 1904년 재정난에 빠진 Buick 자동차 회사를 인수하여 기술이나 생산에 관련된 장점보다는 마케팅과 자본을 활용하여 4년 만에 포드자동차에 이어 자동차 업계 2위로 올라서게 만들었다. 이 Buick 자동차를 기반으로 번 자금으로 1908년 지주회사 제너럴 모터스를 설립하고 Buick 자동차를 인수한 다음 Cadillac, Oldsmobile, Pontiac 등 13개 자동차 회사와 10개 부품 회사를 인수하며 말 그대로 수직계열화와 수평계열화를 추진하고 지주회사 제너럴 모터스를 만들어 나갔다. 하지만 이렇게 자본을 활용한 성장전략은 오래 가지 못하고 1910년 운영자금이 부족하게 되자 강제로 회사에서 물러나게 되었으나 1911년 Chevrolet와 함께 다시 자동차 회사를 세우고 부사장으로서 재기에 나서게 되었다. 재기에 성공하면서, 자금을 확보하고 이 자금을 바탕으로 1916년 General Motors의 최대 주주가 되고 다시 Chevrolet와 합병을 추진하였다. Durant는 자금을 가지고 회사를 사들이고 키우는데 있어서는 타의 추종을 불허할 만큼 소질이 있었는지는 몰라도 회사를 운영하는데 있어서는 소질이 없었던 모양이었다. 4년 후인 1920년 다시 경영 일선에서 물러나야 했기 때문이었다.

압도적이었던 포드를 제치고 제너럴 모터스를 세계적인 자동차 업체로 만든 것은 전기를 전공한 엔지니어 출신 Alfred Sloan이었다. 그는 베어링을 만들어서 Oldsmobile에 납품하고 있던 업체의 사장이었지만 제너럴 모터스가 추진한 여러 차례의 합병 과정을 거쳐 제너럴 모터스의 일원이 되었고 내부 승진과정에서 부사장을 거쳐 1923년 사장으로 승진했다. Sloan은 포드와는 전혀 다른 전략을 추진했다.

1913년에 도입된 Assembly Line에서 생산된 모델 T로 인하여 소비자들은 자동차를 싼 가격에 구입하여 사용할 수 있었다. 하지만 소비자들은 한가지 천편일률적인 모델 T에 지쳐가고 있었지만, 포드는 여전히 생산과정에 집중하여 원가절감에만 집중하고 있었다. Sloan이 사장이 된 해인 1923년에 제너럴 모터스의 시장 점유율은 포드의 절반에도 미치지 못했고 전체적인 경쟁력에서는 약세였다. 하지만 Sloan은 세상이 바뀌고 있다는 것을 느끼고 있었다. 그리고 제너럴 모터스는 과거 수평계열화와 수직계열화를 통해서 다양한 브랜드 모델과 부품업체를 보유하고 있다는 강점을 활용하기로 한다.

경제지 포천에서 표현했듯이 "보통 사람들은 Chevrolet, 가난하지만 자존심이 강한 사람들은 Pontiac, 삶의 여유가 있지만 신중한 사람들은 Oldsmobile과 Buick, 부유층 인사들은 Cadillac"으로 제품과 브랜드를 다양하게 적용한 마켓 Targeting 전략을 1924년에 추진하였다.

이에 더하여 보유하고 있던 부품업체들을 활용하여 부품들의 공용화를 적용하여 규모의 경제를 이루게 하였다. 하지만 외부 디자인이나 스타일링 등을 달리하여 브랜드별 차별화를 만들어 나갔다.

소비자의 요구가 더 이상 싸구려 기본적인 모델이 아니라 다양한 스타일, 디자인, 엔진 출력, 고급스러움 등을 요구할 때 이를 Target으로 하는 마케팅을 추진함과 동시에 원가 절감이 가능한 방법도 강구하고 있었다. 여기에 추가적으로 매년 새로운 모델을 제시하여 이미 구매한 차에 대해서 의도적으로 싫증을 느끼도록 소비자들을 자극하였다. 작년에 도입된 차보다 성능과 디자인이 개선된 새로운 모델을 시장에 도입함으로써 고의적 진부화 전략을(Sloanism) 추진하였다.

여기에 추가적으로 자동차를 살 때 목돈이 들어간다는 점을 파악하여 획기적인 금융지원 방법을 제시하여 대대적인 성공을 거둔다. 1920년 전까지는 차를 살 때 대부분 전부 현금으로 지불하였다. 자동차 시장이 포화상태 인데다가 현금이 없는 사람은 차를 살 수 없었던 시장 구조를 어떻게 바꿀 것인가를 고민하던 제너럴 모터스는 GMAC(General Motors Acceptance Corporation)라는 금융업체를 1919년 설립하였다. 초기에는 자동차 딜러들에게 대출하였으나 추후 일반 소비자들에게도 대출을 제공하여 차 구매자들에게 손쉽게 자동차를 구매할 수 있도록 하였다. 요즈음 우리가 사용하는 자동차 할부금 제도는 이때 만들어졌다고 해도 과언이 아닐 것이다.

포드는 이런 제너럴 모터스 전략에 대해 약간의 불만을 얘기한 적도 있다. "소비자들이 꼭 필요한 것에 대해서 가치를 부여하고 그것을 사야 하는데 요즈음 소비자들은 남들이 얘기하는 것을 듣고 그것을 사는 경향이 있다."

1920년대 자동차 시장은 바뀌고 있었다. 과거에는 싸게 공급되던 자동차에 대해서 고맙게 생각했지만 그런 과정이 20년 가까이 지속되면서 더 이상 그런 상황은 유지하기가 어려워졌다. 소비자들의 디자인, 스타일링, 컬러 등 요구가 다양화되면서 다양한 제품을 공급한 제너럴 모터스가 포드를 앞지른 것은 어찌 보면 당연하다고 할 수 있다. 거기에다가 부품 공용화를 통해서 원가 절감 노력을 게을리하지 않았으며 자금이 부족한 소비자를 위한 현대식 Finance Plan까지 제공하는 방식을 개발하였다.

이렇게 현대식 경영을 추구한 제너럴 모터스는 1931년 포드를 제치고 시장에서 점유율 31%로 1위를 차지하고 1940년대 점유율을 40% 이상으로 끌어올리면서 미국 자동차 산업을 이끌었으나 2009년 파산함으로써 역사 속으로 사라져 갔다. 자동차 산업의 발전은 2차 세계대전을 거치면서 군수물자의 발전에도 엄청난 기여를 하였으며 도로 건설과 같은 건설 산업의 인프라뿐만 아니라 자동차를 이용한 대규모 쇼핑몰과 대형 편의점 사업과 같은 유통산업, 그리고, 주유소와 정비소 등 자동차 관련 인프라 산업에도 막대한 영향을 끼쳤다.

그런데 왜 이렇게 중요한 산업인 미국의 자동차 산업, 특히 이를 이끌어 왔던 제너럴 모터스가 왜 100년을 견디지 못하고 역사 속으로 사라진 것일까? 이 질문에 답하기 전에 또 하나의 궁금증이 생겨난다. 1차 산업혁명의 발상지인 영국에서도 자동차 산업이 있어야 했다. 그런데 우리는 영국의 자동차 산업에 대해서는 알고 있는 것이 별로 없다.

말이나 소 등 동물이 끌지 않고 증기 등 동력기관에 의해서 움직이는 자동차는 1769년 프랑스인 Nicolas Cugnot 가 발명한 것으로 알려져 있다. 군대 기술자였던 그는 무기와 탄약을 실어 나르기 위하여 증기기관을 활용한 차를 개발하였다. 보통 말이 끄는 마차 앞부분 바퀴는 한 개로, 그리고 뒷부분 바퀴는 두 개로 총 세 개의 바퀴로 구성된 것을 모방하여 말 대신 동력을 얻기 위해 앞부분에 증기기관을 얻어 동력을 얻었다. 초기에는 증기기관의 성능 저하와 세 개의 바퀴로 연결된 차제의 무게 중심이 안정되지 않아 실제로는 사용하지 못하였다.

프랑스에서 더 이상 전개되지 못하고 영국의 증기기관 발전과 더불어 실제로 활용이 가능한 증기기관차를 Richard Trevithick 이 1801년 영국에서 발명하게 되었다. 그는 이 증기기관차를 연기 내뿜는 악마 (Puffing Devil) 라고 이름을 붙이고. 6명의 사람을 태우고 세계 최초로 시험운전에 성공하였다. 이후 브레이크와 속도 조절이 가능한 변속기, 그리고 핸들 등의 발전과 더불어 실제로 상업용으로 활용이 가능한 교통수단으로 발전하게 되었다. 하지만 1865년 영국의회에서는 적기조례(Red Flag Act)라고 하는 조금은 특이한 법을 만든다. 첫째, 1대의 자동차에 운전수, 기관원, 기수 등 3명이 있어야 한다. 이 중 기수는 낮에 붉은 깃발을 들고 55m 앞에서 자동차를 선도해야 한다. 둘째, 차에 등을 가지고 있어야 하며, 도로상에서 운전 중일 때는 자동차 경적이나 스팀 소리를 내지 말아야 한다. 셋째, 최고속도는 시내 3.2Km, 시외 6.4Km로 제한한다. 기존 마차 산업의 보호를 위해 새롭게 부상하고 있는 자동차 산업의 발전을 저해하는 법이 만들어 진 것이다.

이렇게 되자 걸어 다니는 것보다 느린 증기 자동차를 운행해야만 했다. 기존 마차와 마부를 보호한다는 명분이었지만 새로운 산업을 주도할 기회를 완전히 놓친 것이라고도 할 수 있었다. 이 결과로 영국의 자동차 산업은 낙후되고 독일과 프랑스, 그리고 미국에서 자동차 산업 문화가 열리게 되었다.

미국에서 포드는 Assembly Line 도입으로 얻어진 원가 경쟁력을 바탕으로 자동차 산업의 꽃을 피우고 업계를 이끌어 나갔으나 소비자들의 패턴 변화에 대응하지 못했었다. 이에 비해 제너럴 모터스는 소득 및 지역에 맞는 다양한 모델을 도입함으로써 다양한 소비계층으로부터 호응을 얻었으며 또한, 매년 새로운 모델을 도입하여 고의적 진부화 전략까지 (Sloanism) 추진하여 현대적 마케팅을 적용하면서 성공의 가도를 달렸다. 또한, 생산측면에서는 포드의 Assembly Line 표준화 개념을 도입하였기 때문에 업무 숙련도나 교육을 받지 않은 사람들도 생산 시스템에 적응하는 데 특별한 어려움이 없기도 하였다. 대공황을 거치면서 산업도 발전하였지만 많은 노동자를 고용했기 때문에 노조도 발전했다. 1935년 미국 자동차 노조가 (UAW, United Automobile Workers) 디트로이트에서 결성되었고 1936년 제너럴 모터스의 경우 파업을 통하여 정식 노조로서 1937년 인정받았다.

다음으로 포드 자동차에 노조를 설립하려고 하였으나 경영진의 강력한 반발에 유명한 폭력사태인 Battle of the Overpass 사태가 1937년 벌어지기까지 하였으나 결국 1941년 노조로서 인정받았다. 2차 세계대전 이후 1960년대까지 경제와 산업발전에 따라 제너럴 모터스에서 근무하는 노동자들도 미국 중산층으로 성장하는데 문제가 없었다. 제너럴 모터스의 수익이 많아지자 노동자들의 요구가 많아지기 시작했고 1970년 두 달간의 파업 결과로 "30-and-Out-Plan" 협상이 이루어졌다. 핵심 내용은, 제너럴 모터스에서 30년간 근무하고 은퇴하면 그 이후 평생 연금을 받을 수 있도록 노사합의가 이루어졌다. 시간이 흐르면서 은퇴하는 사람들이 많아지고 보상해야 하는 연금의 금액은 기하급수적으로 늘어났지만 반대로 자동차 개발에 쓸 수 있는 자금은 부족하게 되었다.

여기에, 1970년대 들어, 유럽과 일본의 자동차가 미국에 수입되면서 상황이 더욱 어려워지고 있었다. 추가적으로 중동의 산유 수출국들이 (OPEC) 이스라엘을 지지하는 국가들을 대상으로 석유 수출을 금지하는 조치를 1973년 취하자 미국의 석유 가격은 배럴당 3불 수준에서 12불 수준으로 급격하게 인상되었다. 당시, 미국의 자동차들은 연비나 효율보다는 대형 사이즈 위주의 자동차를 생산한 반면 일본과 유럽의 자동차들은 연비와 효율에 집중하여 일반 소비자들의 좋은 호응을 얻게 되었다. 이렇게 되자, 제너럴 모터스는 새로운 모델을 도입하면서 원가절감이나 효율적인 생산방식을 도입하려고 노력했으나 시장에서 소비자들은 예전의 제너럴 모터스와 달라진 게 없다고 느끼고 있었다.

게다가 추가적으로 양적인 생산성 향상을 하려고 노력하였지만 품질 문제를 포기하는 대가이어서 심각한 문제로 대두되었다. 조립이 끝난 제품이 출하되는 곳에는 두 개의 출구가 있는데 하나는 대규모 수리, 또 하나는 소규모 수리가 필요한 출구밖에는 없다는 농담도 있었다. 한편, 일본업체들은 정치적으로 자동차 수입을 금지하는 조치에 사전에 대응하여 미국 땅에 자동차 공장을 세우고 미국 현지에서 자동차 조립을 시작하였다. 이들은 미국 땅에서 일본방식의 자동차 공장을 세우고 품질을 최우선으로 하는 자동차를 만들면서 미국 시장에 입지를 넓혀 나갔다.

도요타 등 일본업체들은 당시 미국 공장에서는 생각하지도 못했던 품질 문제가 발생하면 문제가 해결될 때까지 생산라인을 세우는 Line Stop 제도라든가 끊임없이 생산성을 높여 나가는 Kaizen을 도입함으로써 품질과 생산성을 한 차원 높은 상태로 이끌어 나갔다. 이전의 포드나 제너럴 모터스 생산라인에서는 노동자들이 아무런 사전 교육 없이도 단순히 몸으로 조립할 수 있도록 생산라인을 설계하고 운영하는 것이 기본이었다면 일본 자동차 업체들은 노동자들의 몸뿐만 아니라 머리까지도 사용하도록 하였다. 즉, 라인에서 생긴 모든 문제의 해결방안은 현장에 있다는 일본식 현장주의에 기초하여 노동자들이 현장에서 품질문제를 개선하고 생산성 효율을 높이는 방식을 사용하였다.

이렇게 품질 수준을 높여 나가고 연비 또한 효율적인 자동차를 생산하기 시작하자 미국 소비자들의 마음, 특히 전후 급속히 늘어난 워킹 우먼들은 미국보다는 일본 자동차 쪽으로 기울고 있었다. 이렇게 해서 1970~1980년대 제너럴 모터스는 어려운 상황에 직면하게 되었다. 제너럴 모터스와 비슷하게 대형차를 주로 생산했던 크라이슬러도 74년부터 적자에 빠져 1980년 17억 불 이상의 대형 적자를 냈다. 이런 적자를 구해낸 사람은 포드에서 쫓겨 난 아이아코카 회장이었다. 자신의 연봉을 1불로 정하고 종업원 숫자를 30%나 줄였으며 군림하던 부사장 35명 중 33명을 쫓아내는 구조조정을 추진하여 1982년 흑자 전환하고, 1983년 융자금액을 갚아 회생을 이끌어 냈다.

제너럴 모터스는 생산 라인의 축소, 자동화, 그리고 소형차를 생산하기 시작하고 1990년대 중국시장에서의 성공을 기반으로 어느 정도 재기에 성공하였으나 2007년에 시작된 글로벌 금융위기에 어려움을 겪은 후 2009년 파산이 선고되어 해체되고 새로운 회사가 만들어졌다. 미국 정부는 파산이 선고된 제너럴 모터스의 자회사 중 성장 가능성이 있는 자회사들, Chevrolet, Cadillac, GMC, Buick 등 4개의 자회사만 유지한 채 회사 이름도 지주회사 성격의 제너럴 모터스 Corporation이 아닌 새로운 제너럴 모터스 Company로 바꾸었다. 이렇게 해서 영원할 것 같았던 제너럴 모터스도 100년 만에 역사 속으로 사라지게 되었다.

여기서 1970~1980년대 미국의 제조 산업이 무너지기 시작했고 그것을 대체하였던 주체가 일본 산업이라는 것도 주목할 필요가 있다. 어떻게 그 막강했던 미국 산업이 저물어 가고, 대신 별 볼 일 없었던 일본이 그 자리를 이어받았을까? 소비자의 요구가 다양해지는 것에 대응하여 소득별 지역별 다양한 제품과 마케팅으로 승부하여 성공하였던 제너럴 모터스는 경영의 가장 기본적인 것에 소홀하였다.

물자가 부족한 경제 상황에서는 소비자는 생산업체가 만들어 놓은 제품을 그냥 사서 쓰는 것밖에 별도리가 없지만, 물자가 풍족한 경제 상황에서는 소비자는 싸고 품질이 좋은 제품을 사서 쓴다는 기본 원칙을 제너럴 모터스는 간과한 것이었다.

포드부터 시작해서 제너럴 모터스, 그리고 도요타에 이르는 과정을 Technology Push → Demand Pull → Back to Basics (품질 및 효율성)으로 볼 수 있다. 신제품 개발에 있어서 Technology Push 전략과 Demand/Market Pull 전략은 방향성에 있어서 차이가 있다. Technology Push 전략은 "만들면 팔린다"라는 전제하에 기업이 보유하고 있는 기술로 제품을 만들어서 판매하는 전략을 말한다.

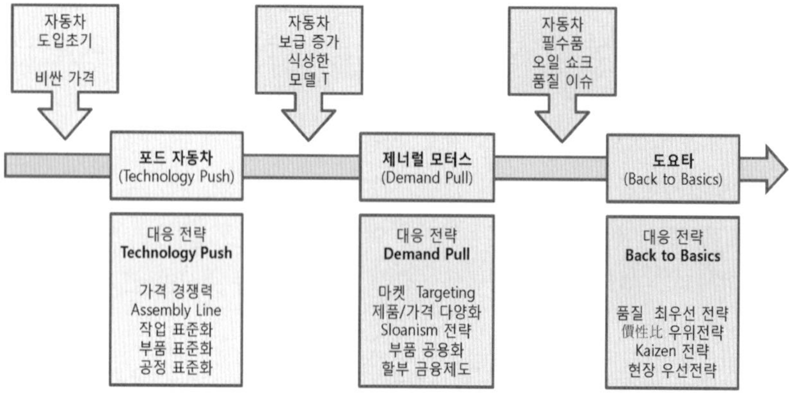

이런 개념은 포드 자동차의 사례처럼 자동차 문화가 처음 도입되었을 때 Assembly Line으로 자동차를 싸게 만들면 팔 수 있다는 전략과 같은 맥락이라고 볼 수 있다.

이에 비해서 Demand Pull 전략은 "소비자의 요구를 반영하여 제품을 만든다"라는 전제하에 기업이 보유하고 있는 기술을 가지고 소비자가 원하는 제품을 만들어 판매하는 전략을 말한다. 이 개념은 자동차 보급이 어느 정도 되고 많은 사람이 동일한 모델 T를 많이 보유하고 있었기 때문에 나는 조금 다른 차를 갖고 싶다라는 소비자의 욕구가 생길 때, 이런 소비자의 다양한 요구를 반영해서 다양한 제품을 만들어서 판매하는 제너럴 모터스의 전략과도 일치한다고 볼 수 있다.

한편, 많은 사람이 자동차를 보유하고, 자동차가 필수품으로 바뀌고 있는 상황에서 자동차를 사는 경우에 같은 가격에 품질이 더 좋은 자동차를 사겠다는 요구가 많아지고 도요타 자동차는 이런 소비자의 구매 패턴 변화를 적극적으로 활용한 전략을 추진했다.

시대적 흐름을 파악한 기업의 전략에 따라 기업의 흥망성쇠가 결정되었다고 볼 수 있다. 최근에는 이 Technology Push와 Demand Pull 전략을 병행하는 제품 개발전략이 형성되고 있다. 즉, 제품 개발 초기부터 소비자의 요구사항을 파악하고 또한, 기업이 보유하고 있는 기술을 고려하여 상품기획을 추진하되, 상호 Feedback을 추진하여 처음부터 소비자의 요구와 기업이 보유한 기술을 최대한 활용하는 제품 개발을 추진하고 있다.

Technology Push System + Demand Pull System 병행

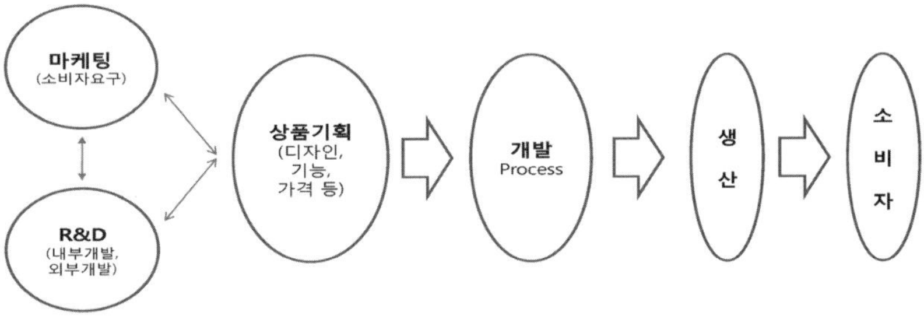

근대사에서 기업의 전략은 보유하고 있는 기술을 최대한 활용하여 시장의 점유율을 높이고 이어서 수직계열화, 수평계열화를 통하여 몸집을 키우는 것을 추진하였으나, 1970년대 이후 고객의 요구를 제품 및 서비스에 반영하지 못하면 퇴출되는 기업이 생겨나면서 몸집보다는 품질, 디자인, 가성비 등 소비자의 요구를 우선시하는 전략이 필요하게 되었다.

02

품질 및 생산성: 제대로 만들어라

1960년대~1970년대는 그야말로 미국 기업의 전성기였다. 2차 세계대전 이후 거의 모든 산업에서 인프라를 구축하는 과정에 있었기 때문에 화학, 철강, 자동차 산업뿐만 아니라 전자산업 등에서 빠른 성장을 하고 있었다. 또한, Standard Oil, 포드, 제너럴 모터스의 사례에서 보았듯이 이들 모기업들은 수평적 계열화뿐만 아니라 수직적 계열화까지도 추진하여 모기업을 포함한 사업 구조를 다양화하고 있었다.

한편, 이들 산업들은 대부분 막대한 자본을 투입하는 자본 집약적 성격을 가지고 있었기 때문에 후발 주자가 참여해서 성공하기도 어려운 산업이기도 하였다. 거기에다가 이들 선발 주자 기업들은 이미 오랫동안 산업을 영위해 왔기 때문에 이미 기술 및 생산에 상당한 경험을 쌓고 있었다. 이 경험은 그냥 경험이 아니라 생산 현장에서의 원가 측면에서는 상당히 큰 차이가 날 수 있었다.

1963년 보스톤 컨설팅 그룹을 만든 Bruce Henderson은 이런 내용을 체계적으로 정리하였다. 즉, 누적 생산량이 두 배로 늘 때마다 단위 원가는 일정한 비율, 약 20~30% 수준의 감소를 한다는 내용을 발표하고 이를 경험 곡선(Experience Curve)이라고 하였다. 이렇게 단위원가가 감소하게 되는 이유로 작업을 반복할수록 작업 효율이 올라가게 되고, 표준화/전문화, 기계나 작업 방식의 개선을 통해서 효율이 좋아진다고 언급했다. BCG에서는 이를 체계적으로 반영하여 원가절감 → 가격인하 → 시장 점유율 향상 → 시장 지배력 향상 → 이익향상 이라는 논리 체계를 만들어 내어, 이를 당시 산업계에 보급하였다. 여기에서 특이한 점은 원가절감이 된 부분을 이익으로 취하는 것이 아니라 판가 인하에 반영한다는 점이다. 만약, 원가 절감된 부분을 이익으로 취하게 되면 너무 많은 이익이 나게 되고 이를 본 경쟁업체들이 대거 참여하여 공급을 늘림으로써 시장을 무너뜨리게 되니까 그것보다는 차라리 판가 인하에 적용하여 경쟁업체들이 시장에 참여하는 것을 막는 것이 장기적 관점에서 유리하다고 보고 있다. 산업 초창기에 사업에 참여한 업체들 입장에서는 시장 지배력을 더욱 강화하는 것이 당연한 입장이었으나 후발로 참여한 업체로서 충분한 시장 점유율을 확보하지 못했을 경우에는 이 사업을 포기하고 시장 지배력을 강화할 수 있는 다른 사업에 집중하는 것이 바람직하다는 논리를 세우고 이를 유명한 BCG Matrix인 Growth-share Matrix로 정리하였다.

이 Matrix에서는 보유하고 있는 사업 제품을 크게 두 개의 요소로 구분하고 있다. 즉, 시장 성장률과 시장 점유율로 구분하여 제품별 매출을 그래프로 표시하고 있다. 기업이 사업을 추진하는 과정을 일반화시켜서 보면 우선, 시장 성장률이 높은 산업 영역에서 낮은 시장 점유율로 사업에 참여한다. 점유율을 높이는 데 성공하면 사업에도 성공하고 충분한 현금 창출을 할 수 있지만 만약에 점유율을 높이는 데 실패하면 사업 실패로 귀결하게 된다. 따라서 신중하게 사업 추진 여부를 결정할 필요가 있기 때문에 이 사업영역은 Question Mark라고 부를 수 있다.

시장 성장률이 계속 높게 유지되고 있는 상황에서, 시장 점유율은 높이는 데 성공하여 주도적인 역할을 하고 있다면, 현금 창출 및 브랜드 인지도에 있어서 주도적인 역할을 하고 있기 때문에 Stars로 변하게 된다. 어느 정도 시간이 지나면서 시장 성장률에 정체가 와서 성숙한 시장이 되지만 시장 점유율을 높게 유지하고 있으면 사업 유지에 필요한 비용보다 훨씬 많은 현금을 만들어 낼 수 있기 때문에 기업에게 있어서 Cash Cows로 변하게

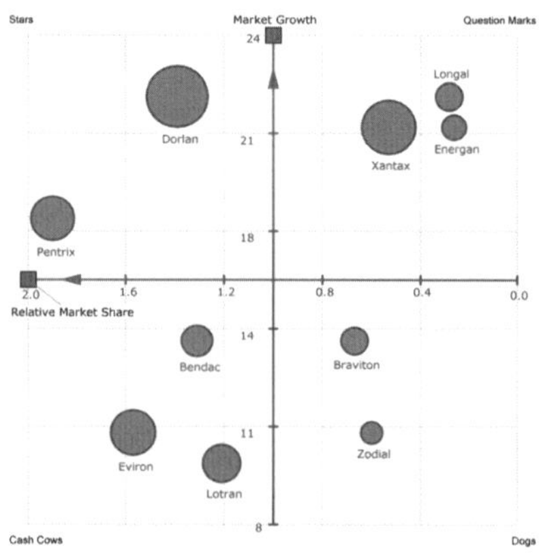

(Growth-Share Matrix, Wikipedia)
(Ericmelse)

된다. 시간이 더 지나서 시장이 성숙기에 접어들어 성장률에도 정체가 오고 경쟁업체의 많은 참여로 시장 점유율에서도 정체가 오게 되면 현상 유지는 가능하지만 더 이상 많은 현금을 만들어 낼 수는 없는 애완동물인 Dogs으로 변하게 된다.

Growth-Share Matrix에 기업이 보유하고 있는 제품 및 사업의 매출을 그래프로 표시하면 기업의 현재 운영 현황을 한눈에 볼 수 있어 기업의 사업구조를 파악하는데 도움을 줄 수 있다. 당시, 대부분의 기업들이 성장기를 거치면서 수평 계열화, 수직 계열화를 다양하게 추진하여 많은 제품군을 보유하고 있었기 때문에 이들 제품군을 대상으로 한 옥석 가리기의 좋은 수단으로 활용되었다.

이런 형태의 Matrix는 다양한 형태로 사용되고 있다. 그중에서 GE에서 사용하였던 GE-McKinsey Matrix는 1980년대 GE의 사업구조를 바꾸는데 사용한 것으로 유명하였다. 1981년에 GE의 회장으로 취임하고 20년간 GE를 경영한 Welch 회장은 M&A를 통하여 GE의 사업구조를 획기적으로 바꾼 것으로 유명하다. 재임기간 중 약 1,700건의 기업매수를 추진하여 1980년 매출 250억 불의 GE를 1990년 580억 불로 두 배 이상 성장시켰다. 이 과정에서 가전/조명 등 기존 사업의 비중을 59%에서 29%로 축소한 반면 항공/우주/금융/방송 등 첨단 사업 및 서비스 사업 비중을 32%에서 69%로 확대하였다. 이런 과정에서 사업을 평가하는 수단으로 GE Matrix를 활용하였다.

사업을 평가하는데 있어 사업의 강점을 3단계로, 그리고 시장의 매력도를 3단계로 구분하여 총 9단계의 내용을 포함하는 Matrix를 구성하여 활용하였다. 이 Matrix에서 시장이 성장하는 등 매력도가 좋고 사업에서 GE가 강점을 보유할 경우에는 과감하게 사업 성장전략을 추구한 반면 시장의 매력도도 별로 없고 강점도 보유하지 못한 경우에는 과감하게 매각하는 전략을 구사한 것으로 유명하였다. 더 나아가 GE Welch 회장은 전략적으로 세계에서 No. 1 또는 No. 2, 즉, 세계에서 1등 또는 2등이 되는 사업만 하겠다고 선언하였다.

이런 전략을 추진하기 위해서 Fix → Sell → Close라는 간단한 추진방안을 마련하고 실천하였다. 우선, 세계 1등 또는 2등이 되도록 노력하고 (Fix), 그것이 어려울 경우에는 매각하며 (Sell) 그것마저도 어려울 경우에는 사업을 폐쇄하는 (Close)하는 방안을 실천하였다. 이때 사업을 평가하기 위해서 사용했던 Matrix가 GE-McKinsey Matrix였고 당시에는 획기적인 전략 수단으로 활용되었다.

No.1 or No.2 : Fix → Sell → Close

시장 매력도 \ Business Unit Strength	High	Medium	Low
High	성장	성장	Hold
Medium	성장	Hold	매각
Low	Hold	매각	매각

(GE-McKinsey Matrix)

이렇듯 1970년 ~ 1980년대를 거치면서 미국의 산업은 그야말로 세계 제일의 경쟁력을 구축하고 세계를 리드하고 있었다. 하지만 1980년대 들어 상황이 바뀌고 있었다. 오일 쇼크와 일본 및 유럽의 자동차 업계의 진출로 자동차산업이 어려움을 겪고 있듯이 컬러 TV와 반도체 산업 등 전자산업도 비슷한 경험을 하고 있었다. 미국의 전자산업을 담당한 RCA는 1922년부터 라디오 방송을 시작하였으며, 이후 방송사 NBC를 설립하였다. 초기에는 RCA 50%, GE 30%, Westinghouse 20%의 지분으로 시작하였으나 1930년 RCA는 100% 지분을 확보하였다.

1954년 미국의 NBC 방송은 세계 최초로 컬러 TV 방송을 추진하였다. 당시 Westinghouse에서 만든 컬러 TV 모델은 일반에게 팔린 세계 최초의 모델로 알려져 있다. 이후 RCA, GE, Philco 등 여러 개의 미국 업체들이 컬러 TV 모델을 만들어 공급하고 있었다. 이후 발전을 거듭하여 1961년 24개 이상의 TV 제조업체 중 Top 6업체인, RCA, Zenith, Philco, Admiral, Motorola, GE 등이 70% 이상 시장을 점유하고 있었다. 이 업체들 중 유일하게 RCA만이 핵심 부품인 컬러 브라운관을 제조하였으며, 이를 TV 제조업체들에게 공급하고 있었다. 1962년 컬러 TV 시장은 전년 대비 두 배 이상 늘어난 435천대에 달했으며 1963년에는 700천대까지 늘어날 것으로 예측하고 있었다. 이 때까지만 해도 일본 업체들은 주로 흑백 TV를 미국 시장에 공급하고 있었는데 이마저도 유통업체나 제조업체의 OEM 브랜드를 생산 공급하는 방식으로 참여하고 있었지만, 소니만 유일하게 자체 브랜드를 사용하고 있었다.

한편, Sears는 컬러 TV 생산에 문제가 발생하자, OEM 방식의 컬러 TV를 도시바에게 주문하고 이를 받아 기존가격 대비 20% 이상 저렴하게 판매하기 시작했다. 1967년 일본업체들의 컬러 TV 생산은 1.3백만 대에 달했으며 이중 330천 대를 미국으로 수출하였으나 대부분 OEM 방식이거나 또는 소형이었다. 이때 RCA는 흑백 TV에 1.75%, 컬러 TV에 대해서는 2%의 로열티를 받아 상당한 수입을 챙긴 것으로 알려졌다. 한편, 초기 진공관을 활용한 컬러 TV에서 벗어나 RCA는 1968년 반도체를 활용한 컬러 TV를 개발해 판매하기 시작하였고 소니도 기존의 브라운관을 대체하여 개선된 트리니트론 브라운관을 사용한 컬러 TV를 도입하여 윔블던 챔피언쉽에서 컬러방송을 하는 데 사용하였다.

1967년 330천 대를 수출한 지 2년이 지난 1969년 일본업체들은 880천 대를 미국에 수출하여 지속적인 성장세를 이어 나갔다. 이 과정에서 일본업체들은 일본 FOB 가격에 더하여 운송비와 보험을 포함하여 10%를 추가로 지급하였으며, 여기에 또 8%의 관세를 부담하여 FOB 가격대비 약 18%의 추가 비용을 부담하고 있었으나 수출 물량은 지속적으로 늘어나고 있었다.

또, 한편 히타치는 컬러 TV 생산 100%를 진공관 대신 반도체를 활용하여 생산하였고 기타 일본 업체들도 반도체를 적극적으로 활용하였다. 이렇게 전환하는 이유는 기존 진공관에 비해서 반도체를 활용한 컬러 TV가 전력 소모량이 반 이상이 줄어들어 인기를 얻었기 때문이었다.

한편, 이 기간 중 컬러 TV 업체들의 시장 점유율은 보면 일본업체들은 이름을 올리지 못하고 미국 업체들 위주로, RCA, Zenith, Magnavox 등이 1960년대 TV 시장을 지배했음을 볼 수 있다. 하지만, 이런 추세는 1970년에 들어 바뀌기 시작하였다. 급격하게 늘고 있는 일본 업체들의 수입에 대해 미국 재무부는 일본 업체들이 미국 시장에 덤핑을 하고 있다고 판단하고 추가적인 관세를 부과할 경우에 대비하여 9%의 채권을 의무화하였다.

1971년 들어 미국의 경제 상황이 어려워지고 있었다. 실업률과 물가 상승률이 높아지고 있었고, 달러와 금 태환제도에 대한 반발이 유럽 각국에서 제기되고 있었다. 이에 대해서 당시 닉슨 대통령은 물가상승률과 실업률을 떨어뜨리기 위해 잠정적으로 모든 수입품에 10% 임시 추가 부담금을 내도록 하고 태환제도로 운영되던 환율제도를 변동환율제로 전환하였다. 이런 조치를 통하여

일본 수입품은 10%의 추가 부담과 연말까지 8.3% 절상된 환율까지 약 18% 이상 원가 상승 요인이 발생하게 되었다. 특히, 일본 제품에 대한 상승요인이 커서 당시 일본에서는 이를 닉슨 쇼크라고 부르게 되었다. 이렇게 되자 1972년 미국으로의 수출이 줄어들게 되었고 이에 대응하는 방안으로 소니는 미국에 컬러 TV 조립공장을, 그리고 이듬해 부품인 트리니트론 공장을 세우게 되었다. 하지만 미국 업체들은 지속되는 인건비 상승으로 인한 제조 비용 상승 때문에 일본제품과의 경쟁에서 점점 열세에 직면하게 되었다.

이렇게 되자 1960년대에는 시장 점유율 측면에서 보이지도 않았던 일본 업체들의 이름이 1970년대 명단에 등장하기 시작했다. 특히 자체 브랜드와 미국 내 공장을 보유한 소니는 막강하였던 GE와 비슷한 시장 점유율 규모를 확보하였으며, 기타 업체들 파나소닉, 산요, 히타치, 도시바 등 일본 업체들의 이름이 대거 명단에 등장하기 시작해서 이들 업체들의 수입 비중은 1976년 전체 컬러 TV 시장의 40%를 점유하게 되었다. 이렇게 일본 업체들이 약진할 수 있었던 이유는 디자인의 모듈화와 생산 자동화의 향상으로 원가절감을 추진하고 또한, 강력한 유통채널의 구축을 통해서 미국업체들에 비해 경쟁력을 확보할 수 있었는데 이를 제대로 이해하기가 어려웠던 미국의 컬러 TV 제조업체들과 노동조합들은 국제무역위원회 등 다양한 기구에 수입금지를 촉구하는 제소를 하였다. 이렇게 되자 많은 일본 업체들이 미국에 독자 공장을 세우거나 합작공장을 세우는 등 대책을 마련하였으나 결국 국제 무역위원회는 일본제품에 대해 5년간 고율의 관세를 부과하는 것을 권장하였다. 이에 미국과 일본 정부는 자발적인 시장질서 유지협정(Orderly Marketing Agreement, OMA)을 합의하였다.

1977년 7월에 발효되어 3년간 유지되었던 OMA는 매년 1백 56만대의 완성된 TV와 19만대의 조립 TV로 수입을 제한하였다. 7월에 시작한 이 제도를 포함하여 1977년 수입된 TV가 2백만에 달한 것을 보면 그 규모를 상대적으로 짐작할 수 있었다. OMA 결과로 일본으로부터 TV 수입은 1백5십만대로 줄어든 반면, 미국 업체들의 판매는 늘어났다. 미국 경제와 시장 상황은 호전되었으나 일본으로부터 수입은 제한되고 있었기 때문에 대신 대만, 한국, 싱가폴 등으로부터 수입은 늘어나 전체적인 수입량은 1976년만큼이나 좋았었다. 특히, 대만으로부터 수입은 거의 1백만 대 수준까지 상승하였으며, 한국으로부터 수입도 2십만 대 수준까지 올라갔다.

일본업체들의 수출이 막히자, 이들 업체들은 대만과 한국으로 조립생산을 돌렸고 그 결과로 대만, 한국 등의 수출이 늘어나는 현상을 보인 것이다. 이것이 2000년대 들어 세계 최고 수준의 기술력을 보이는 한국 TV 산업의 발판이 되었다고 할 수 있다. 이 것을 한국의 운으로 볼 수도 있으나 세계 경제 상황과 미국의 산업 동향을 제대로 파악하고 있었던 당시 한국 전자산업 경영자들의 전략적 판단이 옳았다고 보는 것이 더 타당할 것이다.

일본업체들은 자발적 시장질서 유지협정, OMA 이후 미국 내 공장을 세우기 시작하였다. 일본식 생산방식을 도입한 것은 물론 기술적으로도 진공관을 대체하는 반도체를 적용하여 크기와 전략 소모량을 대폭 축소하였다, 초기에는 단순한 트랜지스터에서 시작하여 집적도를 높인 IC와 마이크로프로세서까지 채용하여 성능 및 기능, 디자인 등 다양한 측면에서 많은 개선을 추진하였다. 또한, 화질에 직접적인 영향을 미치는 브라운관의 성능과 기능을 대폭 개선한 트리니트론을 적용한 소니는 미국에서 독보적인 존재로 부각하기 시작하였다. 일본업체들은 새로운 기술 도입뿐만 아니라 조립, 테스팅, 패키징 등 전 과정에서 자동화를 도입하여 비용을 줄여나갔다. 또한, 미국업체들과는 다르게 부품 협력업체와의 장기적인 전략적 협력관계를 구축하여 단순하게 구매만 하는 것이 아니라 제품개발, 품질과 신뢰성에서도 좋은 결과를 이끌어 내었다.

특히, 1980년대 들어 일본 자동차와 마찬가지로 일본의 전자제품은 가격대비 성능이 좋고 특히, 품질이 아주 우수하다는 인식을 일반 소비자들이 갖기 시작하면서 미국 전자업체들의 설 자리는 점점 없어지고 있었다. 세계 처음으로 컬러 TV를 상용화하고 세상을 지배하던 미국의 컬러 TV 업체들 특히, RCA, Zenith, GE, Motorola 등 이름만 들어도 설레던 업체들이 경쟁에서 지면서 역사 속으로 사라진 이유가 무엇일까?

이런 현상은 대부분의 산업에서 발생하고 있었다. 앞에서 살펴본 자동차 산업과 컬러 TV 등 전자산업, 특히 반도체 산업에서도 비슷한 현상을 보이고 있었다. 1970년대까지 만들기만 하면 팔리는 시대이었기 때문에 Technology Push 위주의 산업이 소비자들에게 먹힐 수 있었다. 하지만 사는 것이 어느 정도 충족되자 단순한 기술에서 벗어나 같은 값이면 품질이나 성능이 우수한 제품이 팔리는 그것도 미국의 제품이 아닌, 일본이나 유럽의 제품이 팔리는 Demand Pull의 시대로 전환되고 있었다.

이런 환경변화에 대응하기 위해 미국 산업은 3가지 방식을 택하였다.

첫째, 무슨 소리 하는 거냐? 미국 산업은 아직도 세계 제일이다. 조금 문제가 있더라도 우리 스스로 자랑스럽게 지켜야 되며 그래서 우리 제품을 스스로 사는 Buy America, Made in America, 또는 Born in the USA 같은 사회적 운동이 일어나게 되었다.

둘째, 우리보다 잘하고 있는 나라가 일본이나 유럽이다. 특히, 일본 기업들이 잘하는 것이 품질관리인데 왜 우리는 못할까? 그들이 왜 잘하는지 알아보고 우리도 잘할 수 있는 방법을 찾아보자

셋째, 이제는 단순한 제품을 잘 만드는 것이 중요한 것이 아니다. 시대적 상황이 바뀌고 있고 그에 따라 산업이 바뀌고 있다. 그렇다면 무엇이 진짜 경쟁력이고 원천이 될지 찾아서 적용하자라는 세 가지 형태의 전략적 방향이 형성되었다.

이 세가지 형태의 전략적 모습이 1980년대와 1990년대에 미국 산업을 주도하는 전략의 모습이 되었다. 이 중에서 전략적 관점에서는 두 번째 품질관리 전략과 세 번째 다른 형태의 경쟁력 원천에 대해서 조금 더 깊게 살펴볼 필요가 있다.

우선, 두 번째 미국 기업들이 택한 품질전략에 대해서 살펴보자. 이를 살펴보

기 위해 일본 기업들을 벤치마킹할 필요가 있다. 일본은 2차 세계대전 이후 빈곤에서 벗어나기 위해 수출에 주력할 수밖에 없었고 수출하기 위해서는 가능하면 싼 가격에 제대로 된 물건을 만들었어야만 했다. 그래서 추진한 것이 품질 우선주의였다.

이 품질 우선주의를 일본 산업계에 전파한 사람은, 미국인이었던 에드워드 데밍이었다. 1928년 수학과 물리학 전공으로 예일대학교에서 박사학위를 받고 미국 농림부와 통계청에서 일하고 있었다. 2차 세계대전 후 1947년 미군정 산하에서 일본인 인구조사의 컨설턴트로 일하는 과정에서 통계적 품질관리에 대한 강의를 일본의 기업 사장과 임원들에게 많이 하게 되었다. 그중에서 1950년 하코네 컨퍼런스 센터에서 그가 한 강연 내용은 특히 많이 알려져 있다.

그는 통계적 품질 관리기법을 적용하게 되면

1) 실질적인 비용은 줄고
2) 원부자재의 효율성도 좋아지고
3) 생산성은 늘어나는 반면 폐기물은 줄어들고
4) 제품의 품질은 균일해지며
5) 생산자와 소비자 모두 품질에 대한 합의를 할 수 있고
6) 제품 검사 과정도 줄어든다 등을 주장하며,

특히 경영진이 말로만 하지 말고 앞장서서 추진해 나가되 품질 방향성을 알 수 있는 챠트 등 방법 등을 사용하여 실제 행동에 나서라고 주장했다. 그는 "소비자가 원하는 제품을 경제적으로 생산할 수 있는 방법을 제시하는 것이 품질 관리기법이다 라고 정의하였고, 판매는 단순하게 제품을 소비자에게 전달하는 과정이 아니라 제품을 판매함으로써 소비자를 만족시켰는지 확인해야 하며 이를 통해 추가적으로 소비자를 만족시킬 개선방안을 만들어 낼 수 있다" 라고 하였다

이런 강의 내용을 들은 일본 산업계의 리더들은 실제로 품질 관리기법을 적용하면서 전례가 없는 품질과 생산성의 향상을 달성하였고 결과적으로 미국 시장에서 일본 제품에 대한 반응으로 나타나게 되었다. 이에 일본 업계에서는

1950년 데밍상을 제정하고 그의 업적을 기렸으며 도요타는 1965년 이 상을 수상한 이후 전 세계에서 두각을 나타내었다.

한편, 1960년 일본 정부는 전후 일본의 경제 부흥의 성공에 기여한 공로를 인정하여 일본 훈장 서보장(瑞宝章, 2등급)을 그에게 수여했다. 그가 주장했던 품질 관리기법은 현대에 적용해도 전혀 무리가 없는 경영기법이었다. 아니, 오히려 현대에 적용해야만 하는 그런 내용들 이라고 볼 수 있다. 데밍은 이런 내용을 1950년대 일본정부와 기업들에게 전수를 했고 일본 기업들은 이를 착실하게 수행하여 1970년대~1980년대 전세계에서 두각을 나타내기 시작했다.

데밍은 이후 미국에 돌아 와서 컨설팅회사를 운영하였으나 거의 알려지지 않았었다. 하지만, 미국이 일본과의 경쟁에서 심각한 시련을 겪고 있던 1980년 NBC 방송에서 방영된 "일본이 할 수 있다면,,, 왜 우리는 못하는가?"라는 프로그램에서 소개되고 난 후 컨설팅 요청이 쇄도하게 되었다. 방송 후 당시 심각한 경영난을 겪고 있던 포드자동차의 요청으로 컨설팅을 하면서 포드의 문제는 단순한 품질문제가 아니라 경영진의 활동과 포드의 기업문화가 신차 개발에 걸림돌이라는 의견과 이에 따른 개선책을 제시하고 이를 시행하여 1986년 획기적인 신제품을 내놓고 경영 실적이 제너럴 모터스보다 개선되면서 그의 말이 사실임이 증명되었다.

한편, 1950년대 일본에서 강의했던 내용을 바탕으로 한 경영관리의 14개 지침을 (14 Points for Management) 바탕으로 쓴 1986년 Out of the Crisis 라는 책에서 미국 기업이 처한 어려움을 극복하기 위해서는 경영진의 관리방법 및 스타일을 대대적으로 변화시키는 것이 필요하다라고 언급하였다. 그는 책에서 경영진이 미래에 대한 준비를 하지 못하면 시장을 잃을 뿐만 아니라 일자리도 잃는다고 언급하면서 단순하게 단기적인 관점에서 평가하는 것이 아니라 장기적인 관점에서 평가해야 한다고 주장하는 등 당시로서는 획기적인 방향제시를 하였다.

현재 시점에서 봐도 경영에 필요한 경영관리 14개 지침은

1) 제품과 서비스 개선 목적의 일관성 유지

2) 새로운 경제 시대에 맞는 새로운 경영철학과 리더십
3) 품질시스템의 도입으로 대규모 품질검사의 필요성/의존도 축소
4) 부품 단가에 의한 구매보다는 Total Cost에 의한 구매 (부품회사와 전략적 협력관계)
5) 품질과 생산성, 원가 개선을 위한 지속적이고 끊임없는 개선활동 추진
6) 현장에서의 직무교육 도입 (On the Job Training)
7) 리더십 교육, 특히 경영진의 리더십 교육 강화
8) 변화에 대한 장애물 제거
9) 부서 간 벽 제거 (회사 내 모든 조직은 하나의 팀)
10) 슬로건, 품질/생산 목표 등 제거 (목표 관리, 생산량 할당 등)
11) 작업자의 긍지를 뺏는 장애물 제거 (품질보다는 목표 숫자)
12) 경영진/엔지니어의 긍지를 뺏는 장애물 제거 (숫자에 의한 단기평가 등)
13) 교육과 자기계발을 위한 다양한 프로그램 도입
14) 조직 내 모든 인력의 지속적인 변화 유도 등으로 구성되어 있다.

이 14개 지침에서 공통적으로 볼 수 있는 것은 조직은 개인이 아닌 하나의 팀으로 움직이며, 그리고 개개의 사람이 아닌 시스템으로 움직여야 효율을 확보할 수 있으며 이를 확보하기 위한 교육과 기업문화 구축에 포커스를 두고 있다고 할 수 있다. 이 14가지 지침은 1990년대 도입된 전사적 품질관리 시스템, Total Quality Management (TQM)으로 발전하는데 기초가 되었다. 즉, 소비자가 요구하는 제품과 서비스를 제공하기 위해서는 단순히 품질부서만의 문제가 아니라 전사적 관점에서 고품질을 제공하겠다는 기업문화를 구축하는 것이 필요하다는 관점에서 출발하였다.

또한, 데밍은 1993년 The New Economics For Industry, Government, Education을 발표하였다.

산업계나 정부 등 모든 조직에서 경쟁을 유도하는 현재의 경영 시스템으로 효과를 극대화하는 것은 불가능하고 대신 협력을 유도해야 한다고 주장했다. 경쟁을 유도하는 분위기 때문에 조직이 파괴되고 경영 스타일은 죄수들이 생활

하는 감옥과 같은 형태가 되고 있다고 주장했다. 그래서 경쟁 분위기를 협력 분위기로 바꾸기 위해서는 경영 스타일 변화를 위한 시스템을 도입해야 하고 이를 심오한 지식의 시스템 (System of Profound Knowledge)이라고 이름 붙였다. 이 시스템을 적용하기 위해서는 먼저 개인의 변화가 필요하다고 주장했다. 먼저 개인이 경쟁보다는 협력을 통하는 것이 좋다는 인식을 가지도록 교육 및 훈련을 해야 한다.

그런 다음에 4가지 파트로 구성되어 있는 이 시스템을 적용해야 한다고 주장했다.

1) 시스템의 목적을 달성하기 위한 모든 구성 요소의 인식
2) 변화가 발생하였을 때 요인 분석과 이해
3) 변화의 발생과 요인분석을 바탕으로 미래 예측을 위한 이론 정립
4) 개개인의 차이를 인식하고 인간의 내면적인 동기부여를 위한 심리적 접근

데밍은 또한 1950년 일본에서 강의한 내용을 바탕으로 한, 유명한 Plan-Do-Study-Act(PDSA) Cycle을 이 책에서 언급하였다. 제품이나 서비스의 개선을 위한 모델로서 연역적이면서도 귀납적인 방식을 도입하여 개선을 체계화하고자 하였다. 이 방식은 일반적으로 알려진 Plan-Do-Check-Act(PDCA) Cycle과는 조금은 다른 방식이다.

이렇듯, 일본이 할 수 있다면 미국도 할 수 있다는 개념에서 미국의 산업은 1980년~1990년대 품질우선주의로 경쟁력을 키워 나갔다.

03

핵심 경쟁력: 남들과 다르게 만들어라

이제 세 번째 미국의 전략을 살펴볼 필요가 있다. 제품의 품질이나 가격에서는 더 이상 일본과 경쟁하는 것은 어렵다는 것을 인식한 미국의 산업계는 이런 현상에 대한 분석과 전략 방향을 만들어 내기 시작했다. 대표적인 것으로 하버드 대학 마이클 포터 교수의 1980년 경쟁 전략인 Competitive Strategy, Techniques for Analyzing Industries and Competitors를 들 수 있다. 한 해 전에 하버드 비즈니스 리뷰에 발표한 내용인, 경영전략을 결정하는 5가지 경쟁 요인에 (5 Forces) 대한 논문을 책으로 정리한 것이다.

이 책은 특정한 기업의 전략이 아니라 산업의 전략에 대해서 깊이 있는 분석을 하였다. 특히, 경쟁력을 단순하게 기업들만의 이슈가 아니라 산업을 둘러싼 환경적인 모든 것들이 중요하다는 점을 인식하고 이를 분석하는 구조적인 도구로서 사용했다는 점에서 그 전과는 차이가 있었다. 그중에서도 산업 자체의 경쟁력, 소비자의 Bargaining Power, 산업에의 신규 참여자, 부품 협력업체와의 역학관계, 그리고 마지막으로 대체품과의 역학관계를 고려하여 산업의 경쟁력을 구조화하여 분석하였다.

현대적인 시각에서 보면 너무나 당연한 얘기일 수도 있다. 미국의 산업은 막강하다고 여겼던 당시에 일본에 비해 경쟁력의 열세가 발생하자 이를 산업 자체만의 분석이 아니라 산업을 둘러싼 모든 요소들을 감안하여 경쟁력을 최초로 분석하였다는 점에서 큰 의의가 있다고 할 수 있다. 그 내용을 구체적으로 살펴보면 우선, 가장 기본적으로 동일한 산업에서 비즈니스를 하는 기존 기업들의 경쟁력 분석을 추진해야 한다.

포드의 경우 산업 초창기에 Assembly Line을 통한 원가 경쟁력으로 산업을 주도하였으나 제너럴 모터스는 원가 경쟁력 보다는 소비자의 요구를 반영한 다양한 자동차를 출시함으로써 시장을 주도하게 되었다. 자동차 시장이 성장하는 과정에서는 동일 분야의 경쟁자들끼리 시장 점유율을 적당히 나누어도 매출은 성장할 수

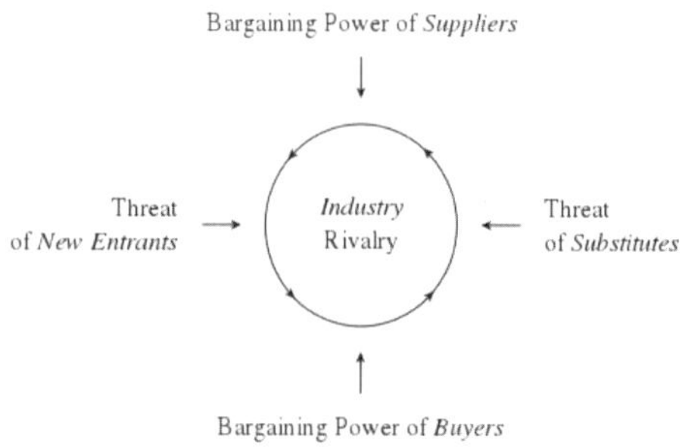

(산업 경쟁을 유발하는 5가지 요소, Wikipedia)
(D. Fadeev))

있지만, 시장이 정체되기 시작하면서 기업의 성장도 정체되기 때문에 성장해야 하는 기업 입장에서는 타사로부터 시장 점유율을 뺏을 수밖에 없는 상황이 벌어진다. 동일한 산업에 종사하는 경쟁자의 전략에 따라 상당한 충격을 미칠 수 있는 점 때문에 가장 크게 신경을 써야 할 분야이다.

두 번째로 생각해야 하는 것이 소비자의 힘 (Bargaining Power of Buyers)이다. 이것은 1980년대 들어 자동차 산업 및 전자산업에서 증명된 케이스로 볼 수 있다. 앞에서도 예를 들었던 제너럴 모터스는 소비자의 요구사항을 반영한 다양한 자동차 모델을 만듦으로써 포드를 제칠 수 있었으나 시간이 흐름에 따라 미국 자동차 산업은 품질 및 신뢰성에서 심각한 문제를 일으키고 있었으나 이를 큰 문제로 인식하지 않았다. 하지만 전혀 예상하지도 않았던 일본 자동차가 미국 시장에 도입되자 시장에 커다란 변화가 일어났다. 특히, 자동차에 대해서 잘 알지는 못하였지만, 자동차 구매의 결정권을 가지고 있는 워킹맘들은 품질과 신뢰성, 생산성이 좋은 일본 자동차를 구매하기 시작했던 것이었다. 이들의 구매 결정권에 영향을 미칠 수 있는 요인으로는 단순한 가격뿐만 아니라, 품질과 디자인 등 다양한 요인들로 변화되었다. 물론 여기에서 소비자란 특정 산업의 부품 또는 제품을 구매하는 집단을 얘기하고 있기 때문에 부품을 가지고 또 다른 부품을 만드는 경우에도 적용할 수 있다. 이런 경우에는 수직 계열화의 가능성도 포함하여 고민할 수 있다.

세 번째로 생각해야 하는 것이 기존 산업에 새롭게 참여할 수 있는 신규 참여자 (Potential Entrants)이다. 신규 참여자가 시장에 새롭게 참여하는 이

유는 시장이 매력적이기 때문이다. 매력적이라는 얘기는 궁극적으로 시장 점유율을 높이고 이익을 창출할 수 있다고 믿기 때문이다. 신규 참여자가 산업에 참여하는 것을 어렵게 만들게 하기 위해서 규모의 경제가 워낙 차이가 나게 한다든지 또는 앞에서도 언급된 보스톤 컨설팅 그룹의 경험 곡선의 사례에서 보듯이 원가절감 부분을 이익으로 취하는 것이 아니라 판가 인하에 활용함으로써 경쟁사가 참여하는 것을 못 하도록 하는 것이 장기적인 관점에서 기업에 유리하다는 의견을 제시하고 있다. 이렇게 신규 참여자가 기존 시장에 참여하는 것을 어렵게 만드는 방법은 투자나 설비, 기술 및 원가 경쟁력, 부품 및 판매망의 확보 등 Supply Chain, 특허 등 법률적 이슈로 인한 제한 등 다양한 방법을 생각해 볼 수 있다.

네 번째로 생각해야 하는 것이 부품 협력업체와 역학관계 (Bargaining Power of Suppliers)이다. 부품 협력업체로부터 품질과 성능이 좋은 부품을 싸게 공급받을 수 있다면 사업의 이익은 자연스럽게 좋아질 것이다. 하지만 이 부품을 공급하는 업체가 우리한테만 공급하는 것이 아니라 다른 경쟁업체에도 공급한다면 우리의 차별화는 어디서 발생할 것인가에 대해서 고민해야 한다. 또한, 반대의 경우도 문제로 볼 수 있다. 품질문제도 있고 원가도 비싼 경우에 이 부품을 공급하는 업체를 쉽게 바꿀 수 없다면 이익 창출뿐만 아니라 기업의 성장성에도 문제가 있을 것이다. 가장 좋은 방법은 품질과 성능이 우수한 부품을 우리한테만 싸게 공급할 수 있는 그런 Supply Chain, 전략적 협력 관계를 구축하는 것이다.

마지막, 다섯 번째 대체품과의 역학관계이다. 같은 기능을 수행하는 제품을 대체할 수 있거나 더 좋은 기능을 수행할 수 있는 대체품에 대해서 경쟁력 비교를 해야 한다. 통상, 기업들은 대체품에 대해서는 경쟁 상대가 아니라는 점에서 관심을 두지 않았었다. 마차를 타고 다니던 시대에 자동차가 나오기 시작하자 많은 사람들이 변화를 인식하지 못하였지만 10년 만에 뉴욕 시내의 풍경을 바꾼 것은 대체품인 자동차였다. 대체품은 같은 기능을 수행한 것을 대상으로 보는 것이 더 많겠지만 조금 더 시각을 넓혀 보면 다른 각도에서도 볼 수 있다. 예를 들면, 운동화를 만든 나이키의 대체품을 닌텐도 게임기라고도 볼 수 있다. 운동을 하는 대신 집에서 게임을 하게 되는 경우에 해당하기 때문에 다른 범위에서 대체품이라고도 볼 수 있다. 현대적인 시각에서 보면 당연한 얘기인 것처럼 보이지만 이와 같이 5가지 경쟁 요인을 구조적으로 분석함으로써 미국의 산업이 처한 문제점과 대응방안, 그리고 경쟁력 우위를 확보하기 위한 산업 전략을 수립하기 시작했다는 점에서 포터 교수의 경쟁전략은 획기적 반응을 이끌어 내었다.

포터 교수의 5가지 경쟁 요인에 대한 분석은 현대적 개념에서의 수직계열화와 수평계열화에 대한 개념을 모두 포함하고 있다고 할 수 있다. 앞장에서 살펴본 Standard Oil이나 포드 자동차, 제너럴 모터스의 경우 모두 이런 개념을 적용하고 있었다. 하지만 이런 개념들이 정립되기 이전에 경영진의 판단과 필요에 따라서 부품 협력업체나 동종업종의 경쟁업체, 그리고 고객 회사까지 포함하는 M&A를 한 것으로 보인다.

이를 조금 더 자세히 들어다보면 수직계열화는 기업의 독점과 운영의 비효율성 등 단점도 있지만, 좋게 운영하면 상당한 비용 절감과 시장 점유율의 증대, 핵심적인 부품의 확보 등 다양한 장점이 있다고 볼 수 있다. 제조업체로부터 시작하여 판매와 마케팅, A/S를 포함하는 방향으로 움직이는 전방 수직계열화와 부품 업체와 원재료를 포함하는 후방 수직계열화, 그리고 양방향으로 움직이는 수직계열화 등 다양하게 고려할 수 있다.

수직계열화를 추진할 때 핵심적으로 고려해야 할 사항으로 현재 사업을 하고 있는 부분의 시장 점유율, 또는 이익률 향상에 도움이 되는지 여부와 단순하게 구매할지, 단기 구매 계약, 장기 구매 계약, 합작 등 다양한 방법에 대해서도 고려해야 한다. 다음으로 수평계열화는 동종 업종의 경쟁업체를 인수하는 것으로 볼 수 있다. Standard Oil 사례에서 보았듯이 월등한 원가 경쟁력을 바탕으로 경쟁업체를 매수하여 대기업 집단으로 성장할 수 있었다.

포터 교수의 5가지 요인은 이 수직계열화, 수평계열화에서 주축이 되는 핵심 요인들과의 역학관계를 고려하여 경쟁력 우위를 확보하는 방안을 찾고자 하였다. 그는 5가지 경쟁 요소에 의한 경쟁이 치열하게 벌어지고 있는 상황에서 경쟁력을 확보할 수 있는 수단으로 3가지 전략을 뽑았다. 즉, 원가경쟁력 전략,

차별화 전략, 집중 전략 등을 들고 이 세 가지 중에서 제대로 된 전략을 선택하지 못하여 이도 저도 아닌 중간 전략을 선택할 경우 어려움에 처할 수 있다고 하였다.

먼저, 원가경쟁력 전략은 이미 경험 곡선과 규모의 경제를 통한 원가절감 효과의 극대화를 추구하는 것이 필요하고 차별화 전략은 경쟁자들과는 다른 제품과 서비스를 제공하는 전략으로 품질, 기술, 디자인, 브랜드, 마케팅 등 다양한 형태를 띨 수 있다.

원가경쟁력 전략과는 다르게 차별화 전략은 고객의 충성도를 바탕으로 하는 경우가 많기 때문에 가격에 민감하지 않은 경우가 대부분이다.

마지막으로 집중 전략은 특정 지역이나 특정 소비자 집단 등을 대상으로 적용하는 전략이다. 일반적인 소비자를 대상으로 하는 원가경쟁력 전략이나 차별화 전략과는 다르게 특정 소비자가 원하는 것을 집중적으로 제공한다는 점에서 차이가 있다. 그런데 판가를 경쟁사 대비 싸게 책정하고 또한 차별화된 제품과 서비스를 제공하겠다는 목표로 사업을 추진해서 성공하면 대박이지만 그렇지 못한 경우 이도 저도 아닌 중간 형태가 되는 경우가 많이 있다. 이때는 소비자들로부터 가격 측면에서도 차별화 측면에서도 외면받을 수밖에 없다. 마찬가지로 특정 소비자를 대상으로 하는 집중 전략의 경우에도 가격이나 차별화 전략이 이들 특정 소비자 계층의 개념과 차이가 나게 되면 소비자들이 외면하는 경우가 종종 발생하게 된다.

이런 측면에서 보면 사업의 전략을 설정할 경우에, 그 방향성을 명확하게 정의하고 이를 추진하는 것이 바람직하다고 볼 수 있다.

포터 교수는 이 책에서 경쟁사에 대한 상세한 분석을 다루고 있다.

우리는 Chap I 전략이란 무엇인가? 에서 전략의 핵심은 전쟁에서 이기기 위한 방법이라고 전제하였다. 주어진 환경의 분석과 경쟁사의 철저한 분석을 통해서 이길 수 있는 방법을 전략이라고 할 때 경쟁사의 철저한 분석은 어떻게 보면 당연하다고 할 수 있다.

포터 교수는 경쟁사의 분석을 하기 위한 시스템으로 4가지 요소를 제시하였다. 경쟁사 스스로 생각하는 自身과 산업 및 경쟁사 현황 (Assumption), 경쟁사의 약점과 강점 등 능력, 경쟁사의 현재 전략, 그리고 마지막으로 경쟁사의 목표 등 4가지 요소를 기본으로 경쟁사를 분석해야 한다고 하였다. 이런 분석을 통해서 경쟁사가 현재 상황에 대해서 만족을 하는지 경쟁사의 취약점이 어디에 있는지, 경쟁사가 택할 수 있는 전략은 무엇인지? 등등을 알 수 있다고 했다. 이를 위해서 제품, 유통망, 마케팅과 영업, 운영상황, 기술개발, 비용구조, 재정 상황, 조직구조, 경영진 현황 등 가능한 모든 정보를 확보해서 분석해야 한다고 주장하고 체계적인 정보 수집 및 분석을 통해서 전략 수립에 활용해야 한다고 언급했다.

이것은 앞장에서 설명한 손자병법의 知彼知己 百戰不殆와 같은 내용으로 볼 수 있다. 이 내용은 적을 알고 나를 알면, 백 번 싸워도 위태롭지 않다는 내용인데 손자는 적을 아는 것이 가장 중요하다고 언급하고 더 나아가 간첩을 활용한 정보 수집의 방법까지도 자세하게 언급하고 있었다. 그만큼 경쟁사의 정보를 최대한 많이 수집하는 것이 중요하다고 할 수 있다. 전략을 수립하기 위한 5가지 경쟁 요인에 (5 Forces) 대한 분석 후 마지막 장에서 그는 전략적 의사결정을 3가지 측면에서, 즉, 수직 계열화, 생산 능력 확대, 그리고 신규사업에의 참여 등 3가지 추진 전략을 설명하고 있다.

그는 수직 계열화를 통하여 규모의 경제 달성 등 경제성 확대, 안정적인 기술, 부품 및 시장에 대한 Supply Chain 확보로 차별화가 가능하고, 특히 신규 참여할 경우에 있는 장애물 등에 대하여 레버리지 역할을 할 수 있으며, 시장, 기술 및 품질 정보 수집 등에 있어서 많은 장점이 있으나 투자 증가로 인한 자본금, 비용의 상승, 조직 외부에서 신규로 발생하고 있는 기술 및 동향에 대한 접근이 어렵고 상호 문화가 다른 조직의 통합 문제가 나타날 수 있고 (예, "썩은 사과" 사례), 사업에서 철수할 경우 자유도 저하 및 조직 유연성 저하 등의 단점도 있다고 하였다. 이런 관점에서 직접적인 수직 계열화보다는 간접적으로 자금 대여, 소수 지분으로 참여, R&D 협력 등 간접적인 방법도 언급하면서 수직 계열화가 만병통치약이 될 수 없음을 명확하게 하였다. 이렇게 심도 있게 분석한 이유는 당시 상대적으로 경쟁력이 있다고 여겨지던 일본 업체들에 비해서 미국 기업들의 그룹 계열화가 떨어져 있었던 것에 대한 분석을 한 것으로 보인다.

MIT Sloan Management Review에 따르면 매출액 중에서 관계사에 지불한 비용의 합계를 비교한 결과 미국 자동차 업계는 대부분 30% 수준을 내부에서 처리한 반면 일본 자동차 업계는 회사로만 보면 30% 수준이었으나 그룹 기준으로 보면 70%까지 높아져 있어 대부분의 작업을 그룹 내부에서 처리하고 있음을 알 수 있다. 이런 점 때문에 포터 교수는 수직계열화의 추진 전략에 대해서 심도 있게 분석한 것으로 보인다.

다음, 생산 능력 확대 문제는 거의 모든 기업에 있어서 전략적 의사 결정의 핵심 문제일 것이다. 투자를 결정하면 생산 능력을 확대하기까지 걸리는 시간이 있기 때문에 이 기간 중 소비자의 요구가 어떻게 바뀔지에 대한 두려움과 이런 움직임에 대해서 경쟁사는 어떻게 반응할지에 대한 정보 불확실성 등 미지의 세계에 대한 두려움이 많은 것이 투자 문제이다. 투자 의사결정이 잘 되면 시장 점유율을 획기적으로 높일 수 있지만 잘못되면 시장의 공급이 넘쳐나고 판가는 하락하여 시장과 회사에 심각한 충격을 줄 수 있다.

마지막 전략으로 그는 신규사업에의 참여를 언급하고 있다. 그 방법으로 내부개발을 통한 사업 참여와 외부 기업의 매수를 통한 사업 참여 등을 주장하였다. 이 같은 내용을 포함하여 포터 교수의 경쟁 전략을 키워드 중심으로 종합적으로 요약하면 산업의 경쟁력은 5가지 경쟁 요인을 포함한 환경분석을 추진하고 특히, 경쟁사의 철저한 분석을 통해서 원가 경쟁력, 차별화 전략, 집중 전략 등 3대 전략을 기본적으로 추진해야만 하고 추가적으로 수직계열화, 생산 능력 확대, 신규사업에의 참여 등에 대해서 구체적으로 설명하고 있다. 다시 말하면, 산업 전쟁에서 이기기 위해서는 기업에게 주어진 산업 환경과 철저한 경쟁사 분석을 통해서 이기기 위한 방법을 찾아내는 것이라는 전략의 기본 취지와 같다고 할 수 있다. 포터 교수는 산업 차원의 분석에 머무르지 않고 1985년에는 개별 기업의 경쟁력 확보를 위한 경쟁우위를 (Competitive Advantage creating and sustaining superior performance) 발표하였다.

산업의 흥망성쇠를 결정짓는 경쟁전략의 5가지 요소 대신 기업 내부의 경쟁력을 분석할 수 있는 새로운 Frame을 제시하였다. 이 Frame에서 기업의 가치는 내적, 외적 자원을 활용하여 소비자가 원하는 상품과 서비스를 제공하는 것이며 경쟁사보다 더 좋게 제공하게 되면 기업의 가치는 올라가게 된다는 기본 개념을 적용하였다. 이때 기업 내부에서는 여러 가지 활동들이 일어나며 이에 따라 부가가치가 발생한다. 이 부가가치들이 서로 연결되는 과정을 분석하여 처음 시작할 때부터 소비자에게 제공될 때까지의 가치의 변화 과정을 분석하는 방법으로 가치 사슬(Value Chain) 모델을 제시하였다. 이 Value Chain이란 개념은 제조업체 중심으로 외부에서 부품을 들어와서 내부의 작업을 거쳐 외부로 보내기 위한 물류 활동을 하고 판매 등 마케팅 활동을 하며 필요한 경우 After Service까지 제공하는 통상적인 기업의 주요 기능을 묘사하고 있다.

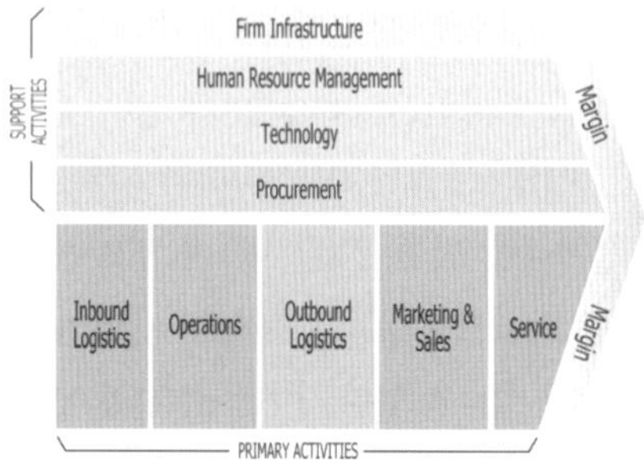

(Value Chain, Wikipedia)
(Dinesh Pratap Singh)

이런 기업들의 주요 활동을 지원하는 기능으로 기획, 관리, 재무 등 기본 인프라와 인적 관리와 기술개발, 구매 등 지원 기능 등이 필요하며 이들 지원 기능은 어느 한 단계에서만 필요한 것이 아니라 처음부터 AS 과정까지 모든 단계에서 적용되어야 함을 알 수 있다. 기업의 이익을 창출하는 데 있어서 이들 주요 기능과 지원 기능 등이 상호 유기적으로 결합하여 시너지를 낼 수 있어야 한다.

물론, 이 일반적인 Value Chain을 기본으로 하여 각 업체별 상황에 맞는 주요 기능과 지원 기능을 세부적으로 분석하는 것이 필요하다. 이 과정에서 각 단계별로 부가가치가 발생하는 과정과 내용을 구체적으로 살펴보고 추가적인 개선이 가능한 부분과 필요하지 않는 부분을 알아내는 것이 핵심이라고 할 수 있다. 또한, 단순하게 자기만의 Value Chain을 분석하기보다는 협력업체와 고객까지를 포함하여 Value Chain을 분석하여 중복되는 부분이나 필요가 없는 부분을 구분하여 효율성을 제고할 수 있다.

이런 분석은 기업 내부에서도 필요하다. 예를 들면 여러 개의 사업부를 보유한 기업의 경우, 각 사업부는 독자적인 Supply Chain을 가지고 있으며, 경우에 따라 중복될 수 있기 때문이다. 많은 기업의 경우, 인사나 지원, 구매 조직 등은 중복될 가능성이 많으며 또한, 기술이나 생산 기능의 경우에도 같은 종류의 개발을 따로 수행하는 경우가 많기 때문에 같은 업무를 여러 개의 분리된 부서에서 수행하는 것이 필요한지를 따져 볼 필요가 있다. 이렇게 함으로써 조직 구조를 설계하는데 있어서도 도움이 될 수 있다. 그는 이 모델을 베이스로 하면서 경쟁 우위를 얻기 위해서는 원가 절감과 차별화의 두 전략을 핵심으로 들었다.

우선 원가 절감 측면에서는 단순한 원가 수준의 계산이 아니라, 원가 구조를 분석할 수 있는 시스템을 강조하였다. 당시만 하더라도 단순한 경험 곡선에 의한 원가 절감을 추진하는 분위기였으나 원가구조의 분석을 통해서 최대한 절감할 수 있는 부분과 불가능한 부분 등을 분석하고 경쟁사의 원가도 추측이 가능하도록 하여 경쟁사 대비 차별화가 가능한 부분을 밝히도록 하였다. 여기에서 중요한 것은 Value Chain에 있는 모든 기능의 원가를 분석하는 것이었다. 이렇게 함으로써 기업 전체로서의 원가를 총체적으로 분석하는 것이 아니라 모든 기능의 원가를 산정하고 이를 합산하는 방식으로 전체 원가를 산정하는 것이다.

원가에 영향을 미치는 요인으로 구매가격, 규모의 경제, 경험곡선, 설비 가동률, 수직 계열화 정도, 주요 활동간 연결 정도에 따른 영향 등 10가지 요소를

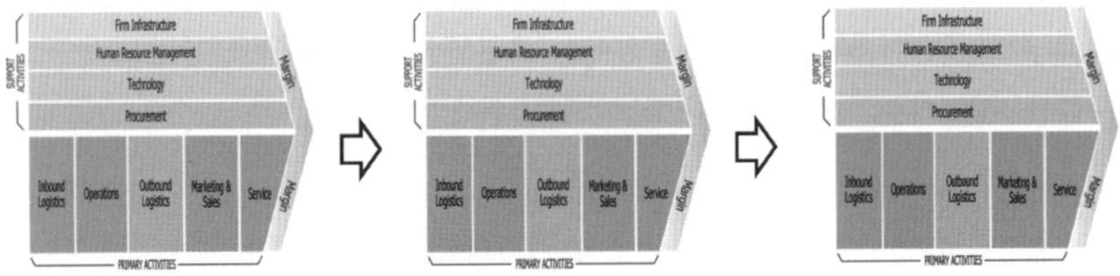

(협력업체 Value Chain) (나의 Value Chain) (고객 Value Chain)

들고 설명하고 있으며. 이들 구조를 파악함으로써 원가 경쟁력의 지속 가능성과 경쟁사의 원가를 예측할 수 있다. 이렇게 함으로써 경쟁사 대비 원가 경쟁력을 확보할 수 있다고 하였다.

요약하면, 원가 경쟁력을 확보하기 위한 방법으로

1) Value Chain과 주요 기능에 대한 원가 분석
2) 주요 기능의 원가 구조 및 절감 요인 파악
3) 경쟁사의 Value Chain 및 원가 구조, 상대적 강점과 약점 등 파악
4) 원가 구조 분석을 통한 원가 절감 방안 수립 및 Value Chain의 재구성 추진
5) 원가 절감 때문에 차별화 저해 요인이 발생하지 않도록 조치
6) 원가 절감의 지속성 여부 확인 등을 들 수 있다.

이런 방식은 이론적으로는 쉽게 이해할 수 있으나 현실적으로는 기업 내 모든 활동을 분해하고, 각 활동의 원가를 배분해야 하고 또한, 자산의 원가도 배분해야 하기 때문에 현대의 기업들에서도 적용하기가 쉽지 않은 방법이지만 경쟁사 대비 원가 절감 수립과 지속성을 유지할 수 있는 좋은 방법이다.

다음, 차별화 전략으로 소비자들이 상품과 서비스를 구매할 때 경쟁사가 제공하지 못하는 가치를 부여하는 방법이라고 할 수 있다. 이 차별화 전략 역시 Value Chain의 분석을 통해서 경쟁사들이 할 수 없는 나만의 독창적인 제품 및 서비스를 만들어 낼 수 있다. 하지만 독창적인 것이라고 할지라도 소비자들이 가치를 부여하고 구매를 하지 않는다면 의미가 없을 것이다. 그런 측면에서 소비자들의 Value Chain을 설정하고 분석하여 구매하고 싶어 하도록 구매 가격을 낮추거나 성능을 대폭 향상하는 방법을 찾아야 하고 또한, 지속적으로 구매를 하고 싶어 하도록 하는 방법을 찾아야 한다. 그런 측면에서 보면 구매자들의 구매 의사를 결정하는 요인들을 분석할 필요가 있으며 또한, 구매를 결정하는 과정들에 대한 이해도 필요하다.

차별화 전략을 확보하기 위한 방법으로

1) 실제로 구매하는 구매자가 누구인지 명확히 파악
2) 구매자의 Value Chain 분석을 통해서 구매의 영향 파악
3) 구매자의 구매 기준을 설정하고 구매 요인의 우선순위 파악
4) 구매자의 요구를 만족시킬 수 있는, 독창적인 요인 보유 여부 파악
5) 독창적인 요인을 활용한 차별화 방안의 비용 분석

6) 구매자의 차별화 요구를 반영하지만, 비용 차별화도 가능한 방안 수립 및 분석

7) 수립된 방안의 지속 가능성 분석

8) 차별화와 관련이 없는 기타 비용들의 절감 방안을 생각할 수 있다.

그는 원가 경쟁력과 차별화 전략에 이어 기술전략을 Value Chain과 연계하는 방법으로 기술 개발과 품질, First Mover 전략, 기술 라이센싱 전략, 기술의 발전 예측 등을 설명하면서

1) Value Chain에 필요한 기술 파악
2) 적용 가능한 기술이 다른 산업에 있는지 또는 연구 중에 있는지 파악
3) 핵심기술의 발전 방향 검토
4) 경쟁우위를 확보하거나 산업구조를 바꿀 가능성이 큰 기술 또는 향후 잠재적 기술 변화에 대해서 파악
5) 핵심 기술에 대한 기업의 상대적 능력과 개선 비용 파악
6) 경쟁 전략을 강화하기 위해 필요한 기술을 포함한 기술전략 선정
7) 사업부 기술 전략을 전사 레벨로 높이고 사업부 간 협력 강화 등의 방법을 언급하였다.

그리고 경쟁 전략에서도 언급된 바 있는 경쟁자에 대해서도 여기에서 추가로 언급하였는데 상호 선의의 경쟁을 할 수 있는 좋은 경쟁자는 기업뿐만 아니라 산업의 발전을 위해서도 필요하다고 언급하고 있다. 그리고 경쟁우위를 확보하기 위한 기업전략으로 기업 전략과 사업부 전략을 언급하고 있다.

사업부 전략은 각 사업부의 활동을 정의하는데 비해 기업 전략은 60년대~70년대에 사업 다각화에 따른 다양한 사업의 포트폴리오 전략을 의미한다고 하였다. 이런 현상은 70년대 말에 각 사업부가 독자적으로 운영하는 형태로 발전함에 따라 시너지 개념이 희석되고 대신 사업의 포트폴리오를 관리하는 방향으로 정리되었기 때문이었다. 시너지 효과를 이해하고 실행하는 과정에서 제대로 이해를 하지 못하였기 때문에 미국 기업은 시너지 효과를 과소평가하였다.

하지만 성공을 거둔 일본 기업을 벤치마킹 함으로써 각 사업부별 상호 관계를 이용한 시너지 효과를 극대화한 전략의 필요성에 대해서 강조하고 있다.

이렇게 하기 위해서는 다각화된 사업 구조에서 수평적 전략이 필요하게 되었다. 각 사업부의 목표를 무시한다기보다는 각 사업부의 목표를 조율함으로써 그룹 전체의 목표와 각 사업부별 목표를 최적화할 수 있다는 사실을 인식한 것이었다. 기술적인 발전, 특히 전자와 정보 기술의 발전에 따라서 융합의 중요성이 강조되고 기술 발전의 공유, 구매, 부품의 제조 등에 있어서 시너지를 추구할 수 있는 기회가 조금 더 많아지기도 하였다.

수평적 전략의 사례로서는 사업부 간 공동 구매, 비슷한 제품의 생산에 대한 생산방식 공유, 생산 기술 및 기술 개발에 대한 정보 공유 및 인적 자원 공유, 또한, 인사, 지원, 기획 등 인프라 차원의 비슷한 기능끼리의 정보 및 전략 공유 등을 감안하여 각 사업부별 목표를 달성하면서도 그룹 전체의 목표를 달성화할 수 있는 최적의 방안을 도출하는 것을 들 수 있다.

사업이 다각화된 그룹의 경우, 그룹의 경영진은 그룹 차원의 전략을 수립하고 추진해야만 한다. 그룹의 전략은 단순하게 각 사업부의 전략을 더 하는 것이 아니고 상호 관계를 고려하여 시너지를 최대한 낼 수 있는 그런 방안을 찾는 것이 전략의 핵심이다.

그는 또한 불확실성이 증가되는 상황에서의 경쟁 전략은 Contingent Plan의 도입과 시나리오 경영을 고려해 볼 수 있다고 주장했다. 특히, 산업의 불확실성에 대비해서 불확실한 요소들을 정의하고 이들 요소의 가능한 여러 가지 가상 상황을 바탕으로 시나리오 경영을 수립하는 것이 도움될 수 있다고 하였다.

그는 또한 시장에서 경쟁자로부터 공격을 받은 경우에 대비한 수비 전략과 산업계의 리더를 공격하기 위한 전략도 소개하였다. 결국, 각 기업에 맞는 Value Chain을 선정하고 분석함으로써 경쟁 우위 전략을 수립하고 실행하면서 전략의 타당성을 재점검하는 형태로 분석을 추진하였다.

이와는 별도로 어떻게 하면 미국 기업들을 경쟁우위에 서게 할까라는 추세는 1982년 발표된 톰 피터스의 초우량 기업의 조건 (In Search of Excellence)에서도 볼 수 있다.

1977년 맥킨지 컨설팅의 경영진은 두 개의 중요한 프로젝트를 시작했다.

첫째는 사업 전략이었으며 둘째는 조직의 실행 및 효과에 관한 프로젝트를 추진하였다. 이 중 두 번째 프로젝트의 핵심 이슈는 어떤 조직은 성과를 내는데 비해, 비슷한 다른 조직은 왜 성과를 내지 못할까라는 질문에 답을 구하는 것이었으며 이 두 번째 프로젝트를 피터스가 수행하게 되었다. 그는 이 프로젝트를 수행하기 위해 미국 및 전 세계 기업들을 돌아다니며 수많은 기업가를 만나며 잘하는 기업들의 성공 스토리를 정리하기 시작하였고 당시 초우량 기업들은 무엇이 다른가? 에 초점을 두고 분석을 하였다.

당시에 만연하고 있던 합리주의, 숫자에 의한 경영을 하기 위해 중요시되었던 전략, 조직구조, 시스템 등 하드적인 측면을 강조해서는 초우량 기업을 설명할 수 없다는 점을 파악하고 McGregor의 동기유발 이론인, 인간은 기본적으로 책임을 지지 않으려는 속성이 있다는 Theory X와 인간은 매사에 능동적이며 자율적으로 책임을 지려 한다는 Theory Y, 그리고 1981년 일본이 성공한 원인을 분석한 Theory Z, 그리고 일본의 도전에 어떻게 대응할 것인가? 에 관심을 기울이고 특히 일본 기업은 평생직장을 직원들에게 제공함으로써 직원들의 충성도를 높이고, 이를 바탕으로 생산성 향상과 직원들 사기뿐만 아니라 만족도까지 높이고 있다는 것에 초점을 맞추고 초우량 기업들에 대한 분석을 추진했다.

그런 가운데 기업들 중 숫자에 의한 경영 (MBN, Management by Numbers)을 하지 않는 초우량 기업들을 면담하면서 초우량 기업을 만드는 것은 결국 사람이며, 사람이 가장 중요하다는(人事가 萬事) 전제하에 이들 초우량 기업의 8가지 공통점을 제시하였다.

1) 전략수립에 많은 시간 허비보다는 빠른 의사결정과 행동착수, 그리고 수정
2) 마케팅 데이터와 분석도 중요하지만, 고객과 가까이해서 감동을 이끌어 내고
3) 혁신을 만들기 위한 자율성과 기업가 정신
4) 기계 부품이 아닌 사람을 통한 생산성 향상
5) 전략과 숫자도 중요하지만, 기업문화, 사람, 가치관, 고객을 중요시하는

일상생활(MBWA, Management by Wandering Around) 실천

6) 그룹으로 성장하더라도 잘 알고 있는 핵심 사업에 집중

7) 요약 보고서 작성을 위한 본사 Staff 유지보다는 단순한 조직과 작은 본사

8) 핵심가치에 기초한 자율경영, 분권화와 집중화의 적절한 조화 등으로 정리하였다.

즉, 전략이나 조직 구조, 시스템 등 하드적인 요인보다는 기업문화, 가치관, 사람 등 소프트적인 요인이 중요하다고 보고

1) 계획보다는 실행을 우선으로 하고, 또한 시행착오에 대한 이해와 격려

2) 내부 고객인 종업원을 포함한 모든 고객, 그리고 고객과의 접점(MOT, Moments of Truth)

3) 기업문화 차원에서의 공유 가치, 자율과 기업가 정신 등

4) MBWA를 통해서 나타난 현장의 중요성 등을 강조한 것은

당시로서는 획기적이라고도 볼 수 있었다.

이 당시 피터스는 43개 초우량 기업들을 대상으로, 이들이 공통적으로 가지고 있던 8가지 공통점을 정리하였지만, 몇 년 지나지 않아 이들 기업들 중 일부는 경영 실적 악화를 보이게 되어 이들 기업 선정에 대한 의문이 제기되기도 하였다. 하지만 초우량 기업들을 단순하게 숫자로 표시하는 전략, 시스템 등 합리주의가 아닌 기업의 경영이념, 가치, 문화, 사람 등에 초점을 맞추고 분석하였다는데 의의가 있었다. 이 후에 발간된 1985년 초우량을 향한 열정(A Passion for Excellence), 그리고 1987년 경영혁명을 (Thriving on Chaos) 통해서도 고객과 함께라는 구호 아래 고객 감동을 주장하고, 이를 위해서는 기본적으로 품질 혁신과 서비스를 강조하였다. 품질 혁신은 경영층의 마인드, 측정 및 평가 시스템, 교육과 훈련, 보상 시스템 등 품질 혁신을 위한 시스템과 제도가 뒷받침되어야 한다고 주장하여 미국 산업에서의 품질 제도에 대한 뼈 아픈 언급을 하기도 하였다.

또한, 지속적이고 신속한 혁신을 강조하면서 실제적으로 모든 업무가 발생하는 곳은 현장이며, 현장에서 근무하는 인력들이 실패를 두려워하지 않고, 추진

할 수 있는 체제가 필요하며 이렇게 하기 위해서는 조직 구조를 단순화하고 관료적인 규제를 없애야 한다고 주장했다. 또 이런 혁신을 위해서는 원천적인 창조도 중요하지만, 창조적인 모방도 실행하고 이를 위해서는 응용 중심의 작은 시도 등 모든 실험을 장려해야 하며 이런 것들을 제대로 수행할 수 있는 챔피언들을 육성하고 지원해야 한다고 주장했다.

이외에도 상당히 많은 제안을 하였는데 이들의 핵심은 결국 일은 사람이 한다는 것이고, 이들을 어떻게 하면 스스로 움직이게 할 수 있는가에 집중되어 있다고 볼 수 있다. 즉, 인간의 감성을 자극함으로써 혁신을 추진하는 인문학적인 접근을 하여 경영학계의 많은 관심을 받게 되었다. 한편, 맥킨지 컨설팅의 중요한 프로젝트 중 하나였던 사업 전략은 "Structure is not Organization"이라는 제목의 기사에서 7-S Framework 으로 1980년 발표하였다. 이때 피터스와 워터맨 등은 공동 작업으로 발표 하였는데 7-S Framework 구조는 주로 조직 내부의 현황을 분석할 때 사용하는 기법으로 개발되었다. 주요 내용으로는 기업의 공유 가치를 중심으로 (Shared Value), 전략과 (Strategy) 이를 추진할 조직 구조와 시스템을 제대로 갖추고 (Structure & System) 있는지, 그리고 이를 추진할 인력들의 능력과 동기부여 정도 (Staff), 경쟁력 있는 능력 및 기술을 보유하고 있는지 (Skills), 그리고 이를 추진하는 과정에서의 추진 방법 등이 (Style) 모두 조화롭게 운영이 되어야 조직이 발전할 수 있다는 내용이었다. 여기에서 특히, 전략은 기업의 경쟁력 유지에 중요하기는 하지만 다른 부분과 조화를 어떻게 이루었는지, 즉, 7-S가 얼마나 조화를 이루었는지에 따라 조직의 발전 방향이 결정된다고 보았다. 이 중에서도 전략, 구조, 시스템을 Hard S, 그리고 나머지를 Soft s로 구분하기도 하였는데 피터스는 전략보다는 실행이 더 중요하다는 측면에

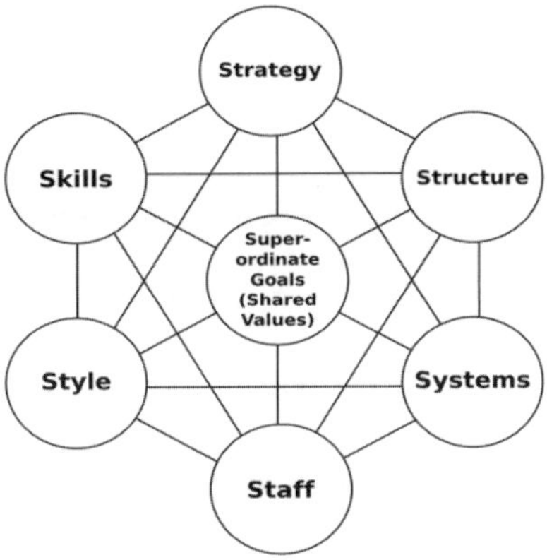

(McKinsey 7-S Framework, Wikipedia)
(Pkor43)

서 Soft s를 강조한 신문기사를 월스트리트에 발표하였다. 이 기사를 본 맥킨지 경영진은, 전략을 강조하고 있었던 회사 경영방침에 반대하고 있다고 판단하고 피터스를 파면하기로 결정하였다.

그 후에 이 모델은 일본식 경영의 비법 분석을 위해 적용되기도 하는 등 다양한 조직의 능력을 분석하는데 사용되었다. 앞에서 살펴본 바와 같이 1980년대 이후 미국 산업계를 종합 정리해 보면 1960년대~1970년대를 거치면서 일본 산업계의 진출에 따라 미국의 산업은 심각한 피해를 입게 되었고 이를 개선해야 한다는 것이 주류로 자리 잡게 되었다. 일본에서 시작되었지만, 미국에 도입되었던 데밍의 품질 시스템은 단순한 품질만의 문제가 아니라 시스템과 기능 간 협력으로 해결해야 한다고 보고 있었다.

여기에 포터 교수가 주장한 경쟁전략과 경쟁 우위를 확보하기 위한 방안으로 품질은 기본으로 하되, 경쟁자의 철저한 분석을 통한 원가 경쟁력, 차별화 전략, 그리고 집중 전략을 설명하면서 사업간 시너지를 강조하는 방향으로 정리되고 있었다. 기존에 있었던 공장 위주의 개념, 즉 만들면 팔린다는 개념에서 소비자와 시장이라는 개념이 정립되기 시작했으며 시장에서 점유율을 높이기 위해서는 소비자가 선호하는 제품을 경쟁사보다 더 좋게 제공하기 위한 차별화 방안을 찾기 위한 방향으로 움직이고 있었다.

차별화 방안을 찾기 위한 방법으로 도입한 것이 Value Chain이다. 가치사슬의 세밀한 분석을 통해서 내가 잘하고 경쟁자가 잘하고 못하는 것이 무엇인지 파악하고 또한, 소비자의 Value Chain 분석을 통해서 소비자가 진정으로 원하는 것이 무엇인지를 파악한 다음 경쟁자가 하지 않는 것을 제공해 주는 것이 차별화 전략의 핵심이다. 물론 이렇게 하기 위해서는 내부 Value Chain 분석을 할 때 사업부나 본사의 구조, 의사결정 구조 체계 등을 감안한 전략적 의사결정을 하는 것이 필요하다

결론적으로 "제품과 서비스를 좋게 싸게 빠르게" 공급할 수 있는 방안을 찾는 것이 전략이라고 볼 수 있다. 이것을 하기 위한 방법으로 5가지 경쟁우위 요소와 Value Chain의 방법을 제시한 것이다. 여기에 추가적으로 피터스의 기업 문화, 가치관 등 소프트적인 요소까지 초우량 기업이 갖추어야 될 요인을

제시하는 등 다양한 방향과 각도에서 1980년대 미국은 산업과 기업의 경쟁력이 무엇인지, 차별화 방안을 찾아가는데 산업계의 역량이 집중되고 있었다.

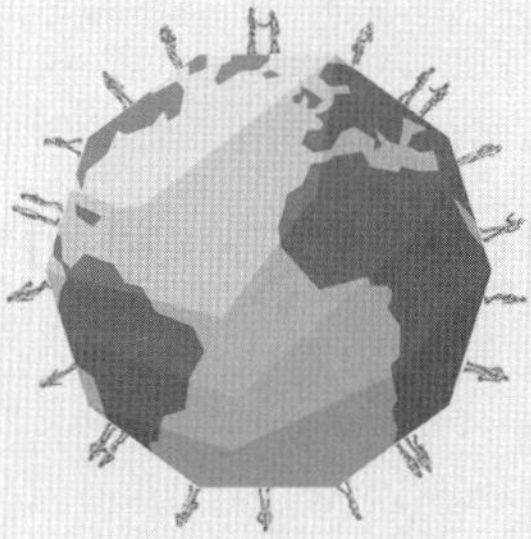

제 3 장

전자산업에서의 전략

01. 전자산업의 태동: 불모지에서
02. 리더십: 나를 따르라
03. 디지털과 인터넷: 변화의 시작

01

전자산업의 태동: 불모지에서

1980년대는 미국이 산업에 대한 전반적인 문제를 인식하고 이를 개선하기 위한 방법에 대한 전략을 고민하는 시기였다고 볼 수 있었다. 그렇다면 문제를 야기했던 일본은 어떤 전략을 구사했으며 결과는 어떻게 되었을까? 또한, 이런 강대국의 싸움에 한국은 어떤 위치를 차지하고 있었는지, 3개 국가의 움직임을 바탕으로 한국 기업들이 추진한 전략에 대해서 알아보는 것이 필요하다. 사실 돌이켜 보면, 1980년대는 현재의 반도체 강국, 한국을 만든 사람과 기업들의 전략적 판단과 의사결정이 있었던 시대였다. 약 30여 년이 지난 지금, 그 전략의 결실이 최고조로 달하고 있다.

1946년 미국에서 ENIAC을 (Electrical Numerical Integrator And Calculator) 개발하여 미사일의 탄도 계산 등 군사 목적으로 사용하기 시작하였다. 이 초기 컴퓨터는 17,468개의 진공관과 수만 개의 저항, 기타 부품들을 연결하기 위해서 5백만 개의 납땜을 해야 했으며 무게 27톤, 면적 167 m^2에 전기 사용량도 159KW에 달하였다. 당시로서는 진공관을 사용함으로써 초당 5천 개의 덧셈과 357개의 곱셈 계산을 할 수 있는 등 획기적인 성능 향상을 이루었다. 특정한 프로그램을 수행하기 위해서는 사람 손으로 일일이 케이블을 조정해야 했기 때문에 새로운 프로그램을 돌리기 위해서는 몇 주씩 걸리는 것이 문제였지만 1955년까지 운영되었다.

2차 세계대전이 끝난 후, 컴퓨터가 더 이상 군사 비밀사항이 아니었기에 일반인들이 참여하는 세미나가 열리게 되었고 이때 특정 목적의 프로그램을 일일이 수작업으로 컴퓨터에 하드적으로 연결하는 것이 아니라 프로그램 자체를 메모리에 저장하는 것이 더 바람직하다는 Von Neumann의 의견이 제시되었다. ENIAC 에서는 하나의 계산을 수행하기 위해서 배선 등을 일일이 목적에 맞게 바꾸어야 했으나 프로그램 명령을 메모리에 저장함으로써 하드웨어를 고치는 것 없이 계산을 수행하게 되어 훨씬 쉬운 작업이 가능하게 되었다. 이 방법을 적용하면 프로그램을 배선으로 하는 것이 아니라 메모리에 저장함으로써 필요할 때마다 수정할 수 있게 되어 훨씬 편리하게 작업할 수 있어 컴퓨터의 확산에 크게 기여하였다. 또한, 현대식 개념의 계산 방식으로 이진법이 채용되어 적용되었다.

EDVAC (Electronic Discrete Variable Automatic Computer)이라고 불리던 이 컴퓨터는 6천 개의 진공관을 사용하였으며 무게 8톤, 면적 46m^2, 사용 전기량도 56KW로 개선되었다. 한편, 1947년 하버드 대학교에서 운영 중이던 Mark II 컴퓨터에서 이상이 발견되어 조사하던 중 나방이 전기적 합선을 일으키면서 죽어 있는 것이 발견되었다. 연구자들이 이 사건을 기록하면서 버그(Bug)가 발견된 첫 번째 실제 사건이라고 기록하면서 컴퓨터의 문제가 생기면 Bug가 생겼다고 하는 일반적인 표현이 되기도 하였다.

하지만 아직도 컴퓨터에 기본적으로 적용되었던 것은 진공관이었다. 진공관은 1907년 발명된 이후 스위치 역할 또는 증폭기의 역할을 수행하여 전자산업 발전에 많은 기여를 하였으나 열이 많이 나면서 타 들어가거나 크고 깨지지 쉬운 단점이 있어서 사용하는데 상당히 많은 관심을 기울여야 했었다. 진공관은 컴퓨터에도 사용되었지만, 장거리 전화의 음성 신호를 증폭시켜주는 기능에도 사용되었다. 당시, 전화회사인 AT&T는 미국 전역을 담당하는 전화 네트워크를 건설하여 운영 중이었기 때문에 진공관 수요가 엄청 많았었다. 하지만 앞서 언급한 진공관이 타 들어가는 문제와 장거리 전화를 연결해 주는 스위치 역할을 효율적으로 해결할 수 있는 방법을 찾고 있었다. 수많은 노력의 결과로 1947년 AT&T 산하 Bell Labs에 근무하던 Shockley와 동료들 3명은 진공관을 대체할 수 있는 Transistor를 개발하게 하였다.

Shockley는 자기가 이 연구를 주도한다고 생각하고 있었지만, 마지막 단계에서 2명이 실험에 대한 진행 사항을 Shockley에게 얘기도 하지 않고 진행하였고, 성공한 다음 실험에 성공하였다고 Shockley에게 전화를 걸어 알렸다.

Shockley는 실험 성공에 기뻐하면서도 한편으로는 연구성과를 이들에게 뺏길 것으로 생각하고 독자적인 개발을 염두에 두고 있었다. 또한, 이 Transistor가 크고 제작하기가 어렵다는 점을 인식한 Shockley는 샌드위치 구조를 갖는 별도의 Transistor를 개발하고 자신만의 이름으로 등록된 독자적인 특허를 신청하였다. 3명이 공동개발한 Transistor는 AT&T 교환기에 적용되었으나 대부분의 다른 산업에서는 Shockley가 독자 개발한 Transistor가 적용되었다. Shockley의 Transistor는 제조하기도 쉽고 제품에 적용하기도 쉬웠기 때문에 라디오에 적용되면서 커다란 반향을 불러일으켰다.

특히, 이전에는 진공관을 활용하였기 때문에 클 수밖에 없었던 라디오가 포켓 주머니에 들어갈 만큼 작아진 데다가 품질까지 좋아졌고, 크기 때문에 고정된 장소에서만 들을 수 있었던 라디오를 언제 어디서나 들을 수 있었기 때문에 정보나 음악 등 문화생활에 엄청난 변화를 몰고 왔다. Transistor 라디오의 등장으로 생활습관의 엄청난 변화가 몰려 왔고 최첨단 제품이라는 얘기까지 나오기 시작했다. 미국 기업이 처음으로 Transistor 라디오를 개발하여 판매하였으나 이익을 맞추기 어려워지자 이익이 나는 우주 산업에 Transistor를 적용하기 시작했지만, 일본의 신생 기업이었던 소니가 이 기술을 License 받아 Transistor 라디오를 선보이면서 세상에 알려지기 시작하기도 하였다.

이런 결과를 반영하여 Bell Labs에서 3명이 개발한 Transistor는 1956년 물리학 부문에서 노벨상을 받았다. 한편, Shockley의 독선적인 성격이 소문이 나면서 더 이상 근무가 어려워지자 그는 Bell Labs을 떠나 Standford 대학교 근교에 1956년 회사를 세우고 운영하였다. 하지만 역시 그의 성격적인 문제 때문에 다음 해인 1957년 이 회사의 핵심 멤버 8명은 이 회사를 떠나 Fairchild Semiconductor를 세웠다. 이 8명을 기반으로 해서 Intel, AMD 등 약 60개 이상의 새로운 회사들이 세워지면서 후에 그 유명한 실리콘 밸리를 형성하게 되었다.

시간이 흘러 Tansistor의 사용이 많아지게 되면서 여러 개의 Transistor를 하나의 칩에 구현할 수 있는 가능성에 대해서 연구하게 되었다. Texas

Instrument에서 근무하던 Kilby는 1958년 두 개의 Transistors를 하나의 칩 위에 올린 IC (Integrated Circuit)을 개발하고 1959년 특허를 신청하였다. 이것은 여러 개의 Transistors를 상호 연결할 때 필요한 연결선을 없애서 생산 효율성에서 엄청난 효과를 가져 올 수 있었다. 이것과는 별개로 Fairchild에서 근무하던 Noyce도 Kilby가 개발한 IC의 문제점을 개선한 특히, IC 내부에서도 연결선이 불필요한 IC 디자인을 개발하였다. 이 개발로 인해 모든 전자제품의 소형화가 가능하게 되어 TI의 Kilby는 2000년 물리학 분야에서 노벨상을 수상하였다. 초기에는 두 개의 Transistor를 연결하는데 그쳤지만 1960년대 말까지는 500개의 Transistors, 1980년대는 1백만 개, 그리고 2017년 현재 사용되는 삼성 노트 8에는 64GB, 128GB, 256GB 메모리를 제공하고 있다. 이중 64GB는 640억 개 x 8 bits = 5,120억 개의 Transistors를 포함하고 있다고 볼 수 있다. 만약, IC의 개발이 없었더라면, 5,120억 개의 진공관을 사용해야 하는데 현실적으로 불가능한 상황일 것이다. 무게나 넓이도 문제이지만, 이 정도의 진공관을 켜기 위해 필요한 전기는 몇 개의 원자력 발전소가 있어도 어려울 것이기 때문이다. 이런 점을 감안하면 노벨상 수상 이유를 짐작할 수 있다.

한편, Fairchild에 참여한 8명 중에는 나중에 인텔을 공동창업한 Moore가 있었으며 Fairchild에서 근무하다가 1970년 인텔로 이직한 한 개발자는 2,300개의 Transistor가 집적된 세계 최초의 CPU인 Intel 4004를 개발하였다. 이 4-bit 짜리 CPU는 1971년에 개발되어 일본 전자계산기 업체에 판매되어 상용화되기 시작하였다. 이렇게 현대 전자정보 사회에 필요한 IC와 CPU는 모두 미국 기업에 의해 개발되고 상용화되기 시작했다.

이렇게 IC와 CPU가 개발되고 집적도가 커지자 ENIAC 같은 대형 컴퓨터도 소형화될 수 있었다. 대표적인 컴퓨터로 1964년에 발표된 IBM System/360을 들 수 있다. 당시 느린 모델은 메모리 용량이 64KB, 초당 34,500개의 연산을, 빠른 모델은 8MB의 메모리와 초당 16.6백만 개의 연산을 처리할 수 있었다. 이 모델은 1965년부터 사용되기 시작하여 1978년까지 판매되었다. 그러던 중 1976년 Apple사는 개인용 컴퓨터로 Apple I 시리즈를 발표하고 성공을 거두자 1977년 Apple II를 발표하면서 Apple은 컴퓨터 업체로서의 명성을 얻기 시작했다. 그리고 다양한 업체들이 개인용 컴퓨터를 도입하면서 시장이 커 나가자 메인 프레임의 시장 점유율을 62%까지 보유하고 있었지만, 독점논란으로 지속적인 점유율 하락과 경영의 어려움을 겪고 있었던 IBM도 개인용 컴퓨터 IBM PC 5150을 1981년에 발표하였다. 이 당시 첨단이었던 IBM PC는 메모리 용량이 16KB~256KB까지 였으며 CPU는 Intel 8088을 사용하고 있었다.

이들 개인용 컴퓨터의 등장으로 단순한 문서 작업과 (Word Processor), 회계 장부 작성 (Spreadsheets)의 작업 효율이 엄청나게 향상되기 시작했지만, Keyboard를 주요 입력 도구, MS-DOS를 운영체제로 사용하고 있어 컴퓨터에 익숙하지 않은 일반 사용자에게는 어려운 대상이었다.

IBM은 메인 컴퓨터를 개발하고 제작하였던 관계로 메모리, CPU, 운영체제 등 모든 것을 자체적으로 생산할 수 있었음에도 CPU는 Intel에, 운영체제는 Microsoft에 위탁 생산 (OEM) 하게 하여 이들 업체들이 세계적인 업체로 성장하는데 기반을 제공하여 주었다. 이렇게 위탁 생산을 추진한 이유는 여러 가지가 있을 수 있지만, 당시 IBM은 대형 컴퓨터 위주로 사업을 추진하고 있어 소형 개인용 컴퓨터 사업에 대한 경영층의 지원이 약한 상태여서 약 1년간의 개발 기간만 주어졌고, 수익성에 대한 압력이 많았기 때문이었다.

그래서, 사업팀은 개발단계마다 자체 개발하는 것이 좋은지 또는 시장에 있는 부품을 그대로 사용하는 것이 좋은지에 대한 판단을 해야 했으며(Make or Buy), 이 중에서, 쉽게 선택할 수 있는 Buy 전략을 사용하여 개발을 추진하였다. 결론적으로 IBM PC 5150을 보면 IBM 고유의 부품은 컴퓨터 Case와 키보드 등 몇 개의 불과하였고 핵심인 CPU는 Intel에서, 그리고 운영체제는 Microsoft에서 공급받도록 되었다. 여기에 추가적으로 기본 구조에 대한 특허도 신청하지 않아 누구라도 IBM PC를 복제해서 사용할 수 있는 구조로 개발되었다. IBM PC 5150 도입 후 시장에서 엄청난 반응을 얻게 되자 IBM과 동일한 성능을 가지고 있다는 IBM Clone이라는 신조어와 함께 수많은 업체들이 컴퓨터를 생산, 판매할 수 있게 되어 개인용 컴퓨터 시장이 활짝 열리게 되어 개인용 컴퓨터 산업의 비약적인 발전이 이루어지게 되었지만, IBM 컴퓨터 사업부는 커다란 이익을 얻을 수 없었다. 이런 결과도 일부 영향을 끼쳐 IBM의 PC 사업은 2005년 중국업체인 Lenovo에 매각되어 역사 속으로 사라졌다.

여기에서 IBM PC 사업부가 선택한 전략은 현대적인 Open Innovation 개념과 거의 비슷하다고 볼 수 있다. 일반적으로 기업들은 지식 재산권을 보호하기 위해 기술을 감추거나 특허 등록 등을 하여 다른 업체들의 참여를 제한하는 전략을 취하는 것에 비하여 Open Innovation에서는 이런 제한적인 전략보다는 개발에 참여하는 외부 업체를 장려함으로써 산업의 전체 시장 규모를 늘려 개별 기업이 취하는 이익의 규모를 늘리고자 한다. 어떤 전략이 맞는지는 시간이 지난 후에 판단하는 것이 맞겠지만, 전략의 선택이 기업의 생존에 영향을 미치는 확실한 사례가 될 수 있다.

컴퓨터 시장이 비약적으로 성장하는 시기에도 일반 사용자가 사용하기에는 어려운 점이 아직도 존재하고 있었다. MS-DOS로 컴퓨터를 운영하다 보니 컴퓨터 언어를 기본적으로 이해하지 못하는 상태에서 사용자의 편의성에 문제가 있었다. 이런 문제는 1984년 Apple에서 사용자의 편의성을 획기적으로 개선한 개인용 컴퓨터, Macintosh를 도입함으로써 또 한 번의 도약을 하게 되었다. 키보드 대신 마우스를 사용하고 또한, 자판을 활용한 입력보다는 그래픽을 사용한 입력을 사용함으로써 컴퓨터를 잘 모르는 사용자도 쉽게 컴퓨터를 사용할 수 있게 하였다는 점에서 선풍적인 인기를 끌었다. 그래픽을 사용한 Interface와 마우스는 Xerox에서 개발, 사용되고 있었고 상용화하였지만 400불 이상의 가격으로 인해 내부 경영진에서도 인정을 받지 못했고, 외부에서도 그렇게 많은 인식을 받지 못하였다. 하지만 Xerox를 방문한 Steve Jobs는 그 가능성을 알아보고 필요한 기능만을 부착하면서 비용을 25불로 줄이는 디자인을 만들어 냈다. 그 이후, Apple이 Macintosh를 도입할 때 그래픽 Interface와 마우스를 사용하기 시작하면서 일반에게까지 널리 알려지게 되었다.

이때 Macintosh를 도입하면서 추진한 Apple의 슈퍼볼 광고는 세간의 화제를 불러일으켰다. 조지 오웰의 소설 1984를 기반으로 한 이 광고는 Macontosh의 등장으로 컴퓨터의 새로운 시대가 열리고 있다는 메시지를 확실하게 전달하였다. 새로운 기술을 보는 시각의 차이가 Xerox와 Apple의 차이를 만들어 냈다면 논리적 비약이 너무 클 수도 있다. 이렇게 1980년대는 개인용 컴퓨터 시대로 진입하면서 역사적으로 많은 변화가 일어나고 있었다.

그렇다면, 이 컴퓨터의 핵심부품인 반도체 산업도 엄청난 발전을 했어야 했는데 무슨 일이 일어나고 있었을까? 미국 개인용 컴퓨터 시장은 시장 도입 및 성장기인 1981년~1984년 기간 중 5배 성장을 이루었지만, 과도한 성장에 이어 1985년에는 8%의 하락을 경험하고 있었다. 따라서 주요 부품이었던 메모리 시장도 어려움을 겪고 있어 시장도 60% 축소되었고, 심각한 가격 하락도 진행되고 있었다. 핵심 부품이었던 반도체 산업에는 당시 수직계열화되어 있던 AT&T, 그리고 내부적으로만 사업하였던 당시 세계 최대 반도체 기업 IBM을 포함하여 TI, Motorola, AMD, National Semiconductor, Intel, 그리고 신생기업 Micron 등이 포함되어 있었다. 이들 기업들은 메모리 반도체와 이 중에서 표준화된 Dram 반도체를 주로 생산 판매하고 있었다. 한편, 일본 반도체 업체들은 자동차 산업이나 컬러 TV 산업에서 본 것과 마찬가지로 품질과 성능, 효율성을 무기로 미국 시장에 진출하고 있었다. 미국 Dram 시장에서 미국업체들의 시장 점유율은 70%에서 20%로 급격하게 줄어든 반면 일본업체들의 시장 점유율은 1978년 30%에서 1986년 75%까지 상승하였다.

이런 현상은 미국 시장뿐만 아니라 전 세계 시장을 보아도 비슷한 현상을 보이고 있었다. 미국산 반도체 비중은 1978년 53.6%에서 1986년 43.2%로 줄어드는 반면 일본산 반도체 비중은 1978년 27.9%에서 1986년 45.0%로 비중이 더 커지고 있었다. 반도체 시장 축소와 일본 업체들의 경쟁력 강화로 미국의 공장 가동률이 하락되고 고용에도 문제가 발생하여 TI와 Micron을 제외한 대부분의 업체가 메모리 사업에서 철수하는 결정을 하였다. 이런 상황에 대해, 당시 인텔의 경영자이었던 Moore와 Grove는 상황분석을 통해 1985년 획기적인 결정을 내리게 되었다. 당시 일본업체들은 Intel 판가에 10%를 뺀 가격으로 고객을 확보하겠다는 10% Rule 전략을 수립하여 추진하고 있었다. 이런 일본업체들의 전략에 대해 추가 원가절감을 위한 대형 반도체 공장을 짓거나, 기술 개발 속도를 높여서 차별화를 추진, 또는 니치 마켓을 목표로 하자는 등 여러 방안을 검토하였으나 메모리 사업에서는 해결방안이 보이지 않았다. 그렇다고 인텔의 모태가 된 메모리 중 Dram 사업을 포기하는 것도 상상하기 어려웠다. 많은 사람들에게 인텔=메모리라는 공식이 각인되어 있었기 때문이었다. 이런 상황 분석으로 고민을 거듭하던 이 둘은 "현재의 어려운 상황에 대해 이사회가 새로운 사장을 임명한다면, 그는 어떻게 할까?"라는 질문을 던지고 스스로 답변하면서,

그 새로운 사장은 메모리 사업에서 손을 뗄 것으로 결론을 내렸다. 1984년에 3불 하던 64K Dram 가격이 1985년에 75센트가 되는 상황을 감안하여 그렇게 결정할 것이라고 얘기하였다

사실 메모리 사업은 이미 표준화된 사업이라 산업에의 신규 참여가 쉬웠고 또한, 산업의 수요와 공급에 따라 시장의 변동이 아주 심한 사업이다는 것을 인식하고 Intel은 Dram 사업을 포기하고 대신 CPU 사업에 집중하기로 결정하였다. 당시로서는 이 CPU 사업이 사업 규모나 산업을 감안할 때 매력적인 사업은 절대 아니었지만, 이 결정으로 인해 현재 Intel의 절대적인 위상이 존재한다고 해도 과언이 아닐 것이다.

한편, 일본업체들은 앞에서도 설명하였던 바와 같이 품질과 생산성에 있어서는 목숨을 걸고 달려드는 그런 사회 현상을 보이고 있었다. 미국 업체들의 반도체 수율이 50% 정도에 머물고 있을 때 일본업체들의 수율은 80% 정도였고, 이것이 원가에 직접적인 영향을 미치고 있었지만, 대부분의 미국 업체들은 일본 정부의 재정적 지원 때문에 원가 절감이 가능했다고 오해를 하고 있었다. 미국 내 이런 정서에 따라, 미국 반도체 업체는 1985년 반덤핑 제소를 추진하였고. 일본 정부와 산업계는 어쩔 수 없이 1986년 9월 반도체 무역에 관한 협정을 (Arrangement between the Government of Japan and the Government of the United States of America concerning Trade in Semiconductor Products ('86.9)) 맺게 되었다. 그 내용은 크게 세 가지로

1) 일본업체의 미국시장 내 덤핑 금지
2) 일본업체의 제3국에서의 덤핑 금지
3) 일본시장에서 미국업체의 시장 점유율 20% 보장 등으로 구성되어 있다.

이런 협상에 대해 일본 정부는 자발적인 수출 제한정책을 (VER, Voluntary Export Restraints) 추진하였다. 수출 물량을 조정하기보다는 가격 인상을 통해서 물량을 조정하여 어느 정도 성과를 보였으나 일본 내 시장 점유율 20%는 달성되지 않았다. 이에 당시 미국 대통령이었던 레이건 대통령은 1987년 4월, 일본산 전자제품에 대해 100%의 관세를 (3억 불 규모) 부과하는 보복 조치를 취하게 되었다. 이런 강력한 조치로 인해 일본 내 외국산 반도체 점유율이 20% 이상으로 유지되기도 하였지만, 실제적인 효과에 있어서는 의문의 여지가 많았다.

이 3가지 조치 중 제3국에서의 덤핑 금지 조항은 유럽과 GATT의 반대로 1988년 없어졌으며 나머지 2가지 조치 중 미국시장 내 덤핑 금지 조항은 1988년 이후 수요 확대로 인하여 의미가 없어졌고 일본시장의 점유율 보장 조항만 1991년 합의 연장에서 살아남을 수 있었다.

이런 조치로 메모리 시장에 잔류했던 TI와 Micron은 이익을 봤으나 나머지 반도체 업체들은 사업을 포기하였기 때문에 이득을 보지 못했다. 하지만 일본산 반도체를 써야만 했던 미국 컴퓨터 산업은 비싸진 반도체 수입 가격으로 컴퓨터 원가도 상승하여 경쟁력을 잃는 현상이 발생하게 되었고 이는 제3국에서도 마찬가지여서 별 효과를 보지 못하게 되었다. 한편, 이 조치의 초기에 고통을 받았던 일본 반도체 업체들은 고통을 덜게 되었다. 1987년 하반기 이후 수요는 꾸준하게 늘었으나 공급할 수 있는 반도체 업체가 없었기 때문에 1988년 공급 부족이 발생하자 많은 수혜를 볼 수 있었다.

이 수혜를 본 또 다른 업체는 한국의 삼성전자였다. 삼성전자는 1974년 이건희 현 회장이 한국 반도체를 인수하여 사업에 참가한 이후 1983년 3월 이병철 회장의 동경선언을 통해 적극적인 반도체 사업을 추진하였지만, 지속적인 적자로 내부 경영진은 고심하고 있던 참이었다. 그러던 차에, 일본과 미국의 반도체 전쟁으로 생긴 공백을 삼성전자 반도체 사업부에서 공급할 수 있게 됨으로써 1974년 이후 1987년까지의 누적 적자를 1988년 한 해에 모두 회수할 수 있었다.

여기에서 삼성전자는 왜 1974년에 사업에 참여해서 1987년까지 무려 13년간 적자를 보면서도 사업을 포기하지 않은 것인가라는 의문이 생긴다. 이 질문에 답을 위해 삼성전자의 역사와 전략에 대해서 살펴볼 필요가 있다.

삼성전자는 1969년 설립되어 가전 및 AV 제품 사업에 진출하였다. 1974년 전자시계용 LED 사업을 하던 합작기업, 한국 반도체 지분 50% 인수로 경영에 참여한 후 경영난에 봉착한 이 회사의 남은 지분까지 전부 인수하여 삼성반도체를 설립한 후 1980년 초에 삼성전자 반도체 사업부로 흡수하여 합병하였다. 한편, 교환기 등 통신사업을 하던 한국 전자통신을 1980년 인수한 후 이 회사에서 삼성전자 반도체 사업부를 흡수하였으나, 1982년 사명을 한국 전자통신에서 삼성반도체통신으로 개명하여 반도체와 통신 사업을 추진하기 시작하였다. 이때 사업으로 전자시계용 칩과 컬러 TV용 IC칩을 국산화하였지만, 반도체 사업은 녹녹하지 않아 경영진의 고민이 깊어지고 있었다. 이런 과정에서 삼성그룹의 차세대 사업을 고민하던 이병철 회장은 일본과 미국의 반도체 산업 전문가들의 의견을 청취하고 시장 상황들을 둘러 보면서 고민을 거듭하고 있었다.

1982년 초 미국 보스턴 대학교에서 명예경영학 박사 학위를 받기 위해 방문한 미국에서도 IBM, GE, HP 등 주요 업체의 반도체 생산라인을 둘러보았고 별도로 일본 전문가들로부터도 일본 산업의 방향에 대해서 의견을 들은 결과, 향후에는 자원을 덜 쓰면서도 부가가치가 높은 경박단소의 첨단기술에 집중해야 하며 특히, 반도체, 컴퓨터 등 전자산업이 유망하다는 것을 알게 되었다. 이 중에서 철강이 산업의 쌀이라면, 반도체는 전자산업의 쌀로서 매우 유망하나 사업이 성공하기 위해서는 기술뿐만 아니라 막대한 자금, 그리고 우수한 개발 인력이 필요하다는 얘기를 들었다.

이 당시는 일본의 반도체 산업이 미국에 진출하여 성공을 거두기 시작한 때임을 염두에 두면 일본이 얼마나 자부심이 있었는지는 상상할 수 있다. 이런 상황 속에서 이병철 회장은 내부적으로 시장 조사와 사업성 검토를 지시하였다. 또한, 가장 중요한 인력 확보를 위해 미국에서 일하고 있는 한인 과학자들을 활용하자는 의견을 내고 32명의 고급 두뇌를 확보하였다.

사업성 검토를 한 결과 일차적으로 반도체 산업의 다양한 분야 중 우선 메모리 사업의 추진을 염두에 두고, 이 중에서 세부적으로 검토하고 분석한 결과 미국과 일본 간 산업 전쟁이 일어난 그야말로 치열한 경쟁이 있지만, 시장 규모가 큰 Dram 사업을 추진하기로 하였다. 이를 바탕으로 세부적인 사업계획서를 검토하여 1983년 초부터 공장건설 착수, 5년간 시설 투자 4,400억 원, 연구개발비 1,000억 원을 투입하겠다는 전략을 수립하였다. 이 같은 전략을 바탕으로 1983년 3월 15일 삼성그룹은 "왜 우리는 반도체 사업을 해야 하는가?"라는 제목으로 사업 추진 의지를 밝혔다. 이런 발표에 대해 당시 미쓰비시 경제연구소는 삼성이 반도체 사업에 실패할 것이라고 5가지 이유를 들어 설명하기까지 하였다.

"한국의 GNP 600불 수준에서는 반도체를 사용하는 국내 수요가 충분하지 않고, 가전제품도 제대로 만들지 못하는 한국의 반도체를 누가 수입하겠는가?, 기술력도 없고 인력도 없는 상황에서, 기술 개발은 어떻게 할 것인가? 매출액이 1억 불도 되지 않는 삼성이 10억 불의 투자비를 감당할 수 있는가?

반도체 사업은 전기와 물의 공급이 생명인데 한국의 인프라는 너무 취약하다." 등의 이유를 들어 성공할 수 없다는 점을 강하게 부각하였다.

이렇듯 국내외에서 엄청난 반대와 우려를 표명했지만, 삼성은 반도체 사업을 추진하기로 하면서 특히 경쟁이 치열한 Dram 사업을 선정했다. 여기에서 왜 이런 선택을 했는지에 대한 설명이 필요하다. 우선 반도체 사업에 대해서 일본이 성공했다면 한국도 비슷한 국민성을 갖고 있기 때문에 한국도 성공할 수 있다는 믿음이 있었다. 거기에다가 반도체 사업은 清淨度와 세밀함이 생명이다. 반도체는 워낙 세밀한 작업이기 때문에 조그만 먼지가 불량품을 양산하는 사업이다. 그런데 한국은 과거에 비록 가난하고 못 살기는 했지만, 집안은 항상 청결하게 유지했다. 대부분의 민족이 집안에서 신발을 벗지 않고 살았음에도 우리 민족은 집안에서 신발을 벗고 살 만큼 깨끗함을 추구했고 또한, 과거 우리의 어머니들은 항상 걸레를 들고 방을 구석구석 청결하게 하지 않았던가? 또한, 반도체 사업의 초기, 특히 IC를 생산하던 초기에는 IC 내부의 Transistors를 금으로 된 얇은 선으로 연결하여 양산하는 시스템을 적용하고 있었다. 이 작업을 현미경으로 들여다보면서 사람의 손으로 하고 있었다. 이 세밀함에서도 우리 민족은 세계 어느 누구보다도 앞서 있었다.

서양식 포크와 젓가락을 비교해 보면 금방 알 수 있다. 젓가락을 사용하는 동양의 중국, 일본, 한국을 비교해 보더라도 한국의 젓가락이 길이나 모양에서 조금 더 세밀하게 사용할 수 있게 되어 또, 콩 한 조각을 젓가락으로 집을 수 있도록 어린아이 시절부터 훈련하지 않았던가? 이렇듯, 우리 민족의 핏속에는 세밀한 것에 대한 DNA가 숨어 있었다.

반도체 사업에 필요한 기본적인 DNA를 우리 민족은 가지고 있었다. 여기에 추가로 Dram 사업에 필요한 DNA도 이미 국민성에 형성되어 있었다. Dram 사업은 기본적으로 Transistor를 어떻게 집적하느냐의 문제를 가지고 있다. 초기 IC는 2개의 Transistors를 집적하여 노벨상을 받았지만, 시간이 흐르면서 1K (1,024개) → 4K → 16K → 64K 등으로 4배씩 집적도를 늘렸고 2017년 현재에도 4G → 16G → 64G 등 4배씩 집적되는 방식에는 변화가 없다. 주어진 면적에 집적도를 4배씩 늘린다는 얘기는 주어진 면적에 Transistor를 작게 만들어 4배를 넣은 방식이든 또는 Transistor 사이의 간격을 줄여서 4배를 넣게 만드는 문제로 귀결되었다. 다시 말하면, 차세대 제품의 개발은 이미 주어진 숙제로 볼 수 있다. 그런데 대한민국의 교육 열기는 이미 세계가 알고 있는 것 아닌가? 여기에 더해 우리는 학교 숙제는 반드시 풀어야만 하는 시스템을 가지고 있었다. 어릴 때부터 주어진 숙제는 어떤 형태로든, 필요하면 모든 가족이 동원되어서라도 풀었다. 이 또한, 우리가 근대화되면서 얻은 DNA 중의 하나였다. 이렇게 반도체와 Dram 사업은 우리 민족이 기본적으로 가지고 있는 DNA를 가장 잘 활용할 수 있는 사업이기도 하였다.

한국의 교육 DNA와 Dram 사업(집적도 향상: 4배씩)

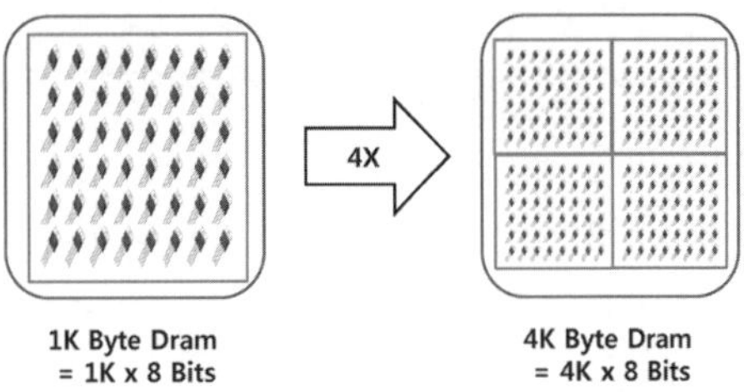

이병철 회장과 삼성 경영층은 이런 DNA를 감안하여 반도체 산업 중, 특히 Dram 사업을 추진하겠다는 삼성의 의지를 표명하였던 것이었다. 거기에 다가 삼성은 이미 관리의 삼성으로 유명하였다. 모든 것을 철저하게 준비하고 관리

하고 문제가 없도록 하는 것이 관리의 기본이었다. 그런 측면에서 사업 추진 의지를 발표하기 6개월 전부터 반도체 공장 부지 선정 작업에 착수하여, 공기가 청정하고, 소음이나 진동이 없으며, 공업용수가 풍부한 지역을 탐색하여 기흥을 부지로 선정하였다.

1983년 3월 15일 선언한 이후, 드디어 9월 기흥에 64K Dram 생산라인 건설에 착수하여 6개월만인 1984년 3월 말에 공장 건설을 완료했다. 선진업체들이 18개월 걸리는 반도체 공장 건설을 6개월 만에 지었다. 동시에 기술개발도 진행하여 1983년 5월에 개발팀을 꾸리고 Micron 기술 지원으로 64K Dram 3,000개를 받아 後공정 조립을 시작해서 收率을 일본업체와 맞먹는 92%까지 끌어올렸다. 그런 다음 제품개발에 필수적인 前공정 개발에 착수하여 9개월 만인 1983년 11월에 성공하였다. 일본업체들이 6년 걸린 기술을 9개월 만에 개발하여 선진업체와의 격차를 4년정도로 좁혔다. 이 때 107명의 64K Dram 개발팀은 경험도 전문지식도 없었는데 무박 2일간 64Km를 행군하며 정신력과 체력, 그리고 “하면 된다”는 신념으로 9개월 만에 세계 3번째로 제품을 개발해 냈다.

이렇게 되자 일본뿐만 아니라 미국 산업계도 놀라움을 표시하고 경계하기 시작하였다.

1983년 말 64K Dram 개발에 성공했지만 뼈아픈 상황이 기다리고 있었다. 앞에서도 설명했지만, 미국 반도체 시장은 1984년을 기점으로 최악의 상황으로 치닫고 있었다. 즉, 수요는 감소하고 공급은 늘어서 판가가 70~80% 정도 하락하는 상황인 공급 과잉 기간으로 진입하고 있었다. 전례가 없을 만큼 빠르게 공장을 짓고 제품을 개발했지만, 호황 타이밍을 맞추지 못하면 엄청난 손해를 봐야 한다는, 반도체 산업의 핵심은 타이밍 산업이라는 뼈 아픈 교훈을 얻었다.

하지만 이에 머무르지 않고 1984년부터 1988년까지 제품 개발에 더욱 힘을 기울여 선진업체와의 격차를 줄여 나가고 있었다. 하지만, 1987년 상황은 그야말로 최악이었다. 앞서 설명한 바와 같이 레이건 대통령은 일본산 전자제품에 100%에 달하는 보복 관세를 부과하였고 더욱 미국 경제 상황도 좋지 않아,

회로 집적도	256K	1M	4M	16M
개 발 년 도	1984	1986	1988	1990
선진업체와의 기 술 격 차	3년	2년	0.5년	동일
회 로 선 폭	1.1um	0.7um	0.5um	0.4um

(삼성전자 D램 반도체 개발 역사)
(삼성 반도체 세계 일등 비결의 해부, 삼성경제연구소)

10월에는 주식시장이 폭락하는 Black Monday까지 발생하였다. 이런 상황에서 1974년 사업에 참여한 이후 1987년까지 13년간 연속으로 적자를 보고 있어, 누적 적자가 2,000억 원이 넘어 일부에서는 삼성그룹이 망하는 것 아니냐는 얘기까지 돌고 있었다.

여기에 추가적으로 이병철 회장은 1987년 2월 새로운 반도체 라인의 건설을 지시하여 경영진에서는 이 지시를 수행할지 여부에 대해서 고민이 많았었다. 경영 환경이 워낙 나쁘다 보니 이 회장의 지시에 거짓말을 해 가면서 공장 건설을 하지 않았지만, 결국 어쩔 수 없이 8월이나 되어서야 착공에 들어갔다.

하지만 연말이 되면서 상황이 급반전되기 시작했다. 불황이 장기화되었기 때문에 일본 업체들은 투자를 추진하지 않았고 미국업체들은 이미 대부분 반도체 사업에서 손을 떼었기 때문에 수요가 늘기 시작하자 공급 부족 상황으로 전환되었기 때문이었다. 이 회장이 지시했던 공장 건설은 다음 해 10월이나 되어서야 완공이 되고 반도체 제품을 시장에 공급할 수 있어 최소한 6개월 정도 공급에 차질이 발생하였다. 하지만, 삼성전자는 이 한 해 동안 3,200억 원의 흑자를 기록해 그동안의 적자를 모두 갚고도 이익을 기록할 수 있었다. 하지만 반도체 산업은 타이밍 사업이라는 뼈아픈 경험을 다시 하게 되었다. 이 회장은 1987년 12월에 별세하여 이런 사실을 알지 못하게 되었다.

반도체 사업 이후 13년 동안 적자를 보면서도 사업을 지속하겠다고 한 이유와 최악의 불황 상황에서도 신규 라인 건설을 지시한 이유는 무엇이었을까? 우선, 사업을 시작할 때 가졌던 신념, 반도체는 전자산업의 쌀이라는 점과 전자산업의 추세는 경박단소이며, 이렇게 되기 위해서는 반도체가 반드시 필요하다는 점, 지금 현재는 산업의 공급과잉으로 인해서 어려움을 겪고 있지만, 이 상황은 시간이 지나면 해소될 수 있다는 신념이 있었다.

한편, 손자병법이나 포터 교수의 Competitive Advantage에서 일관되게 주장한 것이 경쟁자의 동향 파악이었다. 이 회장도 일본 및 미국의 산업동향 정보 분석을 통해서 일본 반도체의 증설이 어렵고 또한, 미국에 추가 판매하기도 어렵다는 점을 파악하고 있었다. 이 회장은 일본과 미국의 잦은 방문을 통해서 이런 동향을 파악하고 있었지만, 경영진은 같은 상황에 대해서도 파악을 하지 못했던 것 같았다. 같은 상황을 어떻게 해석하느냐, 즉 상황에 대한 Insight가 달랐다.

삼성의 반도체 사업 초기를 요약하면 전략의 핵심을 이해할 수 있다. 자금도, 기술도, 인력도 없었던 시절에 반도체 사업을 하겠다고 주장할 때는 명확한 시대 흐름에 대한 Insight가 있었고 사업에 대한 비전이 명확했다. 향후 전자산업은 경박단소이며, 이를 위해서는 반도체는 반드시 필요한 쌀이다. 또한, 반도체 사업에 필요한 핵심 경쟁력을 제대로 파악하고 있었다. 즉, 清淨度와 세밀함이 생명인데, 우리 민족만큼 잘 할 수 있는 민족이 없고 또한, Dram을 선정함으로써 우리 민족의 교육 DNA를 제대로 활용할 수 있었다. 이런 현상을 바탕으로, 흩어져 있던 인력을 끌어모아 모든 지원을 추진하여 결국 일본업체와 동등한 수준의 기술력을 확보하였다. 다음으로 경쟁자를 철저하게 분석하고 시장 동향을 파악함으로써 시장 상황 반전에 대비한 전략을 추진할 수 있었다.

1980년대는 미국이 산업에 대한 전반적인 문제를 인식하고 이를 개선하기 위한 노력을 기울이던 시기였다.

포터 교수는 미국 산업의 경쟁력을 분석한 경쟁 전략과 (1980, Competitive Strategy), 또한 개별 기업의 경쟁력 강화를 위한 경쟁우위를 (1985, Competitive Advantage) 발표하고 이와는 별도로 피터스는 초우량 기업의 특징을 기업문화적인 관점에서 분석한 초우량 기업의 조건 (1982, In Search of Excellence), 초우량을 향한 열정을 (1985, A Passion for Excellence) 발표하여 미국 산업이 나아가야 하는 방향을 제시하였다. 그런데도 일본기업 대비 미국 기업의 경쟁력 열세가 지속되자, 일본 기업들을 대상으로 Benchmarking을 하기 시작해서 핵심 경쟁력을 분석한 결과로 조직 및 시스템에 대해서 연구하기 시작했다. 대표적인 연구가 C. K. Prahalad와 G. Hamel 등이 1990년 수행한 기업의 핵심 경쟁력 (The Core Competence of the Corporation)이었다. 이 책에서 저자들은 대표적인 사례로 통신 사업을 주로 하던 미국의 GTE와 일본의 NEC를 사례로 들면서 비교 분석을 추진하였다.

1980년 GTE의 매출은 99.8억 불, NEC의 매출은 38억 불로 큰 차이를 보이고 있었지만 1988년 GTE는 164.6억 불, NEC는 218.9억 불로 대폭적으로 역전되었다. 이 과정에서 GTE는 Sylvania TV와 Telnet을 매각하고 반도체 부문의 문을 닫았다. 이렇게 역전된 이유로서 NEC는 핵심 경쟁력을 인식한 반면, GTE는 그렇지 못하였다는 점을 부각시키고 저자들은 구체적인 사례를 들어 설명하고 있다.

NEC는 1970년대부터 컴퓨터와 커뮤니케이션을 융합한 전략을 "C&C"라고 표현하면서, 이를 달성하기 위한 구체적인 방안으로 반도체를 핵심 경쟁력 요인으로 명시하였다. 향후, 컴퓨터는 대형 메인 프레임에서부터 분산 처리 시스템으로, 부품은 IC에서부터 집적도가 높은 VLSI로, 그리고 커뮤니케이션은 단순 교환기에서부터 대형 디지털 교환기까지로 전개될 것으로 보고 이 중에서 반도체 부품이 핵심 경쟁력이 될 것으로 세밀하게 분석하였다. 이런 세밀한 분석을 바탕으로 전략적인 조직인 "C&C 위원회"를 구성하고 NEC 의도를 회사 내부뿐만 아니라 외부에까지 표명하였다. 또한, 핵심 경쟁력과 핵심 제품의 개발을 직접 관장하면서 핵심 경쟁력 확보를 위하여 내부와 외부의 자원을 적절하게 재배치하기도 하여 최고 경영층의 의도를 NEC 내부에 확실하게 전달되도록 하였다.

이런 현상에 대해 저자들은 NEC는 핵심 경쟁력으로 경영을 본 반면 GTE는 사업 구성으로만 경영을 본 것이라고 분석하였다. 즉, 사업이 다각화되어 있는 경우 다양한 사업 부문의 핵심 경쟁력을 결합함으로써 새로운 사업을 만들어 낼 수 있는 기회가 발생할 수 있는 반면 사업 구성으로만 경영을 보는 경우에는 상호 다른 사업부는 서로 경쟁을 하도록 설정되어 있어 사업부 간 협업하는 것이 당시로서는 굉장히 어려운 일이었다. 즉, 핵심 경쟁력을 확보하기 위해서는 상호 다른 사업부의 벽을 뛰어 넘어 협업하는 것이 필요하며 이렇게 하기 위해서는 다양한 기능과 조직간 소통이 절대적으로 필요한 것이라고 볼 수 있다.

기업의 브랜드나 시장점유율 경쟁은 외부에서도 쉽게 파악할 수 있으나 핵심 경쟁력은 외부에서 쉽게 파악할 수 없는 문제가 있다. 대부분 기업들은 경쟁사의 원가나 품질 등의 이슈는 관심을 기울이고 있으나 경쟁사의 핵심 경쟁력에 대해서는 관심을 기울이기가 쉽지 않다.

내부적으로 핵심 경쟁력을 선정하는 검토도 쉽지 않은데 다음과 같은 3가지 점을 고려하여 결정해야 한다고 주장했다.

1) 다양한 제품과 시장에 접근할 수 있어야 한다

2) 소비자들이 인식할 수 있는 이익에 크게 기여할 수 있어야 한다.

3) 경쟁자들이 쉽게 복제할 수 없어야 한다.

예를 들어, 반도체와 디스플레이 기술을 보면, TV, 노트북, 모니터, 스마트폰 등 다양한 제품을 만드는데 핵심적으로 기여할 수 있고 경쟁자들이 쉽게 참여해서 복제할 수 없다는 것을 알 수 있다. 그러면서, 미국 기업의 문제는 핵심 경쟁력, 핵심 제품, 최종 제품의 세 가지 측면에서 경쟁을 보아야 하는데 대부분의 경우에는 최종 제품의 경쟁만을 보는 경향이 있는 사업부제를 운영하기 때문에 핵심 경쟁력을 놓치는 경우가 많다고 보았다.

사업부 제도에서는 핵심 경쟁력을 확보하는데 문제가 많다는 점을 지적했다. 각 사업부는 핵심 경쟁력이나 핵심 제품 개발에 신경 쓰기보다는 최종 제품에 더 많은 자금과 인력을 투입하게 되어 있다는 점이다. 따라서 기업이 보유해야 할 핵심 경쟁력 개발에는 투자가 부족하기 마련이고 결국 장기적으로는 경쟁력을 잃어버리기 쉽게 된다. 또한, 새로운 사업 기회가 발생하였을 경우 인력 등 자원의 투입이 필요하게 되지만, 내부 다른 사업부의 자원을 재배치해서 활용하는 것이 어렵다는 점이다. 일본 기업의 경우 총투자비나 개발비는 미국 기업에 비해 적지만 사업부 간 재배치나 활용 등을 훨씬 유연하게 할 수 있기 때문에 효율성이 높다고 주장했다. 또한, 사업부 제도에서는 새로운 사업기회나 혁신의 기회가 오고 있음에도 이를 볼 수 있는 기회가 별로 없다는 점도 부각했다. 각 사업부는 자기만의 사업을 추진하기 때문에 새로운 사업 기회가 발생하는 것은 나와는 상관없는 경우가 대부분이다.

사업부 제도에서는 정보 시스템, 커뮤니케이션 패턴, 종업원의 경력 개발, 성과 보상, 전략 개발 과정 등 많은 점이 사업부의 벽을 뛰어넘는 것이 어렵기 때문에 최고 경영자는 이런 점을 고려하여 조직 구조를 설계하고 추진해야 한다고 주장했다. 사업부 자체의 사업도 중요하지만, 본사 레벨에서의 핵심 경쟁력을 확보하기 위한 조직 구조와 인력 등 자원의 재분배를 할 수 있는 조직을 만들어야 한다는 점을 강조했다. 결국, 기업의 핵심 경쟁력을 선정하고 이 핵심 경쟁력을 확보하기 위한 기업의 조직 및 체계, 그리고 기업 문화 등을 강조하였다는 점에서 의의가 있었다.

한편, 전략을 수립할 때 산업과 경쟁자 동향뿐만 아니라 기업의 내부 자원을(RBV, Resource-based View) 최대한 활용해서 전략을 수립하는 것이 중요하다는 의견들이 제시되기 시작했다. 어떤 기업이라도 기업 문화, 자산의 취득, 기술개발 과정 등에서 다른 성장 과정을 겪었기 때문에 기업마다 다른 내부 자원을 보유할 수밖에 없고 이런 서로 다른 내부 자원을 바탕으로 전략을 수립해야 한다는 것이 기본 전제로 작용했다.

D. Collis와 C. Montgomery도 “자원기반 경쟁” 등에서 (1995, Competing on Resources: Strategy in the 1990s) 이런 조직과 기업문화, 그리고 이들을 모두 포함한 내부적인 자원의 중요성을 언급했다. 전략적으로 가치가 있는 자원은

1) 복제하기가 힘들며,
2) 전략적 가치 감소에 시간이 걸리며,
3) 발생한 가치를 통제할 수 있으며
4) 쉽게 대체되지 않고,
5) 경쟁자의 유사한 자원보다 탁월해야 한다고 주장했다.

한편, J. Kotter 교수는 전략을 수립하고 추진하는 과정에서의 조직 운영 방안에 대해서도 기업이 원하는 변화의 리더에서 (1996, Leading Change) 8단계로 구분하여 제시하였다.

1) 긴박감과 위기의식 조성
2) 변화 추진의 강력한 구심체 구성

3) 비전과 전략 수립
4) 구성원과 비전의 공유 및 자발적인 참여 유도
5) 변화의 장애물 제거
6) 빠른 가시적인 성과
7) 혁신의 가속
8) 변화를 기업문화의 정착 단계로 추진해야 성공의 가능성을 높일 수 있다고 주장했다.

이렇듯, 1990년대에는 전략을 하드적인 측면보다는 조직이나 체계, 기업문화 등 소프트적인 측면에서 연구하기 시작하였고 GE 사례에서 볼 수 있듯이 전략을 수립하고 수행하는데 있어서 조직 등 기업문화가 중요한 역할을 하고 있다는 것을 알 수 있다. 앞에서 설명한 바와 같이 1981년에 GE 회장으로 취임한 Welch회장은 M&A를 통해 GE의 사업구조를 획기적으로 바꾸는데 성공하였다. GE Matrix를 통하여 사업에서 1등 또는 2등이 되도록 노력하고 (Fix) 이것이 어려울 경우에는 사업을 매각하고 (Sell) 이것마저도 어려울 경우에는 사업을 폐쇄하는 (Close) Fix → Sell → Close 정책을 추진하여 성장하는데 큰 기여를 하였다.

이렇게 하여 1980년대 성장은 하였지만, 조직 측면에서는 역효과가 나타나기 시작하였다. 사업을 매각하고 매수하는 과정이 지속되면서 종업원들은 불안하게 생각하고 자신만의 영역을 지키기 시작하게 된 것이었다. 내가 하고 있는 사업이 언제 어디로 팔려 나갈지 모르는 상황에서 회사를 위해서 노력을 한다는 것이 쉬운 일은 아닐 것이다. 그렇게 되다 보니 자연스럽게 종업원들의 마음은 닫히고 알게 모르게 벽을 치게 되었다. 개개인의 벽만 아니라 조직과 조직 간에도 벽이 생기게 되고 관료주의가 만연하게 되는 현상이 발생하게 된 것이다. 이런 현상이 발생하면 그때는 아무리 간단한 업무라도 근거를 찾고 하자가 없어야 업무를 추진하게 된다. 그러니 모든 업무가 처리되는 속도가 늦어질 수밖에 없지 않은가? 이런 현상이 1980년대 후반부터 나타나기 시작한 것이다. 이것을 개선하고자 Welch 회장은 Work-Out 프로그램을 도입하였다. Work-Out의 뜻은 종업원들의 노력으로, 무의미한 업무를 제거하고, 문제를 제거함으로써 성장을 이끈다는 다양한 의미를 포함하고 있었다.

여러 부서에 걸쳐있는 프로세스에 문제가 생기면 문제에 관여된 모든 사람이 한자리에 모여 해결방안을 도출할 때까지 끊임없는 토론을 해서 결론을 도출해 내었다. 그리고 이 해결방안을 의사 결정권을 가지고 있는 책임자에게 제시하고 이 책임자는 보고 받는 그 자리에서 Yes 또는 No를 분명하게 해서 결론을 내었다. 결론을 내리는 즉시 실행에 들어가서 일명 Town Meeting이라고 불리기도 하였다. 업무 담당자는 발생하는 문제의 해결 방안을 이미 알고 있지만, 관료주의 성격상 얘기를 하지 않는다는 현실을 정확히 분석하고 해결책을 제시한 것이 Work-Out 프로그램이었다.

이 Town Meeting에는 특정 문제에 관련된 모든 종업원과 이들이 자유스럽게 얘기하고 토론할 수 있도록 유도하는 진행자 (Facilitator), 그리고 의사결정권을 가지고 실행을 가로 막는 장애물을 제거하는 챔피언으로 운영되었다. 여기에서 챔피언은 시작을 알리고 퇴장해서 토론에 관여하지 않고 최종 보고하는 자리에만 참석하여 의사결정을 내리게 되어 있었다.

이런 과정에서 GE가 추구하였던 조직 문화는 조직간 벽이 없고, 빠르게 움직일 수 있는 조직, 그리고 종업원들이 자신감을 가질 수 있는 조직을 만들고자 하였다. 즉, 종업원들에게 자신들 업무에 대한 자신감을 심어 주고 (Self-Confidence) 이 자신감을 바탕으로 불필요한 업무를 제거해서 업무를 단순화시키고 (Simplicity) 그러면 업무는 자연스럽게 빠르게 처리될 수 있다는 (Speed), 즉, Self-Confidence → Simplicity → Speed의 3S 개념으로 전개하여 궁극적으로 벽이 없는 조직 (Boundary-less)을 GE의 기업문화 목표로 하였다.

한편, 이렇게 전략 추진에 있어서 숫자라든가 분석 방법 등의 제시보다는 조직 운영 및 감성적인 측면을 자극하는 방안이 나오게 되는 이유는 전략이 제대로 작용하지 못하고 있다는 비판이 나오고 있었기 때문이기도 하였다. 전략이라는 방법론이 도입된 1960년대만 하더라도 기업의 경쟁력을 향상시킬 수 있다는 희망과 함께 가장 좋은 방법론이라는 얘기가 많았지만, 1990년대로 들어 오면서 이에 대한 회의가 많아지기도 하였다. 이에 대해서, Minitzberg

교수는 1994년에 출간된 전략 수립의 흥망성쇠에서(The Rise and Fall of Strategic Planning) 이런 현상이 발생하는 원인과 대책을 제안하였다.

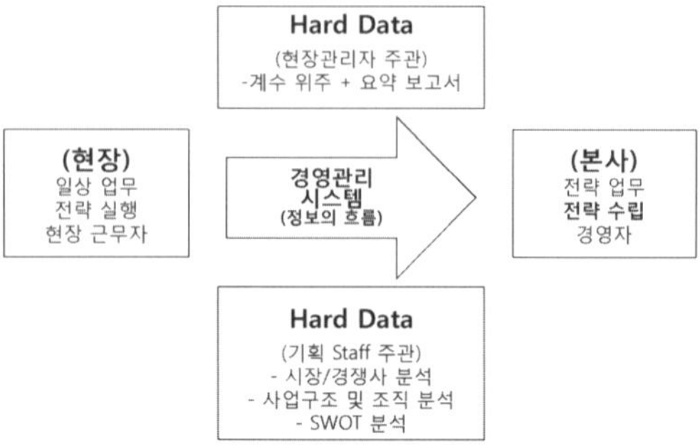

전략 수립의 당초 목적은 조직 내부의 정보와 시장 등 조직 외부의 정보를 종합적으로 정리하고 파악하여 조직이 추구해야 할 비전과 방향을 제시하는 것을 의미하였다. 가장 성공적인 전략인 비전이나 방향성 제시를 위해서는 전략적으로 생각하고 思考하는 것이 더 중요하였으나 전략을 수립하는 절차와 과정에 너무 많은 에너지를 쓰는 현상이 발생하였다. 즉, 전략 수립과 전략적 생각은 전혀 다른 것임을 인식하지 못한 것이 문제였다. 산업 초기 전략의 개념이 형성되었을 때에는 경영자가 직접 사업에 대한 비전과 전략을 수립하였으나 시간이 흐르면서 전략을 수립하는 역할을 전문가에게 맡기면서 이런 현상이 발생하게 되었다

이들 전문가들은 전략 수립을 위하여 현장 데이터를 기초로 체계적인 분석을 하였다. 즉, 현장 관리자들이 제공하는 현장 정보와 전문가인 기획 Staff들이 파악한 시장과 경쟁사 분석 등, 사업구조 및 조직 등을 분석하였다. 하지만 여기에서 몇 가지 문제점을 간과하였다.

첫째, 미래 예측이 가능하다고 전제하였다. 기술이나 혁신 등은 언제든지 발생할 수 있다. 그리고 경쟁사도 예측하지 못한 전략을 추진할 수 있지만 이런 점을 포함시키지 않았다는 점에서 문제가 있었다.

둘째, 이런 전문 기획 Staff 들은 현장에서 이슈와 분리되어 있어도 전략을 수립하는데 있어서 문제가 없다고 생각을 하였다. 기업의 경영관리 시스템에 의해서 현장의 모든 정보는 자연스럽게 본사로 전달된다고 믿었다. 하지만 이 과정에서 전달 과정이 지연되고 정량적인 면에 치우쳐 정성적인 면에서 전달되지 않는다거나 너무 많은 요약이 행해져 본질적인 내용이 전달되지 않을 수도 있다는 점을 이해하지 못하였다.

셋째, 전략을 수립하는데 있어 분석적인 면과 형식적인 면을 강조하다 보니 궁극적인 상황에 대한 이해와 심도 있는 분석을 하지 못하여 통찰력 있는 제안을 하지 못하였다. 즉, 데이터를 분석하고 절차에 따른 형식화를 추진하였기 때문에 전략 수립이라기보다 전략 Programming이라는 수식이 더 맞을 수도 있었다. 이렇게 수립된 전략은 현장에 전달되어 추진되도록 하였지만, 현장 관리자들의 참여가 거의 없는 상황에서 만들어진 전략에 대해서 적극적으로 동참하는 현장 관리자보다 귀찮아하는 관리자가 많은 것이 당연한 현상이었다. 그러면서, 그는 Hard 데이터보다는 Soft 데이터의 필요성을 강조하였다. 전략 수립보다는 전략적 생각이라는 측면에서 경영자가 생각하는 사업과 이에 대한 경험을 바탕으로 얻은 판단과 직관을 반영해야 한다고 주장했다. 여기에서 더 나아가 조직 내부에서 발생하고 있는 무형의 정보 등도 포함하여 종업원들이 생각할 수 있는 판단과 직관을 반영해야 한다고 주장했다. 이런 과정에서 사전에 분석이 없이도 발생할 수 있는 우발적 전략이 조직에 큰 영향을 미칠 수도 있다는 점도 부각해서 설명했다.

이 과정에서 기획 전문 Staff 들의 역할, 기존 시장이나 경쟁사 분석도 중요하지만, 현장에서 발생할 수 있는 새로운 전략의 발견이나 제안, 현장 관리자가 생각하고 있는 현실을 뛰어넘을 수 있도록 유도해야 현장의 참여를 유도할 수 있고 또한 전략 및 비전의 공유도 가능하고 주장했다. 진정한 의미의 전략 수립은 현재 조직의 문제점 분석을 통한 개선안뿐만 아니라 경영자와 종업원의 경험과 직관을 바탕으로 조직이 나아 가야 할 방향과 비전을 보여 주는 것이라고 보았다. 이렇게 하기 위해서는 전략적 생각이라는 것이 필요하며 이런 능력을 가진 직관적이고 창조적인 인력들의 참여도 필요하다고 주장하였다.

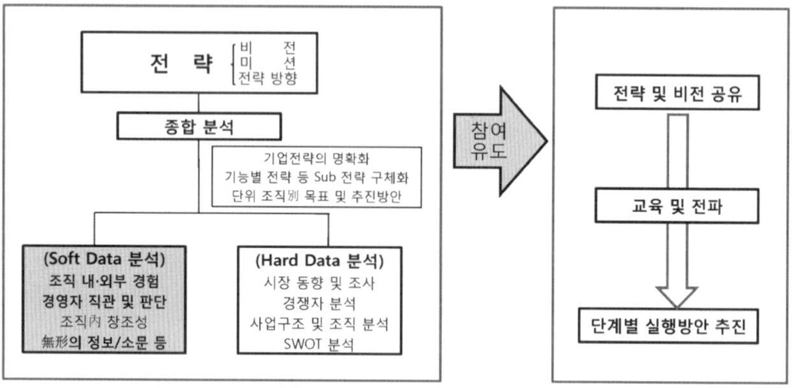

이런 전략 수립의 대표적 사례로 GE의 사례를 들 수 있다. Welch가 회장으로 취임하였을 당시 전략 수립 Staff들이 장문의 전략 보고서를 제출하였지만 무시하고 스스로 가지고 있던 직관과 판단으로 새로운 전략과 비전을 추진한 것으로도 유명하였다. 즉, 세계에서 1등 아니면 2등을 해야 한다는, No.1 or No.2를 비전을 제시하고 이를 달성하기 위한 전략으로 Fix → Sell → Close를 추진하여 1등이 되도록 하고, 아니면 매각하고, 이도 어려우면 폐쇄한다는 단순한 언어로 비전 및 전략을 구사하였다. 이로 인해서 많은 성과를 얻었지만, 1990년대 조직간 벽이 생기고 상호 협력하지 않은 문화가 정착되기 시작하자 새로운 비전으로 벽이 없는 조직을 (Boundary-less Organization) 내세우고 이를 달성하기 위해 Work-Out 프로그램을 도입하고 Self-Confidence → Simplicity → Speed의 3S 전략을 추진하여 성과를 이루었다.

이렇듯, 1990년대 미국 기업들은 조직과 문화적인 측면에서 전략을 구사하기도 했지만, 사업적인 측면에서는 어떤 변화가 있었는지 알아보기 위해 우선 앨빈 토플러의 "제3의 물결"을 (1980, The Third Wave) 알아볼 필요가 있다. 그는 이 책에서 인류는 수천 년에 걸쳐 사람이나 동물, 수력 등에 의존한 농업혁명인 제1의 물결을 겪었으며 그리고 이어서 화석연료를 통해 발전한 산업혁명인 제2의 물결 이후 향후에는 정보혁명이라는 제3의 물결이라는 새로운 변화가 일어나고 있다고 예언했다.

토플러의 예언대로 1990년대는 정보혁명의 시대였다.

02

리더십: 나를 따르라

1990년대는 Windows가 도입되면서 일반 가정에서도 컴퓨터를 사용할 수 있었고 또한, 인터넷이 도입되면서 전 세계 어느 곳에서도 쉽게 정보를 찾을 수 있었으며 또한, 휴대폰의 상용화가 되면서 1인당 1전화가 현실화되는 시작점이 되었다. 그런데 이 과정을 거치면서 특이한 현상이 나타나게 되었다.

한국의 삼성전자는 1990년대 초만 하더라고 세계 어디서도 인정받지 못하는 2류 내지 3류 기업에 불과하였는데 20년이 지난 2010년 이후에는 세계 어디서든 인정받는 초일류 기업이 되었다. 도대체 어떤 전략을 추진하였길래 난공불락의 전자업계를 20년 만에 장악할 수 있었을까?

앞 장에서 삼성전자의 반도체 사업 참여과정을 살펴본 바와 같이 1983년 반도체 사업에 전면적인 참여를 선언한 이후 상당한 어려움을 겪다가 미국과 일본 간 반도체 전쟁으로 인하여 생긴 공백기인 1988년에 처음으로 이익을 보면서 투자 손실을 회수할 수 있었다. 이때만 하더라도 반도체 최신 Dram을 개발하는 기간 차이가 선진업체와 6개월 정도 있었지만 1990년 16M Dram 개발 당시 처음으로 일본업체와 비슷한 시기에 개발한 이후에는 모든 차세대 제품의 개발에 있어서는 앞서서 개발하기 시작하였다. 이렇듯 반도체 개발에 있어서는 이 당시부터 앞서서 나가기 시작했다고 볼 수 있다.

회로 집적도	4M	16M	64M	256M	1G
개발년도	1988	1990	1992	1994	1996
선진업체와의 기술격차	0.5년	동일	선행	선행	선행
회로선폭	0.5um	0.4um	0.35um	0.26um	0.18um

(삼성전자 D램 반도체 개발 역사)
(삼성 반도체 세계 일등 비결의 해부, 삼성경제연구소)

제품의 개발뿐만이 아니었다. 1983년 시장에 참여한 지 10년 만인 1992년에 삼성전자가 세계 Dram 시장에서 기적같이 1위를 한 기념비적인 해이기도 하였다. 이 여세를 몰아 다음 해인 1993년 Dram을 포함한 메모리 시장 전체에서도 1위를 기록하여 세계를 놀라게 한 사건들이 계속 벌어지고 있었다. 그리고 1994년에는 차세대 제품인 256M Dram에서도 세계 최초로 개발에 성공하여 일본 및 미국업체들 보다 앞서나가는 R&D 시스템을 구축하고 있다는 사실을 증명하듯 신문에 광고를 개제하였다. 이 광고의 핵심 메시지는 일본과 미국에서 기술을 배우는 기술 Follower에서 기술 Leader로서 역할이 바뀌었다는 자부심이 깔려 있었다. 아무것도 가진 것이 없었던 반도체 사업은 "하면 된다"라는 무대뽀 정신으로 일궈 나갔다. 하지만 여기에도 삼성 고유의 관리와 철학이 숨어 있었다.

우선, 1983년 반도체 사업 선언을 할 때까지 산업과 사업에 대한 분석을 삼성식으로 철저하게 그리고 사전에 추진하였다. 핵심인 인력 확보를 위해서는 미국에서 일하고 있던 한국인 인재들, 현재 삼성 반도체의 주역이기도 한 인재들을 사전에 확보하였다. 기술 지원을 하기로 한 Micron에 연수 대를 파견했지만 제대로 된 기술과 장비, 공정을 배울 수 없게 되자 반도체를 하나, 하나 분해해 가면서, 현미경으로 분석하면서 개발을 추진하였다. 이들이 전설처럼 얘기하는 것이 회사에 야전침대를 갖다 놓고 밤낮없이 일했다고 하였다.

하지만 이것만 가지고는 설명이 되지 않는 부분이 많다. 사업 참여 선언을 한 것이 1983년 3월, 그리고 기흥 공장을 착공한 것이 9월, 그리고 공장 준공을 한 것이 6개월만인 1984년 3월이었다. 그리고 1983년 5월에 개발팀 발족을 하고 6개월만인 같은 해 11월에 64K Dram 개발에 성공하였다고 발표를 하였다. 이렇게 가능할까? 라는 질문에 답을 하면서 삼성의 전략을 설명하는 게 맞을 것 같다.

우선, 개발팀은 미국에서 일하고 있던 인재들을 모아서 국내에 한 팀, 그리고 또 미국에 한 팀을 두면서 차세대 256K Dram을 개발하게 하여 경쟁을 시켰다. 이런 방식은 추후에도 계속 적용되어 삼성 반도체 개발팀의 기본 전략이 되었다. 국내 개발팀은 기존에 있던 부천사업장의 조립 개발팀과 같이 24시간 체제로 운영하였으며 중요한 것은 이들 개발팀을 설비 발주할 때부터 설비회사에 파견하여 설비를 제작할 때부터 완료될 때까지 설비 엔지니어와 같이 일하도록 함으로써 설비가 공장에 들어올 때에는 이미 설비 운영이 가능한 상태로 되어 있었다.

공장 건설은 설계와 건설을 동시에 진행하여 한 쪽에서는 설계를, 한 쪽에서는 건설을 하였다. 이렇게 함으로써 시행착오도 있었지만, 빠르게 건설을 진행할 수 있었던 요인이 되었다. 물론, 겨울에 공사를 진행하여 콘크리트가 숙성되지 않았을 때에는 전체를 텐트로 씌우고 온풍기를 돌려 가면서 24시간 돌관 작업을 한 것은 당연하였다. 어찌 보면, 어리석다라고도 볼 수 있지만, 반도체는 Timing 산업이라는 점을 감안하여 공장을 빠르게 건설하여 반도체를 생산하는 것이 공장 건설 기간을 단축하기 위하여 들어가는 비용보다 훨씬 유리하다는 점을 감안하였다.

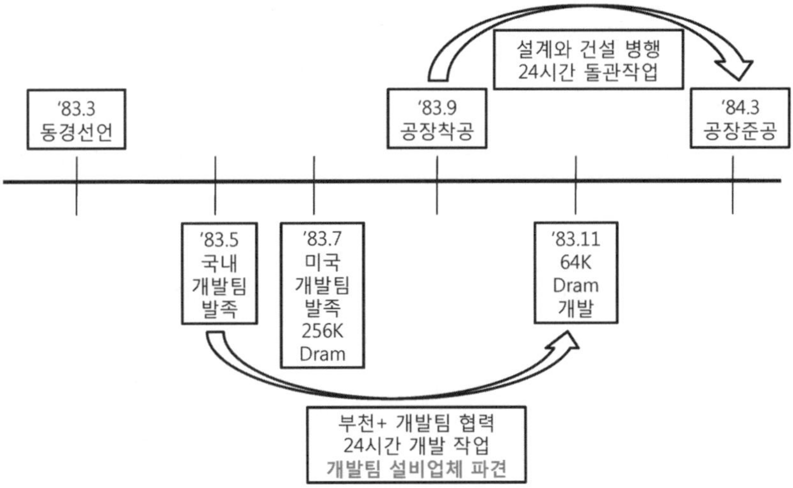

또, 하나 중요한 것은 당시 사정을 감안하면 기흥은 서울에서 50Km 떨어진 곳에 있어서 핵심 인력 확보에 어려움이 있었지만, 개발과 생산이 한자리에 있어야 개발과 생산에서 발생하는 다양한 문제를 다 같이 모여서 신속하게 해결할 수 있다는 복합화 개념을 적용하여 개발과 생산을 다 같이 기흥에 모았다는 점이었다. 또, 삼성 반도체는 애초부터 기술이 없는 상태에서 시작하였기 때문에 전문가 집단이 별로 없어서 형성된 문화가 지시하는 것이 아닌 토론

문화였다. 문제가 생기면 상하 직급에 관계없이 문제를 해결할 때까지 집단 토론하는 문화가 오늘날의 삼성 반도체를 만들었다고 하면 과언이 아닐 것이다.

물론 이런 전략들이, 임기응변식으로 진행된 것이 아니라 사전에 삼성식으로 치밀하게 준비되어 추진된 것이라는 측면을 고려해야 한다. 결과적으로, 선진 업체들은 불가능하다고 여겼지만, 동경에서의 반도체 선언 이후 1년 만에 공장을 준공하고 출하를 할 수 있었다.

1985년 삼성전자는 반도체 수출 1억 불을 기록했지만, 적자는 1,000억을 넘어섰었다. 1986년에는 미국과 일본 업체들의 특허 소송에 8,500만 불을 배상금으로 내야 했고 1987년 불황으로 인해 적자가 더욱 심해지는 등 그 이후 몇 년간 심하게 고생하였지만, 미국과 일본의 반도체 전쟁으로 생긴 공백을 치고 들어가 드디어 1988년 대형 이익을 내면서 그간의 전략에 대한 보상을 받을 수 있었다.

여기에 1988년에 또 하나의 전환점이 기다리고 있었다. 당시 1988년에는 일본의 도시바와 히타치, 그리고 미국의 IBM 등 선진업체들의 4M Dram 개발 소식들이 들어 오고 있었다. Transistor 1백만 개를 반도체 칩 위에 집적하는 1M Dram 까지는 문제없이 개발 되었으나 4백만 개를 집적해야 하는 4M Dram 부터 문제가 생기기 시작했다. 4백만 개의 Transistor를 칩의 평면에 집적하기에는 무리였다. 그래서 나온 것이 칩의 표면에 새로운 층을 만들어서 집적도를 높이는 (Stack) 방식이나 칩의 표면을 파 내어 지하로 내려가면서 새로운 층을 만들고 집적도를 높이는 (Trench) 방식으로 개발이 진행되고 있었다.

Trench 방식은 안전하기는 했지만, 밑으로 파 내려갈수록 회로가 보이지 않는 단점이 있어 공정이 까다롭고 경제성이 떨어졌다. 이에 비해 Stack 방식은 작업이 쉽고 경제성이 있지만, 품질 확보가 어려운 점이 있었다. 미국과 일본의 선진업체들이 Trench 방식을 택하면서 삼성뿐만 아니라 한국 반도체 업체들의 고민도 깊어지고 있었던 시점이었다.

삼성은 두 기술을 같이 개발하면서 어느 기술을 선택할지에 대한 내부 토론을 심각하게 벌였으나 결론을 내리지 못하자 이건희 회장에게 보고하였다. 이 회장은 이런 현상에 대해 "복잡한 문제일수록 단순화해야 한다. 두 기술을 단순화해서 보니 Stack은 위로 고층 빌딩을 짓는 것이고 Trench는 지하로 파 들어가는 것으로 보인다. 지하로 파 들어가는 것보다 위로 쌓아 올리는 것이 수월하고 문제가 생겨도 쉽게 고칠 수 있다고 판단"하면서 결론을 내렸다. ("생각 좀 하며 세상을 보자", 이건희) 이 결론은 나중에 반도체 산업에 있어서 중요한 전환점이 되었다. Trench 방식을 택한 도시바, NEC, TI, IBM 등 많은 선진업체들이 양산을 추진하는 과정에서 수율 하락을 경험하였지만, 결국 해결하지 못하는 현상이 발생하고 Stack 방식으로 전환하여 시간과 자금 등 손해를 보았고, 반도체에서 가장 중요한 Timing에 맞추지를 못하였다.

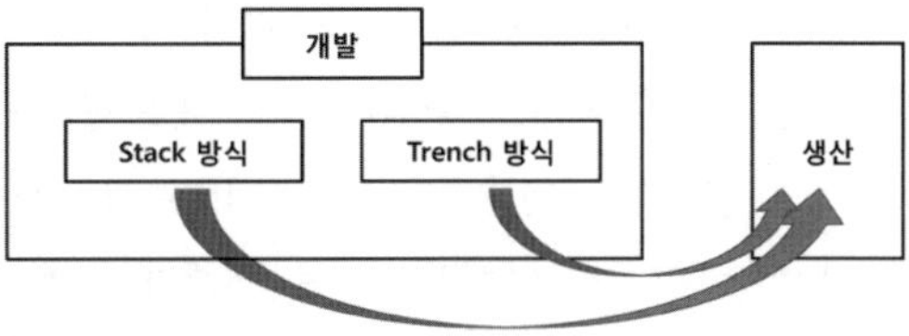

반면, 삼성은 이 방식 성공으로 인하여 선진업체와의 격차를 더욱 줄여나갔고 2년 뒤인 1990년 16M Dram 개발에서는 선진업체와 같은 시기에 개발을 추진하고 다시 2년 뒤인 1992년 64M Dram 개발에서는 드디어 선진업체보다 더 빨리 개발을 추진할 수 있었다.

한편, 또 한 번 전환점이 찾아 왔다. 이번에는 개발에 성공한 제품의 양산 과정에서 있었다. 반도체 칩은 웨이퍼라고 하는 원형의 실리콘 판 위에 만들어진다. 초기에는 2인치 웨이퍼에서 칩을 만들다가 1990년에는 선진업체들이 주로 6인치(150mm) 웨이퍼를 표준으로 쓰고 있었다. 모든 업체의 표준이었던 6인치 웨이퍼에서는 당시 주력 제품인 4M Dram을 약 200개를 생산할 수 있었다. 그런데 이 웨이퍼를 8인치로 키우면 투자비는 35% 증가하지만, 생산량은 356개로 78% 증가하여 크게 의미를 가질 수 있었다. 모든 반도체 업체가 6인치 웨이퍼를 사용하여 생산하고 있는데 8인치 웨이퍼를 처음으로 쓰자는 의견이 제시된 것이었다. 물론 효과도 컸지만, 그에 걸맞게 위험 요인도 컸다. 양산에 실패하게 되면 1조 원 이상의 손실과 개발 경쟁에서 뒤처지는 문제가 발생하게 되어 있었다.

문제는 누구도 확실하게 할 수 있다는 것을 증명할 수 없다는 사실이었다. 웨이퍼를 크게 한다는 것은 웨이퍼를 다루는 설비도, 또한 공장도 커져야 하고, 공정 자체도 바꿔야 한다는 것을 의미하였다. 반도체의 핵심인 포토 공정에서는 반도체 회로 사진을 아주 섬세하게 웨이퍼 위에 있는 칩에 옮겨 놓은 것인데 웨이퍼가 커지면 웨이퍼 가장자리에 회로를 제대로 표현할 수 있을까 등 해결해야 할 문제가 한 둘이 아니어서 선진업체들도 적용하기를 꺼리고 있었다. 하지만 삼성은 과감하게 8인치 웨이퍼로의 전환을 선언하고 성공하였다. 이때 이 회장은 "우리가 세계 1위로 발돋움하려면 이때가 적기라고 생각했고, 월반하지 않으면 영원히 기술 후진국 신세를 면치 못하리라고 판단했다"고 회상하였다. 1992년 64M Dram 세계 최초 개발과 1993년 8인치 웨이퍼 시대를 연 삼성 반도체는 명실상부하게 세계 1위 반도체 메모리 업체로서의 위상을 굳혀 나가고 있었다.

여기에서 이건희 회장의 전략은 Fast Follower에서 First Mover로 치고 나가는 것이었다. 표현 그대로 월반하지 않으면 영원히 기술 후진국 신세를 면치 못하지만, 세계 1류가 되기 위해서는 월반을 해야만 한다는 전략이었다. 만약 월반하려다가 실패하는 경우에는 막대한 손실을 볼 수밖에 없다는 사실에 경영진은 고민할 수밖에 없었다. 이미 Stack 과 Trench 방식에서 그런 실패 사례를 경험하기도 하였다.

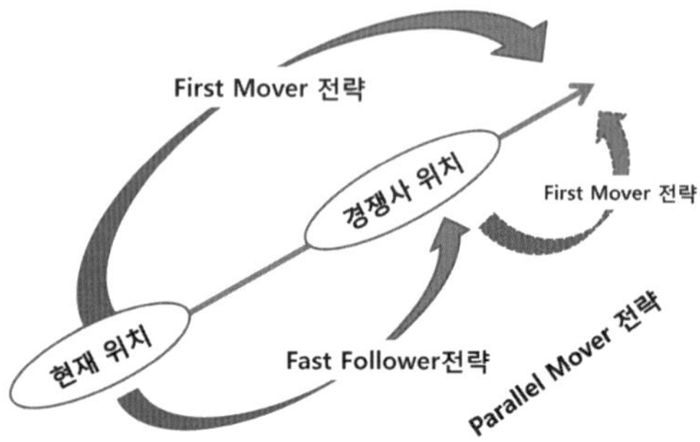

삼성의 선택은 운이 좋았다는 측면도 있지만, 기술과 공정, 설비를 철저하게 분석하고 준비를 하면서 진행하였기 때문에 성공했다고 보는 것이 더 타당할 것이다. 철저하게 준비된 기업만이 First Mover가 될 수 있다고 볼 수 있다. 사실 Fast Follower 전략만큼 안전한 것도 없다. 하지만 영원한 2등 또는 그 이하로 사는 것에 대해서 만족해야 한다. 문제는 모든 승부의 세계가 그렇지만, Winner Takes All이라는 것이 냉철한 현실이다. 언제가 선두로 치고 나가

야 하는데 그때 치고 나가 First Mover가 될 수 있느냐 없느냐를 결정하는 것은 "준비가 되어 있었느냐" 일 것이다, 사전에 철저하게 준비하는 것이 필요하다.

이렇듯 삼성 반도체는 세계 일류를 향해서 가고 있었지만, 다른 사업들은 그렇지 못하였다. 당시 삼성전자의 대표적 사업이었던 TV와 세탁기가 특히 그러하였다. 특히, 1980년대 미국의 산업이 품질문제로 많은 어려움을 겪었든 시기 이후라 한국에서도 품질문제에 대한 경각심이 높아지고 있었던 시점인 1993년 삼성그룹의 사내 방송에서는 몰래카메라 성격의 프로그램을 방송하였다. 세탁기 조립라인에서 작업자들이 작업하는 과정을 방송하였는데 세탁기 뚜껑이 부드럽게 열고 닫히지를 않자 부품 일부분을 칼로 깎아서 조립하는 과정과 인터뷰하는 내용을 방송하였다. 어차피 소비자에게는 보이지도 않는 부분이니까 상관없고 또한, 기능에는 아무런 영향도 없지 않느냐고 하면서 태연하게 작업을 하고 있었다. 더욱 놀라운 것은 아침에 이 방송을 보던 거의 모든 임직원이 아무런 일도 아니라는 것처럼 방송을 보고 있었던 점이었다.

그러나 이 프로그램을 보고 있던 한 사람은 그렇지를 못하였다. 경악을 금치 못했던 것이었다. 그는 또한 영화광으로 소문난 사람이었다. 같은 영화를 수십 번씩 보면서 매번 시청하는 각도를 달리하면서 보는 것으로도 유명하였다. 그것뿐만 아니라 당시 영화를 보기 위해 필수적이었던 VCR을 종류별로 사다 놓고 일일이 해부하고 분석하는 것으로도 유명하였다. 그런 그는 삼성 VCR이 소중한 테이프를 갉아먹고 하는 불량을 이미 여러 차례 경험한 바 있었기 때문에 이런 불량이 삼성 어느 한 부분의 문제가 아니라 조직 전체에 퍼져 있는 암이라고 판단했다. 그동안 양보다는 질이 중요하다는 질 경영을 수차례 얘기했지만 먹히지 않는다고 판단했다. 거기에 다가 미국 시장에서 삼성 제품이 취급당하고 있는 현실도 안타까워하였다. 가전 매장을 방문해서 보면 GE, 소니, 월풀 등 선진업체 제품들은 매장에서 보기 좋은 자리를 차지하면서 전시되고 있는데 비해 삼성 제품은 구석진 자리에 먼지를 뒤집어쓴 채 전시되고 있는 것을 수도 없이 봐왔다. 거기에 다가 이들 업체들은 첨단 제품을 개발하여 전시하고 있는데 삼성 전자제품은 보이지도 않는 구석에 그리고 Identity도 없도록 개발되는 현실이 답답하였다.

당시 삼성은 일본인 고문들을 많이 활용하고 있었는데 이들과 함께 한 기술개발회의에서도 같은 문제가 제기되었다. 삼성은 경영진이 디자인에 대해 잘 모르고 정보도 공유하지 않아 업무가 비효율적이라는 얘기를 하는 후쿠타 고문이 있었다.

이런 얘기를 종합해 보면 삼성전자는 이류에서 일류로 가기 위해서 노력하고 있는 줄 알았는데 오히려 삼류, 사류로 가겠다고 생각한 그는 삼성그룹의 임원들을 모아 놓고 삼성 신경영 선언을 하게 되었다. 여기에서 그 유명한 "마누라와 자식만 빼고 다 바꾸라"라고 요구하고 그렇지 않으면 삼성의 미래는 없다고 신경영을 추진하게 시작했다.

이때 도입된 것이 7 - 4 제도와 (아침 7시 출근, 오후 4시 퇴근) 라인 스톱 제도이었다. 7 - 4 제도는 일이 없는 데도 불구하고 늦게 까지 사무실에 있지 말고 오후 4시에 퇴근해서 자기계발을 하라는 취지에서 시작되었지만 사실상 바꿔야 한다는 정신을 강조하기 위해 도입되었다고 해도 과언은 아니었다. 하지만, 라인 스톱 제도는 당시로서는 획기적인 사건이었다. 생산라인에서 불량이 생기면 누구든지 라인을 정지시키고 불량 원인을 찾아 내서 문제를 해결한 다음 다시 가동에 들어 가도록 하였다. 품질 불량인 제품을 잔뜩 만들어 놓고 생산 목표를 달성했다고 하는 생산 마인드를 획기적으로 바꾸게 된 계기가 되었다고 볼 수 있다. 이런 현상은 1980년대 미국 자동차 업계나 전자산업계에서도 많이 볼 수 있었고 이런 품질 불량 때문에 일본 기업들에게 미국 시장을 내주게 된 계기기 되기도 하였다.

이렇게 해서 품질 불량률은 획기적으로 줄었지만, 뿌리가 완전히 뽑히지는 않았었다. 1994년 무선전화기의 불량이 심해지면서 소비자들의 불만이 높아지자 불량 제품을 전량 교환해 주겠다는 광고를 게재하고 수거된 불량 전화기는 생산 공장이었던 구미 공장에 모아 놓고 전 임직원들이 모인 가운데 화형식을 거행하였다. 자기가 만든 불량 제품이 눈 앞에서 잿더미로 변하는 것을 본 임직원들은 품질에 대한 의식을 바꿔 나가기 시작하였다. "소비자한테 돈 받고 팔았는데 불량품을 내 주는 것이 미안하지도 않는가? 불량품 만들고 월급

받는 것이 미안하지 않은가? 자기가 만든 제품에 삼성 이를 붙여서 나가는 것에 미안하지 않은가?" 등 자존심과 자부심을 요구하는 품질 우선주의 정책을 추진하였다.

1990년대 세계 정보화 시대에 진입과 발맞추어 삼성은 반도체 사업으로 정보화 시대의 핵심적인 사업에 성공적으로 진입하고 있었고, 또 한 쪽에서는 기업의 생존에 절대적으로 필요한 품질경영을 도입하고 있었다. 앞에서 얘기한 GE의 Work-Out 프로그램이나 삼성의 신경영은 기업문화 측면에서 보는 전략이라 볼 수 있다.

GE나 삼성같이 거대한 조직을 움직이는 힘은 무엇일까? 기업의 성장 과정을 한번 생각해보면 대부분의 기업들은 소위 말하는 Start-up 과정을 거치게 되어 있다. 사업 초기에는 아이디어를 발판으로 혼자서 사업을 추진하게 된다. 그러다가 어느 정도 사업이 크게 되면서 혼자서 운영하는 것이 어렵게 되는 매출이 발생하게 되면 가족들한테 도와 달라고 하면서 가족들이 경영에 참여하게 된다. 그러다가 가족들의 참여로도 운영이 힘들어지는 매출이 발생하게 되면 친한 친구나 외부에서 인력을 수소문해서 같이 일하게 된다. 외부 인력이 참여하는 순간부터 간단한 관리 시스템이 필요하게 된다. 사장인 내가 출장을 가거나 자리를 비우더라고 회사가 돌아가는 시스템을 구성해야 안심하고 운영할 수 있게 된다. 여기서 더 커지면, 기업의 운영관리 시스템이 절대적으로 필요하다. 생산이나 개발, 판매/마케팅, 그리고 구매 등 제품을 생산해서 판매하는 과정에서 필요한 운영 및 관리 시스템이 절대적으로 필요하게 되어

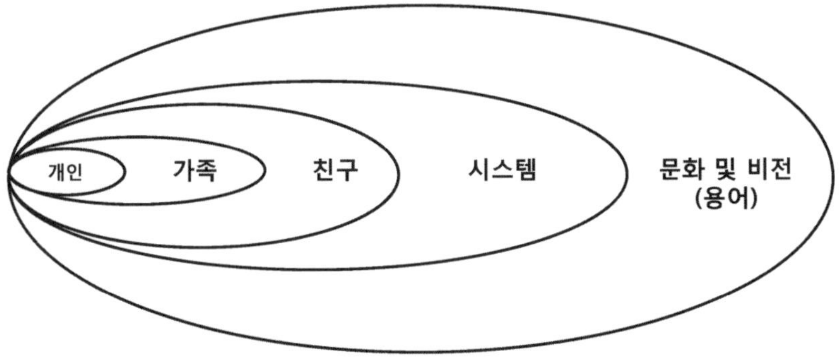

구축을 해야 한다. 하지만 여기서 더 커져서 구성원이 만 명 또는 십만 명 되는 조직이 되면 이때는 시스템뿐만 아니라 모든 구성원이 공유할 수 있는 문화와 비전이 있어야 한다. 이 문화와 비전이 있어야 어떤 일을 추진하더라도 같은 방향으로 업무를 추진할 수 있다. GE와 삼성에서 추진한 1990년대 활동 등을 이 기업문화적인 차원에서 보는 것이 맞을 것이다.

03

디지털과 인터넷: 변화의 시작

한편, 1995년 8월 정보혁명에 걸맞는 신제품이 도입되었다. 마이크로소프트는 개인용 PC 초기 운영체계인 MS-DOS를 운영하다가 그래픽 User Interface를 사용한 Window 3.1을 한층 향상시킨 Windows 95를 출시한 것이었다. 이 전까지는 컴퓨터는 전문가들이나 쓰는 것으로 생각했지만, 이 소프트웨어 제품의 도입으로 일반 가정에서도 컴퓨터를 쓰기 시작한 계기가 되었다.

플러그 앤 플러그 기능이 첨부되면서 주변기기와 자동으로 연결되기 시작하였고 시작 버튼과 (Start Button), Task Bar, 그리고 그래픽을 활용함으로써 일반 소비자가 사용하기 쉽게 설계되었고 무엇보다도 인터넷을 할 수 있는 Internet Explorer가 포함되어 있었고 또한, MSN을 통하여 이메일을 보내거나 인터넷상에서 정보를 찾아볼 수 있었다. 특히, 시작 버튼은 컴퓨터 프로그램을 찾거나 파일을 찾기 위해서 컴퓨터를 볼 때 일반 소비자들도 전혀 문제가 없도록 하여 선호도가 높았었다. 소비자들은 마이크로소프트의 새로운 운영체계에 열광하면서 제품을 사기 위해 줄을 서기도 하였다.

현대에서는 애플이나 삼성의 최신 스마트폰을 사기 위해 밤을 새워 줄을 서기도 하지만 20년 전인 1995년에 하드웨어도 아닌 소프트웨어를 구매하기 위하여 줄을 선 것은 획기적이었다. 당시 유명 쇼 호스트였던, Jay Leno가 빌 게이츠와 함께 론칭을 진행했으며 롤링 스톤즈의 노래 "Start Me UP"을 Windows 95의 공식 노래로 활용하기도 하였다. Windows 95가 도입되면서 인터넷이 비로소 일반인들에게도 알려지게 되었다.

1950년대 이후 대학, 군대나 정부 기관 등에서 컴퓨터를 사용하기 시작하였다. 이들은 연구를 수행하는 과정에서 필요한 컴퓨팅 능력을 보유하지 못하였을 때 지역적으로 멀리 떨어진 다른 기관의 컴퓨터를 활용하면 좋겠다는 생각과 이들 컴퓨터들을 서로 연결하는 것이 필요하다는 것을 알게 되었다. 이런 상황에서 미 국방부의 지원을 받아 하나의 기관에서 사용하고 있는 여러 컴퓨터을 연결하는 프로젝트가 ARPA (Advanced Research Projects Agency)라는 프로그램으로 1963년 시작되었다.

이 프로그램을 담당한 연구원은 당시 세 가지 다른 기관의 컴퓨터 네트워크를 운영하고 있었다. 한 기관의 네트워크에 접속하고, 또 필요하면 다른 기관 네트워크에 접속하는데 서로 다른 단말기를 사용하면서 접속해야 했다. 그런 과정에서 그는 왜 다른 단말기를 사용해야 하는지에 대한 의문을 제기하고 하나의 단말기만 사용하더라도 어떤 컴퓨터 네트워크라도 접속이 가능하도록 해야 한다는 개념, ARPANET을 (Advanced Research Projects Agency Network) 개발하기 시작하였다. 1969년 11월에 UCLA와 Stanford Research Institute를 연결하는 네트워크가 운영되었고 12월에는 University of Santa Barbara, 그리고 Utah 대학 등 4개 기관을 연결하는 ARPANET가 운영되기 시작하였다.

이후 하드적으로 그리고 소프트웨어적으로 발전을 거듭하였고 1983년 네트워크 간 데이터 전송방법과 통신방법을 규정한 TCP/IP를 ARPANET에 적용하면서 비로소 인터넷으로 변신을 시도하고 있었다. 여기에 1989년 Berners-Lee는 잘 알려진 WWW (World Wide Web)을 개발하였다. WWW는 정보를 보관하고 있는 주소인 URL (Uniform Resource Locators)와 그리고 보관된 문서를 보거나 문서와 자료들을 서로 연결시켜주는 Hypertext, 그리고 이들 정보를 인터넷으로 접속할 수 있는 정보 Space를 포함하고 있다. 그리고 이 정보 Space를 사용할 수 있는 프로그램을 1991년 발표하였다.

이 WWW로 인해서 정보혁명이 시작되었다고 할 수 있었다. 전 세계에 걸쳐 퍼져 있는 컴퓨터에 보관되어 있는 문서 정보, 이미지 정보, 음성 정보 등 다양한 정보들을 멀리 떨어진 곳에서도 쉽게 볼 수 있는 기술이 개발된 것이었다. 여기에 1993년 일리노이 대학에서 WWW와 인터넷을 일반인들도 쉽게 접할 수 있도록 그래픽으로 만든 프로그램인 Mosaic Browser를 발표하면서 인터넷의 발전 속도는 빨라지게 되었다. 그리고 1995년 Netscape에서 만든 Netscape Navigator가 발표되면서 Mosaic의 시장 점유율은 급속하게 줄어들어가고 있었다. 하지만 마이크로 소프트는 이 Mosaic과 라이선스 계약을 맺어 Internet Explorer를 1995년 개발하여 Windows 95에 포함하였다. 한편, 급격하게 경쟁력을 잃어 가던 Mosaic은 1997년 서비스를 중단하였다.

이런 인터넷 기술, 특히 하드웨어인 네트워크와 그 하드웨어에서 정보를 찾아서 보여주는 소프트웨어의 발전으로 인해서 전 세계적으로 정보의 혁명이 일어나고 있었다. 전 세계 누군가가 보관하고 있는 정보를 이 인터넷이라는 도구를 통하여 개인이 쓸 수 있게 되어 전 세계 정보의 흐름이 폭발적으로 증가하는 시기가 된 것이었다.

한편, 당시 시장에서는 IBM PC 및 Clone이 주력으로 있었으며, 이를 대상으로 한 Windows 95가 도입된 이후 개인용 컴퓨터 시장의 비약적 발전을 보게 되었다. 1995년에 5천만 대 수준이었던 PC 시장은 3년 후인 1998년에는 1억 대에 달했으며 2000년에는 1억 3천만 대까지 늘어났다. 물론, 이 PC 수요 확대의 전부가 다 Windows 때문이라고 말하기는 어려울 것이다. 하지만 어렵다고 여겨졌던 PC를 쉽게 사용하게 만들어 준 Windows의 기여도도 크다고 말할 수 있다.

PC 도입 이후 가장 가파르게 시장이 성장하였던 것은 사실이다. 1995년 이후 2000년까지의 성장률이 그 어느 때보다도 가파른 것을 볼 수 있다.

또, 하나 눈여겨 볼 대상은 IBM PC 계열이 PC 시장을 지배하고 있다는 사실이다. IBM PC를 만든 IBM은 지금 흔적도 없는 반면 운영체계를 만든 마이크로소프트는 아직도 건재하다는 사실은 전략의 중요성을 얘기할 수 있는 아이러니 중의 하나로 볼 수 있다.

인터넷을 이용하여 컴퓨터 시장에서 효과를 본 기업이 있었다. Dell은 컴퓨터 시장에서 기존 방식과는 완전히 다른 방식으로 성장한 기업이었다. 컴퓨터 관련된 부품을 직접 만드는 것은 하나도 없지만, 소비자가 원하는 컴퓨터를 단 몇 시간 만에 만들어서 배송까지 하였다.

1981년 IBM은 PC를 개발할 때 외부 업체를 활용하여 OEM 방식으로 컴퓨터를 제조하고 판매도 외부 유통기관을 활용하였다. 이런 방식으로 인해서 내부에 수직계열화되어 있는 부품이 없을지라도 컴퓨터 산업계에 존재하고 있는 부품 업체들을 활용할 수 있는 방식이 생겨나게 되었다. 이렇게 함으로써 소위 말하는 IBM Clone 업체들이 생겨날 수 있었다.

이런 상황에서 1983년 대학교 신입생이었던 Michael Dell은 자신의 컴퓨터를 Upgrade 하는 과정에, 차라리 새 부품을 사서 새롭게 컴퓨터를 조립하는 것이 훨씬 싸다는 것을 알게 되었다. 이렇게 조립된 컴퓨터를 자신의 이름을 붙여서 소비자에게 직접 싸게 팔기 시작하였다. 주문이 계속 밀려 들어오자 Dell은 자신의 이름을 붙인 회사를 1984년 설립하고 본격적으로 소비자의 주문을 받아서 조립하고 (Build-to-Order) 배송하는 Direct 방식의 사업을 시작하였는데 24시간 운영되는 Hot-Line과 배송을 기본으로 하였다, 1985년에는 매출이 7천만 불까지 상승하는 성장 가도를 달렸으며 1987년에는 Next Day 현장 서비스를 제공하는 최초의 컴퓨터 회사가 되어 1990년에는 매출이 5억 불까지 상승하게 되었지만, 컴퓨터 주문 접수 → 조립 → 배송에 이르는 과정의 단순화, 효율성, 그리고 신속성을 강조하는 경영방식을 지속하였다.

1990년대 들어 컴퓨터 시장이 지속적으로 확대되자 매장을 둘러 보고 컴퓨터를 사는 소비자들을 확보하기 위해 일반 소매 유통과 계약을 체결하고 이들 유통 업체가 판매와 A/S까지 전담하는 방식으로 사업을 확대하여 1992년에는 매출이 20억 불까지 확대되었다. 하지만 너무 급속하게 성장하다 보니 운영자금이 부족하게 되어 1993년 최초의 적자를 보았는데 원인 분석을 한 결과 유통채널을 통한 표준화된 제품의 판매 방식이 Dell 에게는 적합하지 않은 것으로 나타났다. 이런 분석을 바탕으로 1994년 일반 유통채널에서의 판매를 중단하고 다시 Direct 방식으로 되돌아갔다.

이렇게 Direct 방식으로 전환하면서 Dell의 매출은 1994년 35억 불에서 1999년 250억 불로 급상승하게 되었고 이익도 급상승하게 되었다. 이 과정에서 미국 시장 점유율은 1994년 3%에서 1999년 16%까지 치솟았고, 세계 시장 점유율도 9.8%로 세계 2위의 자리를 차지할 수 있었다.

그러면 어떻게 이런 현상이 가능했을까?

우선 기존의 컴퓨터 업체들은 일반 소매 유통을 활용한 판매 방식을 추진하고 있었다. 일반 유통채널은 고객의 요구와는 관계없이 표준형으로 주문한 컴퓨터를 제작해서 판매하는 방식이 일반적이었다. 이에 비해 Dell이 도입한 Direct 방식은 고객이 컴퓨터 업체에 요구사항을 말하면 이를 컴퓨터 업체가 제작해서 고객에게 직접 판매하는 방식이었다.

이렇게 고객과 직접 소통함으로써 고객이 원하는 제품을 빠르게 그리고 원하는 시간에 맞춰 제작할 수 있었고 무엇보다 재고를 최소로 가져갈 수 있어 완제품 재고 비용과 유통 비용을 획기적으로 줄일 수 있었다. Dell의 재고 비용은 일반 유통 판매할 때 매출액 대비 15% 수준이었는데

Direct 방식으로 전환한 후에는 2% 수준으로 급격하게 감소한 것으로 알려져 있다. 이렇게 고객이 요구한 제품을 제작하고 배송하는 과정을 철저하게 관리하여 부품의 공장 도착시간과 생산 시간 등에서 차질이 발생하지 않도록 하는 IT 시스템을 도입하였다.

또한, 생산과정에서 고객의 요구사항을 정확하게 반영하여 생산하였기 때문에 부품 재고나 완제품 재고를 쌓아 놓을 필요가 없었다. 공장 내 재고는 생산 중인 제품을 위한 부품 재고뿐이었기 때문에 창고가 별도로 필요하지 않았다.

하지만 무엇보다도 1995년 일반화되기 시작한 인터넷 발전을 최대한 활용하였다. 특히, 과거 전화나 메일을 통한 Direct 방식에서 적극적인 인터넷 활용을 추진하여 1996년 7월부터 www.dell.com을 운영하기 시작한 결과로 2000년에는 전체 매출의 50%가 인터넷을 통하여 발생하게 되었다.

컴퓨터 시장의 중요성이 커지기 시작하자 삼성전자도 컴퓨터 사업을 키우기로 전략을 수립하였다. 하지만 국내 기술과 국내 시장만으로 한계가 있다는 것을 인식한 삼성은 1995년 당시로서는 거액이었던 3억 8천만 불을 투자하여 세계 시장점유율 5위에 있었던 미국 AST 리서치를 인수하여 세계를 놀라게 하였다. 당시 AST는 유통과 서비스망을 세계에 구축하고 있어 컴퓨터, HDD, CD-Rom, TFT-LCD, 프린터, 모니터 등의 판매 네트워크를 사용할 것으로 기대하고 약 40%의 지분을 인수한 것이었다. 하지만 기대와는 달리 AST는

극심한 경영난을 지속하면서 결국 1999년 지분을 약 1억 불 정도에 매각함으로써 2억 불 이상의 손해를 보게 되었다.

이 당시로서는 드문 사례이기는 하지만, 이렇게 빠른 시간에 실패로 끝난 이유가 무엇일까?

잘 나가던 해외 기업을 인수할 때는 전략과 목표가 명확했어야 했다. 또한, 인수한 후에 종업원들의 동요를 막는 방안이 구체화되지 않았었다. 현지 경영인들을 삼성 임원으로 대체하면서, 삼성식으로 관리를 하기 시작하니까 위기감을 느낀 영업인력과 특히, 기술인력이 대거 이탈함으로써 껍데기만 남은 AST가 된 것이었다. 이렇게 껍데기만 남은 AST를 삼성은 헐값에 팔고 나오면서 쓰라린 M&A 추억을 가지게 되었고 최근까지도 M&A 추진에는 망설이게 되었다.

그렇다면, 삼성은 왜 AST를 인수했을까? 에 대한 질문이 생긴다. 1990년대 한국은 세계화, 글로벌화에 눈 뜨기 시작했다. 1989년 지금은 사라진 대우 김우중 회장의 "세계는 넓고 할 일은 많다"에서 시작되어 많은 사람들의 마음에 글로벌화가 각인되고 있었던 시대이기도 하였다. 이에 발맞추어 삼성에도 글로벌 기업으로 도약하자는 월드 베스트 전략이 있었다. 특히, 삼성에서는 브랜드 이미지가 좋은 최고의 명품을 확보하자는 분위기 형성이 되었고 1995년 반도체 시황 때문에 삼성전자는 엄청난 이익을 보고 있어 현금도 많아지고 있었다. 이런 분위기 속에서 일본 오디오전문업체, 독일 카메라제조업체 등 세계 최고 브랜드들을 매수하기 시작하였고 이 중에 AST도 있었다. 하지만 이들 기업 인수 이후 결과가 좋은 것만은 아니었다.

인수한 대부분의 기업에서 기술 인력이 퇴사하는 등 경영 정상화와는 다른 방향으로 운영되어 결국 싸게 다시 매각하는 현상이 전개되었다.

여기에서 다른 문화를 가진 업체를 인수할 경우에 필요한 중요한 M&A 교훈을 얻을 수 있다.

첫째, 해당 문화를 이해해야 한다.

둘째, 인수 목적과 목표를 명확히 해야 한다.

셋째, 영업/마케팅, 기술 등 핵심인력을 제대로 파악하고 이들을 확보하여야 한다.

넷째, 지식재산권의 존재 여부와 가치를 명확히 산정하고 파악하여야 한다.

다섯째, 인수한 다음 이질적인 문화를 융합할 수 있는 프로그램을 도입해야 한다.

특히, 경영진의 이동, 조직 구조의 변화 등은 신중하게 추진해야 한다. 어찌 되었건 M&A를 통해 First Mover 그룹으로 치고 나가려고 하였던 삼성의 PC 사업은 이런 실패 때문에 향후에도 경쟁력을 확보하지 못하게 되었다.

한편, Windows 95 도입과 함께 세계적인 연합이 강화되기 시작하였다. 바로 Windows와 Intel의 연합인 Wintel 진영의 구성이 그것이다. 앞에서 설명하였듯이 IBM PC 5051 도입 시, IBM은 자체의 운영체제와 마이크로프로세서를 가지고 있었음에도 불구하고 운영체제는 마이크로소프트의 MS-DOS, 그리고 마이크로 프로세서는 인텔의 8088 프로세서를 OEM으로 공급받아 사용하였다 이 때까지만 하더라고 마이크로 소프트와 인텔은 Start-ups에 불과하였지만, 세계적인 업체로 발돋움할 수 있는 기회가 주어진 셈이었다.

인텔은 Shockley가 세운 반도체에 들어갔다가 그의 독선적인 성격에 반발하고 Fairchild에 들어 갔었던 8인 중 2명인 Noyce와 Moore에 의해서 1968년 설립되었고, 그 직후 Andy Grove가 참여하여 인텔을 이끌게 되었다. 인텔은 Integrated와 Electronics의 합성어로서 알려져 있다. 인텔은 1971년 마이크로프로세서를 개발하기는 했지만, 1980년대 까지는 메모리 비즈니스, 특히 Dram을 개발하고 판매하는 것으로 유명하였다. 마이크로 프로세서를 개발하기는 했지만, 본격적인 비즈니스를 하기 시작한 것은 앞에서도 설명한 IBM PC를 도입하기 시작할 때부터였다. 그리고 일본업체들의 Dram 공세에 "인텔 = 메모리"라는 공식을 과감히 깨뜨리는 선언을 1985년에 하면서 마이크로프로세서 업체로 변신하기 시작하였다.

그리고 여태까지의 전략, IBM만을 위한 프로세서 개발전략을 수정하여 새로 개발된 프로세서를 IBM이 아닌 다른 컴퓨터 업체들에 제안하기 시작하였고 이를 컴팩이 수용하여 개발된 컴퓨터, 마이크로 프로세서 80386을 탑재한

386 PC를 1986년 세상에 내놓게 되었다. 성공적으로 도입된 386 PC는 선풍적인 인기를 끌어 컴팩의 브랜드를 세상에 알리게 되었다. 또한, 비로소 인텔이 IBM의 OEM 업체가 아닌 자체 브랜드로 탄생한 순간이었고 IBM이 정한 컴퓨터 방식에서 벗어나 마이크로 소프트와 인텔이 PC의 규격을 정하면 그것이 곧 컴퓨터 업계의 표준이 되는 역사적인 사건이 되었다.

1987년 창업자가 아니었던 Andy Grove가 최고 경영자가 되면서 1991년 Intel Inside라는 프로그램으로 CPU 광고 시대를 열면서 브랜드 광고를 시작하였다. 부품업체가 브랜드를 사용한 것은 당시로서는 획기적으로 인텔의 부품을 사용한 컴퓨터는 최고라는 인식을 대중에게 심어 주었다. 이 방식은 컴퓨터를 제조하는 회사가 컴퓨터에 Intel Inside 광고를 부착하게 되면 CPU를 구입할 때 광고비의 일부를 인텔이 관리하는 시장개발펀드에서 지원받는데 당시 전 세계 1,400개나 되는 컴퓨터 제조회사들이 이 방식에 동참하였다. 결국, 소비자들은 좋은 컴퓨터라고 하면 인텔의 CPU를 사용해야 하는 것으로 인식하였기 때문에 컴퓨터를 팔기 위해서는 컴팩이나 IBM도 이 광고에 참여했어야만 하였다. 오로지 애플만이 이 광고에 동참하지 않았었다.

하지만 이렇게 광고에 적극적인 인텔도 복제 제품에서 자유롭지 못하였다. 특히, 경쟁회사였던 AMD는 인텔이 제품을 발표하면 곧바로 복제제품을 발표하였다. 이에 고민하던 인텔은 1993년 586급의 CPU를 개발하면서부터 고유한 브랜드인 펜티엄을 등록하여 사용하기 시작하여 브랜드 보호를 강화하기 시작했다. 부품인 마이크로프로세서의 광고를 집행하는 것에 대해서 내부 반대 의견도 많았지만, 결론적으로 보면 좋은 컴퓨터는 인텔의 CPU가 있어야 한다는 인식이 확산되어 한때는 시장 점유율이 90%대에 육박하기도 하는 등 2016년까지도 인텔을 세계적인 업체로 만드는데 엄청난 기여를 한 것은 사실로 보인다.

또한, 그는 1996년 펴낸 자서전 "편집광만이 살아남는다, Only the Paranoid Survive"에서 보였듯이 엄청난 편집광적인 면을 여러 차례 보였다. 직원들의 책상이 정리정돈 되어 있지 않으면 직접 경고를 하는 그를 직원들은 Mr. Clean이라고 비꼬기까지 하였다. 또한, 그는 방진복을 개발한 것으로도 유명하였다. 반도체 공정으로 유입되는 먼지를 최소화해서 10% 수율을 50%까지 끌어 올렸다. 반도체 공정의 핵심이 섬세함과 청결함으로 본다면 그의 편집광적인 면이 인텔을 세계적인 기업으로 키우는데 도움이 되었다고도 할 수 있다. 특히, 1990년대 들어 컴퓨터 산업이 발전함에 따라 마이크로프로세스에 집중적으로 투자함으로써 현재 가장 막강한 컴퓨터용 마이크로 프로세서 업체로 성장하였다.

이에 비해 마이크로 소프트의 경우는 초기 운영체제에 경쟁이 심한 상태였으나 1990년대 발표한 Windows 3.0 에서 그래픽 User Interface 사용이 적용된 이후 거의 독주하는 형태가 되었다. 특히, 1995년 도입된 Windows 95는 결정타가 되었다. 워낙 많은 인기를 얻어 “Designed for Windows 95”가 컴퓨터에 기본으로 적용되다 보니 마이크로 소프트는 컴퓨터 제조업체들에 많은 요구를 할 수 있었다. 이렇게 마이크로 소프트의 Windows와 인텔의 CPU는 1990년대 컴퓨터 제조업체들에는 없어서는 안 될 공통적인 필수 요소가 되었고 이를 업계에서는 Windows + Intel의 합성어로 Wintel이라는 용어를 만들어 내면서 표현하였다. 즉, 인텔의 프로세스에 마이크로 소프트의 Windows가 운영되는 컴퓨터를 총칭하여 일컫는 대명사로써 사용되었다.

물론 이런 협력관계에도 불구하고 마이크로 소프트는 AMD 등 다른 CPU 제조업체와도 개발하였으며 인텔의 경우도 애플에 마이크로프로세서를 판매하는 등 상호 협력관계를 깰 만한 여러 상황이 전개되었지만, 모바일 시대가 도입되기 전까지 컴퓨터 시장에서의 Wintel 플랫폼의 시장 지배는 지속되었다.

한편, 1995년 한국에서는 또 다른 전쟁의 승자, 휴대폰 시장에서의 승자가 있었다 한 해 전인 1994년 세계적인 휴대폰 기업인 모토로라의 한국 시장 점유율은 54%로 삼성의 26%에 비해서 두 배 이상의 압도적인 점유율을 기록하고 있었다. 모토로라는 세계 최초로 1973년 무선 전화기를 개발한 회사였다 그 전까지는 주로 차량에 설치된 전화기를 사용하고는 하였으나 손으로 잡고 전화를 걸 수 있는 무선 전화기를 모토로라가 세계 최초로 개발하였다. 당시 전화기 무게는 1.1.Kg, 가로 세로가 각각, 23cm, 13cm에 달해 거의 벽돌 수준에 가까운 모양이었고 10시간 충전해야 약 30분 정도 통화를 할 수 있었다.

약 10년이 지난 1983년 3월 미국에 1세대 통신망 건설과 함께 DynaTAC 8,000X 이 도입되었다. 당시 전화기 가격은 3,995불이었으나, 인기가 많았으며 부와 미래를 상징하는 수단으로 표현되기도 하였다. 1989년 모토로라는 첫 번째 모델을 개선한 두 번째 모델인 MicroTAC은 셔츠 주머니에 들어 갈 수 있을 정도로 가볍고 작은 전화기로 개발되었다. 1996년에는 세 번째 모델인 StarTAC을 내놓으면서 선풍적인 인기를 이어 나가고 있었다. 이 StarTAC은 선풍적인 인기를 끌어 전 세계에서 6천만 대 이상 판매되었으며 2005년 PC World에서 과거 50년간 가장 위대한 50대 제품에 선정되기도 하였다.

반면 한국의 사정은 훨씬 열악하였다. 1988년 서울 올림픽에 맞춰 개발된 삼성 SH-100 모델이 최초로, 아날로그 휴대폰으로는 미국, 일본에 이어 세 번째로 개발되었다. 하지만 무게는 800g에 육박할 정도로 무거웠고 또한, 안테나 포함하여 길이도 40cm나 되어 냉장고 폰, 벽돌 폰으로 불리어 졌다. 1993년 SH-700을 도입하면서, 비로서 199g, 145mm 길이의 경량 휴대폰을 개발하고 도전하였지만, 모토로라의 아성이 워낙 막강하였다.

하지만 1994년 휴대폰 관련된 여론조사에서 통화 성공률이 낮다는 불만이 39%로 1위, 그리고 잡음이 심하다가 15%로 2위 등 통화 품질에 관련된 불만이 78%로 크게 나타나자 삼성은 이 부분에 집중하여 1994년 11월 SH-770을 도입하고 애니콜 (Anycall)이라는 브랜드를 사용하기 시작했다. 즉, 산이 많은 한국형 지형에서 언제, 어디서나 통화를 할 수 있다는 뜻의 애니콜을 브랜드로 사용하기 시작했다. 11월에 도입한 1994년 시장에서 모토로라는 54%, 삼성은 26%를 차지하였으나 1995년에는 삼성 38% → 1996년 47%의 시장 점유율로 모토로라를 제치고 1위로 올라섰다. 이때 모토로라의 시장 점유율은 25%로 떨어진 다음 국내 시장에서는 경쟁력을 잃어 가기 시작하였다.

한편, 1996년 디지털 전화기의 등장과 더불어 미국 방식의 CDMA를 퀄컴과 더불어 세계 최초로 개발한 삼성전자는 SCH-100을 출시하며 시장 점유율을 50%대까지 끌어 올렸으나 디지털 전환에 소극적이었던 모토로라는 10%대까지 주저 앉았고 한국시장뿐만 아니라 세계 시장에서도 서서히 경쟁력을 잃어 가고 있었다.

여기 애니콜 사업전략에서도 Fast Follower 전략을 쓰면서 First Mover로 치고 나가는 전략을 사용하였다. First Mover로 치고 나가기 위해서는 품질은 기본이었고, 이번에는 마케팅 광고를 적극 활용하였다. 세계 시장에서의 절대 강자였던 모토로라를 이기는 것은 요원해 보였다. 신경영 이후 품질에 대한 기본적인 문화가 바뀌고 있었고 품질도 자신이 있었지만 브랜드가 받혀 주지를 못했다. 하지만 소비자 불만족 요인을 분석한 삼성은 통화 품질에 대한 불만이 많다는 사실을 인지하고 이를 마케팅 무기로 삼기로 한다.

특히, 핵심적인 요인으로 한국에는 산이 많다는 점을 강조하였다. 한라산, 지리산, 설악산 등 어느 산에 가서도 삼성의 애니콜을 쓰면 통화하는데 문제가 없다고 광고를 대대적으로 하였다. 여기에 모범택시 기사들을 타겟으로 홍보를 진행하였다. 당시 휴대폰 사용을 많이 하는 소비자 계층이면서 또한, 많은 사람들을 접촉하기 때문에 구전효과도 무시 못 할 정도였다.

또, 휴대폰의 디지털 전환 추세를 보고 따라 간 것이 주효했다. 당시로서는 스타트업 업체에 불과하였던 퀄컴과 더불어 디지털 전화 방식인 CDMA를 세계 최초인 1996년에 개발한 것이 그것이었다. 2세대 무선 전화인 디지털 방식이 도입되면서 문자 메시지와 SMS가 도입되었고 전화 신호음을 다양하게 표현할 수 있는 등 단순한 음성 통화의 영역에서 멀티미디어 시대로 바뀌고 있었는데 이를 파악하고 따라간 것이 삼성이었다면 이를 무시한 것이 모토로라였다. 한국에서 삼성에 밀린 모토로라는 세계 시장에서도 밀리기 시작하였다.

1998년 세계 휴대폰 시장은 전년 대비 50% 이상 성장하여 1억 6천3백만 대 수요가 있었다. 이 중에서 유럽이 32%, 미국이 17%, 일본이 16.5%의 비중을 차지하여 유럽시장이 가장 큰 비중을 차지하고 있었다.

노키아는 전년 대비 81% 성장한 3천 7백만 대를 판매하여 22.9%의 시장 점유율을 기록한 반면 모토로라는 전년대비 28% 성장하는 것에 그쳐 모토로라의 아성이 무너지고 노키아가 처음으로 세계 1위가 되었다. 모토로라는 아날로그 휴대폰 부분에서는 1등 이었던 반면 노키아는 새로 떠오르고 있던 디지털 휴대폰 부분에서 1등을 하였다. 노키아의 강점은 디지털 기능이 적용된 소수의 플랫폼을 채택한 다양한 제품 전략에 있었다. 즉, 휴대폰의 핵심 기능은 소수의 디지털 플랫폼에서 운영되지만, 외관 및 디자인 등은 지역별 소비자의 관심 사항을 반영하여 세부적으로 구분하여 제공한 것이라는 평을 받았다.

1998년 노키아가 세계 1위로 올라선 다음 모토로라는 점점 더 역사 속으로 사라지고 있었다. 이렇게 세계 1위가 된 노키아를 조금 더 살펴보는 것이 필요하다. 노키아는 종이를 만드는 제지업체로 1865년 설립되어. 고무와 케이블, 통신 장비, 텔레비전, 컴퓨터 등 다양한 사업을 추진하였으며 이 중에 무선 전화기 회사인 Mobira를 1979년 합작으로 설립하여. 1981년부터 모비라 카폰을 이용한 무선전화와 국제 로밍 서비스도 제공하기 시작하였다. 1987년 노키아의 최초 소형 휴대폰인 Mobira Cityman 900을 도입하였다. 소련의 대통령이었던 고르바초프가 이 휴대폰을 이용하여 모스크바로 전화를 걸었던 연유로 고르바 폰으로도 알려져 있다. 노키아는 아날로그 휴대폰뿐만 아니라 유럽방식의 디지털 휴대폰인 GSM 규격을 만드는 과정에서도 많은 역할을 하였다.

이 과정에서 1988년 12월 CEO였던 Kairamo가 자살하면서 새로 취임한 Vuorilehto는 대대적인 구조 조정 작업을 추진하였지만, 1990년 들어서 발생한 유럽 전역의 경기 침체가 핀란드에도 예외는 아니었고 여기에 추가적으로 핀란드 공산품을 수입하던 소련 연방의 1991년 붕괴는 치명적이었다. 상황이 이렇게 되자, 1992년 이사회는 적자 상태였던 이동 통신 사업부를 흑자로 전환시킨 공로를 인정해서 울릴라를 (Jorma Ollila) 신임 사장으로 지목했다. 1992년 사장으로 취임한 올릴라는 수익성 없는 사업을 과감하게 정리하기 시작함과 동시에 통신시장이 급속도로 성장할 것이라는 예측에 휴대전화와 통신 사업 강화를 목적으로 한 구조 조정을 추진하였다.

이런 과정에 세계 최초 유럽방식의 디지털 GSM 통화는 노키아가 개발한 네트워크 장비를 써서 핀란드 수상이 1991년 7월에 하였으며 1992년 11월에는 노키아의 GSM 상업용 모델 Nokia 1011이 처음으로 출시되었다. 이후 1994년 1월에 GSM 모델 2010과 모델 2110을 이어서 시장에 도입하여 호평을 받고 매출 및 이익에도 커다란 기여를 하였다. 특히, 2110 모델은 노키아 고유의 벨 소리를 포함하고 있었고 SMS를 주고받을 수 있는 기능 등 2세대 디지털 무선 전화기의 기능을 보유하고 있었다. 이렇게 다양한 신제품을 도입하였지만, 내부 핵심 기능의 설계에는 플랫폼을 도입하고 외부 기능 및 디자인은 지역별 소비자 요구사항을 반영하여 차별화를 시도하였다.

이런 플랫폼 도입과 대량 구매에 따른 원가절감 전략, 그리고 Supply Chain 구성이 노키아의 신화를 이뤄 나가는데 커다란 힘이 되었다.

여기에서도 전략 측면에서 중요한 것이, 바로 시대의 흐름을 제대로 읽어야 한다는 것이다. 시대가 바뀌고 소비자가 바뀌고 경쟁사가 바뀌고 있는데 내 것이 좋은 것이고 옛날 것이 좋은 것이라고 버티고 있으면 망하지 않는 것이 오히려 이상한 것이다. 이런 말은 누구나 이해하는데, 실제 산업전쟁에서는 이것이 통하지 않는 사례가 종종 있다. 경영자와 임원들이 세상이 바뀌고 있다는 것을 느꼈으면 그때는 그 변화에 맞도록 경영전략을 바꿀 것이다. 하지만 변화를 느끼지 못했기 때문에 이런 현상이 벌어진다. 시대가 변화하고 있다는 것을 사전에 알아차리는 것이 경영자가 해야 할 일 중에 가장 중요하다고 할 수 있다.

이 당시 1990년대 정보화시대에 중요한 기술, 바로 디스플레이 기술의 혁신이 일어나고 있었다. 미래 기술의 혁신이 어떤 방향으로 진행되는가에 관계없이 중요한 것은 결국은 사람인 이상 "눈으로 보아야 한다"는 것이다. 눈으로 볼 수 있다는 것은 디스플레이 기술을 구현한다는 뜻이고 이 기술의 혁신이 심각하게 태동하고 있었던 시대가 1990년대이었다.

이전까지는 전자산업 발전에 있어서 디스플레이는 CRT 기술에 의존하고 있었다. 소위 브라운관이라 알려졌던 CRT (Cathode Ray Tube) 기술은 1897년 Braun에 의해서 발명되었다. 1925년 일본의 Takayanagi는 이 CRT를 응용하여 이미지를 볼 수 있다고 증명하였고 이후 다양한 개발을 통하여 흑백텔레비전이 개발되었다. 추후 이 CRT에 3개의 다른 컬러를 (Red, Green, Blue) 혼합하여 컬러텔레비전을 볼 수 있는 기술이 개발되었다. 전자총에서 나온 전자는 각각, R, G, B를 표현할 수 있도록 되어 있어,

이들을 조합함으로써 원하는 컬러를 표현할 수 있었다. 이 CRT 기술로 컬러텔레비전이 개발되었으며 미국에서는 1954년 최초로 전국적인 컬러 방송을 추진하였다.

이 컬러텔레비전 기술은 시간이 지남에 따라 1990년대에는 전 세계 가정의 필수품이 되었다. 초기 발명은 미국 등 서구에서 되었지만 역시 품질과 성능을 섬세하게 관리하였던 일본 업체들이 전 세계 컬러텔레비전 시장을 장악하게 되었다. 특히, 소니는 자체적으로 개발한 Trinitron 브라운관을 사용함으로써 색감 등 성능 면에서 최고 브랜드의 지위를 구가하고 있어, TV=소니라는 공식이 있을 정도로 난공불락의 업체였다.

하지만 이 컬러 브라운관을 사용한 컬러텔레비전은 전자총을 (Electron Guns) 사용하여 전자를 화면까지 보내야 하는 구조로 되어 있어 두 가지의 문제점을 가지고 있었다. 첫 번째는 전자총을 사용하기 위해서는 화면까지의 최소 거리가 필요하여 텔레비전의 폭이 작아질 수 없는 단점이 있었으며 두 번째는 전자가 화면까지 도달하는 과정에서의 움직임을 컨트롤 하는 방식이 아날로그 방식으로 굉장히 까다로워 업체마다 별도의 노하우를 가지고 있는 상황이었다.

그런데 1990년대 이런 단점을 바꾸고자 하는 새로운 기술, LCD가 (Liquid Crystal Display) 등장하고 있었다. 이 기술은 1854년 핵심기술인 액정의 발견 이후 여러 단계의 발전을 거친 다음 1973년 일본의 샤프가 전자계산기용 패널로 흑백 LCD를 사용하면서 상용화되었다. 1980년대 들어 현대식 구조의 LCD 개발이 급속하게 이루어지기 시작하였다. 즉, 흑백만 표현이 가능한 것에서 발전하여 컬러도 표현이 가능해지고 더 나아가 화면 전체의 컨트롤에서 화소 하나하나를 컨트롤 할 수 있는 기술이 개발되었다. 이 구조의 특징은 두 장의 유리로 구성되어 있고 위에 있는 유리에는 R, G, B 컬러가 바둑판 형태로 반복적으로 칠해져 있다(Color-Filter 기판). 그리고 아래 쪽에 있는 유리에는 위쪽 유리와 똑같은 형태로 구성되어 있지만, R, G, B의 컬러대신 각각의 R, G, B의 색을 얼마만큼 보여 줄지를 결정할 수 있는 스위치로 구성되어 있다(TFT-Array 기판). 이 TFT-Array 기판에 있는 각각의 스위치는 얇은

막 모양의 반도체로 구성되어, 즉, Transistor를 유리 위에 얇게 집적하여 이를 Thin-Film Transistor라고 (TFT) 불렀다. 이 기술을 적용하게 되면 CRT 텔레비전이 갖고 있던 두 가지 문제점을 해결할 수 있었다.

첫째는 두 장의 유리로 구성되어 있어 이 두 장의 유리 두께가 기본적으로 TV의 두께를 결정하기 때문에 기존 CRT 텔레비전보다 훨씬 얇아질 수 있었고 둘째는 각각의 색을 컨트롤 하는 도구로 Transistor를 사용하기 때문에 아날로그 방식의 컨트롤이 아닌 다양한 단계를 가진 디지털 방식으로 작동할 수 있어 TV 화질 품질에 관련된 특별한 노하우가 필요한 것은 아니었다.

물론, 이 Transistor를 만들 수 있는 기술이 있어야 하는 것은 당연하지만, 삼성 반도체 사업부의 기술은 이미 세계적인 수준에 도달해 있었다. 단지, Transistor를 반도체 웨이퍼가 아닌 유리에 집적하는 데 있어 기술적인 진전이 어려웠었지만, 1990년대를 거치면서 이런 문제도 해결되고 있었다. 이런 기술적인 구조를 이해하고 문제를 극복하는 데 있어서도 역시 일본업체들이었다.

샤프를 포함한, NEC, 도시바 등 일본업체들은 이 TFT-LCD 기술을 당시 뜨고 있던 노트북 시장에 적용하고 LCD 시장의 90% 이상을 장악하고 있었다. 삼성은 이미 반도체 사업을 하고 있었기 때문에 당연히 이에 관심을 가지고 있었다. 1991년 사업을 추진하기 위한 TF 팀을 구성하여 사업을 검토하기 시작하였고 1993년 1세대 생산라인을 (기판 사이즈, 370x470mm) 착공하여 1995년 가동에 들어가서 당시 일본업체들의 주력제품이었던 10.4" 노트북용 패널 4장씩 생산하기 시작하였다.

하지만 현실은 냉혹했다. 가동 초기에는 불량률이 40~50%에 달했고, 제품을 사겠다는 고객도 없는 반면 일본업체들은 생산량을 늘리면서 가격을 지속적으로 떨어뜨렸다. 이른바, 후발 주자 죽이기 작전에 돌입한 것이었다. 이럴 때 삼성은 거꾸로 전략을 추진하였다. 일단 가동에 들어간 공장은 무조건 돌려야 한다. 공장을 돌리기 위해서는 외부 거래선, 또 사내 PC 사업부를 찾아가 원가 이하로 팔아 적자가 나는 한이 있더라고 공장을 돌려야 품질이 안정되고 원가를 더 떨어뜨릴 수 있는 방법이 나온다는 전략을 추진했다. 이 덕분에

LCD를 싸게 공급받게 된 PC 사업부도 노트북을 싸게 만들 수 있어 시장 점유율을 크게 확대할 수 있었다.

이렇게 되자, 선진업체인 샤프는 도망가는 전략을 세우기 시작했다. 샤프는 2세대 생산라인에서 10.4"보다 큰 11.3"를 생산하기로 결정하고 이를 산업계 표준으로 강력하게 밀기 시작하자 후발 회사들도 모두 따라가는 분위기가 형성됐다. 이렇게 되면 가동하고 있던 1세대 라인에서는 효율이 급격하게 떨어지게 되어 있다. 1세대 기판에서는 10.4"를 4장 만들 수 있지만, 11.3"는 2장만 만들 수 있고 나머지 기판은 버려야 해서 기판의 활용 효율이 급격하게 나빠지게 되어 있었다. 이때 삼성 LCD 사업부의 고민도 깊어졌다. 선진업체인 샤프를 따라 Fast Follower 할 것인지 아니면 First Mover로 치고 나갈 것인지 결정했어야만 했다. 결국, First Mover로 치고 나가는 전략을 세운 삼성은 샤프보다도 더 큰 12.1" LCD를 차세대 제품으로 선정하고 이를 추진하였다.

우선 12.1"를 6장 생산할 수 있는 2세대 (550mm x 650mm) 유리 기판을 선정했다. 샤프가 선정한 유리 기판은 삼성 기판보다 약간 작아서 11.6'"를 6장 생산할 수 있지만 12.1"는 4장밖에 생산할 수 없고 나머지 기판은 버려야 해서 기판의 운영 효율성이 급격하게 나빠져 원가 상승의 요인이 될 수 있었다. 시장에서 어떤 제품이 표준화되느냐에 따라 원가 경쟁력의 문제가 발생할 수 있는 상황이었다. 샤프의 제품이 표준화가 되면, 삼성은 12.1" 대신 11.6"를 생산해야 되고 그렇게 되면 쓸데없이 커다란 설비와 유리 기판 등 원재료의 많은 부분을 버려야 했다.

거꾸로, 삼성의 제품이 표준화가 되면, 샤프는 12.1"를 생산해야 하지만 4장밖에 생산할 수 없어 유리 기판의 상당 부분을 버려야만 했다. 따라서 제품의 표준화 전쟁에서 이겨야만, 경쟁할 수 있는 원가 경쟁력을 확보할 수 있어 치열한 싸움을 했어야만 하였다. 하지만 이 기판 선정은 설비업체, 그리고 이와 관련된 부품 업체들, 그리고 공정까지도 관련이 있기 때문에 이 모든 가능성을 고려하고 업체들을 설득하여 추진할 수 있었다. 하지만 고객들은 당시 브랜드 이름도 별로 없는 삼성을 믿지 않았다. 미국의 PC 업체를 찾아가 간신히 면담 신청을 하고 12.1" 제품의 도면을 보여 주었으나 그 자리에서

도면을 찢기는 수모까지 당했다. 그래도 굽히지 않고 노력을 하여, 결국 일본업체인 도시바를 설득하여 적용하기로 합의하였다.

하지만 도시바는 무서운 시어머니였다. 1996년 가동을 시작한 2세대 라인에서 나오는 제품의 품질 기준이 워낙 엄격하다 보니 버리는 것이 더 많은 실정이었으나 결국 품질 수준을 한 단계 더 끌어 올릴 수 있었고 이런 연유로 당시 떠오르고 있던 IBM 노트북에도 공급할 수 있게 되었다. 결국, 1등 업체이던 샤프가 설정해 놓은 제품 규격 11.3"를 뛰어 넘어 삼성의 새로운 규격 12.1"이 시장에서 표준으로 자리 잡게 되어 샤프는 큰 타격을 받게 되었다. 1990년대 후반이 되자 전 세계적으로 노트북 PC의 사용이 많아지게 되자 더 큰 사이즈의 화면으로 소비자의 요구가 커지게 되었다.

이에 일부에서는 다음 사이즈에 대한 검토가 시작되었다. 12.1"보다 1" 더 큰 13.3"를 검토하는 업체가 늘어나서 삼성도 검토에 착수하게 되었다. 내부적으로 이번에는 시장을 따라가자는 의견이 대두되었으나 시장을 Lead하고 차차세대까지 고려한다면 14.1"로 더 키워야 한다는 의견도 만만찮게 나오기 시작하였다. 결론적으로 국내 경쟁업체는 13.3"를 최적으로 생산할 수 있는 590mm x 670mm를, 삼성은 이 것보다 조금 큰 600mm x 720mm를 선정하여 1998년 2월 가동에 들어갔다. 하지만 1998년은 한국에 있어서는 아주 혹독한 해, IMF 통치가 시작된 해였다.

여러 그룹이 해체되고 망해가는 데 신설 공장이 가동되기 시작했다. 하지만 공장이 가동하기도 전에 IMF 상황이 벌어졌고 이에 따라 공장에서도 비상이 걸렸다.

이런 어려운 시기를 극복할 수 있는 방법은 원가절감 또는 고부가가치 제품을 판매하는 것밖에 없었다. 생산에서 이 돌파구를 만들어 내었다. 가동초기에는 13.3"를 6장 만들어 내는 것에 집중하였으나 획기적인 개선의 포인트를 발견했다. 유리기판에서 6개 패널을 만들 때 패널과 패널 사이의 간격이 일정 부분 있었는데 이 간격을 거의 제로로 하게 되면 똑같은 유리에서 14.1"를 6장 만들 수 있다는 것을 확인해서 실제로 만들어 내는데 성공했다.

이렇게 되자 거의 같은 원가를 투입하면서 판가가 높은 제품을 만들어 낼 수 있었고 시장에서는 확실하게 커진 제품에 환호를 보내어 삼성 LCD 사업은 1998년 8월 사업 시작 4년 만에 세계 1위가 되었다. 난공불락이라고 생각했던 샤프를 제치고 세계 1위가 된 것이었다. 한편, 우리나라를 포함한 일본, 동남아시아는 IMF 상황을 심하게 겪고 있었지만, 세계는 Y2K 상황으로 전환되고 있어 IT 부문의 수요가 급격하게 증가하고 있었다. 특히, 1999년으로 접어들면서 컴퓨터를 교체하는 수요가 급증하였고 이에 따라서 노트북 PC의 수요도 급격하게 증가하게 되어 세계 1위는 물론 상당한 이익도 올리게 된 것이었다.

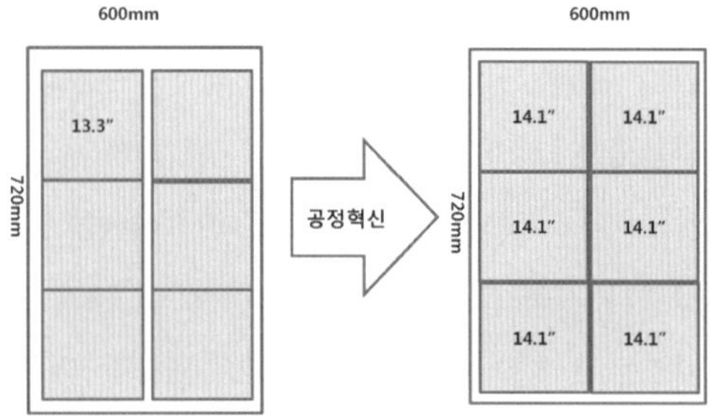

(삼성 Display 공정개선)

하지만 막강하던 세계 1위의 샤프는 몰락의 길로 들어서고 있었다. 이 IMF 기간에 투자를 했어야만 1999년~2000년의 Y2K 수요에 대응할 수 있는 공급을 확보할 수 있었지만, 샤프는 투자 의사결정을 내리지 못하고 있었다. 민감한 시기에 과감한 투자 의사결정을 할 수 있는 조직체계가 없었던 것이 가장 큰 문제였다. 이런 샤프의 의사결정 체계 문제는 이후에도 한 번 더 발생하였다. 결국, Y2K 호황을 향유하지도 못한 채 2000년대로 넘어왔으나 이 상황을 지켜보고 있던 대만의 6개 업체가 한꺼번에 LCD 산업에 참여하게 되어 이후 심각한 공급과잉에 빠져 버리게 되었다. 이런 공급 과잉 상황에서 샤프는 또 한 번 의사결정을 하지 못하게 되고 이런 결정으로 급격하게 확대되고 있던 LCD 모니터 시장 수요까지도 대응하지 못하게 되었다

위기라는 이유 때문에 두 번의 투자 기회를 그냥 보낸 샤프는 그 이후 LCD 산업에서 점차 이름이 지워지고 있었다. 반면, 위기를 기회로 삼은 삼성 LCD는 반도체에 이어 점점 더 막강한 세계 1위로 변신을 계속하고 있었다.

1990년대 들어 세계 산업계는 큰 변동을 보였는데, 이를 기업들의 전략 추진과정을 분석해 보는 것이 필요하다.

기업의 전략은 크게 보면

1) 시대조류 등 기업을 둘러싼 경영환경 변화를 예측하고
2) 인사/관리/기획/정보 시스템 등을 활용한 의사결정 시스템을 가동하여
3) 기업의 비전 및 목표를 수립하고
4) 이를 달성하기 위한 기술경쟁력 등 핵심경쟁력을 추진하는 것이라 볼 수 있다.

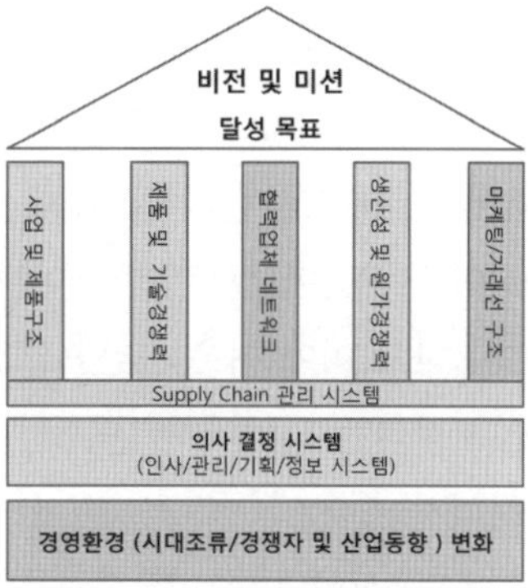

여기에서 핵심경쟁력은 사업을 추진과정에서 필요한 사업 및 제품구조의 우수성, 그리고 제품 및 기술경쟁력의 확보, 그리고 Value Chain으로 볼 수 있는 부품 구매 → 생산 → 판매과정에서의 경쟁력으로 구성되어 있다. 이런 관점에서 보면 앞에서 본 샤프의 LCD 사업은 세계 1위를 하고 있었지만, 경쟁사가 사이즈를 키우려고 한다는 움직임과 고객들이 더 큰 사이즈를 요구할 수도 있다는 시장 동향에 대해서 세계 1위라는 자만심 때문에 관심을 기울이지 않았다.

그리고 결정적으로 1990년대 시작된 ICT로 표현되는 정보혁명이 2000년대 이후에도 지속될 것이라는 경영환경에 대해서 제대로 된 판단을 하지 못한 것으로 보이고 이런 상황 속에서 IMF까지 겹치게 되자 투자에 대한 의사결정을 내리지 못하게 된 것이 세계 무대에서 점차 사라지게 된 결정적인 이유가 된 것으로 보인다. 특히, 당시 일본의 의사결정 체계는 집단 의사결정 체제인 것으로 알려져 있었기 때문에 IMF 상황 같은 위기 상황에서 누구도 쉽게 깃발을 들고 나를 따르라고 하는 의사결정을 내리기도, 또한 이를 경영진 간 합의하는 과정도 쉽지 않았던 것으로 알려졌었다.

한편, 모토로라의 휴대폰 사업은 세계 최초로 개발한 기술을 바탕으로 사업을 시작하여 세계 시장을 장악하였으나 산악이 많은 지형을 가진 한국의 소비자 동향에 대해서 관심을 기울이지 않아 삼성에 마케팅 싸움에서 진 것으로 볼 수 있다. 반면, 삼성의 휴대폰 사업은 기술적인 열세와 품질에 대한 문제를

가지고 있었음에도 우선, 품질에 대한 소비자들의 불만을 해소하는 특단의 조치를 취하고 둘째, 철저한 소비자 동향을 바탕으로 한 마케팅 전략을 수립하여 언제, 어디서나 터질 수 있다는 Anycall 마케팅 전략으로 난공불락의 모토로라를 제치고 한국시장에서 1위를 차지하였다.

이후에는 아날로그에서 디지털로 변화되어 가고 있던 휴대폰 시장환경을 예측하고 이에 대응하였던 삼성은 세계적인 업체가 되었지만 이를 무시하던 모토로라는 노키아에 1998년 세계 1위 자리를 내주는 것뿐만 아니라 점차 사라져 갔다.

반면, 삼성의 반도체 사업은 향후 전개될 정보혁명 시대에 절대적으로 필요한 산업의 쌀이라는 명제 아래 조금은 과감한 의사결정이 진행되고 투자를 진행하였다. 오랜 기간 적자를 보면서도 견딜 수 있었던 것은 이런 미래에 대한 통찰력이 있었기 때문으로 판단된다. 이런 어려운 기간 중에도 핵심 경쟁력인 기술개발을 지속하여 선진업체 대비 우수한 제품 개발과 원가 경쟁력을 확보하게 되어 메모리 부문 세계 1위가 되었다.

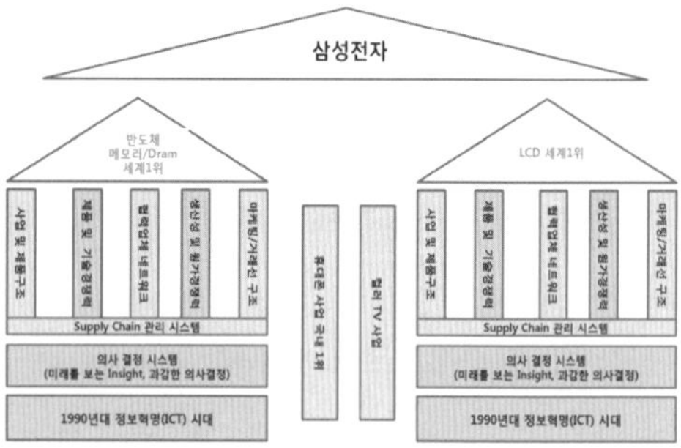

여기에 추가하여 같은 반도체 기술을 핵심 경쟁력으로 활용할 수 있는 LCD 사업에 참여하여 샤프를 제치고 세계 1위가 되었으며 추후에 빛을 발하게 될 휴대폰 사업과 컬러 TV 사업이 조금씩 성장하고 있었다. 이 휴대폰 사업과 TV 사업의 핵심 경쟁력은 부품 사업과 달리 일반 소비자를 상대로 사업을 추진하는 마케팅 경쟁력이라고 볼 수 있다. 하지만 이들 제품의 내부를 보면 결국, 구성은 반도체와 LCD로 되어 있어 수직계열화 측면에서 우수한 사업구조라 할 수 있다. 삼성은 IMF를 거치면서도 반도체와 LCD를 기반으로 세계 수준의 기술력을 확보하였다.

하지만 IMF는 한국 산업계에 커다란 충격을 준 것도 사실이었다. 1997년 11월 21일, 한국은 IMF에 구제 금융을 신청하였다. 한국이 외국에 갚아야 할 돈이 1,500억 불이 넘었는데 가지고 있던 돈은 불과 40억 불로 부도날 지경이 되었으니 자금을 빌려 달려고 요청한 것이었다. 이 결과로 인해서, 무소불위로 여겨졌던 26개 은행 가운데 16개 은행이 퇴출되고, 30대 재벌 중 17개가 퇴출되거나 없어졌다.

이런 위기 상황에서 기업들의 전략을 한번 되돌이켜 보면 우선 삼성은 반도체를 처음 시작하였던 부천 사업장을 17억 불에 매각하였다. 그리고 종합화학, 한국휴렛팩커드, 삼성 GE 의료기기 등 지분의 매각과 인력 및 비용 절감 30% 등 강력한 구조조정을 추진하면서 전자, 금융, 무역 등으로 주력사업을 압축하고 기술 등 원천경쟁력 확보에 주력하였다. 안타까운 점은, 이 당시 삼성자동차도 구조조정을 추진하였다는 점이다. 삼성이 자동차를 추진하였던 당초 이유는 자동차는 기계가 아니라 향후에는 전자제품이 될 것이라는 전망 때문이었다. 그 당시에는 이해가 되지 않는 전략이었으나 2017년을 지나면서 자동차는 기계가 아니라 전자와 인공지능이 결합된 종합 전자제품이라는 사실이 현실로 나타나고 있다. 경영자가 가지고 있던 비전은 맞았지만, 기업을 둘러싼 환경이 받쳐 주지를 못해서 전략을 제대로 실행할 수가 없었던 것이다.

LG 역시 GS, LS 등으로 계열 분리되었지만, 전자, 디스플레이, 화학 등 핵심 업종에 집중하여 그 당시의 재계 순위를 2017년 현재에도 그대로 유지하고 있다. 여기서도 안타까운 점은, 이 당시 반도체 사업을 빅딜로 포기할 수밖에 없었다는 점이다. 2017년 인공지능과 4차 산업혁명 등 여러 산업 추세를 얘기하지만, 궁극적으로 미래의 이 모든 것은 반도체에 의해서 구현된다는 점일 것이다. 그런 면에서 보면, 이때 반도체 사업을 포기한 점은 그룹 역사상 가장 안타까운 순간이었을 것이다. 하지만 과거는 지나갔고 미래를 대비하기 위해서는 반드시 확보해야 할 것이다.

향후 전개될 산업 동향과 미래 사회 동향을 고려해서 반드시 확보해야 할 사업 부분을 정하고 이를 전개할 수 있는 핵심경쟁력을 확보해야 한다.

이 시대를 정리하기 위해서 피터 드러커의 주장을 정리하는 것으로 대체해 보겠다. 피터 드러커는 (Peter Drucker) 스스로를 사회 생태학자로 부르면서 기업이나 정부 또는 사회 조직이 어떻게 성장하느냐에 대한 분석을 한 것으로

유명하였다. 초기 성장에서 그에게 영향을 미친 두 가지는

Schumpeter의 창조적 파괴와 (Creative Destruction), Keynes의 거시 경제학이었다.

우선, Schumpeter가 1942년 "Capitalism, Socialism and Democracy"에서 주장한 창조적 파괴는 기존 기술, 조직, 규제 등 기존 경제 패러다임을 영위하고 있는 기업과 노동자들의 가치를 파괴하면서 경제가 성장한다고 하면서 이 파괴는 기업가들의 기술적 혁신에 의해서 주로 일어난다고 주장하였다. 자본가는 항상 새로운 시장, 새로운 기술 등을 도입함으로써 정적인 시장, 기존 시장을 파괴하고 새로운 시장과 규칙을 도입하기 때문에 창조적 파괴는 자본주의의 핵심이라고 주장하였다. 하지만 이런 과정이 지나치게 운영이 되면 기존 시장뿐만 아니라 자본주의를 지지하는 계층과 공생하는 계층까지도 파괴하여 궁극적으로는 자본주의 자체를 위협하게 될 것이라는 결론을 내렸다. 하지만 이보다 먼저 공산주의자인 마르크스는 자본의 과잉 축적과 수익률 하락, 이에 따른 과잉 생산과 대공황의 악순환 등이 주기적으로 경제 위기를 불러일으켜 자본주의를 붕괴시킬 것이라는 주장을 하였는데, 과정은 다르지만 결국은 자본주의가 붕괴할 것이라는 데에는 의견을 일치하였다.

이와 비슷한 개념이 1995년 Clayton Christensen이 제시한 파괴적 혁신(Disruptive Innovation)이었다. 기존에 형성되어 있던 시장과 제품을 와해시키는 혁신이 일어나 새로운 시장과 제품으로 대체하는 현상을 표현하였다. 처음으로 자동차가 발명되어 도입되었을 당시 워낙 비쌌기 때문에 대량 생산이 되기 전까지 기존의 마차 시장을 교란시킬 수는 없었다. 따라서 이를 파괴적 혁신이라 할 수는 없지만 대량 생산이 되기 시작하면서 자동차 가격이 마차 시장을 교란할 수 있을 만큼 파괴력을 가지고 있었기 때문에 이때는 파괴적 혁신이라고 말할 수 있다.

문제는 이런 수십 년의 과정을 거치면서 기술적 혁신 추세를 읽어 내지 못하면 기존 시장과 제품은 망할 수밖에 없다는 사실에 있다. 새로운 기술이 도입되면 초기에는 혁신을 추진하게 된다. 하지만 시간이 지나면서 혁신보다는 개선을 하게 된다. 문제는 새로운 파괴적 혁신이 발생할 때 근본적 혁신보다는

조금씩 개선을 하면서 대응하게 되는 것이 일반적이고 그렇게 되면 결국은 혁신적인 기술에 자리를 내주게 되어 있다는 점이다.

자본주의가 결국에는 성공하지 못할 것이라는 결론은 차치하더라도 이런 창조적 파괴와 파괴적 혁신과정에서 볼 수 있는 바와 같이 세상은 기업가에 의해 새로운 것이 도입되는 과정에서 끊임없이 발전한다는 개념은 드러커의 주장에 반복해서 등장하고 있다고 볼 수 있다.

또, 하나 영향을 미친 케인즈의 거시 경제학이론에서는 경제를 발전시키기 위해서는 상품의 총수요를 늘림으로써 소비와 투자를 늘린다는 학설에 그는 이의를 제기하였다. 경제를 발전시키는데 숫자 위주의 분석을 하는 반면 경제 활동의 주체인 인간의 행동을 분석하지 않느냐는 의문을 갖기 시작했다. 이후 그가 연구하는 많은 부분에서 인간과 인간의 관계, 그리고 조직에서 성과를 내기 위한 이들의 활용 방법 등에서, 다양한 주장을 하고 있음을 알 수 있다.

이 두 가지 핵심 개념, 기업가 및 혁신, 그리고 인간관계를 바탕으로 그는 엄청난 경영학 발전을 이루어 내었다. 1939년 출간한 경제인의 종말 (The End of Economic Man)과 1942년 출간한 산업인의 미래 (The Future of Industrial Man)을 바탕으로 그는 당시 가장 잘 나가고 있었던 GM에서 컨설팅 역할을 수행하였다. 이 경험을 바탕으로 기업의 개념 (The Concept of Corporation)을 1946년 출간하였는데 여기에서 기존의 기업 운영방식에서 벗어나 노동을 비용이 아닌 자원으로 여겨야 하고, 노동자들도 경영자적인 태도를 갖고 자율적인 공장 운영에 참여해야 한다는 개념을 도입하였으며 기업 활동이 사회에 미치는 영향, 건강 문제 등도 관심을 가져야 한다고 강조하였다.

당시 최고의 시대를 구가하였던 Sloan 회장은 이에 대해서 마땅치 않게 생각하였지만, 사회적으로 큰 파장을 불러일으켰다.

이후 1954년 경영의 실제 (The Practice of Management)를 발표하였는데 이 책에서 목표관리 (MBO, Management By Objective), 고객의 중요성 등을 강조하였다. 과거에는 군대 조직과 같이 장군이 지휘하는 것에 따라서 시키는 대로 수행하는 조직, 즉 Command-and-Control 체제에서 필요한 조장 수준의 노동자 계층만이 필요했으며 이런 조직체제는 초기 산업인 철도

건설, 제철소, 잡화점 등에 그대로 적용되었었다. 하지만 유럽에서 대학을 졸업한 지식인 엔지니어들이 Siemens에 고용된 지 얼마 후 개발팀이 만들어졌으며, 추가적으로 생산, 판매, 재무/관리, 그리고 인사 부서들이 만들어졌다. 여기에 경영층이 주도한 훈련이라는 과정이 생기면서 훨씬 더 효율적인 개발, 생산, 판매 등이 가능하게 되었다. 예를 들면, 이들 경영층은 Taylor의 과학적 관리기법을 적용함으로써 기술이 전혀 없었던 많은 수의 노동자들의 훈련을 통하여 생산성 향상에 크게 기여하였다. 또한, 단순한 부기 업무만 하였던 회계를 분석과 관리의 수단으로, 경험과 직관에 의한 단순 생산에서 벗어나 분석과 통계를 통한 계획 생산으로 바뀌기 시작하였다.

또, Assembly Line이 생산성 향상에는 크게 기여하였지만, 라인의 유연성이 떨어지고 인력의 비효율적 운영 등을 감안하여 자동화를 주장하기도 하는 등 단순하게 Work harder가 아니라 Work Smarter 해야 한다고 주장하여 혁신이라는 결과로 나타나게 하였다고 볼 수 있다.

또한, 2차 세계대전에서 연합군이 승리하게 된 결정적인 이유는 미국이 전쟁물자를 대량으로 생산할 수 있었고, 또한 이 물자들을 전 세계로 효율적으로 수송할 수 있었던 경영자의 공이 컸다고 볼 수 있다. 물론, 이런 경영방식은 전쟁 후에 산업계에 적용되기 시작하였는데 다양한 지식과 기술을 가진 조직을 한 방향으로 움직이게 하는 것에서도 적용되기 시작하였다. 병원, 대학, 교회, 사회적 기관 등이 크게 성장함에 따라 이들 사회적 기관들을 효율적으로 경영하는 것이 필요하게 된 것이었다. 즉, 경영이 단순한 기업만의 문제가 아니라 사회적인 현상으로 발전한 것으로 볼 수 있다.

그러면서 경영의 핵심에 대해서

1) 사람들로 하여금 성과를 내게 하는 것이다.
2) 특히, 사람들의 집단을 움직이는 것이기 때문에 문화에 기반해야 한다
3) 이 집단은 동일한 가치관, 목표, 목적을 가지고 있어야 한다
4) 이런 목표를 수행하기 위해서 필요한 훈련과 자기계발 과정을 제공해야 하고
5) 상호 다른 지식과 기술을 가지고 있기 때문에 소통을 통한 상호 이해가

필요하고

6) 결과를 평가할 수 있는 측정 방법이 있어야 한다.

7) 조직이 존재하는 이유는 내부가 아니라 외부, 즉 고객에 있다는 점을 인식해야 성과를 낼 수 있다고 그는 주장하였다.

이렇게 다양한 일을 해야 하는 조직에서의 경영은 인간적인 측면에서 과학적인 성과를 내야 하는 양면성을 가지고 있기 때문에 인문학적 기술이라고 (Liberal Art) 할 수 있다고 주장했다.

1966년 자기 경영노트 (The Effective Executive)를 출간하면서 경영자가 갖추어야 할 기본 소양을 분석하였다. 경영자의 업무를 구체적으로 들여다보면 어떤 조직에서 무엇을 하던 효과가 (Effective) 있어야, 즉 결과를 내야 한다는 것이 중요하다. 일부 지식 경영자들은 지성과 상상력, 그리고 지식을 보유하여 창조성은 있지만, 이것이 곧 효과가 있다, 즉 결과를 낸다는 뜻은 아니기 때문에 결과를 내기 위한 시스템적인 업무를 추진하는 것이 필요하다. 단순 노동자, 예를 들어 품질관리 업무를 하는 노동자는 정해진 업무를 얼마나 정확하고 빠르게 처리하느냐는 업무 효율성이 (Efficient) 중요하였다. 하지만 경영자는 업무를 효과적으로, 즉 결과를 낼 수 있도록 처리하는 것이 중요한데 문제는 이들 경영자들이 낸 아이디어를 가지고 다른 사람들이 실제 적용할 경우에만 구현될 수 있다는 점이다.

이런 점에서 이들 경영자가 가지고 있는 문제는 조직 내 상황을 감지하고 다른 사람들과 협력해야 성과를 낼 수 있지만, 이렇게 되면 조직 외부에서 일어나는 추세를 놓치게 될 가능성이 크다는 점이다. 이렇게 외부 추세의 변화를 놓치게 되면 망할 수 있는데도 불구하고 주어진 시간 대부분을 조직 내부에 집중하고 운영해야 하는 경우가 많아지게 되었다. 이런 문제를 쉽게 풀어 갈 수 있는 만능의 인재를 발굴하는 것은 불가능하기 때문에 결국은 실제 문제를 효과적으로 풀어가는 반복적인 연습을 통해서 경쟁력을 키우고 스케일을 높여 나가는 것이 필요하다고 주장하고 이렇게 하기 위한 다섯 가지 습관을 제시하였다.

1) 시간을 관리하고

2) 업무의 우선순위를 정하고
3) 강점을 최대한 활용하고
4) 사회 공헌에 집중하고
5) 이를 바탕으로 효과적인(Effective, Getting the Right Thing Done) 의사결정을 내려야 한다.

한편, 이 시기에 그는 지식 근로자의 개념을 정리하기도 하였다. 과거에는 농부와 귀족의 집에서 일하는 하인이 노동 계급 대부분을 차지하였다. 그러던 와중에 조그만 가게에서 일하는 기술자를 일컫는 블루 컬러 노동자들이 생겨났고 산업화가 되면서 대형 공장에서 일하게 된 산업 노동자 집단으로 변화되기 시작하였다.

이들 산업 노동자 집단은 안정된 직장과 정치적인 권리까지도 확보하면서 현재의 중산층으로 성장하게 되었고 이들 중 일부가 현장 경험을 바탕으로 기술적 지식까지 습득하여 기술자로 변신하게 되고 더 나아가 제대로 된 교육을 받으면서 이론과 분석 기술까지 습득하여 지식 근로자로서 탄생하게 되었다. 특히, 미국에서는 2차 세계대전 이후 전쟁에서 돌아온 모든 병사들이 대학교육을 받을 수 있는 법안이 (GI Bill of Rights) 적용되면서 많은 사람들이 대학교육을 받는 것이 당연하다고 여기면서 지식 근로자 계층으로 발전하였다.

이런 지식 근로자들의 양산과 더불어, 이들의 전문성과 경쟁력을 활용한 각종 조직들이 사회에 생겨나게 되었다. 이런 조직들이 다양한 분야에서 생겨나게 되면서 사회도 자연스럽게 다양한 지식을 포함한 지식 사회로 발전하게 되었으며 궁극적으로 이들을 경영하는 것이 필요하게 되었다. 이 지식 사회에서도 경영의 기본 목적은 생산성 향상에 있다는 것을 염두에 둔다면 다양한 사회적 요인들을 움직여 생산성 향상을 이루기 위해서는 다양한 분야를 포함한 인문학적인 방법으로 접근해야 한다고 주장했다.

이후 1973년에 발간한 경영 (Management: Tasks, Responsibilities, Practices)는 앞서 출간된 책들을 종합하는 형태로 정리되었다. 총 61장으로 정리된 이 책은 다양한 분야의 내용을 포함하고 있다. 그는 이 책에서 기업 등 비즈니스와 병원 등 서비스 기관을 대상으로 이들을 움직이는 경영진과 최고 경영진, 그리고 근로자와 지식 근로자에 대한 분석뿐만 아니라 이들이 구성하는 조직에 이르기까지 전반적인 사항에 대해서 분석을 추진하였다. 기업이나 서비스 기관의 비전, 미션, 목표 및 공유 가치와 전략 및 업무의 우선순위 등에 대한 정리를 하였고 경영진과 지식 근로자 간 업무, 생산성과 성과 부문을 정립하고, 그리고 이를 달성하기 위한 의사결정과 소통, MBO를 통한 관리방안뿐만 아니라 더 나아가 윤리 부문과 근로자를 자산으로 볼 것인지 비용으로 볼 것인지에 대한 논의도 하였다. 또한, 경영진과 근로자를 연결하는 조직 부분에서도 구조, 체계, 혁신적인 조직 등 다양한 부분에 대한 의견을 제시하였다.

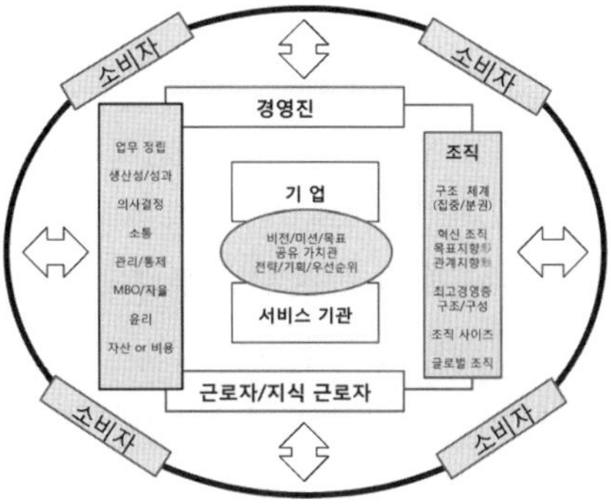

1980년대 미국은 M&A와 벤처 창업의 시대였다. 그 어느 때보다는 혁신과 기업가 정신이 활발했던 시기였으며 초창기부터 혁신에 대해서 관심이 많았던 Drucker는 1985년 혁신과 기업가 정신 (Innovation and Entrepreneurship)을 발표하였다.

1990년대 들어 그는 사회 전반에 관심을 기울이기 시작하여 비영리단체의 경영 (1990, Managing the Nonprofit Organization) 등에서 비영리단체의 효율적인 성과관리, 인사관리, 인간관계, 자기계발 등

이들 기관의 운영 및 역할에 대해서 발표하기 시작하였다.

종합적으로 보면, 그의 주장은

1) 1차 산업 혁명에 따라서 단순 근로자가 많아지게 되었으나
2) 단순 근로자의 역할은 점차 사라지고 (Death of Blue Collar Worker)
3) 대신 전문성을 갖춘 지식 근로자가 등장하게 될 것이다 (Knowledge Worker)
4) 이들 근로자들을 비용으로 보는 것이 아니라 자산으로 보면서

5) 근로자들과 함께 조직을 움직일 수 있는 경영자의 등장이 필요하게 되었다.
6) 경영자들은 기업의 가치관과 목적, 미션, 목표 등을 설정하면서
7) 이를 수행하기 위한 전략과 실행방안, 우선순위를 정하고
8) 조직 내부와 외부에 대화를 통하여 이런 개념들의 공유를 추진하는 것이 필요하였다.
9) 또한, 이런 전략을 추진하는 과정에서 성과를 얻기 위해서
10) 철저한 통제보다는 (Command-and-Control) 자율적인 관리를 통한 MBO를 도입하고
11) 기업가 정신에 의한 혁신 (Innovation & Entrepreneurship)을 추진하는 것이 바람직하며
12) 이를 위해서 중앙집권적 조직보다는 분산조직이 Simplicity/Speed 면에서 바람직하다
13) 이를 위해 조직의 구조 및 체계, 운영방향 및 최고 경영층 구조 등을 결정하고
14) 조직의 비대화를 막기 위해서는 가장 잘할 수 있는 것에 집중하고 그렇지 못한 업무는 외부에 Outsourcing을 주는 것이 더 효율적이다.(Front/Back Room)
15) 하지만, 이 모든 것을 하는 이유는 외부에 있는 고객을 위해서 임을 명심해야 한다.
16) 이렇게 할 때 Great Company가 될 수 있다.
17) 기업만 중요한 것이 아니라 비영리 기관에도 이런 개념이 적용되고
18) NGO가 이런 역할을 수행하는데 중요한 역할을 수행해야 한다.
19) 정부와 기업, 비영리기관 등 목적이 서로 다른 세 부문이 균형을 이룰 때
20) 사회 전체가 바람직하게 돌아가게 된다고 주장하였다. (Functioning Society)

이렇게 1990년대 조직과 문화 등의 중요성이 강조되면서 저물어 가고 말 그대로 경영환경이 급변하는 2000년대 서막이 다가오고 있었다.

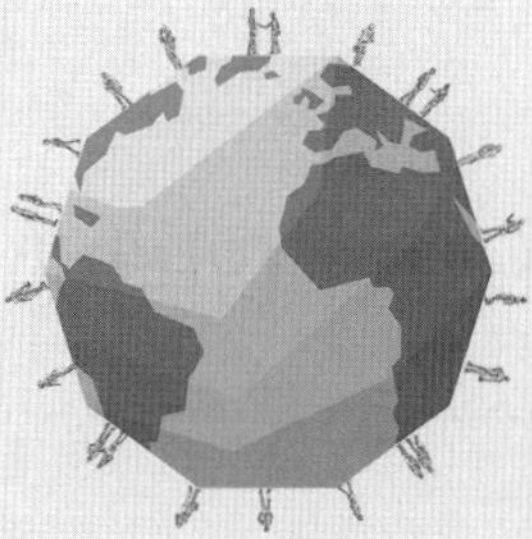

제 4 장

디지털 시대에서의 전략

01

새로운 비즈니스 모델 (인터넷): 성장과 몰락

2000년대의 시작은 Y2K로부터 시작되었다. 컴퓨터의 오류를 걱정한 Y2K는 막상 2000년이 시작되자 별문제 없이 지나갔지만, 인터넷과 디지털 전환은 기존 산업계를 크게 뒤흔들 준비를 하고 있었다. 1995년 마이크로 소프트가 도입한 Windows 95에 인터넷 기능이 포함된 이후 일반 사용자들도 인터넷을 사용하기 시작하였다. 물론 핵심적인 기능인 WWW는 1995년 이전인 1989년 개발되고 일반인에게 공개된 것은 1991년이었지만, Windows 95가 결정적인 역할을 하였다.

인터넷의 도입으로 메일, 음성, 전화, 미디어 등 파일들이 디지털로 변환되기만 하면 다른 사람 컴퓨터에 있는 문서 파일을 볼 수 있는 것은 기본이고 문서와 그림 등이 포함된 전자메일인 E-Mail을 보낼 수 있었고 인터넷을 이용한 전화 통화 (Internet Telephony, VoIP)까지도 할 수 있어 비싼 국제전화 비용을 지불하던 사람들에게 환영을 받았었다. 여기에 추가적으로 라디오나 텔레비전 방송 등 미디어 컨텐츠를 주고받을 수도 있었다.

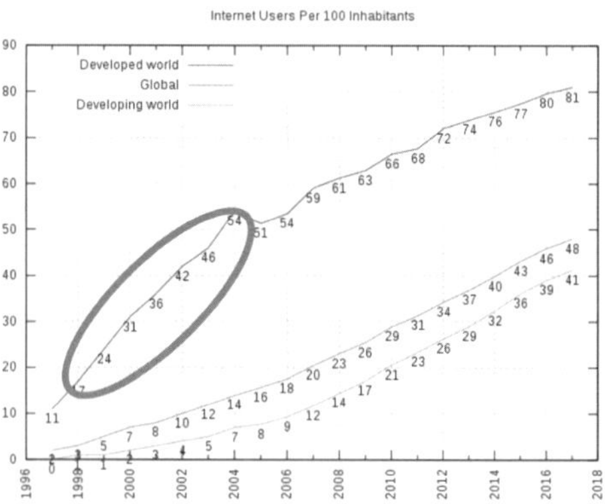

(인터넷 사용자 추이, Wikipedia)
(J.Ogden/J.Scarborough)

이렇게 되자 전 세계에서 사용자들이 급속하게 늘어나기 시작하였다. 특히,

영어를 기본으로 사용하고 있음에도 불구하고 1996년부터 2000년까지 선진국 사용자는 거의 3배 수준으로 늘어나기 시작하였다. 소위 컴퓨터 기술자들만의 영역에서 일반인들의 영역으로 정보통신기술이 (ICT, Information & Communication Technology) 활성화되기 시작하면서 디지털 혁명으로 표현되는 정보화 시대에 진입하고 있었다. 이렇게 인터넷 사용자가 급속하게 늘어나자 이 모든 것을 사업으로 연결하려는 움직임도 거세게 일어나게 되었다. 특히, 인터넷을 활용해서 하는 거의 모든 것들을 사업대상으로 하여 닷컴버블 (Dot-com Bubble)이라는 신조어를 만들어 내기도 하였다.

예를 들어 Pets.com 같이 애완동물에 필요한 물건들을 온라인으로 소비자에게 파는 기업은 1998년 8월에 사업을 시작해서 3억 불의 투자를 날린 후 2000년 11월에 문을 닫았고 또한, Webvan처럼 온라인 식료품 판매 및 배달을 하는 기업은 1996년 사업 시작 후 10억 불의 창고 건설과 12억 불에 경쟁사를 사들이기도 하는 등 급격하게 사업을 확장하였으나 2억 불 매출에 비용은 5억 불이 넘어 누적으로 8억 불 이상의 적자를 보면서 2001년 파산하였다. 이들은 가격에 민감한 소비자들을 대상으로 확실한 경쟁력의 확보가 없는 상태로 자체적인 창고와 판매 인프라를 구축하는 등 사업 모델에 대한 검증이 없이 사업을 추진하였다.

인터넷의 기본 인프라인 네트워크 하드웨어, 통신 장비 및 서비스를 제공하는 Cisco Systems는 1984년 스탠포드 대학교의 컴퓨터를 운영하던 부부에 의해서 설립되었다. 1990년 나스닥에 상장된 이후 인터넷 서비스에 핵심이었던 라우터를 공급함으로써 1990년대 말 독보적인 존재가 되었다. 2000년 초 닷컴 버블이 절정을 이루었던 시기에 시가총액이 5,000억 불에 달하였지만

거의 90% 가까이 하락한 이후 2014년 1290억 불로 회복하였었다. 이렇게 인터넷 붐을 타고 신생 스타트업들이 많이 생겨나게 되었는데 이들 기업들은 브랜드를 널리 알림으로써 시장 점유율을 높이는데 목적을 두었는데. 빠르게 덩치를 키우는 것이 중요하였기 때문이었다. 여기에 일반 투자자들까지 가세하여 선례가 없는 투자 분위기를 만들어 갔다.

이런 추세로 나스닥 주가는 1995년에 1,000도 되지 못하였지만, 최고이었

던 2000년에는 5132까지 5배 이상 성장하였다가 2,000수준까지 하락하였다. 한편, 이런 닷컴 버블에서도 살아남아 현재 세계 최고 수준을 유지하고 있는 기업도 있었다. 전자 상거래 업체인 아마존은 1994년 창업자 Bezos가 인터넷 온라인이 한 해 동안 23배 성장하였다는 기사를 본 이후 전자 상거래에서 책을 판매하는 것이 가장 바람직하다는 결론을 내렸다.

1995년 사업을 시작한 4개월 만에 하루에 100권의 책을 팔게 되었다. 하지만 아마존은 단순하게 책을 판 것이 아니었다. 책에 대한 서평을 할 수 있게 함으로써 사람들 간 온라인 커뮤니티를 만들어 나갔다. 다음 해인 1996년에 1천 6백만 불의 매출을 기록하였고 1997년 주식시장에 상장하면서 음악 CD, 영화 비디오를 판매하기 시작하여 단순히 서점만이 아니라는 것을 보여 주기 시작하였고 추가적으로 장난감, 전자 제품, 비디오 게임, 컴퓨터 소프트웨어 등까지도 포함하여 다른 스타트업과 마찬가지로 빠르게 덩치 키우는 전략을(Get Big Fast) 추진하였다. 당시 분위기가 빠른 성장을 할 수 있는 사업과 기회가 있고 자금도 충분하니 손해를 보더라도 빠르게 성장하자는 혁신적인 사고가 대세를 이루고 있었던 시대였다.

이런 결과로 1999년 매출은 16억 불을 초과했고 Bezos는 Times지에 올해의 인물로 선정되었다. 이렇게 되자 1997년 상장 당시 18불이었던 주식은 1999년 12월 106불을 기록하기까지 하였다. 하지만 바로 다음달인 1월에 전년 4분기 실적에서 3억 불 이상의 손해를 봤다고 발표하였다. 이해 여름에는 버블이 꺼지고 주가는 곤두박질치기 시작하면서 아마존의 사업전략에 대해서 의문을 제기하는 사람들은 아마존을 Amazon.bomb이라고 표현하면서 몰락을 점치기도 하였다. 2001년 초 Bezos는 약 15%의 인력을 감축하고 또한, 두 개의 창고를 폐쇄하는 등 구조 조정과 이익이 나지 않은 제품의 판매를 중지하는 등 사업전략을 수정하였다. 또한, 지역별로 사전에 구분하여 배달 한다든지, 또는 소비자들이 구매하는 물품들을 분석하여 비슷한 물품은 동일한 창고에 보관하고 아마존 자체 창고를 확대하는 것이 아니라 제품 판매자의 창고를 활용하면서 온라인 판매를 추진하는 새로운 전략을 추진하였다. 이렇게 함으로써 온라인 판매 전문기업에서 온라인 쇼핑 포털 형태의 비중을 늘려나갔다.

또 Toys "R" US 같은 업체의 제품을 취급함으로써 주문을 받고 배송하는 과정을 컨트롤하기는 하지만, 실제 재고 관리는 해당 업체가 하고 아마존은 매출의 일정 부분만을 수수료로 챙기는 eBay 방식도 적용하였다. 이렇게 되자 2001년 4분기 약간의 흑자를 보아 전환에 성공하였다. 하지만 여기에서 멈추지 않고 추가적인 마케팅 전략을 수행하였다. 99불 이상의 주문에 대해서는 운송료를 받지 않고 (추후 25불로 인하) 개인 맞춤형 판매 전략과 가격 전략을 수행하였다.

기술적인 측면에서도 서책을 구입할 때 찾고자 하는 단어를 입력하면 이 단어를 포함한 책과 내용을 보여 주는 기술까지도 제공하게 되었다. 어떤 면에서 보면 구글과 경쟁할 수 있는 기술을 개발한 것이었다.

이렇게 놓고 볼 때 아마존은 소비자들의 행동 패턴과 이들 패턴을 어떻게 만족시킬 수 있는지를 끊임없이 연구하는 기업의 승리였다고 평가할 수 있다. 소비자들이 더 좋은 경험을 갖도록 노력할수록, 더 많은 소비자들을 온라인에 끌어들일 수 있고, 그러면 결국 구매도 늘어날 것이라는 단순한 진리를 위해서 노력한 것으로 볼 수 있다. 이런 전략으로 다른 수많은 스타트업들이 망해나갈 때 아마존은 생존하여 전자 상거래 업체의 대명사가 되었다.

1995년에 온라인 경매와 판매를 주로 하는 eBay도 설립되어 판매자와 구매자를 연결해 주는 eBay.com을 운영하면서 구매자에게서는 수수료를 받지 않지만, 판매자에게는 일정량의 게시 이후 또는 판매가 되었을 경우 수수료를 받아 운영하였다. 앞에서 언급된 아마존의 경우 1994년부터 2000년대 초반까지 상품을 구매해서 아마존의 이름으로 재판매하는 방식으로 사업을 시작하였지만, eBay는 초창기부터 사이트에서 판매되는 물품을 직접 소유하지 않고 판매자와 구매자를 연결만 해주면서 수익을 내는 구조로 운영되었다. 경매 초창기에 어떤 구매자가 망가진 레이저 포인터를 구매하였는데 이에 놀란 설립자가 사실 확인을 추진하였고, 구매자가 망가진 것을 구입하는 취미가 있다고 밝힌 다음에야 안심할 수 있었다.

이후 발전을 거듭하여 설립 다음 해인 1996년 한 해 동안 약 25만 번의 경매를 주관하였는데 1997년 첫 달에만 2백만 번의 경매를 개최할 수 있을 만큼 성장하여 9월에 이름을 AuctionWeb 에서 eBay로 바꾸어 사용하기 시작하였다. 1998년 상장되어 18불로 목표하였던 주가는 당일 53불까지 상승하여 세상을 놀라게 하였고 이런 여세를 몰아 2002년 유럽에서 운영되던 온라인 경매업체와 PayPal도 사들였다.

전자 상거래가 실패하는 원인 중 가장 큰 원인은 상품 품질의 불확실성, 또는 판매자와 구매자의 신뢰도에 대한 불확실성 때문인 것으로 나타났다. 앞서 얘기한 레이저 포인터같이 고장이 난 제품을 정상적인 제품으로 속여 팔았다면 큰 문제였겠지만, 일부러 고장이 난 제품을 사는 경우는 다를 것이다. 이렇게 eBay는 양쪽을 위한 피드백 시스템을 만들어 이를 확인하는 절차를 거치도록 하여 전자 상거래 업계에서의 입지를 확보해 나갔다.

그렇다면 아마존과 eBay 판매 방식은 어떤 면에서 기존의 판매업체들과 차이가 있는 것일까? 슈퍼마켓처럼 상품과 서비스를 확보해서 다시 판매하는 업자를 재판매업자라고 (Reseller) 하고 eBay처럼 판매자와 구매자를 연결하지만 (Two-sided or Multi-sided), 상품을 관리하거나 소유하지는 않고 거래를 주선하는 판매 방식을 (Platform) 통상 다면 플랫폼이라고 (MSP, Multisided Platform) 할 수 있다. 다면 플랫폼 방식은 미국의 eBay, 일본의 Rakuten, 중국의 알리바바가 운영하는 Taobao 등을 들 수 있다. 이런 방식은 상품을 소유하지 않으면서 양쪽의 거래를 연결하고 거래를 성사시킨 건을 대상으로 수수료를 받아 매출로 연결시킨다. 때문에 재고 부담이 없고 운영비용이 낮은 장점이 있지만, 판매자와 구매자의 신뢰를 얻지 못하면 실패할 가능성이 큰 문제점이 있다.

기존의 순수한 재판매업체인 유통업체 코스트코나 월마트 등을 보면 이들 업체들은 상품을 확보해서 일반 소비자에게 재판매하기 때문에 이 모든 것을 재고로 가져가야 해서 운영비용이 크다고 할 수 있다. 하지만 대량 구매를 통한 규모의 경제 효과를 이용할 수 있는 장점이 있고 또한, 판매할 때에도 묶음 판매를 통한 시너지 효과도 볼 수 있다. 반대로 eBay 같은 경우에는 판매자와 구매자를 연결시키는 것에서 매출을 발생시키기 때문에 운영에 대한

Risk는 적은 편으로 볼 수 있다. 아마존은 초기에 재판매업체로 시작하였지만, 닷컴 버블 시기를 거치면서 다면 플랫폼을 일부 포함하여 운영하였다고 볼 수 있고 eBay나 Taobao는 초기부터 순수한 다면 플랫폼 방식으로 사업을 추진하였다.

이런 판매방식은 디지털 콘텐츠 시장에서도 볼 수 있다. iTunes나 Netflix 같은 서비스 업체는 순수 재판매업체이지만 App Store 또는 Google Play 같은 업체는 다면플랫폼이라고 볼 수 있다. 하지만 Apple이나 Google이 플랫폼에서 팔고 있는 컨텐츠의 질적 수준과 유통과정에 일부 개입하고 있기 때문에 약간의 차이가 있다고 볼 수 있다. 아마존이나 eBay는 인터넷 쇼핑이라는 새로운 사업영역을 제공했지만 약간은 다른 성격으로 판매방식을 제공하였고 닷컴 버블의 어려운 시기를 이겨내고 오늘 성공하기에 이르렀다.

앞에서 설명한 Pets.com이나 Webvan의 실패 사례와 아마존이나 eBay, 그리고 1998년에 설립된 구글의 전신 BackRub의 성공 사례를 보면 닷컴 버블 시대의 다양성을 엿볼 수 있다.

컴퓨터와 인터넷의 도입으로 많은 것이 바뀌고 있었던 시대였다. 여기에 무한한 가능성이 있다고 믿었던 기업가들은 인터넷에 열광하고 투자하였던 것이었다. 하지만 현실은 냉혹하였다. 1995년에 설립되고 1999년 67억 불에 합병된 Excite.com은 2001년 파산을 신청하였고 2000년 1월 합병을 선언하였던 AOL-Time Warner는 (AOL, America On Line) 당시 3500억불의 시장 가치를 보였으나 2002년 합병으로 990억 불의 손실을 보았다고 발표하여 시장 가치는 200억 불로 축소되었다.

2003년 회사 이름에서 AOL이라는 이름을 삭제하고 10년이 지난 2010년에도 두 회사의 총 시장가치는 3500억 불의 7분의 1 수준에 불과하여 역사상 최악의 합병 중의 하나가 되었다.

AOL은 인터넷 업계의, 그리고 Time-Warner는 미디어 업계의 선두 주자였기 때문에 두 회사의 합병은 새로운 세계를 향한 혁신적인 결합이라는 평을 받았었다. 하지만 몇 개월 지나지도 않은 5월 닷컴 버블이 무너지기 시작하자 55%의 지분을 보유하고 있던 AOL 측의 광고 수입 축소와 경영계획 차질은 당초부터 허위였다는 주장과 함께 커다란 부담으로 작용하여 상황은 급변하기 시작하였다. 이렇게 상황이 어려워지기 시작하자, 양 측의 기업문화가 너무 다른 것이 현실로 나타나기 시작하였다. 하지만 처음부터 비즈니스 모델인 합병 자체가 잘 못 됐는지, 또는 두 기업문화가 너무 달랐던 것인지 또는 실행 과정에서 문제가 있었던 것인지 토론의 대상이 될 수 있다.

02

디지털 산업의 부상: 새로운 세상

어찌 되었든 세기의 합병은 비현실적인 상황 예측과 수행하기 어려운 비즈니스 모델 때문에 실패로 귀결되었고 같은 기간에 일어났던 닷컴 버블은 세계적으로 약 5조 불의 손실을 가져왔다고 추정되었고 1995년 이후에 설립되었던 기업들의 반 이상이 2004년까지는 사라지게 되었다.

하지만 긍정적인 측면도 있었는데 이런 광적인 열기 때문에 수십 년이 걸렸어야 할 인터넷 인프라인 광섬유 인프라가 단 몇 년 만에 깔리게 되었고 후에 새로운 인터넷 기업들이 생겨나서 활동하게 되었다는 점이다.

또, 가장 중요한 것 중의 하나가 세상이 바뀌고 있다는 사실을 모두가 인식하게 된 것이었다. 특히, 인터넷처럼 눈에 보이지는 않았지만, Analog 시대에서 Digital 시대로 바뀌고 있었다는 점을 경영자들이 인식하게 되었다는 점이었다.

아날로그는 시간에 따라 변하는 소리나 빛 등의 물리적인 양들을 연속적으로 표현하는 방식으로 볼 수 있다. 예를 들어 기타를 튕겨 소리가 나면, 소리의 크기나 음역대가 공기를 타고 전달되어 우리한테 전달되어 들을 수 있게 된다. 이때 이 소리의 움직임을 연속적으로 표현하는 방법을 예로 들 수 있다. 이런 소리의 움직임을 전파에 실어 보내 텔레비전이나 라디오에서 수신하고 라디오는 이 소리의 움직임을 확대하여 스피커를 통해 재현하는 방식을 생각해 볼 수 있다. 이렇게 재생하는 것은 쉽게 할 수 있지만 원래 음원과 똑같이 재생하는 것은 쉬운 일이 아니다.

연속적인 자연의 소리를

1) 똑같이 복사하는 것도 그렇거니와
2) 이 복사된 소리를 전달하고
3) 재현과정에서도 기계적인 절차를 거쳐야 하기 때문에 똑 같이라는 표현을 쓸 수가 없는 경우가 대부분이다.

예를 들어 원래 음원 소리를 있는 그대로 복사해서 녹음하는 과정에서도 기계를 통한 복사를 하기 때문에 원음과 똑같이 복사한다는 것은 불가능하다. 최대한 원음과 비슷하게 녹음하는 것이 최선일 것이다. 이렇게 원음과 비슷하게 녹음된 소리를 다중이 들을 수 있도록 전파를 통해서 보내는 경우에도 잡음이 낄 여지가 많다. 공기나 물을 통한 전파 송신과정에서도 날씨, 지구 자기장 등의 조건 때문에 똑같은 전파가 아닌 비슷한 전파를 수신하게 된다. 특히, 같은 수신 기구를 가지고 있어도 지구의 자기장 때문에 한 지역에서 잘 들리던 라디오도 다른 지역으로 이동하면 들을 수 없는 경우가 많았기 때문에 지역에 따른 자기장 차이를 조정해 줄 필요가 있었다. 1960년 ~ 1990년대 라디오의 소리가 잘 나오게 안테나 방향을 조정해 주는 것이 필요한 이유가 이것이었다.

한편, 이렇게 비슷하게 녹음된 원음과 또한, 비슷하게 수신된 전파를 통해 접수된 음원을 재생하는 과정에서도 잡음이 낄 여지가 또 있다. 재생하는 기기에 따라 수신된 음원을 표현하는 방식의 차이가 있기 마련이었다. 업체마다 재생하는 방식에 차이가 있었기 때문에 재생 음원의 품질 차이가 있게 마련이었다.

이런 방식은 음원을 화면으로 바꾸어서 생각하면 텔레비전에서도 비슷하게 적용되었다. 아날로그 TV 방송 시절에는 방송 테스트 화면이라는 것이 있었다. 이 테스트 내용은 방송사에서 보내는 화면이 각 가정에 있는 텔레비전 화면에 그대로 차질 없이 보여지는가를 테스트하는데 목적이 있었다. 화면구성에 보면 직선과 곡선, 그리고 다양한 색상이 표현되어 있어 이 중 이상한 부분이 있으면 방송사 송출 과정이나 텔레비전 자체에 문제가 있는 것으로 볼 수 있었다.

여기 아날로그 시스템에서는 음성이나 화면을 똑같이 녹음, 전달, 재현하는 것이 불가능하였다. 단지, 얼마나 원음과 비슷하게 재현할 수 있느냐가 관건이었다. 그것도 날씨 등 기상과 지구 자기장에 따른 지역적 차이 등등을 감안해서 라디오와 텔레비전 등을 설계하고 제조하고 설치하는 과정에서 섬세하게 관리를 하지 않으면 비슷하게 재현하는 것도 어려운 상황이었다. 이런 아날로그 시스템에서는 전 세계에서 일본을 따라갈 수가 없었다. 기술 자체는 서구에서 개발되고 상용화도 되었지만, 시장 자체를 장악한 것은 일본 산업계였다.

어느 전쟁영화에서 탱크가 갑자기 멈춰 서니까 병사가 이를 고치다가 원인을 몰라 포기하였다. 그때 어느 유명한 장군이 한 말이 있다. "기계는 때리면 말을 듣는다" 발로 찼더니 탱크가 다시 움직였다는 농담이 있어 가끔 개그에서 사용되는 멘트가 되기도 하였다. 이것이 서구 방식이라면 일본 방식은 조금 다르다. 일본 엔지니어들은 이런 현상에 대해 시간이 걸리더라도 원인을 찾아 해결한 다음 기록을 남기고 자기 후배들에게 전수하는 것에서 문화적인 차이가 있었다. 실제로 이런 현상은 한국 산업 초기에 초빙한 일본 컨설턴트들에게 많이 볼 수 있었다. 우리 기술자들이 해결하지 못하였던 문제를 얘기하면 그들은 자신들이 수행했던 수십 년간의 기술적인 내용들을 기록한 노트를 꺼내어 참조하면서 문제를 해결해 주는 사례가 많이 있었다. 일본의 기록문화, 특히 세계를 장악하고 있었던 일본 전자산업계에서 수십 년에 걸쳐 이룩해 놓은 기록문화는 일본 산업계의 엄청난 힘이었다. 거기에 다가 일본인은 섬세하기까지 하여 도저히 한국이 따라갈 수준이 아니었다.

오죽하면 1990년대 일본의 소니를 추월하는 게 소원이라는 자조 석인 말까지 있었다. 아날로그 산업시대의 대명사는 바로 소니였기 때문이었다. 소니는 1946년 東京通信工業 (Tokyo Tsushin Kogyo)라는 이름으로 창업하고 1958년 소니로 (Sony) 개명하였다.

1947년 개발된 Transistor를 활용하여 1955년 TR-55 Transistor 라디오를 개발해서 판매하기 시작하여 1957년 TR-63 라디오로 미국 시장에서 선풍적인 인기를 얻어 소니라는 이름을 전 세계에 알리기 시작하였다. 1975년 음성과 화면을 녹화할 수 있고 재생할 수 있는 Betamax 비디오 포맷을 도입했지만, 같은 일본의 JVC가 도입한 VHS 과의 표준화 전쟁에서 이기지 못하였다. 초기에 두 기술이 도입되었을 때에는 녹화시간에서 차이가 났었다. Beta 방식은 카세트가 작고 화질이 우수한 반면, 최대 1시간의 녹화를 제공한 반면 VHS 방식은 카세트가 크고 감는 속도가 느렸기 때문에 2시간의 녹화를 할 수 있었다. 1980년대로 오면서 두 기술 모두 3시간 이상 녹화할 수 있는 기술을 제공하였지만, 마케팅 전략의 차이가 두 회사의 운명을 갈랐다. Beta 방식은 고화질을 선호하는 소비자를 대상으로 기기를 판매하는 전략을 추진하였으나 VHS는 일반 소비자들을 대상으로 렌탈 서비스를 제공하는 전략의 차이가 있었다.

1980년대에는 특히, 잔인한 폭력 영화와 포르노 영화 시장이 활성화되기 시작하였는데 이들 영화들을 극장에서 보는 것이 아니라 집에서 보는 것을 선호하는 분위기가 형성되었다. 이런 분위기 속에서 소비자들은 비싼 가격에 신규 기기를 사는 것보다 렌탈 서비스 이용을 선호하게 되었고, 또한, 비디오 테이프도 빌려서 보는 것을 선호해서 테이프 렌털 시장도 활성화되었다. 거기에 소니는 Beta 방식으로 비디오를 제작하는데 소극적이 됨으로써 점점 더 소비자들의 선택에서 멀어지게 되었고 표준화 전쟁에서 VHS가 승리하게 되었다.

여기에서 아무리 기술적으로 우세하더라도 산업 생태계가 조성되지 않으면 산업전쟁에서 승리할 수 없다는 교훈을 얻을 수 있다. 즉, 컨텐츠 제공자 + 기기 제공자 + 소비자 요구가 모두 어우러져 같은 방향으로 움직일 때에만 기술이 성공할 수 있다는 점이 확인되었다. 하지만 이런 실패에도 불구하고 소니의 비디오 기술은 세계 최고라는 인정을 받았고 여기에 더하여 1979년 소니는 세계 최초로 카세트를 이용한 휴대용 뮤직 플레이어를 도입하였다 (Walkman).

이 제품의 도입으로 음악을 듣는 사람들의 행동 변화, 더 나아가 문화적인 변화까지도 생겨나기 시작하였다. 이전까지는 고정된 자리에서만 음악을 들을 수 있었지만 이제는 출퇴근하는 중에 또는 운동을 하고 있는 중에도 음악을 들을 수 있었기 때문에 엄청난 사회적 변화를 야기하기도 하였다. 이 제품의 후속라인으로 CD, 비디오, MP3 플레이어 등 다양한 제품들이 제작되었다.

한편, 이보다 훨씬 앞선 1968년 소니는 기존 텔레비전의 밝기를 대폭 개선한 트리니트론 (Trinitron) 텔레비전을 도입하였으며, 텔레비전 영상 기술을 발전시킨 공로로 1973년 에미상을 수상하기도 하였다. 초창기 텔레비전의 주류였던 RCA 방식에서는 세 개의 전자총으로 전자를 형성하여 스크린에 화면을 형성하였는데 비해 트리니트론 방식에서는 한 개의 전자총을 사용하여 효율을 극대화 시켰었다. 높은 해상도의 화질을 구현하는데 탁월한 성능을 보였던 세계 최고의 텔레비전이라는 명성에 걸맞게 텔레비전=소니 라는 공식을 만들어 나갔다. 이렇게 텔레비전에서처럼 화면, 음악 등 멀티미디어 부문에서는 다른 기업의 추종을 불허하며 세계 제일의 기업으로서의 명성을 쌓아 가고 있었다. 사정이 이렇다 보니 소니를 추월한다는 것은 불가능에 가깝다고들 하였다.

문제는 소니의 명성이 아날로그에 기초하여 이루어졌다는 점이었다. 또한, 소니의 대명사였던 트리니트론의 특허는 1996년에 만료되어 경쟁사들이 이를 자유롭게 사용할 수 있게 되면서 경쟁이 치열하게 전개되고 있었다. 여기에 2000년을 시작하면서 디지털 기술의 발전이 두드러지고 있었다.

디지털 기술은 음원 소리를 녹음하는 과정에서 일정한 시간 간격을 두고 측정하고 그때마다의 수치를 숫자로 표현해서 (Sampling) 기록한다면 복사하고, 전달하고, 재생하는 과정에서도 똑같이 하는 것이 가능해진다는 원리에 기초하고 있다. 여기에서 시간 간격을 촘촘히 하여 비교적 원음과 가깝게 녹음하면, 이 이후부터는 모든 소리가 똑같아질 수가 있다. 모든 것을 수치로 표현하기 때문에 업체별로 기술적 차이를 느낄 수가 없다고 볼 수 있다. 음질이나 화질을 숫자로 표현하기 때문에 날씨라든가 지구 자기장 등의 영향이 전혀 없다고 얘기할 수 있다. 그렇다면 후발 주자라 하더라도 소니와 같은 수준의 음질과 화질을 표현할 수가 있다. 이런 전자산업 추세의 변화를 감지한 삼성전자는 대대적인 변신을 추진하게 되었다.

아날로그에서의 핵심 기술이 진공관이었다면, 디지털의 핵심기술은 반도체 기술이라고 볼 수 있다. 진공관과 Transistor의 기능은 전기를 끊거나 연결해 주는 스위치 기능과 약한 전류를 크게 만들어 주는 증폭 기능을 한다. 하지만 방식은 조금 달라 진공관은 전류의 흐름을 연속적으로 보여주는 아날로그 방식인데 비해 Transistor는 전류의 흐름을 "On" 또는 "Off" 상태로만 표현할 수 있다. 여기서 "On"을 1, "Off" 상태를 0이라고 정의하면 Transistor를 사용해서는 0과 1 두 가지 숫자만 표시할 수 있다.

음악을 아날로그 방식으로 녹음하면 연속적이라는 측면에서 아날로그 방식이 우수하지만, 앞에서도 설명한 다양한 잡음(EMI, Electro Magnetic Interference)이 간섭하게 되어 원음과 같을 수는 없게 되어 있다. 하지만 디지털 방식으로 녹음하게 되면 기본적으로 숫자로(1과 0) 표현하게 되고 이렇게 되면 전달과정에서 차질이 발생할 가능성이 없어지게 된다.

하지만 실제 녹음에서, 예를 들어 53이라는 숫자를 써야 하면 이 숫자에는 1과 0이 아닌 숫자, 5와 3가 포함되어 있다. 이것을 어떻게 표현할 것인가 하는 의문이 생긴다. 이 문제를 해결하는 방안은 Transistor 8개를 연속으로 배열하는 것이었다. Transistor 1개를 Bit이라고 하고, 8개를 연속적으로 모아 놓은 것을 Byte라고 표현한다. Transistor 1개가 표현할 수 있는 숫자는 1과 0으로 2개뿐이지만 (2^1) Transistor 2개가 되면 4개가(2^2) 되고... Transistor 8개가 되면 256개가 (2^8) 되어 총 256개의 숫자를 표현할 수 있게 된다.

여기에서 1과 0을 활용한 이진법을 적용한 Byte로 53을 계산해 보면

$53 = 0 \times 2^7$
$+0 \times 2^6$
$+1 \times 2^5$
$+1 \times 2^4$
$+0 \times 2^3$
$+1 \times 2^2$
$+0 \times 2^1$
$+1 \times 2^0$ 으로 할 수 있다.

이렇게 Transistor 1개로는 별 쓸모가 없어 보이지만, 8개인 Byte로는 여러 가지를 표현할 수 있다. 숫자뿐만 아니라 알파벳 1개를 표시할 수 있어 통상 한 글자를 표시한다고 얘기한다. 이런 Byte가 1,000 개 모이면, 1KB, 1백만 개는 1MB, 10억 개는 1GB, 1조 개는 1TB라 표현한다. 최근 스마트폰에

보면 64GB라고 쓰여 있는데 640억 개의 Byte가 집적된 것이라 볼 수 있다.

따라서 음원의 숫자가 아무리 크다 하더라도 결국은 Transistor 몇 개를 가지고 (1과 0 조합) 조합하면 만들어 낼 수 있기 때문에 녹음과 전달, 재생하는 과정에서 똑같이 반복할 수 있다는 얘기가 된다.

화질에 있어서도 같은 논리가 적용될 수 있다. 화질에서 한가지 색상은 R, G, B 조합으로 결정된다. 빨간색을 표현하는 R을 조정하기 위해 1 Byte를 가지고 2^8 의 R을 만들어 낼 수 있고 같은 논리로 G와 B도 각각 1 Byte를 가지고 2^8 의 초록색과 파란색을 만들어 낼 수 있다. 이 3가지 색의 조합은 $2^8 \times 2^8 \times 2^8$ 이기 때문에 약 1천6백7십만 가지의 색상을 만들 수 있다. 기존에는 불가능하게 보였던 색의 조합을 Transistor 몇 개를 가지고 만들어 낼 수 있기 때문에 엄청난 경쟁력을 확보 활 수 있었다.

만약, Transistor를 집적한 LCD 기판을 만들어 낼 수 있다면 기본적으로 1천6백만 가지의 색상을 만들어 낼 수 있고 아날로그 방식에서 볼 수 있는 신호의 왜곡이나 간섭을 배제할 수 있기 때문에 혁신적인 텔레비전 화상의 품질을 만들어 낼 수 있다는 얘기가 되었다. 이런 디지털의 강점을 느낀 삼성의 경영진은 1990년대 말에 이미 달성한 세계 최고 수준의 기술인 반도체 메모리와 LCD 기술을 활용하여 디지털 시대 진입에 따라 전략을 고민하기 시작하였다.

한편, Y2K를 지난 전자산업 시장은 인터넷 산업과 마찬가지로 급격한 내리막길로 치닫고 있었다. 인터넷 산업이 2000년을 정점으로 하향 곡선을 그렸듯이 반도체와 LCD를 포함한 전자산업도 하향 곡선을 그리고 있었다. Y2K로 인해 전자기기 작동에 문제가 있을 것이라는 예측 때문에 대부분의 기관과 개인들은 2000년이 되기 직전에 컴퓨터와 전자기기를 새로 장만했다. 덕분에 1999년 호황이 왔었지만 반대로 20001년에 들어서자 전자산업 수요가 대폭 축소되었고 이에 따라 부품산업인 반도체와 LCD도 동반 하락했기 때문이었다. 반도체의 경우 2000년에서 1년 사이에 시장 수요가 반 이하로 급락하였으며 LCD의 경우도 당시의 주력제품이었던 노트북 LCD용 시장이 1998년 46억 불 → 2000년 78억 불로 성장하였으나 2002년 89억 불로 정체 상태가 예상되었다.

거기에 다가 LCD 업계의 호황을 경험한 IT OEM 업계의 강국이었던 대만의 6개 업체가 동시에 참여를 선언하여 공급이 엄청나게 늘어나고 있었다. 1997년의 경우 일본 79%, 한국 21%의 생산 비중을 차지하였는데 1998년 IMF 때 삼성과 LG는 신규라인의 가동을 시작한 반면 일본은 투자를 꺼려하였다. 결과적으로 1999년 일본 65%, 한국 35%로 한국의 생산 비중이 커지면서 때마침 일어나고 있던 Y2K 수요의 대부분 흡수하였다. 이런 현상을 지켜보고 있던 대만의 6개 업체가 신규로 참여하고 모두 일본업체와의 기술 제휴를 통해 기술 확보를 한 다음 생산을 추진하여 2000년 대만의 비중이 12% 수준까지 커지는 반면, 일본은 56%까지 축소되었다.

구 분	1997년	1998년	1999년	2000년	2001년
한 국	125 (20.9)	200 (27.5)	306 (35.2)	341 (32.7)	396 (33.7)
일 본	473 (79.1)	527 (72.5)	563 (64.8)	583 (55.8)	603 (51.4)
대 만	0 (0.0)	0 (0.0)	0 (0.0)	120 (11.5)	175 (14.9)
계	598	727	869	1,044	1,174

(LCD 국가별 생산능력 비교, 천枚/월, 비중 %)
(한국 평판디스플레이 로드맵 보고서(산업자원부, 1999))

여기에서 일본의 LCD 산업이 몰락하게 되는 이유 한 가지를 볼 수 있다. 한국은 1998년 IMF와 2001년 공급과잉 시기를 거치면서도 생산능력을 125 → 396으로 4년간 3.2배 키운 반면 일본은 이 기간에 1.3배에 그쳤다. 반면 대만은 1999년 이후 2년 만에 일본의 생산 능력 증가분, 130보다 훨씬 큰 170을 키웠다. 시장은 분명히 성장하고 있었고, 또한 향후 성장이 예상되었기 때문에 한국과 대만은 무모하리만큼 생산 능력을 키운 반면 일본은 세계 최고였는데도 불구하고 생산 능력을 키우지 못하였다. 여러 이유가 있었겠지만, 집단 의사결정 체제였기 때문에 강력한 리더십을 누구도 발휘하지 않았다고 하는 것이 정설이다. 이런 현상은 반도체에서도 뚜렷하게 나타나서 세계 최강의 일본 반도체와 LCD 산업은 점차 세계 판도에서 사라지고 있었다.

어찌 되었던 2001년은 힘든 한 해가 되었다. 반도체와 LCD 모두 기존 시장의 수요는 정체되고 생산 능력은 늘어나게 되면서 엄청난 공급과잉에 시달리게 되어 새로운 돌파구가 필요하게 된 시점이었다. 이런 난관의 돌파구는 새로운 시장이었다.

앞에서 설명했지만, 삼성 반도체는 1992년 Dram 부문 1위를 차지하고 1993년 Memory 부문도 1위를 차지하였다. 여기에서 조금 더 구체적으로 반도체 Memory 시장을 들여 다 볼 필요가 있다. 반도체는 크게 Memory 반도체와 非Memory 반도체 (또는 시스템 반도체)로 구분되어 있다. Memory 반도체는 데이터를 기억하는 장치인 반면 시스템 반도체는 주어진 명령을 수행, 즉 데이터를 처리하는 장치로 보면 된다. 메모리 반도체는 다시 전원이 연결되어 있을 때에만 데이터를 기억하는 반도체인 RAM과 (Random Access Memory) 전원이 끊어지더라도 데이터를 기억하고 있는 반도체인 ROM으로 (Read Only Memory) 구분할 수 있다.

삼성이 1983년 반도체 사업을 시작하였을 당시 반도체의 RAM 시장에서도 Dram 시장을 선정한 이유는 기술이 단순하기 때문에 경쟁이 심한 대신 시장이 큰 장점이 있었기 때문이었다. 이 시장에서 경쟁력 확보를 한 이후 비슷한 기술인 Sram 시장에서도 강점을 가질 수 있었다. Dram은 기억을 유지하기 위해 주기적으로 데이터를 재확인하는 과정이 필요하다면 Sram은 이런 과정이 필요 없는 반도체로 비슷한 구조를 가지고 있었기 때문이었다. Dram 부문에서 막강한 1위를 확보하고 난 후 삼성은 ROM 분야로 시선을 돌리기 시작하였다. ROM 반도체는 전원이 끊어지더라도 데이터를 유지할 수 있는 반도체로 초기에는 EPROM이라는 반도체에서 시작하였다.

EPROM의 문제는 다른 데이터를 기록할 때 먼저 기록 전체를 지워야 하는데

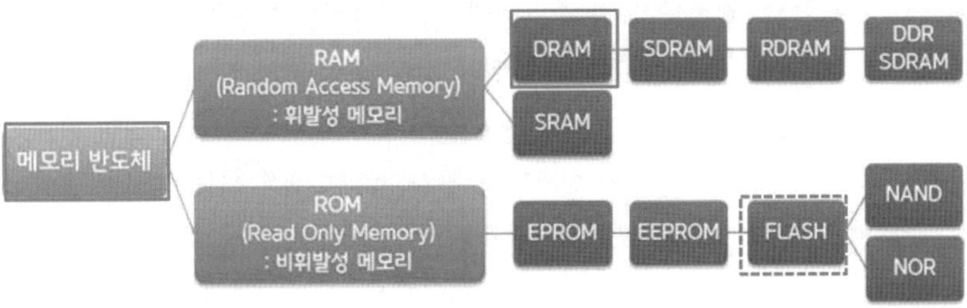

(삼성반도체이야기)
(samsungsemiconstory.com)

이때 자외선이나 고전압을 써야 하기 때문에 일반적으로 사용하기가 어려웠고

이를 개선한 EEPROM은 자외선을 쓰는 대신 전기를 써서 지울 수 있었지만, 속도가 너무 느려 실용화에 한계가 있었다. Dram 부문을 포함한 메모리 반도체에서 세계 1위는 삼성 반도체이었지만 아직 ROM 부문에서는 갈 길이 멀어 보였다. EEPROM을 기술적으로 개선한 Flash Memory가 개발되었다. 데이터 전체를 지우는 것이 아니라 데이터의 일부분을 지우고 쓸 수 있는, 그리고 그것도 빠르게 할 수 있는 반도체를 개발한 회사는 일본의 도시바였다. 도시바에 근무하던 Masuoka는 카메라의 플래시처럼 빠르게 데이터를 지울 수 있는 Flash Memory를 1980년에 개발하여 1989년 학회에 발표하였다.

초기에는 컴퓨터나 셋탑박스에 기본 프로그램으로 장착되어 있는 EPROM을 대체하는 목적의 NOR Flash를 (코드 저장형태) 1988년 인텔에서 개발하여 시장성이 컸으나, 단위 면적당 데이터 저장 공간이 많아 제작 비용이 싸고 제2의 데이터 저장 장치로서 가능성을 많이 보인 NAND Flash를 활용한 (데이터 저장형태) Memory Card의 등장과 함께 시장에서의 방향이 NAND Flash 쪽으로 움직이고 있었다. 인텔은 NOR를 개발한 이후 시장을 주도하여 30% 이상의 시장점유율을 보유하였으나 삼성은 NOR 대신 NAND를 주력으로 삼았다.

한편 삼성전자는 1994년 16M NAD Flash Memory를 양산한 이후 1999년 256M, 2000년 512M, 2001년 1G Flash Memory를 개발함으로써 매년 2배씩 용량을 증대시키는데 성공하고 있었다. 2002년 2월 당시 황창규 사장은 국제 반도체 회로 학술회의에서 메모리 新성장론을 발표하였는데, 핵심 내용은 메모리 반도체의 집적도가 매년 2배씩 성장한다는 주장을 하였고 실제로 Flash Memory의 용량을 2배씩 늘어나도록 하여 황의 법칙이라고 부르게 되었다. 황의 법칙 이전에는 인텔의 공동 설립자인 고든 무어가 1965년 반도체 집적회로는 24개월마다 2배씩 집적도가 향상된다고 하여 이를 무어의 법칙이라고 불렀는데 이를 대폭 개선한 것으로 볼 수 있다.

2001년 일본 반도체 업계는 불황을 겪으면서 구조조정을 추진하고 있었다. 특히, Dram에서 앞서 가던 도시바는 4M Dram 개발과정에서 Trench 방식으로 추진하였다가 실패하고 Stack 방식으로 전환하였지만 2001년 상반기

Dram 사업을 정리하기로 하면서 세계 최초로 개발하였던 Flash Memory 사업에 집중하기로 결정하고 삼성에 합작을 제안하였다. 당시 NAND Flash Memory 시장에서 도시바 45%, 삼성은 26%의 시장 점유율을 보유하고 있었으나 NOR를 포함한 전체 Flash Memory 시장에서는 인텔이 1위를, 도시바는 5위를, 삼성은 등수에 표현될 수 있는 수준도 아니었다. 이런 상황에서 막강한 도시바의 제의를 협의하기 위해 삼성의 최고 경영진은 모였다. 이 자리에서 도시바보다는 기술적으로 부족하지만, 조만간 따라잡을 수 있다는 확신과 자신감을 보이면서 도시바의 제의를 정중하게 거절하기로 결론을 내렸다.

다시 한번 First Mover 전략으로, 치고 나가기로 결론을 내린 것이다. 하지만 상황은 어려웠다. 이 상황을 헤쳐나간 것은 역시 시장을 개척한 마케팅이었다. 마케팅팀은 2000년 말 미국 IBM에 의해서 시장에 도입된 USB에 Flash Memory를 적용하기로 하고 OEM 업체들이 많은 대만을 방문하여 PC 전면에 USB 포트를 배치하도록 설득하였다. 이와 함께 당시로서는 특이하게 생긴 손가락 마디 크기의 USB 메모리를 대규모로 마케팅 하여 성공을 거두었다.

한편, 시장에서는 프로그램을 저장할 수 있는 NOR 보다 데이터를 저장할 수 있는 NAND가 훨씬 빠르게 성장하여 2001년 비중이 거의 없다가 2003년 35%, 그리고 2005년 처음으로 50%가 넘어 NOR 시장을 추월하기 시작하였는데 이런 현상은 디지털카메라, MP3, 그리고 USB가 도입되면서 수요확대가 되었기 때문이었다. 인텔은 NOR 시장에만 집중하였기 때문에 시장 축소에 따라 자동적으로 시장 점유율도 대폭 줄어들게 되는 반면, 커지는 NAND 시장에 참여한 삼성의 시장 점유율은 자동적으로 커지게 되었다.

인텔의 점유율은	2001년 26.6%→	2003년 14.5%→	2004년 14.4%
삼성은	-	19.4%	25.1%
도시바는	7.2%	15.6%	14.7%가 되어

삼성은 2003년 이후 Flash Memory 시장에서 1위를 차지하게 되었다. 이렇게 Dram과 Flash 시장에서 1위를 차지하면서 전체 반도체 시장에서의 위치도 바뀌었다.

2003년 삼성전자 반도체는 인텔의 뒤를 이어 세계 반도체 시장에서 2위를 차지한 이후 2004년에도 후발 주자와의 격차를 벌려 나가고 있었다. 하지만 2005년 공급과잉이 예상되자 또 다른 수요를 찾아 나서게 되었다.

당시 음악 시장에서도 디지털 바람이 불어 음원을 표준화된 디지털로 처리한 것을 MP3라 부르고 이를 다시 재생할 수 있는 작고 휴대가 간편한 MP3 Player 바람이 불고 있었다. 1990년대 말 소니 등 대기업들은 CD, DVD 등을 통해 고품질의 음악을 들을 수 있는 기기 개발에 집중하였던 반면, 일반 소비자들은 이보다 음질은 좋지 않지만 휴대가 간편한 방식을 선호하기 시작하였다.

특히, 1999년에 도입된 온라인 음악 파일 공유 서비스인 냅스터는 (Napster) MP3 같은 음악 파일을 다른 사람과 인터넷을 통해 공유할 수 있게 함으로써 선풍적인 인기를 얻었다. 하지만 PC와 인터넷을 통한 공유 서비스에서 멈춘 것이 아니라 이렇게 공유된 파일을 휴대용 기기에 담아서 이동 중에도 들을 수 있게 하는 MP3 Player 제품과 기술이 등장하였다. MP3는 1990년 말에 도입되기 시작하였는데 음악 파일을 저장하기 위해 대부분 HDD를 채용하여 수십 곡을 저장할 수 있는 수준이었다.

2000년 레인콤을 설립하여 선풍적인 인기를 얻었던 아이리버 (iRiver) 제품을 마이크로 소프트의 빌 게이츠가 2005년 CES에서 혁신적인 제품으로 소개하면서 향후 기술혁신을 기반으로 새로운 디지털 라이프 스타일이 될 것이라고 언급했지만, 음악 파일이 통째로 날아가는 HDD 문제 때문에 성공하지 못하였다.

이런 상황에서 애플도 움직이고 있었다. 애플은 2001년 1월에 맥킨토시 컴퓨터에서 사용할 수 있도록 음악 파일들을 다운로드하고 Play할 수 있는 iTunes iPlayer를 개발하여 공개하였다. 이어서 9개월 뒤인 10월에 최초의 iPod을 공개하였다. 도시바의 HDD를 적용하여 1천 곡의 음악을 저장하여 재생할 수 있었으나 맥킨토시에서만 연결하여 사용할 수 있다는 단점이 있었다. 하지만 디자인 측면과 기능 측면에서 21세기의 Walkman이라는 평을 들을 만큼 획기적이었으나 실제 판매는 성공적이지는 못하였다. 이후 애플은 2003년 4월 5대 대형 음반사가 참여한 음원 시장인 iTunes Store를 개설하였고 여기에서 직접 iPod로 다운로드 할 수 있게 개선하여 iPod 판매도 늘기 시작하였다.

이 iTunes Store는 시간이 지나면서 음악 파일에만 머무르지 않고 비디오, TV 프로그램, APP 등까지 포함하고 iPod, iPhone, iPad, 노트북 등 다양한 제품을 사용하여 접속할 수 있게 만들어 애플 생태계를 구성하는 핵심적인 요소로 발전하게 되었다. 이런 과정에 HDD의 단점을 인식한 애플과 NAND Flash 시장의 공급 과잉을 우려한 삼성의 만남이 이루어졌다.

애플은 2005년 1월 iPod Shuffle을 발표하였다. 액정 화면을 없애고 모든 기능을 최소화하여 무게가 22g에 불과하고 휴대가 간편하여 운동할 때 사용하기 좋은 제품이었다. 선곡기능 없이 iTunes가 자동으로 선곡하고 음악을 재생할 때도 임의로 재생한다는 의미로 Shuffle이라고 이름을 가졌다. 이렇게 모든 기능을 최소화하고 소형화하기 위해서 HDD를 사용하지 않고 Flash Memory를 채용하였다. 시장에 등장하자마자 기존에 이미 형성되어 있는 Player 시장을 장악하기 시작하였다. 이보다 1년 앞선 2004년 2월 IPod Mini를 시장에 도입하여 선풍적인 인기를 받고 있었는데 약 1천 곡을 수록할 수 있는 HDD가 사용되고 있었다.

그런 이 제품을 2005년 7월에 단종을 하고 2005년 9월에 NAND Flash를 채용한 iPod Nano 제품을 출시한 것이었다. 애플 입장에서는 제품을 디자인하고 설계할 때 HDD보다 NAND Flash를 사용함으로써 두께도 얇아지고 유연성을 많이 확보할 수 있었다.

한편, 삼성 입장에서는 공급 과잉이 예상되는 상황에서 새로운 수요를 창출해 낸 것이었다. 애플은 통상 제품을 만들면 몇 만개 단위로 만드는 것이 아니라 몇 천 만개 단위로 만들기 때문에 엄청난 수요의 확대가 가능하였고 또한 후발업체들도 애플을 따라 하는 경향이 있기 때문에 추가 수요 창출도 가능하였다. 이 같은 현상은 현실로 나타나 출시된 지 17일 만에 백만 대를 판매하였고 2005년 3월 iPod 전체 누적 판매량 1천5백 만대에서 2006년 1월까지 전체 누적 판매량이 4천2백 만대로 증가하여 iPod 도입 이후 약 1년 사이의 판매 증가분이 2천7백 만대로 대폭 늘었음을 알 수 있다. 2001년 도입 이후 2005년

3월까지 약 4년간 누적으로 판매한 양보다 Nano 도입 이후 1년간 판매한 양이 더 많아진 것이었다.

당시 일부에서는 비싼 Flash Memory를 채용하고서도 iPod Nano 시장 가격이 저가로 책정된 것에 대해서 삼성에서 특별한 가격을 책정한 것이 아니냐는 의문이 제기되기도 하였다. 하지만 대량 생산에 따른 경험곡선과 원가 절감을 고려하면 일부 대량 구매에 따른 판가 Discount는 어느 정도 업계의 관행으로 볼 수 있다.

여기에서 우리는 마케팅에서의 전략적 제휴 사례를 볼 수 있다. 삼성 입장에서는 비싼 가격의 고급 품질인 Flash Memory의 공급 과잉을 걱정하고 있고 애플 입장에서는 iPod 판매 확대를 고민하고 있었는데 두 업체를 동시에 만족시키는 해결방안이 만들어진 것이기 때문이다. 삼성은 이렇게 함으로써 도시바와 인텔을 누르고 명실상부한 Flash Memory 업계의 강자로서 위치를 확고히 할 수 있었다. 또한, 애플은 1세대 도입 이후 2017년까지 11년 동안 7세대의 iPod Nano를 도입함으로써 스티브 잡스 복귀 이후 도약할 수 있는 발판을 마련할 수 있었다.

여기에서 특이한 점은 대만 Foxconn이라는 업체에 OEM 생산을 하도록 하였다는 것이다. 애플은 알려진 바와 같이 자체적으로 생산을 추진하지 않는다. 개발과 디자인, 구매만 애플이 자체적으로 직접 수행하고 생산은 OEM 방식으로 추진한다. 하지만 대부분의 업체가 여러 개의 OEM 업체를 활용하는 데 비해 애플은 주로 하나 또는 두 개의 OEM 업체만을 선정하여 생산을 추진한다.

이렇게 애플은 2001년 이후 Classic, Mini, Nano, Shuffle, Touch 등 다양한 Line-up을 도입하여 2017년까지 3억 9천만 대를 판매한 것으로 알려졌다. 시기별로 다양한 제품 라인업을 도입함으로써 휴대용 Music Player 시장을 주도해 왔다고 볼 수 있다.

애플은 1976년 스티브 잡스, 워즈니악, 웨인 등 3명에 의해 설립되었다. 당시 워즈니악이 설계한 기본 Motherboard만 판매하였기 때문에 구매자가 키보드, 모니터, 케이스 같은 것들을 별도로 구매했어야 하였다. 이 제품이 어느 정도 성공을 거두자 1977년 Apple II를 도입하여 애플의 이름을 알리게 되었다.

1979년 애플 주식 10만 주의 옵션을 제공하는 대가로 Xerox 연구소를 방문한 잡스는 마우스와 그래픽 User Interface의 효용성을 알아보고 이를 애플 컴퓨터에도 적용하기로 하였다. 이를 바탕으로 Hi-end인 리자 컴퓨터와 Low-end인 맥킨토시 컴퓨터를 개발하게 되었는데 리자가 먼저 도입되었지만, 비싼 가격과 소프트웨어 부족으로 실패하게 되었다. 1984년 맥킨토시를 시장에 늦게 내놓으면서 이때 제작한 광고는 조지 오웰의 소설 1984 컨셉에 맞추어 컴퓨터에 신세계가 열린다는 내용을 담고 있어 이후에 유명한 광고 중의 하나가 되었다. 하지만 다른 컴퓨터와 차이가 없다고 느낀 소비자들의 맥킨토시 초기 선호도는 좋지 못하였지만 1985년 LaserWriter (Laser Printer)와 PageMaker가 (그래픽 활용한 문서 작성 시스템) 도입되면서 상황이 바뀌기 시작하였다. 이전 컴퓨터에서는 그래픽 문서를 만들거나 프린트할 수 없었던 것에 반해서 맥킨토시 컴퓨터에서는 이 것이 가능하게 되어 특히 출판업계에서 인기를 얻기 시작하였다.

스티브 잡스가 그래픽에 집착하는 이유는 2005년 스탠포드 졸업식에서 그가 한 연설에 어느 정도 나와 있다. 어릴 때 대학을 다니게 해야 한다는 조건으로 양부모에게 입양된 잡스는 등록금이 비싼 Reed 대학에 입학하게 되었지만, 그 의미를 찾지 못하고 6개월 만에 스스로 자퇴하였다. 자퇴를 한 이후에는 관심이 가던 서체 (Calligraphy) 강의를 도강하게 되었고 과학이 아닌 예술, 그리고 역사적인 의미에서의 서체에 대해서 집중적으로 공부하게 되었다. 그렇게 공부한 서체를 맥킨토시 컴퓨터에 반영하여 다양한 서체를 제공한 것이었다. 물론 단순한 컴퓨터 서체만을 제공하던 다른 컴퓨터에 비해 다양한 서체를 제공하던 애플에 일반 소비자들은 물론 전문가들도 매료되기 시작하였고 추후 윈도우도 애플을 따라 다양한 서체를 제공하기 시작하면서 일반화되었다.

1983년 잡스는 마케팅의 필요성을 절감하게 되었다. 그래서 당시 눈을 가리고 더 맛이 좋은 콜라를 골라내는 블라인드 테스트로 펩시콜라의 시장 점유율을 끌어 올린 인물로 유명한 펩시콜라의 사장, 스컬리 (Sculley)를 직접 면담하였다. "앞으로 남은 일생 동안 설탕 물이나 팔 것이냐, 아니면 나랑 같이 일하면서 세상을 바꿀 것인가를 결정해라" 라고 하는 유명한 일화를 남기면서 스컬리를 애플의 사장으로 모시게 되었다. 이 둘은 초기 몇 년간은 우호적인 관계를 유지했지만, 실패한 리자 컴퓨터의 재고 처리 때문에 관계가 소원해지기 시작하여 스컬리는 스컬리의 편을 드는 이사회를 움직여 잡스를 애플에서 쫓아내었다. 자기가 만든 회사에서 쫓겨 난 잡스는 그 해 NeXT 컴퓨터를 설립하고 다음 해인 1986년 토이 스토리로 유명한 애니메이션 회사인 Pixar를 설립하였다.

한편, 이 기간 중에 미국 컴퓨터 시장은 IBM Clones 들이 도입되면서 저가이면서도 맥킨토시와 비슷한 기능을 수행하는 컴퓨터들이 도입되기 시작하였다. 독점적이었던 애플의 고급 컴퓨터 시장이 잠식되기 시작하자 애플도 저가형 컴퓨터를 도입하여 1989년부터 1991년까지 맥킨토시 전성기를 만들어 내는 등 성공가도를 달리는 것처럼 보였다. 한편, 애플의 그래픽 User Interface를 마이크로 소프트의 운용 시스템인 Windows에 사용하도록 허가를 해 주지 않으면 Microsoft Office를 맥킨토시에 사용할 수 없다는 조건을 내세운 마이크로 소프트는 애플과 라이선스 계약을 체결하게 되었다.

그래픽 User Interface를 채용한 Windows 컴퓨터의 공급이 더 늘어나게 되자 애플도 저가형 컴퓨터를 도입하였다. 하지만 이런 전략으로 애플의 고급형 컴퓨터 판매를 스스로 잠식하게 되었고 또 이것을 만회하기 위해서 다양한 브랜드를 도입하였지만, 차이를 인식하지 못한 소비자들의 혼란만 가중되었다. 여기에 추가하여 디지털카메라, CD player 등 새로운 제품군도 도입하였지만, 어느 것도 성공하지 못하였다.

상황이 이렇게 되고 1993년 개인용 컴퓨터 시장이 악화되자 이사회는 스컬리를 물러나게 하였다. 두 명의 후임자가 추진한 여러 가지 노력에도 불구하고 애플의 실적은 개선되지 않자 결국 NeXT 컴퓨터를 사들여 개선하자고 결정하였다. 결국, NeXT 컴퓨터와 함께 돌아온 스티브 잡스는 1997년 2월 자문역으로, 그리고 5개월 후인 7월 사장으로 임명되어 디자인 전문가였던 Jonathan Ive와 함께 애플을 재건하기 시작하였다. 그는 돌아오자마자 많은 혼선을 주었던 제품 라인업을 간단하게 정리하였다.

데스크 탑 컴퓨터와 노트북 컴퓨터에서 각각 전문가용 라인업만 남겨 놓고 나머지는 모두 없애 버렸다. 그리고 다음 해인 1998년 일반 사용자용으로 개발된 일체형 컴퓨터인 iMac을 도입하여 단순한 디자인 위주의 애플 브랜드를 다시 살리기 시작하였고 이듬해인 1999년 역시 일반 사용자용으로 개발된 노트북인 iBook을 도입하여 전문가용인 PowerBook과 대비되도록 하였다. 이렇게 해서 복잡하였던 컴퓨터 제품군을 데스크탑과 노트북, 그리고 전문가용과 일반 사용자용으로 구분한 4가지의 제품만을 남기고 나머지는 없애 버렸다.

여기에서 애플의 전략을 확실하게 볼 수 있다. 컴퓨터는 기술적인 제품인데도 불구하고 소프트웨어에서는 서체, 그리고 하드웨어에서는 디자인을 중시한다는 점에서 알 수 있듯이 다른 회사 제품과의 차별화를 추구하는 디자인 우선 전략을 중시하였다. 그리고 이런 전략은 이후 도입되는 모든 제품에서도 그대로 적용되었다.

또 하나 모든 소비자들을 대상으로 한 다양한 제품을 구비하는 것이 아니라 타겟으로 하는 시장을 대상으로 한 개의 제품만 도입하는 상품기획을 추진하였다. 이런 상품기획은 iPhone에서 아주 극명하게 드러나고 있다.

이렇게 성공에 목이 마른 애플 입장에서 2001년 IPod Classic에 이어 2005년에 도입한 iPod Nano는 애플에 돌아온 잡스와 애플의 명성을 다시 되살린 회심의 역작이 되었던 것이었다.

한편, 휴대전화에서도 거센 디지털의 바람이 불고 있었다. 휴대폰 분야에서의 1세대 (1G, Generation) 통신이라고 불리는 아날로그 통신은 1980년대 도입되어 사용되기 시작하였는데 라디오 전파를 사용해서 음성을 송신하고 수신하는 방식이었다. 라디오 전파를 사용할 때 여러 사람이 이용하는 것을 감안하여 주파수 대역을 여러 개로 나누고 (FDMA, Frequency-Division Multiple Access) 개개의 주파수를 하나의 통화에 할당하는 방식으로 운영하였다. 이 방식에서의 가장 큰 문제는 주파수 간 혼선과 잡음이 생길 수 있다는 점이었다.

2세대 통신, 디지털 통신은 음성이나 데이터를 디지털화로 전환해서 송신하고 수신하는 것이었다. 앞에서 설명한 바와 같이 음성이나 비디오, 데이터 등을 디지털로 전환하여 1과 0의 bits로 표현하는 것이 디지털화라고 할 수 있다. 그런데 이 디지털 데이터를 송신, 수신하는 방식에 따라 유럽방식 GSM (Global System for Mobile Communication)과 미국방식 CDMA (Code Division Multiple Access)으로 나누어져 개발되었다. 먼저, 유럽에서 개발된 GSM에서는 기본적으로 FDMA 방식을 사용한다. 하지만 한 주파수의 사용권을 한 개인에게만 주는 것이 아니라 여러 사람에게 일정한 시간만큼 배분하여 돌아가면서 사용하도록 하고 있어 TDMA (Time Division Multiple Access) 방식으로 불리고 있다. 예를 들어 한 주파수를 콜1 → 콜2 → 콜3 → 콜1처럼 번갈아 가면서 사용하도록 시간을 배분하는 방식이라고 볼 수 있다. 이렇게 하면 디지털 처리된 데이터는 다른 사용자의 데이터와 혼선을 빚을 이유가 없어지게 된다. 하지만 시간을 배정받은 사용자가 데이터를 송신, 수신하지 않을 경우 주파수를 낭비할 수도 있다는 단점이 있게 된다.

반면 미국 방식인 CDMA 방식은 이와 다르게 디지털 데이터를 잘게 여러 개로 쪼개고 꼬리표를 부착해서 전체 주파수에 실어 보내고 그것을 받는 쪽에서는 꼬리표를 근거로 해서 재조합하는 방식으로 운영하여 CDMA (Code Division Multiple Access)라고 부르고 있다. 꼬리표를 만들고 유지하기 위해서는 조금 더 많은 데이터 처리 과정을 거쳐야 하지만 주어진 주파수를 최대한 활용한다는 측면에서는 훨씬 효율적이라고 할 수 있다. 초기 디지털 통신 개발에서는 유럽이 앞서서 진행하였다.

1987년 유럽의 4개 국가들이 모여 규격을 만들었고 유럽의 대부분 국가와 산업들은 이들 규격을 수용하였다. 1991년 핀란드 수상은 최초의 GSM 방식을 활용한 전화 통화를 하였으며 이듬해인 1992년 간단한 문자 메시지를 주고받을 수 있게 되었고 1995년에는 팩스, 데이터까지 주고받을 수 있는 상업용 시스템이 도입되어 1998년에는 사용자가 전 세계적으로 1억 명에 달하게 되었다.

반면에 CDMA 방식은 1995년 민간 기업인 미국 퀄컴에 (Qualcomm) 의해서 개발된 2세대 디지털 통신 방식으로 cdmaOne으로 특허가 등록되었다

(IS-95, Interim Standard). 상황이 이렇게 되자 GSM 방식으로 기기를 개발하고 제작하는 것이 비용적으로 유리하게 되어 전 세계적으로 GSM 사용자가 CDMA 사용자보다 많게 되었지만, 미국과 한국에서는 CDMA 방식을 사용하게 되었다.

미국의 통신사들이 1995~1996년 아날로그에서 디지털로 전환하는 과정에서 품질과 전체 통화 능력 측면에서 새롭게 등장한 CDMA 방식을 선호하게 되면서 자연스럽게 GSM보다는 CDMA 방식으로 흘러가게 되었지만 전 세계적으로 볼 때 GSM 방식이 대세를 이루고 있었다.

2세대 디지털 통신으로의 변화가 이루어지고 있던 시점에서 세계 1위였던 모토로라는 대비를 못 해 밀리고 있던 반면 노키아가 세계 1위로 떠오르고 있었다. 모토로라의 시장 점유율은 1997년 23.5% → 1998년 19.5%로 축소되는 반면 노키아의 점유율은 19.1% → 22.5%로 확대되어 1998년 노키아가 처음으로 세계 1위가 되었다. 모토로라는 1996년 전 세계적인 히트 상품이었던 StarTAC을 6천만 대 판매하였으나 그 이후 뚜렷한 제품을 선보이지 못하였다. 노키아는 1999년 Nokia 3210을 1억5천만 대, 2000년 Nokia 3310을 1억3천만 대를 판매하여 다른 기업들과는 차원이 다른 판매 실적을 보여 주었다.

한편, 삼성전자는 1996년 퀄컴과 손을 잡고 세계 최초로 CDMA 기술 상용화에 성공하였다. 이 상용화를 바탕으로 해외 시장 개척에 힘을 쏟은 삼성전자는 1996년 16만대 수출에서 1997년 76만대, 1998년 240만대로 대폭 증가하였지만 시장 점유율은 2.7%에 불과하였으나 1999년 GSM 방식의 휴대전화 SGH-600은 960만대가 팔려 삼성전자도 할 수 있다는 자신감을 얻은 첫 번째 모델이 되었다. 2002년 세계 시장 수요는 4억 3천만 대에서 23% 성장하여 2003년 5억 3천만 대로 처음으로 5억 대를 넘어섰다. 이 같은 성장은 아시아와 동유럽에서 신규로 가입하는 소비자와 선진국가 소비자들의 기존 휴대폰을 바꾸려는 수요가 결합되어 가능하게 되었다. 휴대폰뿐만 아니라 여러 가지 기능이 결합된 초기 스마트폰 수요도 2002년 대비 약 200% 수준으로 늘어나고 있었다.

2002년 노키아는 1천5백만 대를 판매한 제품을 다수 확보하였고 2003년에는 무려 2억 5천만 대를 판매한 Nokia 1100을 포함하여 5천만 대를 판매한 Nokia 3100, 3천만 대를 판매한 Nokia 3200을 출시하였다. 삼성은 2002년 역사상 처음으로 1천2백만 대를 판매하는 SGH-T100을 출시하였다. 이건희 회장이 디자인에 관여했다고 하여 일명 이건희폰이라고 불렸으며 이로 인해서 전 세계 3위로 올라섰다. 삼성전자 LCD 사업부에서 제작한 컬러 LCD를 세계 최초로 적용하여 선풍적인 인기를 얻었다. 2003년에는 휴대전화계의 벤츠로 불린 SGH-E700을 출시하여 1천5백만 대를 판매하여 본격적인 텐밀리언 시대를 열어나갔다.

반면에, 노키아의 강세 추세는 2004년에도 계속되어 Nokia 2600 계열은 1억 4천만대, Nokia 6010 계열은 7천5백만 대, Nokia 6230계열은 5천만 대, 기타 3천5백만 대를 판매한 두 개 모델과 1천5백만 대를 판매한 5개 모델 등 그야말로 노키아 세상이 되었다. 한편, 침묵을 지키던 모토로라도 RAZR V3 모델을 도입하여 1억 3천만 대를 판매하여 다시 경쟁에 참여하는 듯 하였다. 한편, 삼성은 SGH-D500을 1천2백만 대를 판매하여 텐밀리언 시대를 이어가고 있었다. 모토로라의 V3 모델은 2004년에 도입된 가장 얇은 휴대폰으로서 혁신적인 디자인을 적용하여 도입 때부터 소비자들에게서 많은 인기를 받았었다.

2005년 ~ 2006년에는 노키아는 2억 5천만 대를 판매한 Nokia 1110과 1억 3천만 대를 판매한 Nokia 1600, 그리고 5천만 대 이상을 판매한 두 개 모델, 4천5백만 대를 판매한 두 개 모델, 1천5백만 대 이상을 판매한 모델만 10개 이상의 모델 등 타의 추종을 불허하게 하였다. 모토로라도 6천만 대를 판매한 Motorola C139/C200 모델, 그리고 1천5백만 대 이상을 판매한 모델 6개 등 호실적을 이어 갔으나 2007년 이후에는 더 이상 천만 대 이상 판매한 제품의 도입이 없었다.

앞에서 설명한 바와 같이 노키아의 판매는 상상을 초월할 수준이었다. 2억 5천만 대를 판매한 모델만도 2개씩이나 되었고 1억 대 이상을 판매한 모델도 5개씩이나 될 정도였으니 감히 그 누구도 노키아의 아성을 무너뜨리려고 할 수가 없는 상황이었다.

반면, 모토로라의 경우는 점유율은 15% 수준까지 추락하다가 2004년 RAZR 모델을 도입하면서 2006년까지 유지하였으나 2007년 이후에는 대형 판매의 흔적을 찾을 수 없는 상황이었다. 이에 반해, 삼성은 1998년 이후 1천만 대 이상 판매한 모델을 꾸준하게 늘려나가고 있었다. 그렇다면, 모토로라를 제치고 세계 1위에 오른 노키아의 전략은 무엇이었을까?

우선 모토로라가 무너진 이유는 여러 가지를 들 수 있다. 첫째, 디지털로 변화되고 있는 Trends를 보지 못하였다. 노키아가 디지털 휴대폰으로 무장하고 있는데도 불구하고 이에 대응할 수 있는 제품군이 없었다. 1996년 도입한 StarTAC은 아날로그로 휴대폰으로 개발되어 디자인과 작은 사이즈 때문에 6천만 대나 팔리는 성공을 거두었다. 물론 후속 제품으로 디지털로도 개발되었지만, 이후 1997년 이후 2000년대 초반까지 디지털 휴대폰에서의 명성은 거의 없었다. 이런 추세를 따라잡기 위해서 2004년 RAZR 모델을 도입하여 1억 3천만 대를 파는 등 선전하고 2005년 ~ 2006년 사이에 1천 5백만 대를 파는 모델을 추가로 도입하였으나 2007년부터 시작된 스마트폰 Trends를 또 따라 잡지 못하면서 영원히 뒤처지게 되었다.

둘째, 사업 구조의 비효율성이 문제였다. 지역별 특색에 맞는 제품을 개발, 생산, 판매하다 보니 너무 많은 다른 모델이 필요하였고 이렇게 하기 위해 조직을 너무 방대하게 운영하였다.

세째, 이 비효율을 해결하기 위해 전문회사의 인수를 통한 플랫폼 통합을 추진하였는데 통합에 실패하고 플랫폼 개발 속도도 지연되는 등 성과가 예상에 못 미치면서 비용 절감과 시너지 효과가 전혀 없었다고 보여진다. 이렇게 상황이 어렵게 되자 2011년 1월에 모토로라는 2개의 회사로 분리되어 이 중 휴대폰 사업은 Motorola Mobility에서 추진하게 되었다. 하지만 몇 개월 후인 2011년 8월 구글이 Motorola Mobility를 125억 불에 인수하였지만, 경영이 어려워지자 2014년 다시 컴퓨터 사업을 주로 하던 중국 기업 레노버에 35억 불에 매각하였다. 이렇게 하여 100년의 역사를 자랑하던 세계적인 기업이 역사 속으로 사라져 갔다.

수십 년간 세계 1위를 하면서 세계 통신시장의 대부였으며 1986년 식스 시그마 등 첨단기법을 개발하여 GE에 전수까지 하였던 모토로라이었지만 1998년 1위 자리를 노키아에 내주고 2011년 구글에 인수되면서 사라져 간 것이었다. 그야말로 총성 없는 전쟁이라는 표현이 맞는 사례로 볼 수 있다.

반면, 노키아는 어떻게 성공했을까? 노키아는 1992년 새로 사장으로 취임한 올릴라가 구조조정을 단행하면서 이동통신 및 멀티미디어 제품에 집중하는 구조로 탈바꿈하기 시작하였다. 유럽에는 다양한 국가의 존재 때문에 일찍부터 통신 표준화의 필요성을 인식하고 있었다. 1982년부터 디지털 통신규격을 담당할 실무그룹을 발족하였고 결과적으로 1991년에 유럽 통신규격인 GSM을 도입하였다. 노키아는 이 통신규격의 설정에도 많은 관여를 하였기 때문에 자연스럽게 기술적 우위를 갖게 되었으며 또한, 세계 시장에서 큰 비중을 차지하고 있던 유럽 시장을 발판으로 1998년 휴대통신에서 모토로라를 제치고 처음으로 세계 1위가 되었다.

GSM 통신 규격은 유럽 국가들이 정한 규격으로 특허 측면에서 자유로웠지만 미국 방식인 CDMA는 퀄컴이라는 기업이 특허를 갖고 있어 특허에 부담이 있었다. 이런 점 때문에 유럽의 시장과 아시아, 아프리카 등 신흥 시장들은 GSM 방식을 선호하였고 노키아는 이런 점을 감안하여 이들 신흥 시장들을 집중적으로 공략하였다. 노키아는 주도권을 갖고 있는 유럽 시장과 이들 신흥 시장들을 집중 공략하여 시장 점유율 측면에서 압도적인 차이가 있었다.

휴대폰 5대 업체 중 2위 업체인 모토로라의 시장 점유율이 15%이었던데 비해 노키아의 시장 점유율은 거의 40% 수준이었다. 이렇게 시장 점유율을 높일 수 있었던 이유는 이들 신흥시장을 대상으로 한 저가폰 개발과 판매에 집중하였기 때문이었다. 노키아의 평균 판매가격은 (ASP, Average selling Price) 휴대폰 5대 업체 중 가장 낮은 수준을 유지하면서 가격 경쟁력 측면에서 압도적인 우위를 유지하고 있었다. 하지만 이렇게 낮은 가격에도 불구하고 5대 업체 중 영업이익률은 가장 높은 수준을 유지하였다. 대부분의 업체가 10% 수준의 이익률을 보이고 있지만, 노키아는 20% 대의 이익율을 확보하고 있어 타의 추종을 불허하고 있었다.

어떻게 이런 현상이 가능했을까? 시장 점유율은 경쟁사 대비 2배, 평균 판매 가격은 절반 이하, 영업이익률은 2배 수준, 시장 경제에서 최선의 경영을 하고 있는 유일무이한 사례로 볼 수 있을 것이다. 우선, 1992년에 통신사업에 강하였던 올릴라 사장은 취임하자마자 미래 성장분야인 이동 통신사업에 집중할 목적으로 구조조정을 추진하였다. 특히, 세계적인 수요가 많은 GSM 통신규격에 1980년대부터 주도적으로 참여함으로써 기술적인 주도권을 잡아 특허에 대한 부담을 줄일 수 있었다.

그리고 유럽 및 전 세계를 대상으로 판매하는 제품에 대한 플랫폼 전략을 도입하였다. 우선 소프트웨어 측면에서 보면 1999년 중급형 휴대폰을 위한 운영체제인 Nokia S40을, 2000년 기업인들과 전문가들을 위한 운영체제인 Nokia S80을 (심비안, Symbian OS 활용), 2002년 스마트폰을 위한 Nokia S60을 (심비안 OS 활용), 2003년 초급용 휴대폰을 위한 운영체제인 Nokia S30을 도입하여 크게 4가지 운영체제로 휴대폰을 제작하였다.

이 중에서 S30과 S40은 중저가형으로 자체적인 운영체제를 적용하였고 S60과 S80은 여러 업체가 모여서 만든 심비안 OS를 활용하여 적용하였다. 다음 하드웨어 측면에서 플랫폼 전략을 보면 표준화된 하드웨어 기준으로 (MIPI, Mobile Industry Processor Interface) 핵심 부품의 표준화 및 공용화를 추진하여 기본 플랫폼을 형성하고 지역별 문화 또는 규정을 감안한 외부 디자인 변경 등을 추진하여 효율성을 높였다. 플랫폼 전략을 추진하게 되면 개별 제품 개발 때보다는 시간이 더 필요하고 또한 개발 비용도 추가적으로 발생하지만 일단 성공한 다음에는 핵심 플랫폼을 변경하지 않고 외관만 바꾸더라도 제품 전체를 바꾼 것 같은 이미지를 제공할 수 있어 효과적으로 볼 수 있다.

특히, 이런 전략을 신흥시장 개척에 활용하여 브랜드와 가격을 중요시한 제품을 개발하였다. 이런 결과로 노키아의 플랫폼당 출하량은 경쟁사에 비해 압도적으로 높아 효율성의 차이를 볼 수 있다. 여기에 추가적으로 플랫폼당 출하량이 높다는 것은 동일한 부품을 그만큼 많이 구매하는 것으로 볼 수 있어 이에 따른 부품의 대량 구매 디스카운트를 요구할 수 있는 장점도 있다. 노키아는 한 모델의 판매를 1억 대 이상 한 경우가 많은 기업이다. 심지어 Nokia

1110 같은 모델은 전 세계적으로 2억 5천만 대나 판매되었다. 구매와 생산, 그리고 판매까지의 모든 과정을 제대로 관리하기 위한 공급망 관리, 그리고 구매관리가 세계 최고 수준이라는 표현을 들을 수밖에 없었다.

그리고 이 과정, 특히 부품의 구매에서 얻을 수 있는 볼륨 디스카운트와 생산과정에서 얻을 수 있는 비용절감 등을 감안하면 원가 경쟁력의 차이를 짐작할 수 있다. 이런 전략을 추진하여 노키아의 경쟁력은 경쟁업체로서는 달성하기가 불가능한 수준이었다. 시장 점유율은 두 배 수준, 평균 판가는 절반 수준, 영업이익률은 두 배 수준 노키아 시대는 이렇게 계속될 수밖에 없어 보였다.

그런 노키아의 앞날에 먹구름이 끼어들고 있었다. 그 먹구름은 소프트웨어 운영체제인 플랫폼을 통일하려고 하였던 심비안에서 발생하고 있었다. 심비안은 소프트웨어 개발자와 에릭슨, 모토로라, 노키아 등 휴대폰 제조회사들이 합작으로 1998년 설립한 이후 PDA용 및 스마트폰 용 운영체제를 개발하여 판매하였다. 2000년 초에는 아직 팜이나 애플, 윈도우, 안드로이드 같은 운영체제들이 탄생하기 이전이거나 또는 미미한 상태로 운영되고 있어 삼성과 노키아를 포함한 대부분의 휴대폰 업체들이 사용하고 있어 2006년 전 세계 시장 점유율이 67%에 달하기도 하였다.

한편, 2008년 노키아는 심비안을 인수하여 심비안 재단을 설립하여 자유롭게 사용할 수 있는 Mobile 운영체제를 만들어 공급할 계획을 추진하였으나 2010년 해체되었다.

03

선진기업으로 도약: 디지털 추세를 타고

한편, 앞에서도 설명한 바와 같이 Y2K에서 발생한 심각한 불황은 반도체뿐만 아니라 디스플레이인 LCD에도 있었다. 반도체에서 이 불황을 극복한 것이 새로운 시장을 개척한 마케팅 전략이라고 하였는데 LCD에서도 새로운 시장을 개척하고자 하는 마케팅의 노력이 있었다.

1990년대 말과 2000년 초반만 하더라고 LCD는 크기를 키우는데 생산 기술적인 어려움이 있어서 15"까지가 한계로 여겨졌고 따라서 고가였기 때문에 고급형 노트북에서만 사용하고 있었다. 한편, 데스크탑 PC에서는 CRT를 사용한 커다란 모니터가 사용되고 있었는데 이것을 LCD 모니터로 전환하고자 하는 노력이 업계에서 진행되고 있었다. 당시 CRT 모니터는 CRT TV와 동일한 원리로 작동하였는데 부피가 크고 해상도에서 한계가 있었지만, 원가 경쟁력 때문에 널리 사용되고 있었다.

이렇게 어려운 상황에서 새로운 시장을 개척하는데 필수적으로 필요한 전략적 제휴선은 미국 시장에서 Direct 판매방식으로 무섭게 성장하고 있던 Dell 컴퓨터였다. 노트북 LCD 시장에서 성장을 견인한 제휴선이 도시바였다면 이번 모니터 LCD 시장에서의 전략적 제휴선은 Dell 컴퓨터가 되었다. 1999년 10월, 삼성전자와 델 컴퓨터는 2억 불의 외자 유치와 더불어 5년간 85억 불 규모의 LCD를 공급하는 계약을 체결하였다. 외자 유치를 통해서 모니터 신규라인 건설에 필요한 자금 일부를 확보하였고 무엇보다도 신규라인에서 나오는 물량을 소화할 수 있는 거래선의 확보였다.

노트북 LCD와 마찬가지로 모니터 LCD에서도 표준화 전쟁이 진행되고 있었다. 당시 삼성은 15" → 17" → 19" → 21"로 이어지는 라인업을 추진하고 있는 반면 경쟁사는 15" → 18" → 20"로 추진하고 있었는데 델과의 전략적 제휴로 이 전쟁에서 유리한 위치를 차지하게 되었다. Y2K 불황에서도 새로운 시장을 개척하고 거래선과의 전략적 제휴를 추진하여 자금을 끌어들이고 신규 투자를 추진한 한국은 LCD 산업의 새로운 강자로 등장하고 있었다.

앞에서도 설명한 바와 같이 LCD 산업은 일본에서 상용화가 시작되었다. 초기 시장 점유율 측면에서 일본의 지배력은 압도적이었지만 1998년 IMF를 거치는 기간에 삼성과 LG 등 한국 기업들은 투자를 추진한 반면 공동체적인 의사결정 구조를 가지고 있던 일본 LCD 산업은 투자를 주저하게 되었다. 시장이 어려운데 투자를 추진하기 위한 강력한 리더십이 없었다고 보는 것이 맞을 것이다. 하지만 1999년 Y2K에 대비한 수요로 시장은 갑자기 엄청난 규모로 성장하였고 IMF 때 투자를 집행하였던 한국의 시장 점유율은 크게 늘어나게 되었고 또한, 엄청난 이익을 창출하게 되었다.

IT 산업에 있어 대부분의 OEM을 담당하고 있던 대만이 이런 시장의 확대 기회를 놓칠 이유가 없었고 2000년부터 6개 업체가 대거 시장에 참여하였다. 대만의 6개 업체가 동시에 생산하는 물량이 추가로 시장에 도입되고 대만업체의 시장 점유율이 한국과 비교될 만큼 급격하게 상승하게 되면서 Y2K의 허상이 무너진 2001년 시장은 엄청난 공급과잉에 시달리고 있었다. 이런 상황에서 새로운 시장인, 모니터 시장을 개척하고 또한 투자 자금을 끌어들여서 신규 라인을 건설하겠다는 계획을 수립하고 추진하였는데 이때 델이 전략적 제휴 및 협력관계로 등장한 것이었으니 삼성에게는 엄청난 힘이 되었다.

반면, 이때도 일본산업계는 투자를 추진하는데 주저주저하였다. 공급과잉 상황인데 과감히 투자를 추진하자는 얘기를 누구도 하기 어려웠기 때문이었다. 이 전략적 제휴로 삼성은 모니터 사업에서의 입지를 더욱 강화할 수 있었고 또, 하나 이때 확보한 모니터 생산라인을 활용하여 후에 엄청난 파장을 일으킬 40" LCD-TV 제품 개발에 성공하여 2001년 8월에 제품을 공개하기도 하였다. 당시 시장에서는 LCD로서 30" 이상은 불가능하다고 알려져 있었기 때문에 획기적으로 여겨졌다.

앞에서도 설명한 바와 같이 LCD의 원리는 화면에 얇은 필름 형태의 트랜지스터를 만드는 것이기 때문에 화면이 커질수록 화면 전체에 구현된 트랜지스터를 제대로 구동하는 것이 불가능하다고 여겨졌기 때문이었다. 불가능하다고 여겨졌던 반도체 집적뿐만 아니라 그 당시까지 볼 수 없었던 선명한 화면은 TV 업계에 충격을 주기에 충분하였다.

LCD TV의 구동원리는 모든 트랜지스터를 제대로 구동하는 것도 중요하지만, 두 개의 유리 사이에 들어 있는 액정(Liquid Crystal)을 빠르게 움직이게 하는 것도 필요하였다. 이를 반응속도라고 하는데 기존 액정의 반응속도는 30ms로 커서 축구경기에서 공이 날아가면 그 공이 날아가는 방향에 꼬리를 그리면서 날아가게 보였다. 이런 문제마저도 해결한 제품을 개발하였으니 일본 전문가들을 놀라게 하였다.

액정은 액체와 고체의 중간 특성을 가진 물체로서 고체인 상태에서 145.5도로 열을 가하면 탁한 액체 상태로 바뀌고 추가적으로 178.5도까지 열을 가하면 맑은 액체 상태로 변화한다는 사실을 발견하였다. 특이하게도, 이 액정은 액체 상태에서도 고체처럼 다소 규칙적인 분자 구조를 가지고 있다는 사실을 발견하였고 추가적으로 전기에 의해서 발생하는 전기장의 변화에 따라 분자 구조의 배열상태가 바뀌는 특성도 발견하게 되었다. 기본적으로 LCD는 두 개의 유리 기판에 있는 편광필름을 서로 90도로 엇갈리게 설치하고 이 사이에 액정을 주입하여 채우게 되어 있다. 두 개의 유리 기판 사이의 두께는 4㎛로 아주 얇으며 이 사이에 액정을 집어넣고 전기를 사용하여 액정의 분자 배열상태를 조정할 수 있었다.

이때 전기를 걸어 주면 (ON 상태) 이 유리 기판 사이에 있는 모든 액정들의 분자 구조가 일어서게 되는데 여기에 빛을 쏘여 주게 되면 이 액정 분자를 따라서 빛이 움직이게 되지만 편광판이 90도로 엇갈려 있어서 최종적으로는 빛이 통과할 수 없게 되어있다. 하지만 전기를 끊어 버리면 (OFF 상태) 이 기판 사이에 있는 액정 분자 중 밑에 있는 액정 분자는 밑에 있는 편광판 방향을 따라서, 위에 있는 분자는 위에 있는 편광판 방향을 따라서 배열되지만, 중간에 있는 분자는 조금씩 뒤틀려서 있는 형태로 있게 된다. 여기에 빛을 쏘여 주게 되면 빛은 액정 분자를 따라서 서서히 뒤 틀려지고 최종적으로는 90도까지 엇갈리게 되어 빛을 통과시키게 되어 있다.

전기를 얼마나 가하느냐에 따라서 액정 분자의 배열상태를 조절할 수 있기 때문에 통과하는 빛의 양을 원하는 수준으로 조절할 수 있게 되어 있다. 문제는 이 변화를 얼마나 빠르게 컨트롤할 수 있느냐였는데 이 속도를 조절하는 방법을 찾아낸 것으로 획기적이라고 할 수 있었다. 여기에서 액정을 두 개의 유리 사이에 집어넣기 위한 공정도 문제였다. 40" LCD 유리 두 장 사이에 4㎛ 정도 미세간격을 두고 사방을 에폭시로 접착하여 봉한 다음에 작은 구멍을 뚫고 이 구멍을 액정에 담근 후 진공실에 넣어 압력을 가하여 액정이 모세관 현상 때문에 유리기판 사이에 밀려 들어가는 방법을 사용하였다. 작은 사이즈의 노트와 모니터와는 달리 40" TV에서는 이 공정에만 5일이 걸리는데 이것을 차질없이 수행한 것이었다.

5일 동안 액정을 주입하였는데 조금이라도 문제가 생기면 이 패널은 쓸모가 없어지게 되었다. 또한, 개발에 성공한 다음에는 양산에 성공할지의 문제가 별도로 남아 있었다. 예술 작품을 만드는 것이라면 하나씩 만드는데 5일이 소요되어도 상관이 없지만, 일반 소비자를 대상으로 판매하기에는 한 개당 5일이라는 공정시간은 비용적인 측면에서 심각한 문제로 남아 있었다. 더욱더 양산에 성공하더라도 경쟁제품인 PDP TV와의 한 판 대결이 남아 있었다. 당시에는 가격이 700 ~ 800만 원 대인 42" PDP TV가 대세로 인정받고 있었는데 여기에 LCD-TV 40"가 개발되었지만, 3천만 원 이상인 원가 경쟁력에서 차별화가 필요하였다.

2001년 개발 당시 평면 TV 시장에서의 절대 강자는 PDP TV였다. 앞에서도 설명한 바와 같이 LCD로는 32" 이상은 불가능하다는 것이 정설로 되어 있었기 때문에 PDP와 전쟁에서 이겨야만 하였다. 특히, 40" 이상 TV에서는 PDP만 생산이 가능한 것으로 알려져 있었다.

PDP는 2장의 얇은 유리 기판 사이에 바둑판과 같이 색깔이 칠해져 있는 셀을 배치하고 유리 기판 사이에 진공상태의 가스를 가득 채운 다음 인공적인 방전을 일으켜 여기에서 나오는 자외선이 R, G, B 색깔과 반응하여 나오는 색의 조합을 통하여 화소를 구성하는 원리도 작동하였다.

1927년 미국에서 흑백 PDP가 개발된 후 1964년 미국 일리노이 대학에서 현재와 같은 플라즈마 디스플레이를 개발하였고 상용화는 역시 일본업체인 후지쓰가 1991년 21", 1994년 40" 컬러 PDP를 개발하면서 대형 TV 사업을 시작하였다. LCD와 기술적 차이를 보면 우선 응답 속도에서 PDP는 방전하는 속도에 따라 화면이 움직이는 반면 LCD는 액정의 반응속도에 따라 화면이 움직이기 때문에 PDP가 앞섰다고 볼 수 있다. 화면의 밝기는 빛의 밝기를 조절할 수 있는 LCD가 훨씬 앞서서 화면이 훨씬 밝다는 이미지를 주었다.

소비전력 측면에서 보면 항상 방전을 해야 하는 PDP는 전략 소모가 많아 뜨겁게 느낄 수 있었지만. LCD는 반도체 구동이라 전력소모가 적었다. 하지만 가장 큰 문제는 번인 (Burn-In) 현상이라고 할 수 있었다. 유리 기판에 칠해져 있는 R, G, B 색깔은 자외선과 작용하여 색깔을 표시하게 되는데 화면이 움직이지 않고 정지상태에 있으면 동일한 색깔을 지속적으로 사용하여 색깔이 닳아 없어지는 현상이 나타나게 되어 있었다. 화면이 계속 움직이면 상관이 없지만, 일정하게 정지되어 있는 채널 숫자라든가, 방송사 이름 등은 어느 정도 시간이 지나면 색깔이 타 들어가는 현상이 발생하게 되어 있었다. 또한, 지속적인 방전을 해야 하기 때문에 전략 소비량이 높을 수밖에 없었고, 이는 열기로 나타나게 되어 있었다. 이 열기를 식히기 위해 별도의 냉각 팬을 작동해야 하기 때문에 이 팬으로 인한 소음도 있었다. 겨울에는 난방기구 대신에 PDP를 틀어 놓으면 히터를 대신할 수 있다는 표현이 있을 정도였다.

이런 약점들에도 불구하고 PDP를 사용할 수밖에 없었던 이유는 PDP가 유일하게 대형화할 수 있는 디스플레이이기 때문이었다. 이런 PDP는 역시 일본이 시장을 주도하였으나 2002년 이후 한국의 성장에 따라 2004년 비슷한 수준이 되었다. 일본에선 후지쓰, 마쓰시다, 파이어니어 등이 사업을 추진하고 있었고 한국에서는 삼성 SDI와 LG 전자가 사업을 추진하고 있었다.

특이한 점은, 한국 업체들은 그룹 내에서 LCD와 PDP를 모두 추진하면서 그룹 내부적인 경쟁체제를 유지하고 있었다는 점이었다. 대형 TV 시장이 어느 방향으로 갈지 모르는 상황에서 양쪽 사업을 모두 추진하면서 기술적 상황과 시장 상황을 고려하고 있었던 반면 일본 마쓰시다는 PDP 위주의 사업을 추진하고 있었던 점이 차이가 있었다.

앞에서 설명한 바와 같이 LCD 시장에서 일본업체들은 투자를 하지 않아 세계 시장에서 이름을 찾기 어려워졌고 대신 대만업체들이 이름을 올리기 시작하였다. 한편 PDP에서는 일본업체들의 점유율은 떨어지고 한국업체들의 점유율은 올랐으나 대만업체들은 IT에 집중하고 TV 산업에는 관심이 없었기 때문에 이름을 찾기 어려운 현상이 나타나고 있었다

또, 하나 특징적인 것은 삼성과 LG 모두 그룹 내에서 LCD와 PDP 사업을 추진하고 있었다는 점이었으나 일본업체들은 대부분 PDP 사업에만 집중하고 있었다는 점이었다. 마쓰시다는 (파나소닉) 소니와 함께 세계 TV 시장을 이끌고 있었으나 LCD는 포기하고 오로지 PDP에만 집중하고 있었고 소니의 경우는 부품사업에는 전혀 참여하고 있지 않았었다. 여기에 일본 TV 산업의 비극적인 면이 있었다는 점이 나중에 드러나기 시작하였다.

LCD TV와 PDP TV 수요를 비교하여 보면 대형 TV 산업에 있어 2005년까지는 PDP TV 수요가 절대적으로 앞서 있었으나 2006년에는 비슷해지고 2007년에는 LCD TV의 수요가 PDP 수요를 앞지르기 시작하는 것을 볼 수 있다. 이런 현상이 발생할 것을 예상하지 못한 마쓰시다는 PDP에 미래가 있다고 판단하여 기업 전체의 역량을 투입하였으나 실제 반대되는 현상이 나타나자 TV 사업에서의 명망을 잃어가기 시작하였다.

마이클 포터 교수의 경쟁우위 전략에서 산업경쟁을 유발하는 5가지 요소 중에서 대체가 가능한 산업이 있는지를 판단해야 하는데 이 부분을 완전히 무시함으로써 100년 전통의 마쓰시다가 역사 속으로 사라지게 된 것이다. 한편, 소니도 비슷한 상황에 있었으나 PDP와 LCD에 대한 판단을 결론 내지 못하였다가 2003년 삼성전자를 찾아와 LCD로 방향을 결정하기에 이르렀다.

소니는 TV의 소니였다. 이름 자체만으로도 선망과 부러움의 대상이었던 소니는 CRT 시대가 저물고 있으며 대형 TV는 LCD나 PDP 중 하나가 될 것으로 예상하였지만 이에 대한 투자 타이밍을 놓치게 되었다. 결국, 기술적으로 PDP보다는 LCD가 유리하다는 판단을 하였으나 자체 투자를 추진하지 않고 전략적 제휴선을 찾기 시작하였다. 샤프를 제외한 일본업체들은 대부분 PDP만

생산하고 있어서 제휴를 할 수 없었고 샤프는 일본 TV 시장에서 직접 경쟁 대상이라 제휴를 추진하기에는 어려운 상대였다. 결국, 소니는 LG와 필립스의 합작사였던 LG 필립스에서 30" LCD를 구매하여 소니 TV를 만들어서 판매하고 있었고 마쓰시다 및 기타 일본 TV 업체들은 LCD를 제조하지 않았기 때문에 삼성으로부터 32" LCD를 구매하여 구색 맞춤용 LCD TV를 만들어서 판매하고 있었다. 이렇게 삼성과 LG가 LCD 패널을 공급할 수 있었던 이유는 이 당시 30"급 패널을 생산할 수 있는 생산시설을 가지고 있었던 업체로서는 일본 샤프를 빼고는 이 두 업체가 유일했기 때문이었다.

LCD TV 시장을 키워야 했던 삼성이나 LG의 고민도 깊었다. 당시 양사가 보유하고 있던 5세대 생산설비로는 32", 40" 대형 패널을 생산하기 위해서는 비효율이 너무 컸다. 우선, 대형 TV를 만들기 위한 LCD 패널 공장을 짓기 위해서는 30억 불의 투자 자금이 필요하였다. 지금도 많은 돈이지만, 당시로서는 상상하기도 힘든 금액이었다. 투자 자금도 문제였지만, 40" LCD TV를 만들어서 판매할 때 패널을 1천 불, TV 판가를 3천 불로 예상하였다. 당시 26" CRT TV의 시장 판매가가 500~600불 정도에 형성되어 있었기 때문에 어떤 소비자를 타겟으로 할 것인가, 과연 팔 수 있느냐도 상당히 중요한 문제였다. 아무리 좋은 TV를 만들어도 팔 수 없다면 시작할 수도 없는 상황이었다.

투자 자금과 판매계획을 종합적으로 검토해서 투자에 대한 수익이 확보되어야 하는 문제도 있었다. 막대한 투자금액을 쓰고도 투자가 회수되지 않으면 사업부의 문제뿐만 아니라 삼성전자 자체의 문제가 될 수 있었다.

한편 개발 측면에서는 이미 2001년에 제품을 개발해서 시연해 보여 주었기 때문에 개발 능력은 이미 검증받았다. 하지만 하나의 TV를 만드는데 5일씩 걸린다면 양산성이 없다고 할 수 있다. 이 문제를 해결할 수 있는 설비가 있는지 확인해야 하고 설비가 없다면 설비를 새로 제작해야 한다. 문제는 설비가 엄청 큰 데다가 또한 반도체 공정인 만큼 엄청 섬세해야 한다는데 문제가 있다. 이런 핵심 설비를 만들 수 있는 회사는 일본의 캐논과 나이콘만 가능하였고 기타 설비들도 대부분 일본업체만 만들 수 있었다. 가로, 세로가 각각 약 2m

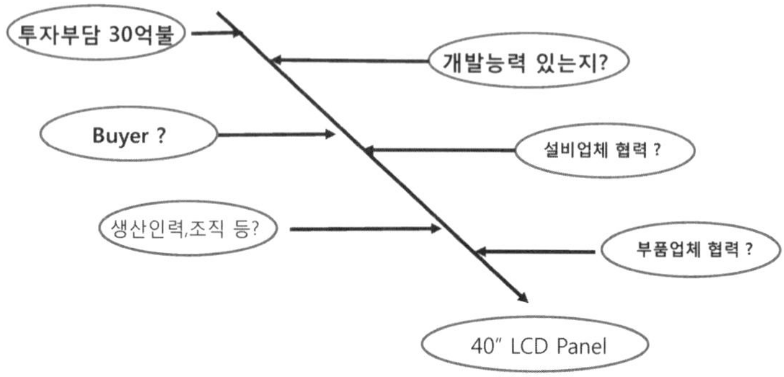

정도, 두께가 0.7mm인 대형 유리기판에 6백만 개의 반도체 트랜지스터가 들어가 있는 40" 또는 42"를 한 번에 8장씩 생산할 수 있는 핵심 설비와 0.7mm의 얇은 유리 기판을 흠집 없이 핸들링할 수 있는 설비를 확보할 수 있느냐는 것이었다.

부품도 문제였다. 기존의 LCD는 대부분 20"급으로 양산을 했다면, 지금은 두 배 이상 커진 40"급으로 만들어야 한다. 거기에 다가 TV는 기본적으로 6만 시간의 작동을 보장해야 하는 문제도 있다. 부품의 신뢰성이 확보되지 않으면 TV의 신뢰성도 확보할 수 없기 때문에 중요한 문제였는데 이런 부품을 만들 수 있는 회사도 일본 기업들뿐이었다.

이런 문제를 검토하고 있던 2003년, 우연찮게 소니가 찾아 왔다. 소니의 획기적인 제품이었던 플레이스테이션을 개발하고 생산, 판매를 담당하였던 구다라기 사장이 직접 찾아 왔던 것이었다. 이미 소니는 LG로부터 패널을 공급받고 있었기 때문에 방문 목적에 대해서 다소 의아해했었다. 그는 방문한 자리에서 그가 생각하는 차세대 TV에 대해서 설명하였다. "깜깜한 밤에 유유하게 흐르는 강물에 비치는 별빛을 선명하게 표현하고 싶다"라는 것이 그가 목표로 하는 TV였는데, 당시 CRT나 PDP로서는 구현이 어려웠었다. 이것을 구현하기 위해서는 삼성의 기술이 최선인 것 같으니 협력하자는 내용이었다.

그는 디스플레이 전문가였다. 이미 세상에 있는 기술, PDP, 그리고 이미 LG로부터 공급받고 있었던 LCD의 다른 기술 (IPS), 그리고 삼성이 보유하고 있던 LCD 기술 (PVA)등을 종합적으로 검토하고 있었고 삼성을 방문한 자리에서는 그것을 다시 한번 확인하고자 하였다. 그가 생각하고 있었던 내용을 확인하자 그는 전략적 협력을 제안하였다. 삼성으로서는 차세대 TV 기술을 확대하고자 하는 순간에 엄청난 행운이 들어 온 것이었다. 고민이 많았던 TV 시장 개척에 막강한 소니가 협력을 제안했으니 삼성의 경영진은 놀라지 않을 수 없었다. 당시 삼성의 상황도 쉽지는 않았었다.

모니터를 주로 생산하는 5세대 급 라인을 투자해서 어느 정도 성공을 거두었지만, 대형 TV용 패널을 생산하기 위해서는 6세대 또는 7세대가 필요한 상황이었다. 경쟁업체였던 LG와 일본의 샤프, 그리고 대만업체들은 6세대로 방향을 정했지만 이를 따라가느냐 아니면 한 세대를 건너뛰어 7세대로 가느냐 에서 고민을 하고 있던 참이었기 때문이었다. 7세대 설비는 가로 세로가 각각 2m에 달하는 엄청난 크기였고 누구도 시도해 보지 않았던 설비여서 그만큼 리스크도 컸기 때문이었다.

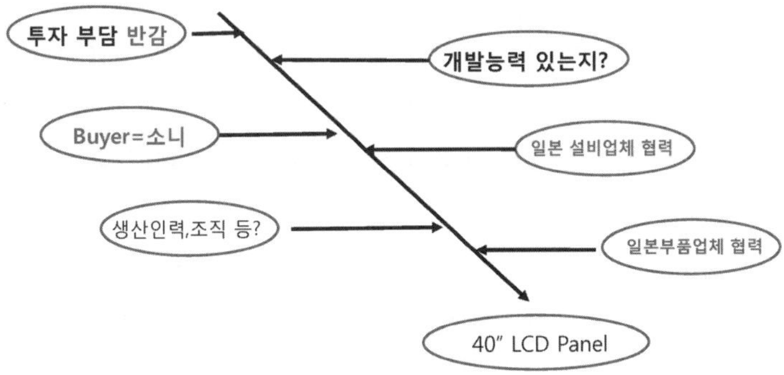

그런데 소니가 협력을 하자고 하니 자금 부담을 덜 수 있었고 그보다도 더 중요한 것은 판매처를 확보할 수 있었다는 것이었다. 사실 삼성 내부적으로도 TV 사업부에 이를 확인하는 과정을 거쳤는데 당시 삼성 TV 사업부는 이렇게 비싼 고부가가치 제품의 판매 가능성에 대해서 반신반의하고 있었기 때문에 더 의미가 있다고 볼 수 있었다. 또 하나, 완전히 새로운 설비와 부품을 적용했어야 했는데 이들 대부분이 일본업체들이 만들고 있어서 많은 어려움이 예상되었지만, 일본의 최강 기업인 소니가 참여하였으니 이들 일본 기업들을 설득하는 것도 쉽게 갈 수 있었다. 하지만 후폭풍도 만만치 않았다. 일본에서는 소니를 배신자로 낙인찍고 일본 메이저 LCD 업체들이 참여하는 차세대 LCD 개발

컨소시움에서 퇴출당하는 수모를 당하기도 하였다. 삼성 내부에서도 마찰음이 있었다. 우수한 부품인 TV용 패널을 소니에 공급하게 되면 직접적인 경쟁관계에 있던 TV 사업부가 소니와의 경쟁에서 불리하게 된다는 점도 심각하게 제기되고 있었다. 거기에 다가 삼성 LCD가 보유하고 있던 지적재산권의 평가를 둘러싸고 이해관계가 상충하기 시작했다.

소니는 TV에서는 막강한 실력을 보유했지만, LCD에 대해서는 잘 몰랐었다. 반면, 삼성 LCD는 LCD 산업에서 1인자였던 만큼 보유하고 있던 지적재산권도 많아서 이에 대한 가치 평가를 둘러싸고 논쟁이 붙기도 하였다. 결국, 상당히 차이가 나는 지식재산권 금액을 소니에게 요구하여 소니는 협상 결렬을 선언하였다. 하지만 이런 보고를 받은 이건희 회장은 삼성그룹의 경영진을 불러 회의를 소집하였다. 그러면서 삼성이 소니보다 기술적으로 우월하다고 보는 견해를 완전히 불식시켰다. 한마디로 지금의 소니가 어렵다고 기술의 소니를 우습게 보지 말고 아직도 배울 것이 많이 있으니 소니를 선배, 선생님으로 모시고 배워라 라는 강력한 지시를 내렸다. 우리가 가지고 있었던 지식재산권에 대한 가치평가 몇 억불 때문에 소니로부터 TV에 대해서 배울 수 있는 기회를 박차는 경영진에 대한 경고를 한 것이었다.

당시 배석했던 이윤우 부회장은 "회장님은 정말 크게 화를 내셨다. 저를 포함한 경영진들은 호되게 야단을 맞았다. 그래서 그 이후 합작법인 협상과 설립 작업은 일사천리로 진행될 수 있었다" 라고 회고를 하였다.(이건희 개혁 20년, 또 다른 도전, 조일훈)

이렇게 1년간의 어렵고 길었던 협상이 끝나 2004년 4월 삼성과 소니의 합작사인 S-LCD 주식회사를 설립할 수 있었다. 전체 투자금액 30억 불 중 설비에 필요한 20억 불을 양사가 50%씩 납입하여 자본금만 20억 불에 해당하는 거대한 합작사를 설립할 수 있었다. 전통적으로 일본과 한국의 대표적 기업 간 합작은 이례적이었다.

거기에 다가 소니는 글로벌 TV 업계 강자였고 삼성은 디스플레이 강자였지만 또한, TV 사업에서는 경쟁관계에 있었기 때문에 당시에서는 적과의 동침이라는 표현을 쓰기도 하였다.

이 자본금을 기초로 한 설비 투자를 아산 탕정지역에 진행하여 매달 6만장의 유리 기판을 생산할 수 있는 7-1 라인을 건설하였다. 1장의 유리 기판에서 8장의 40" TV 패널이 나오는 것을 감안하면 1년간 총 5백8십 만장의 (60,000 x 8 x 12개월) 40" 패널을 생산하고 (32" 경우는 8백6십 만장)

이를 반반씩 나눠 공급받는 구조로 설립되었다. 2004년 경우에는 대형보다는 대부분 32"급 이하 물량이 대부분이었기 때문에 이 규모는 1년 전체 LCD TV 수요에 해당할 수 있은 양이었기 때문에 대단한 것으로 볼 수 있다. S-LCD 법인을 설립한 지 1년이 지난 2005년 4월 40"를 처음으로 출하하여 드디어 대형 LCD-TV 시대를 열어가기 시작하였다.

일본에서는 불가능한 일정이라고 소니는 놀라는 기색을 보였다. 이때 이 출하를 기념하기 위해 양사의 경영진이 총출동하여 기념사진을 찍은 것을 보면 이 출하를 얼마나 중요하게 생각하였는지를 알 수 있다. 한편, 삼성이 7세대를 건설하여 양산을 추진하자, 삼성보다 먼저 6세대 건설로 LCD-TV 시대를 열어갔던 LG도 삼성보다도 조금 더 큰 사이즈의 7세대 라인 건설을 2004년 3월부터 파주에 추진하였다.

삼성이 추진하는 32" → 40" → 46" 상품 전략에 대비하여 이 파주단지에서는 32" → 37" → 42" → 47" 전략을 추진하여 또다시 업계 1, 2위 간 표준화 전쟁이 진행되기 시작하였다. 한편, 세계 1위와 2위의 치열한 양산 경쟁에 따라 판가 하락이 이어졌고 결과적으로 소비자의 구매력이 커지는 효과를 보게 되었다.

S-LCD 설립 당시 목표였던 패널 1,000불, 셋트 3,000불이 2005년 말부터 가시적으로 보이기 시작하여 2년 사이에 판가가 3분의 1 수준으로 하락하였다. 이렇게 급속하게 LCD 공급량이 늘어나고 판가가 하락하자 PDP와의 가격 차이가 줄어들어 2003년 초에는 2배 수준이었다가 삼성과 LG의 양산이 본격화된 2005년 말에는 20~30% 차이를 보일 정도로 줄어들었다. 일반적으로 첨단 신제품 도입 시 30% 이내의 가격 차이를 보이면 신제품을 선호하는 소비자층이 늘어나게 되어 있는데 LCD에서도 이런 현상을 보이기 시작하여 2006년 말경에는 거의 같은 판가를 형성하고 있었다. 이렇게 LCD 업계가 무섭게

치고 나오자 수익성 확보가 어렵다고 생각한 일본의 PDP 업계는 또다시 기존의 전략을 반복하고 있었다.

파이오니어와 히다치 등 후발 PDP 업체들은 추가 투자를 보류하거나 중지하기 시작하였고 PDP TV 세계 1위인 마쓰시다만 생산 시설을 확충하기로 2006년 결정하기에 이르렀다. 마쓰시다는 일찍부터 미래 TV는 LCD가 아니라 PDP라고 방향을 설정하였기 때문에 정면 대결을 하는 것 외는 다른 방도가 없었기 때문이었다. PDP 업계가 긴장할 수 밖에 없었던 이유는 여러 가지가 있었겠지만 가장 큰 이유는 S-LCD에서 생산된 패널을 이용한 소니의 신제품인 브라비아(BRAVIA, Best Resolution Audio Visual Integrated Architecture) 였을 것이다.

소니는 브라운관에 사용하였던 Trinitron, 그리고 초창기 LCD TV에 사용하였던 Wega 등 다양한 브랜드를 보유하였지만, 2005년 9월부터는 BRAVIA로 통일하여 사용하기 시작하였다. 또, 하나 사이즈 표준화 전쟁에서도 큰 변화가 일어나기 시작하였다. LG와 샤프, 그리고 대만 업체들은 향후 TV의 사이즈로 37, 42"로 추진하면서 앞서 나가기 시작하였다. 하지만 소니가 북미 시장에서 브라비아를 출시하면서 삼성-소니 연합군이 채택한 40"가 맹위를 떨치기 시작하였다. 출시한지 1달 만에 LCD-TV 판매 금액으로 32%의 점유율 보였고 특히 33" 급 이상 대형에서는 50% 수준의 점유율을 기록하면서 맹위를 떨치기 시작하였다. 이렇게 소니의 40" 브라비아가 선전을 하자

두 가지 표준화 전쟁에서도 우위를 점할 수 있는 기회를 만들어졌다.

첫 번째는 사이즈 표준화 전쟁, 두 번째는 LCD와 PDP 간의 표준화 전쟁 모두에서 삼성전자는 우위를 점할 수 있었다. 여기에서 잠깐 왜 표준화 전쟁이 중요한지를 설명하는 것이 필요할 것으로 보인다.

우선 사이즈 표준화 전쟁을 보면 삼성과 소니는 32" → 40" → 46", 그리고 LG와 샤프는 32" → 37" → 42" → 47"을 추진하였다. 앞에서도 잠깐 설명한 바와 같이 노트, 모니터, TV는 모두 유리 기판 위에 반도체 전자회로를 그려서 화상을 만들어 내는 것이라고 볼 수 있다.

그런데 이 과정에서 제품 하나하나를 따로 만드는 것이 아니라 Mother

Glass 라고 하는 커다란 기판 위에 여러 장의 패널을 한 꺼번에 처리하여야

	32"	37"	40"	42"
6세대(LG)	8	6	4	3
7세대(삼성)	12	8	8	6
7.5세대(LG)	12	9	8	8

생산성을 확보할 수 있다. 삼성은 소니와 합작을 하기 전 5세대 기판을 보유하고 있었다. 5세대인 이 1100mm x 1300mm 기판은 모니터를 생산하는데 최적화되어 있어 17" 모니터를 12장, 22"를 8장 생산할 수 있었지만 32" TV는 3장, 40" TV는 2장만 생산이 가능하여 거의 40% 수준의 기판을 버려야 했다.

여기에 비해, LG와 샤프는 32" TV는 8장, 37"는 6장, 40" TV는 3장~4장을 생산할 수 있는 6세대 기판에 투자하여 32"와 37"를 타겟으로 한다는 점을 명확하게 하였다. 후발 주자였던 삼성과 소니는 이를 따라갈 것인가 아니면 6세대를 추월하여 7세대로 갈 것인가를 고민하였던 것이었다.

7세대로 가면, 32"는 12장, 37"는 8장, 40"도 8장을 생산할 수 있기 때문에 32"와 40"의 효율성을 확보할 수 있어 타겟을 32"와 40"로 한다는 것을 명확하게 하였다.

문제는 업계에서는 대부분 6세대 기판을 사용하고 있는데 이것보다도 더 큰 기판을 업계 처음으로 도입하는 것이 신뢰성 측면에서 안전한가를 담보할 수 있는 방법이 없었는데도 불구하고 삼성과 소니는 이것을 추진하기로 결정하였다. 초기에는 이 설비를 설치하고 운영하는데 있어서 어려움을 겪었지만, 삼성 기술력과 소니의 일본 내 인지도를 바탕으로 설비, 부품에 관련된 문제를 해결할 수 있었다. 이렇게 해서 삼성과 소니가 성과를 내자, LG는 삼성의 7세대 보다 조금 더 큰 7.5세대를 추진하기로 결정하여 32" 12장, 37" 9장, 40" 8장, 42" 8장을 생산할 수 있도록 하여 표준화 전쟁을 준비하였다.

즉, LG가 먼저 32"와 37"로 공격을 하자 삼성은 이를 32"와 40"로 대응하였고 LG는 다시 이를 32"와 42"로 역공하는 모양으로 전개되었다. 그러면 이런 표준화 전쟁에서 실패하면 어떤 현상이 발생하는지 한번 살펴보는 것이 필요하다. 먼저 삼성을 보면 총 투자액은 30억 불로 (기판 기준 월 6만 장 처리)

	투자비	40"	생산량	효율	42"	생산량	효율
7세대(삼성)	30억불	8	5,760K	86%	6	4,320K	71%
7.5세대(LG)	33억불	8	5,760K	80%	8	5,760K	89%

연간 40" 생산량은 8 x 60,000 x 12개월 = 5백7십 6만 장이라고 볼 수 있지만 42"로 보면 6 x 60,000 x 12개월 = 4백3십 2만 장으로 25% 축소가 된다.

반면 LG의 경우 총 투자액은 33억 불로 (기판사이즈가 커짐에 따라 설비도 크기 때문에 10% 증가) 연간 40" 생산량은 8 x 60,000 x 12개월 = 5백7십 6만 장, 42"로 보면 8 x 60,000 x 12 개월 = 5백 7십 6만 장이라고 볼 수 있다.

만약, 40"로 표준이 되면 LG는 10% 이상 비싼 투자비를 지불하였지만, 동일한 판가의 40"를 같은 양 생산하게 되고 또한, 기판에서 버리는 부분이 무려 20%가 되어 재료비 상승이 크게 된다. 반면, 42"로 표준이 되면, 삼성은 10% 값싼 투자를 하였지만, 동일한 판가의 42"를 2장 적은 6장만 생산하고 (25% 축소) 또한, 기판에서 버리는 부분이 무려 29%가 되어 엄청난 재료비 상승이 되게 된다. 이렇게 되면 자존심 싸움이 아니라 엄청난 투자비와 재료비의 상승을 감안한 치열한 경쟁이 될 수밖에 없을 것이다.

이런 전쟁에서 삼성과 소니의 연합군이 LG와 샤프 연합군을 이겼다는 것으로 드러나기 시작했다. 2006년 2분기 조사결과에 따르면 40" 비중이 59%, 46"는 13%인데 비해 42" 비중은 22%, 47"는 2%로 40"/46"는 72%, 42"/47"는 24%로 차이가 벌어지고 있었다. 이렇게 TV에서도 삼성이 표준화 경쟁을 주도하게 되었다. 노트, 모니터에 이어서 TV까지도 표준화 경쟁을 주도하게 되자 삼성이 만들면 표준이 된다라는 우스갯소리까지 등장하게 되었다.

산업계에서는 표준화를 주도하는 것이 필요하다. 표준화에 성공하는 기업은 First Mover로서 앞서 나가는 것이 가능하지만 실패하게 되면, 여태까지 투자했던 것은 원점으로 돌리고 새롭게 Fast Follower로서 쫓아가야 하기 때문에 시간적으로도 불리하게 되어 있다.

그렇다면 삼성이 LCD 산업에서 잇달아 표준화를 주도하게 된 이유는 무엇일까? 우선 노트에서는 당시 잘 나가던 도시바와 손을 잡고, 모니터에서는 델과 손을 잡았고, TV에서는 소니와 손을 잡고 사이즈를 주도하였다. 즉, 부품업체 입장에서는 세계 1위 또는 2위와 손을 잡고 산업을 리드해야 표준화에 성공할 수 있다는 교훈인 셈으로 볼 수 있다.

그렇다면 두 번째 표준화 전쟁, 플라즈마와 LCD 간 표준화 전쟁은 어떻게 진행됐을까?

앞에서도 설명된 바와 같이 2000년대, 특히 2005년까지는 압도적으로 PDP의 우세였다. 2005년 4월 S-LCD가 가동에 들어갔을 때에만 하더라도 PDP 진영에서는 절대적 우위를 주장하고 있었다.

PDP는 방전을 이용한 기술적 한계 때문에 40" 이상에서는 우세를 보이지만 37"급 이하로 내려가면 생산이 어려워지기 시작하였다. 반면에 LCD는 작은 사이즈의 노트북에서 시작하여 모니터, 그리고 40"급 대형 TV까지 사이즈를 키워 왔다.

어떤 현상이 이 둘의 운명을 바꿨을까? 우선 PDP는 시작을 37"급에서 시작하여 40" ~ 50"급으로 영역을 넓혀왔다. 2000년대 초반부터 시작하여 역사가 그리 길지 않았고 또한, 설비 → 부품 → 완제품 → 판매망 → 소비자에 이르는 Supply Chain 형성의 역사가 그리 길지 않다고 볼 수 있었다. 특히, 시장 자체가 크지 않았기 때문에 설비와 부품업체들의 숫자도 그리 많지 않았다. 이런 결과로 대부분 Supply Chain에서는 하나의 부품에 하나의 협력업체, 그리고 하나의 설비업체, 그리고 하나의 완제품 업체로 거의 One-to-One Chain이 형성되어 있었다.

이런 현상은 세계 1위 업체인 마쓰시다의 경우가 특히 그러하여서 새로운 부품이나 설비 업체가 여기에 끼어들기에는 아주 어렵다는 얘기가 퍼져 있었다. 물론 기술 보호를 위해서 외부 업체를 멀리하는 경우도 있었겠지만, PDP 특성과 역사적 상황 때문에 외부업체가 끼어 들 여지가 거의 없었다. 그렇지만, 한 번 이 Supply Chain에 참여하면 그때는 거의 미래가 보장된다고 할 수 있었다. 이것은 좋게 얘기하면 그렇지만, 나쁘게 얘기하면 발전이 없다는 뜻도 된다고 볼 수 있다.

여기에 비하면 LCD 산업은 일본이 주도하던 노트북 제품을 국내 업체들이 참여하여 세계 1위가 되기 위해 바쁘게 움직였고 모니터 사업에서는 대만 업체들까지 참여하는 가운데서 치열한 경쟁을 거쳤다. 이렇게 치열한 경쟁을 하다 보니 생산성과 수율을 올리기 위한 방법을 찾는데 협력업체들과의 공동 노력이 절대적으로 필요하였다. 7세대 라인에서 연간 40" 생산량이 수율 100%를 감안할 때 5,760,000개인데 비해 수율이 80%일 경우 1,152,000개를 못쓰게 되어 있다. 이를 한 개당 1,000불로 감안하면 연간 약 12억 불의 손실이 발생하기 때문에 치명적이다. 이를 개선하기 위해서는 내부뿐만 아니라 외부 협력업체, 설비업체와의 협력이 필수적으로 바뀔 수밖에 없었다.

생산성 측면에서도 마찬가지였다. LCD 40" 개발 당시 액정을 주입하기 위해서는 5일간이나 필요하였는데 이렇게 해서는 생산성을 확보할 수 없었다. 이런 문제를 설비업체와 공동으로 연구하고 협력하는 과정에서 5일 걸리는 액정 주입공정을 5분 만에 끝낼 수 있는 설비를 개발하는 것도 그 일환이었다.

아이디어는 단순했다. 기존에는 두 유리 기판 사이에 진공상태로 액정을 주입하는 데 삼투압을 이용했다면 새 공정에서는 밑에 있는 기판에 액정을 뿌리고, 위 기판을 덮어 버리는 방식이었다. 물론 내부에 진공상태와 액정이 골고루 섞어야 하는 문제점을 해결하면서 걸리는 시간이 단 5분에 불과한 양산이 가능한 새로운 설비를 개발해 낸 것이었다. 이렇게 새로운 아이디어를 내고 새로운 부품과 설비를 만들어 제공할 수 있는 협력업체 네트워크가 LCD에서는 아주 많았다고 볼 수 있었다.

LCD에 필요한 모든 부품에 다수의 협력업체가 있었으며 이들 간의 경쟁도 치열하여 항상 새로운 기술과 새로운 설비를 개발하고 있었다. 정리하면 PDP는 개별 선박들이 움직였다고 보면 LCD는 항공모함 선단이 함께 움직이면서 그때 그때 필요한 것들을 개발하여 내

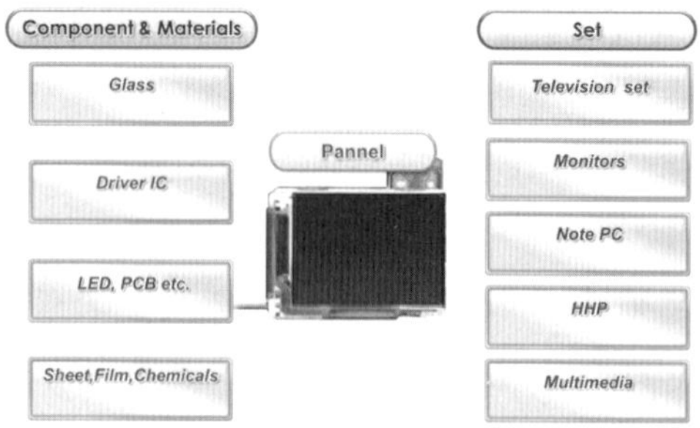

(LCD 전후방 산업)

었다. 이렇게 함으로써 단기간 내 필요한 원가절감을 만들어 낼 수 있었으며 결국 시작은 2005년에 했지만, 2년 뒤인 2007년 동일 수준의 원가를 달성함으로써 시장을 뒤집을 수 있었다. 이 항공모함 선단은 요새 많이 언급되는 Eco System과 동일하다고 볼 수 있다. 즉, LCD 산업이 성장하기 위해 필요한 설비와 부품을 포함한 협력업체, LCD 업체, 그리고 주요 거래선 등 Supply Chain에 관련된 모든 업체들이 생산성 향상을 위해 노력한다고 볼 수 있을 것이다.

TV 산업의 역사는 흑백 TV가 1930년대 시작되었으며 컬러 TV는 1950년 ~ 1960년대 미국과 유럽, 그리고 PDP TV는 2000년대 초, LCD TV는 2005년경 시작되었다고 볼 수 있다. 그 중에서 1950년대 시작되어 2010년대까지 장수한 컬러 CRT TV 시장은 무려 60년간 시장을 주도하였으나 2008년 비로소 LCD TV에게 주도권을 넘겨 주었다. 1996년 Clayton Christensen이 주장한 Disruptive Innovation의 대표적 사례로서 볼 수 있다.

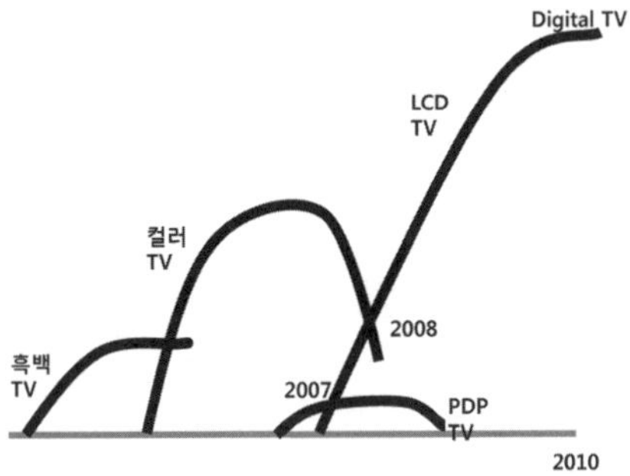

흑백 TV → 컬러 TV → PDP TV → LCD TV로 넘어가는 과정에서 이에 대처한 기업들은 새로운 강자로 부상했지만 그렇지 못한 기업들은 역사 속으로 사라져 갔다.

그런데 이렇게 삼성 디스플레이가 대형분야에서 성과를 내기 시작하자 상대적으로 중소형 디스플레이 분야에 대한 관심이 적어지고 또한, SDI와 삼성전자 사이에 분리되어 있는 디스플레이 사업에 대한 조정도 필요하였다. 그래서 2008년 삼성전자 디스플레이 사업부에 있던 중소형 TFT-LCD 사업과 SDI 산하에 있던 STN LCD와 OLED 사업을 묶어서 중소형 사업에 집중하기로 하였다.

이 당시만 하더라도 OLED 사업은 초창기로 사업에 대한 미래가 불투명하던 시점이었기 때문에 대형 LCD TV에 적용할지 또는 중소형 스마트폰에 적용할지 개발에만 치중하고 있었다. 그룹 내 중소형 사업을 위한 디스플레이 사업을 묶은 SMD가 2008년 분리 설립되고 성과는 곧바로 나타나기 시작하였다. 2009년 4" ~ 5" 급 디스플레이를 1천만 개 이상 양산 판매하였으며 2010년 Galaxy S 시리즈에 OLED를 적용하면서 선풍적인 인기를 끌었다. 사실 삼성에서는 OLED 기술에 대한 일부 회의가 있었다. 특히, 대형 TV에서는 OLED

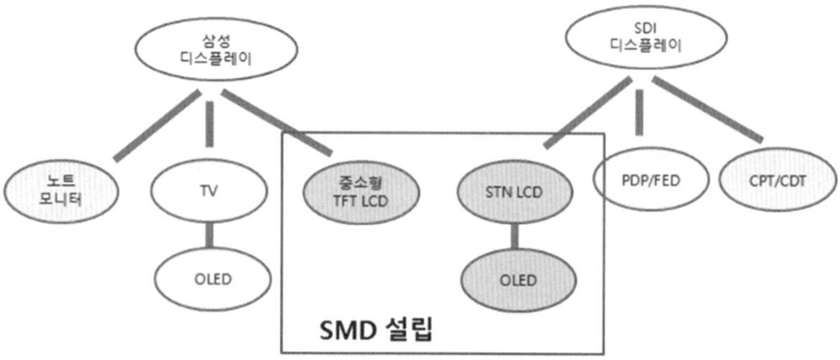

기술을 적용하고자 하는 노력이 수차례 있었지만, PDP와 같은 번인 현상 때문에 채용에 주저하고 있었다.

하지만 스마트폰과 같은 모바일 기기에 적용하게 되면 일반적으로 수명이 3~4년에 불과하여 번인 현상에 관계없이 적용할 수 있고 또한, 대형에서 발생할 수 있는 기술적인 문제도 해결이 가능하였다. 결국, 스마트폰과 OLED 기술의 만남이 오늘날 세계적인 OLED 독점현상과 삼성 스마트폰의 지위 상승에 엄청난 기여를 하게 되었다.

04

다양한 전략의 등장과 퇴장: 전략이 왜 필요해?

1990년대 조직과 기업문화, 그리고 내부적인 자원의 중요성 등을 인식하고 실제로 전략을 실행에 옮기기 위한 조직의 설계 등이 전략의 중요한 Trends 중 하나였다.

조직의 설계를 위해서는 업무의 분석이 필수적이었다. 아담 스미스는 국부론에서 핀 공장의 효율성을 강조하면서 분업의 필요성을 강조하였다. 그는 여기에서 한 사람이 핀 전체를 만들면 하루 20개 정도 만들 수 있지만, 핀 제조 공정을 18개 공정으로 나누고 열 명이 분업을 하면, 하루 4만 8천 개의 핀을 만들 수 있어 한 명당 하루 4천8백 개를 만들 수 있다고 주장했다. 또한, Taylor의 과학적 관리기법에서도 분업과 훈련, 그리고 후에 더 발전된 Time & Motion Study에서도 생산성과 효율의 극대화를 추구하였다.

이런 개념을 적용한 Ford 자동차의 Assembly Line과 이를 운영하는 조직체계는 생산성 극대화를 위한 기본 모델로 적용되어 왔었다. 하지만 1980년대 들어 일본기업들의 진출로 경쟁력을 잃어 가기 시작하자 일본 기업들과의 생산성과 조직 차이 등을 분석하는데 중점을 두고 있었다.

1989년 MIT의 여러 교수들이 연합하여 작업을 추진한 Made in America는 (Regaining the Productive Edge) 이런 측면을 강조하고 있었다. 그동안 미국 시장만을 대상으로 하고, 미국 기업 간 협력 관계 부재, 그리고 인력에 대한 관심 저조 등 미국 기업의 생산성 향상에 장애가 되었던 점을 분석하여 품질, 혁신, 그리고 Time-to-Market 등을 개선하기 위하여 전개되었다.

그리고 1990년 HBR에 Hammer가 Reengineering Work: Don't Automate, Obliterate를 발표하였다. 그는 MIT의 컴퓨터 공학 교수로서 기업 업무 프로세스를 분석하고 개선하는 과정에서 ICT 기술의 활용방안이 잘못되고 있다는 의견을 제시하였다. 그는 고객의 요구와 전혀 관련이 없는 업무를 없애기보다는 비용 절감을 위한 자동화를 추진하는 현상이 발생하고 있다고 지적하고 조직 및 업무 분석을 통하여 업무와 조직을 완전히 재설계하는 것이 중요하다고 강조하였다.

그리고 이 연장 선상에서 1993년에 Michael Hammer와 James Champy는 Reengineering the Corporation: A Manifesto for Business Revolution에서 1990년에 발표한 내용에서 더 나아가 기존 조직의 개선보다는 새로운 조직을 만들어야 한다는 취지를 제시하였다.

1990년대에는 미국 시장에 진출한 일본 기업 등이 품질이 좋은 제품을 싸게 빠르게 대량으로 공급하던 시점이었다는 점을 인식하는 것이 필요하다. 거기에 대응하기 위한 미국 기업의 조직과 업무 프로세스는 대기업 형태로서 고객만족보다는 Rule과 지시에 의해서 움직이는 피라미드 형태가 더 많았다고 보아야 할 것이다. 이런 대기업들은 새롭게 등장하고 있던 ICT 기술을 활용하여 자동화를 추구하고 있었는데 비싼 인건비를 대체할 수 있는 비용 절감 측면에서는 효과가 있었을 것이었다. 하지만 이 업무 프로세스가 소비자에게 진짜로 필요한 것이냐? 또는 다른 방법으로 가치를 제공할 수 있는가? 등등을 확인하는 과정에서 필요가 없다면 없애고, 또 없는데 필요하다면 새롭게 만드는 것이 타당한 답변이 될 수 있었다.

그래서 등장한 것이 완전히 새롭게 시작한다는 개념에서

1) 기업의 핵심적인 업무와 프로세스를
2) 제로 베이스 상태에서 그려보면서
3) 단순한 개선이 아닌 획기적인 개선을 추구하며
4) 조직의 부서나 기능이 아닌 고객을 위한 프로세스 위주로 목표를 설정해야 한다는 것을 제안하고 이를 Reengineering 이라고 하였다 (BPR, Business Process Reengineering).

예를 들어, 그림에서 보는 바와 같이 고객의 요구를 처리하기 위해서는 여러 부서와의 업무가 연계되어 있는데 부서 간 협조가 필요하게 되어 있다. 이 업무를 처리하는 과정에서 협조에 필요한 시간과 노력이 진짜로 필요한 것인지를 따져서 필요 없다면 없애는 방향으로, 그리고 일부 업무는 통합하는 방향으로 진행하면 훨씬 빠르게 진행할 수 있다는 점을 강조하고 사례를 들어 설명하였다.

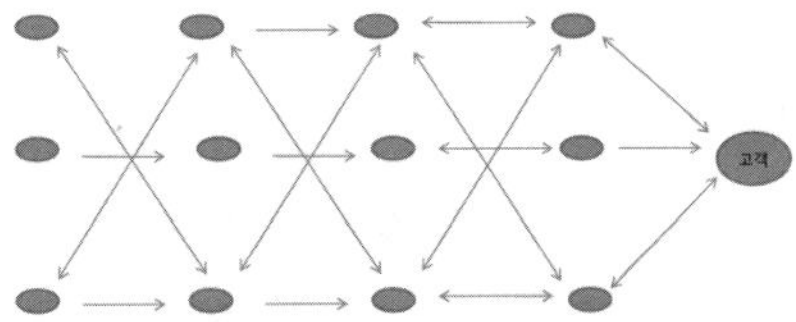

(현재의 고객 대응 프로세스)

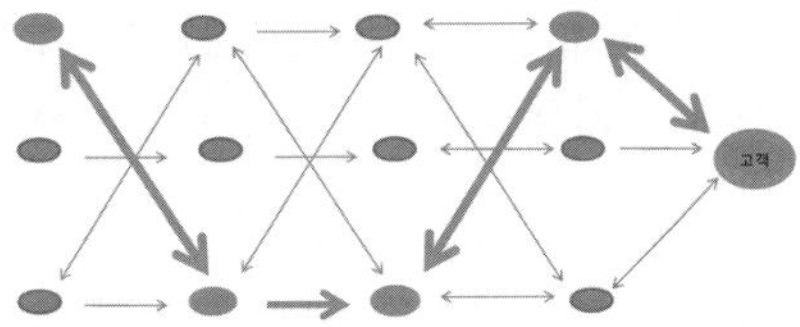

(Reengineering 고객 대응 프로세스, 사례)

즉, 고객의 요구를 만족시키기 위한

1) 프로세스를 분석하여 파악하고
2) 이 파악된 상태의 현상을 이해하며
3) 목표로 하는 프로세스를 디자인해서
4) 실제로 적용한 후 결과를 확인하는 과정을 주장하였다.

또한, 업무 프로세스를 빠르게 진행하기 위해서는

1) 현장에서 의사결정이 내려져야 하기 때문에
2) 현장 작업자에게 의사결정권이 주어져야 하며
3) 이들이 합리적인 수준에서의 의사결정과 업무 처리를 할 수 있는 시스템이 필요하며
4) 다양한 고객의 요구에 대응하기 위해서는 업무의 통합이 필요하기 때문에
5) 업무 및 작업의 표준화보다는 다양한 경험을 가진 인력을 양성해야 한다 라고 주장하고

이런 목적의 조직 설계는 Bottom-up 방식으로 추진하기는 어렵기 때문에 Top-Down 방식으로 조직 통합을 위한 설계를 추진하고 근본적인 개선을 추진하는 것이 좋겠다는 의견을 제시하였다.

BPR의 도입으로 기업 내 핵심 프로세스와 팀 단위 활동의 중요성, 이를

주관하는 현장 관리자에게 권한 이양, 다양한 능력을 갖춘 인력의 양성, 그리고 이들로 하여금 업무를 추진하도록 하는 관리자의 역할(관리보다는 Coach), 그리고 조직의 Flat 화를 추진하는 것, 무엇보다도 고객의 요구를 만족시켜야 한다는 점 등 많은 기여를 하였으나 조직 재설계로 대량 해고를 추진하는 등 너무도 혁신적인 방안을 요구하는 바람에 1995년 이후 점차 관심에서 멀어져 갔다. 하지만 조직과 문화, 그리고 비즈니스 프로세스가 중요하다는 인식은 산업계와 학계에 충분한 영향을 주었다.

프로세스의 중요성과 또 함께 제시된 것이 ICT의 활용이었다. ICT의 적극적인 활용과 인터넷의 등장으로 산업계에도 새로운 문화가 형성되기 시작하였다. 인터넷의 등장으로 내부적으로 모든 것을 가지고 있을 필요가 없어졌다. 이전까지는 내부적으로 수평계열화 또는 수직계열화를 통하여 핵심 경쟁력에 해당하는 사업이나 기능을 보유할 필요가 있었다. 하지만 인터넷의 등장으로 전 세계 어느 곳에서 누가 뭘 잘하는지를 파악할 수 있기 때문에 그 기능을 내부적으로 보유할 필요 없이 아웃 소싱 또는 벤처 등과의 협력관계를 통하여 필요한 기능을 내부적으로 활용할 수 있게 되었다. 예를 들면, 상품기획 같은 경우에도 이전에는 내부적으로 전부 개발하는 것이 일반적인 경우였지만, 2006년 HBR에 발표된 Proctor & Gamble의 사례는 다른 경우도 얘기하고 있었다.

이 회사는 여러 가지 제품 중 Pringle 감자 칩을 만들고 있었는데, 이 감자 칩 위에 글자나 그림 같은 것을 그려 넣고 싶어서 내부적으로 검토하였지만, 설비와 공정 프로세스상 많은 어려움을 느끼고 있었다. 그래서 외부 네트워크에 누가 이런 기술을 가지고 있는 지를 확인하였는데 이탈리아 볼로냐 지방의 작은 빵집에서 이런 기술을 적용하고 있다는 정보를 입수하였다. 대학교수가 운영하던 이 빵집은 먹을 수 있는 글자나 이미지를 케익이나 과자에 인쇄할 수 있는 잉크젯 방식 설비를 이미 개발하여서 사용하고 있었기 때문에 약간의 개조를 거쳐서 P&G에 즉시 적용할 수 있었다.

대부분의 기업에서 R&D는 우선 개발부서에서 자체적으로 추진하고 다음으로 기업 내부의 다른 사업부 또는 다른 조직의 개발 기능과 연계하였으나 이 경우처럼 세계 어느 곳에서 누군가가 이미 해 놓고 있었던 기술을 인터넷을 통해서 찾고 그것을 적용함으로써 효율의 극대화를 추구할 수 있었다. 이런 방식을 기존의 R&D와는 다른 C&D (Connect & Develop) 방식이라고 부르고 있다. 여기에서 중요한 것은 Connect 할 수 있는 기술 네트워크의 범위가 넓은 것이 필수적이다. 또한, 개개의 기술 접점은 특정한 기술에 집중하고 있어야 하고 이런 모든 것들이 항상 접촉할 수 있는 시스템으로 구성되어 있어야 한다는 점이다. 이런 점에서 인터넷의 기능이 필수적이라고 할 수 있다. 이런 C&D 방식은 더욱더 발전하여 Open Innovation 방식으로 발전하였다고 볼 수 있다.

인터넷의 발전에 따라 기존의 개발 → 생산 → 판매 등 기존 Value Chain에 있는 주요 기능을 이전에는 기업 내부에서 확보하는 것이 필요하였지만, 이제는 필요할 때마다 외부에서 레고 블록 식으로 확보하는 것이 가능하여졌다. 여기에 추가적으로 인터넷 기반의 구글 및 Facebook의 SNS 기능 등도 확대되면서 ICT 활용의 중요성은 더욱 커지게 되었지만, 일반적인 추세로 인식할 수 있는 전략은 보이지 않게 되었다. 1995년에 HBR에 실린 전략의 귀재에서 (The Lords of Strategy: The Secret Intellectual History of the New Corporate World) 1960년대부터 당시까지 기업들의 전략을 분석하고 제시하였던 Porter 교수 등 전략분야에서 유명한 4명을 들고 이들의 활동을 소개하였지만, 이후에는 더 이상 추세라고 할 수 있는 전략을 보기가 어려워졌다고 언급하였다. 이는 더 이상 전략을 수립하고 추진하는 것이 의미가 없다는 의미로도 볼 수 있다.

물론, 추세라고 할 수 있는 전략은 없었지만, 이 과정에서도 개별 기업들의 다양한 전략은 추진되었고 또한, 많은 성공을 낳기도 하였다. 대개 이런 성공 뒤에는 강력한 리더십과 기업문화가 있었다고 볼 수 있다. 1970년~1980년대 전자 산업의 주도권이 미국에서 일본으로 넘어올 때는 품질과 생산성이 주요 전략적 핵심이었다. 이때 일본 기업문화가 아주 중요한 역할을 하였다고 볼 수 있다. 하지만 1990년대 ~ 2000년대 초반 전자 산업의 주도권이 한국으로 넘어오기 시작하였다. 한국의 품질 수준이나 생산성이 일본의 그것보다는 못 하였지만 산업의 핵심이 아날로그에서 디지털로 전환되는 과정에서 경영진의 강력한 리더십과 할 수 있다는 문화가 일본을 따라잡기 시작하였다고 볼 수 있다.

당시 IMF와 Y2K에 따른 경제상황 악화에도 불구하고 일본의 집단 지도체제에서는 과감한 투자를 할 수 없었지만, 한국 오너위주의 경영 시스템에서는 과감하게 추진할 수 있었다. 즉, 추세라고 할 수 있는 전략은 없었지만 강력한 리더십과 기업문화로 한국의 전자 산업이 일본을 넘어 섰다고 할 수 있다.

그리고 전략이라고 하기보다는 기업 문화에 더 가까운 6 시그마 전략은 모토로라에서 시작되어 GE에까지 적용되었다. 이 전략은 고객과 품질을 우선시하여 낭비를 없애고 품질 개선을 하는 것에서 시작하였으나 후에 경영 전 부문으로 확대 적용되기 시작하였다. 그리고 이 밖에도, 고객만족, 벤치마킹, 블루오션 전략, 조직의 유연성, 그리고 신속한 대응 등 다양한 분야에서 기업의 경쟁력을 확보하기 위한 노력들이 있어 왔다고 볼 수 있다.

이런 과정을 종합적으로 정리해 보면 우선, 1차 산업혁명 과정을 거치면서 사람이나 동물이 하던 생산활동을 증기를 활용한 기계를 통해서 할 수 있게 되었다. 당시 시대적 상황이 물자가 많이 부족한 상황이었기 때문에 누가 더 많이 생산하느냐가 경제 전쟁에서 승리할 수 있는 핵심 경쟁력이었다. 따라서 기계를 활용한 생산량의 증대 (Economy of Scale)와 시장 점유율 확대는 산업이나 기업 측면에서는 중요한 과제로 볼 수 있었다. 생산량 증대를 과학적으로 추진하기 위한 과학적 관리 기법이 나와야 하는 시대적 상황이었다고 볼 수 있다. 물론 이 과정에서 원가를 줄이기 위한 노력도 같이 필요하였다.

전기의 발명과 활용으로 2차 산업혁명이 시작되었다. 증기와는 다르게 전기는 언제, 어디서나 활용이 가능하였다. 1차 산업의 발생과 함께 시작된 정유, 철강/철도, 자동차 등 인프라 산업도 점차 대규모로 구조를 잡아가고 있었고 또한, 전기를 활용한 TV, 통신, 반도체 등 전자산업도 발전하기 시작하였다. 이 과정에서 소위 말하는 문어발식 사업을 추진하는 집단이 생겨나기 시작하였다. 이런 집단들을 대상으로 어떤 시업을 추진하고 어떤 시업을 포기하느냐의 문제가 생겨나자 사업구조를 분석하는 전략이 필요하게 되었다. 사업구조 분석에 따라 성장하는 산업에 투자함으로써 기업은 성장할 수 있었다.

하지만 외국 업체, 특히 일본 업체들이 미국 산업에 진출함으로써 경쟁 구도에 커다란 변화가 생기기 시작하였다. 초기, 일본업체들은 경쟁 상대가 되지 않을 것으로 여겨졌지만, 이들 업체들은 강력한 품질과 생산성을 기반으로 미국 시장을 장악하기 시작하였다. 이런 결과로 품질 및 생산성을 원점에서 다시 검토해야 한다는 전략이 필요하게 되었다. 경쟁 상대로 생각하지도 않았던 일본업체들을 대상으로 Benchmarking을 추진하고 미국의 경쟁력을 다시 끌어 올리기 위한 노력들이 많이 생기기 시작하였다.

산업의 경쟁력을 분석한 5 Forces, 그리고 기업의 경쟁력을 분석한 Value Chain, 미국과 일본의 기업 문화와 조직 등 비교 분석을 추진하고 이 과정에서 인력을 자원으로 인식하고, 또한 조직의 중요성을 인식하여 조직까지 재설계하는 Reengineering 등 다양한 분석을 추진하였다. 과거에는 많이 만들어서 팔면 되었던 것들이 더 이상 진리가 아니라는 사실을 파악하게 되었다. 많이 만드는 것이 중요한 것이 아니라 좋은 제품을 싸게 빠르게 만드는 것이 중요하다는 (Economy of Speed) 사실을 파악하였다. 이 과정에서 고객의 요구와 만족, 그리고 이를 달성하기 위한 핵심 역량의 파악 등 다양한 활동 및 전략들이 생겨나게 되었다.

한편 산업적인 측면에서는 컴퓨터와 인터넷을 기반으로 한 3차 산업혁명이 진행되고 있었다. 기존에는 사람들 주관으로 품질과 생산성을 확보하였지만, 이제는 컴퓨터와 인터넷을 활용하여 최대의 효율을 끌어내기 위한 전략들이 필요하였다. 생산성 향상은 선순환 구조를 만들어서 컴퓨터와 인터넷의 끊임없는 발전을 만들어 내었다. 이 과정에서 진공관의 아날로그 시대에서 반도체로 표현되는 디지털 시대로 전환되었다. 이런 시대적 변화 과정에서 반도체, CPU, LCD 등 디스플레이, 컴퓨터, TV, 모바일 폰 등 하드웨어와 윈도우, 인터넷, Google 등 검색 기능, Facebook으로 대표되는 SNS 등 소프트웨어와 이들을 통합하여 운영하는 다양한 Eco System이 등장하게 되었다. 이 과정에서 전략은 시대의 흐름과 함께 발전하여 왔으나 1990년대 후반 컴퓨터와 인터넷이라는 흐름 속에서 더 이상 산업계를 전체적으로 움직일 수 있는 전략이라는 틀은 보이지 않았다.

산업의 발전 속도가 워낙 빨라진 탓에 하나의 전략적 틀을 가지고 산업 전체를 움직일 수 있는 상황이 아니었기 때문이었다. 또한, 하드웨어 산업보다는 소프트웨어 산업의 급성장으로 과거에는 상상하기 어려웠던 비즈니스 모델들이 생겨난 것도 하나의 이유가 되었다. 대신 다양한 기업들이 치열한 경쟁에서 이기기 위한 다양한 방법들, 이들 기업이 적용하는 다양한 전략들이 성공하면서 부각되기 시작하였다.

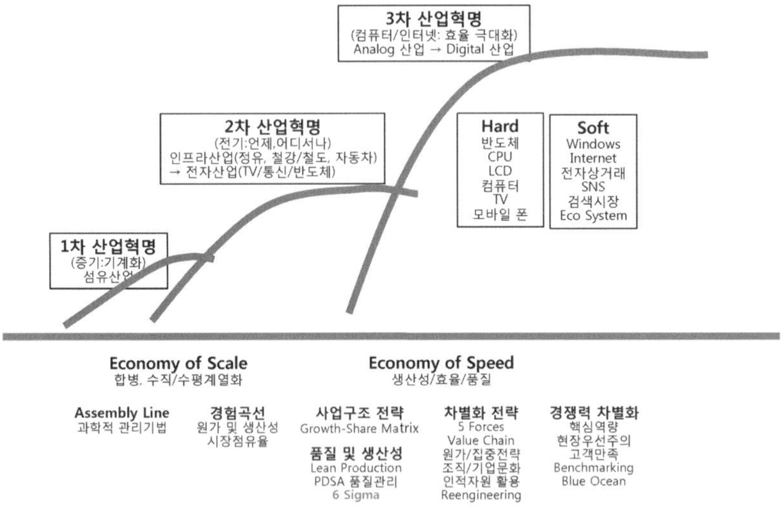

1990년 초에 있었던 닷컴 버블에서도 성공과 실패를 가르는 사례들이 많이 발생하였고 1995년에 설립된 아마존과 eBay, 1999년 설립된 중국의 알리바바 같은 전자 상거래 업체들, 1996년 설립된 구글도 검색엔진이라는 특이한 비즈니스 모델로 성장하기 시작하였고 2004년 설립된 Facebook도 기존 하드웨어적 관점과는 다른 사업 모델이었다.

이런 기업들의 전략 패턴은

1) 미래의 발전 방향에 따라서 시나리오를 수립하여 추진한다는 것과
2) 불확실한 미래를 감안하여 다양한 아이디어를 수렴하는 design Thinking,
3) 이렇게 하기 위해서는 Top-Down 리더십이 아닌 종업원의 동기부여가 필요하고

4) 빠른 상황 변화에 대응하기 위한 다양한 수단들을 복합적으로 사용한다는 등으로 산업계 추세라고 할 수 있는 전략은 볼 수 없었다.

여기에서 잠깐 6 시그마를 분석하는 것이 필요할 것으로 보인다. 6 시그마는 1986년 모토로라의 엔지니어였던 빌 스미스에 의해서 정립되었다. 1980년대는 모토로라뿐만 아니라 미국산업 전체의 품질문제가 심각한 시대였다. 이런 문제를 해결하기 위해서 스미스는 통계학에서 사용하고 있는 품질관리 기법을 사용하였다.

통계를 내려는 대상 집단에 대해서 많은 수의 조사를 해 보면 정규 분포를 따른다고 알려졌다. 예를 들면 가로축에 개개 샘플의 값어치와 세로축에는 이 값어치가 얼마나 많이 나타나는지를 알려주는 빈도수를 그래프로 나타내면 대부분의 경우 오른쪽 그래프 형태로 나타나게 되어 있다. (σ^2 = 0.2) 분포의 경우 값어치 0에서 가장 많은 빈도수를 보이고 있으며 0 에서 양쪽으로 멀어 질수록 빈도수가 점점 떨어지는 대칭의 형태를 볼 수 있다. (σ^2 = 0.2) 분포에 비해 (σ^2 = 1.0) 분포는 같은 패턴이지만 평균값 근처에 얼마나 많이 모여 있는가라는 측면에서 차이가 있다고 볼 수 있다.

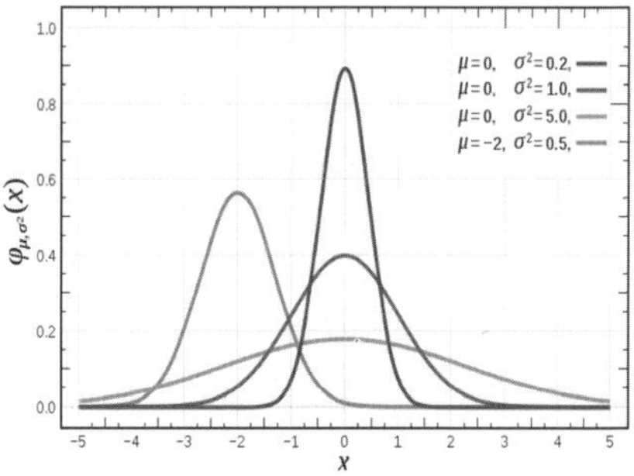

(정규 분포, Wikipedia)
Inductiveload

예를 들어, 한국인의 표준 키를 측정해 보면, 평균에 가장 많은 수의 사람들이 있고 (2016년 8월 기준 한국인의 평균키는 173.5cm로 알려져 있다) 키를 점점 크게 하면 사람들의 숫자가 점점 줄어들다가 2m가 넘으면 거의 없어지고 반대로 점점 작게 하면 사람들의 숫자가 점점 줄어들다가 140cm 이하가 되면 그 수가 거의 없어지게 되는 현상과 같다고 할 수 있다. 이렇듯 많은 수의 통계를 내 보면 대부분 위의 그림과 같은 패턴을 보여서 이런 패턴을 정규분포라고 정하였다. 그리고 이때 모든 샘플의 값어치를 다 더해서 낸 평균을 평균값이라고 정하고 또 하나 중요한 개념인 표준편차를 (Standard

Deviation, σ, 시그마) 사용하였다. 예를 들어, 내 키가 180cm라고 하면 평균보다 6.5cm 큰 것은 알 수 있으나 평균보다 몇 %나 떨어져 있는지를 알려주기 위한 수단이 필요하여 이를 나타내기 위해서 표준편차라는 개념을 사용한 것이었다.

통계학에서 인용하는 표준편차 계산 방식을 활용하면 평균보다 1σ 큰 범위에는 34.1%, 그리고 1σ 작은 범위에도 34.1%가 포함되어 평균 ± 1σ 범위에는 전체 샘플의 68.3%가 있게 된다. 마찬가지로 평균 ± 2σ 범위에는 95.4%, 평균 ± 3σ 범위에는 99.7%가 포함되어 0.3%를 제외한 모든 수의 샘플이 포함되게 되어 있다. 일반적으로 산업계에서는 이런 3σ 의 품질관리 방식을 사용하고 있었다. 제품을 제조하는 과정에서 나오는 샘플을 측정하여 값어치를 측정하고 이것을 시간의 흐름에 따라 그래프에 표시하는 것을 통계적 공정관리라고 하였다

여기에서 제품이 가져야 하는 평균값을 기준으로 + 3σ를 관리 상한 (UCL, Upper Control Limit), - 3σ를 관리 하한으로 (LCL, Lower Control Limit) 정하고 이 범위를 벗어난 샘플은 불량으로 처리하였다. 이렇게 하면 품질 수준은 평균 ± 3σ 범위에 있기 때문에 99.7%를 보장할 수 있었다. 다시 말하면, 100개를 만들면 0.3개 불량(양품 99.7개)이라는 것을 사전에 정해 놓은 것이었다.

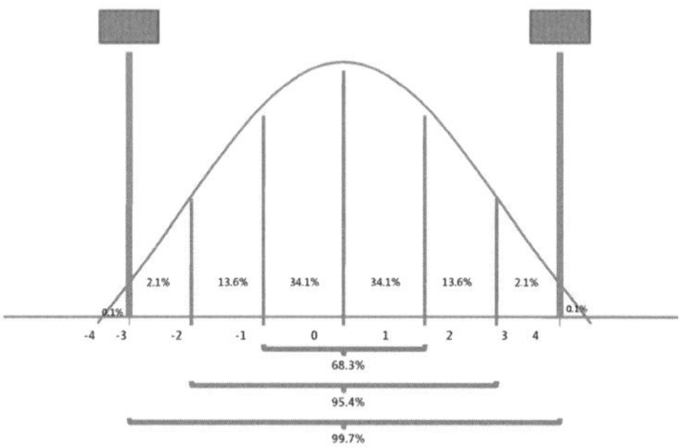

당시에는 이런 기준이 품질관리의 기본으로 적용되고 있었다. 하지만 모토로라는 여기에서 더 나아가 같은 상한과 하한을 유지한 채 3σ 보다는 6σ를 포함하는 품질관리 방안을 제시한 것이 6 시그마의 시작이 되었다. 그림에서 보는 바와 같이 동일한 상한과 하한을 적용하면서 6σ를 얻기 위해서는 모든 샘플들이 평균값 주변에 훨씬 더 몰려 있어야 하고 품질이 평균값 주변에서 훨씬 더 균일하게 만들어져야 가능한 형태가 될 수 있다. 6σ를 적용하면 상한과 하한 규격 내에 99.99 99 99 8%

가 포함된다. 이것은 10억 개를 만들면 2개의 불량이라는 얘기가 되기 때문에 실제로는 불량률이 제로라는 것을 의미하고 있다.

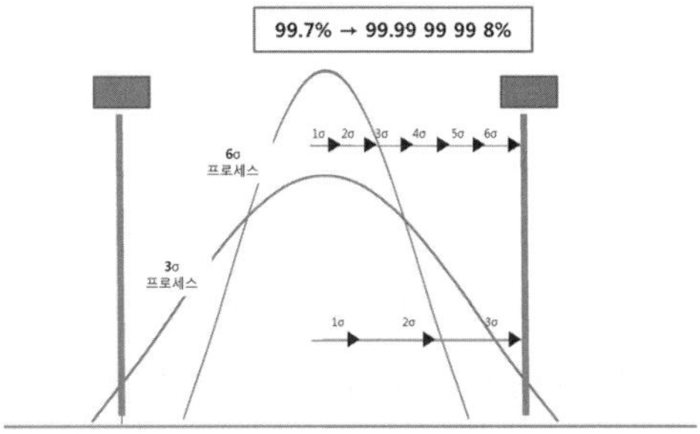

하지만 실제 공정에서 무게가 일정한 평균값을 갖는 제품을 만들 때 이론적으로 6σ 품질수준을 적용한 생산공정에서는 동일한 절차에 의해 만들었기 때문에 무게의 평균값은 처음에 설정한 목표로 나와야 하지만, 실제 생산을 하다 보면 목표인 평균값에서 벗어난 추세가 자연적으로 생길 수 있는 여지가 많다. 예를 들면 초기의 목표는 무게 20g이었지만, 실제 생산을 오래 하다 보면 무게의 평균값이 22g으로 자연적으로 변형되는 경우가 많아 일반적으로, 평균값에서 1.5배의 표준편차는 자연적인 현상으로 변형될 수 있다고 인정하고 있다. 이렇게 되면 아래 그림에서 보는 바와 같이 오른쪽 끝 부분에 있는 부분의 무게는 상한을 벗어나 불량품이 발생한 것으로 볼 수 있다. 이렇게 할 경우 정품이 발생할 확률은 99.99 96 6%로서 불량품은 1백만 개 중 3.4개만 발생하도록 되어 있다.

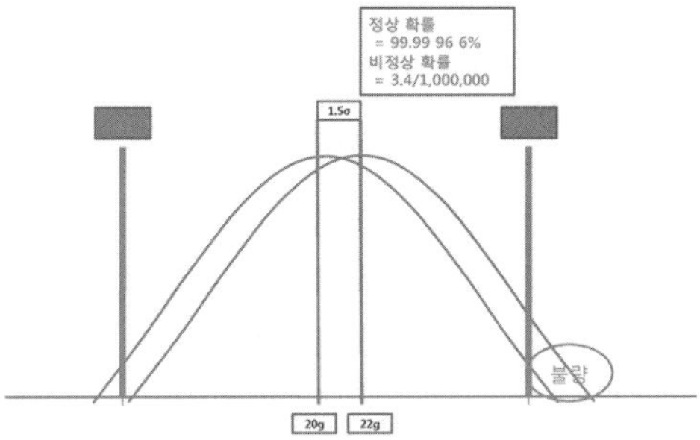

이와 같이 자연적으로 생길 수 있는 생산공정 과정의 자연적인 추세 변화를 나타내는 지표로 공정능력지수 (Process Capability, Cp, Cpk, Cpm) 개념을 도입하고 이 공정능력지수의 관리를 통하여 생산공정의 변형을 최소화하는 등 궁극적인 품질관리 수준을 도입하였다고 볼 수 있다. 6시그마는 이와 같이 제조와 공정에서 품질 문제를 일으키는 원인을 파악하고 제거함과 동시에 변수를 최소화함으로써 결과물의 품질을 향상시키는 것을 추구하였다. 여기에서 중요한 것은 공정상의 변수를 파악하고 계량화하였다는 것이었다. 처음에는

품질 문제에 대한 방법론으로 도입되었지만 추후 공정 사이클 시간의 단축, 원가의 절감으로 고객의 만족도를 높이고 결과적으로는 이익을 향상시키는 등 다양한 방법으로 확대되었다.

1993년에 모토로라는 이 6시그마 (Six Sigma)를 자사의 상표권으로 등록하였고 내부의 모든 제조 공정에 적용하고 목표를 설정하였을 뿐만 아니라 경영의 모든 과정에까지 확대 적용함으로써 그 범위를 넓혀 나갔다. 이렇게 되자 다른 기업들, 특히 GE의 웰치 회장은 이를 적극적으로 도입하여 세상에 널리 퍼지게 하였고 국내에서도 삼성을 비롯한 많은 기업들이 채택하여 사용하게 되었다. 이런 6시그마의 방법론으로는 데밍이 사용하였던 PDSA 사이클 (Plan - Do - Study - Act)과 비슷한 DMAIC 사이클과 DMADV 사이클 등이 있다.

먼저 DMAIC 사이클은

1) 고객 요구와 프로젝트의 목표를 구체적으로 선정하는 Define,
2) 현재 프로세스를 측정하고 (As-is) 관련 데이터를 수집하는 Measure
3) 데이터를 분석하여 변수간 인과관계와 품질의 원인이 되는 요인을 분석하는 Analyze
4) 데이터의 분석 방법을 통하여 현재의 프로세스를 개선하고 최적화하는 Improve
5) 향후에도 변수가 발생하지 않도록 프로세스를 관리하는 Control의 5단계로 나누어 추진하였다.

다음으로 DMADV 사이클은 디자인 분야에 적용되는 6 시그마 방법으로 4번째 단계인 Improve 단계를 대안을 제시하는 Design으로 변경하고 5번째 단계에서는 파일러트 생산과 생산공정에 적용함으로써 생산이관을 준비하는 Verify 단계로 변경하여 사용하였다.

이런 사이클 분석에는 기존에 정립된 많은 통계학적 방법론을 사용하는 것이 일반화되었다. 6 시그마의 핵심은 고객의 요구를 반영하기 위하여 생산이나 제조 공정에서 불량을 야기하는 핵심원인을 파악하고 이를 개선하여 원하는 목표를 달성하는데 있다고 볼 수 있기 때문에 중요한 수단은 결국 불량의 원인을 끝까지 추적해서 파악할 수 있는 방법일 것이다.

이렇게 원인을 추적하기 위한 방법론은 5 Whys, Cause & Effects Diagram, Root Cause Analysis, Design of Experiment 등 다양한 방법과 이렇게 파악된 원인을 개선하기 위한 방법론 Axiomatic Design, New Product Design, Quality Function Deployment, Taguchi Method 등 다양한 방법들을 사용할 수 있다. 이 중에서 5 Whys 방법론은 일반 경영에서도 상당히 중요한 방법이라고 볼 수 있다. 단순하게 외면상 보이는 이유를 보는 것이 아니라 현상을 일으키는 원인을 최소한 5단계까지 파 들어가면 진짜 문제의 핵심을 알 수 있다는 방법론으로 활용가치가 높다고 할 수 있다.

여기 재미있는 사례가 하나 있다. 미국 3대 대통령을 기리는 제퍼슨 독립기념관이 어느 날부터 벽이 심하게 훼손되기 시작하였다. 시간이 지날수록 점점 심해져 5 Why을 적용하여 핵심원인을 파악한 결과 원인은 밝은 조명 때문이었다. 어떻게 이런 연관 관계가 성립된 것일까? 훼손이 되는 이유는 잦은 청소 때문이고 잦은 청소의 이유는 비둘기의 많은 똥을 제거하기 위해 강한 세제를 쓰기 때문이고 비둘기가 많은 이유는 먹이가 되는 거미가 많아서이며 거미가 많은 이유는 역시 먹이가 되는 나방이 많았기 때문이었으며 나방이 많았던 이유는 저녁에 기념관을 밝히는 밝은 조명 때문이었다. 결국, 조명을 늦게 점등하면서 문제를 해결할 수 있었다.

문제의 핵심을 파고드는 끊임없는 질문이 문제의 본질을 밝혔고 결국은 해결할 수 있었다. 이런 식으로 6 시그마는 문제의 본질을 파고드는 것이 핵심이라고 할 수 있었다. 이런 핵심을 파고드는 문제 해결 방법을 GE의 웰치 회장은 1995년 GE의 핵심 전략으로 선정하고 반영하였다. 1980년대는 M&A 전략으로, 그리고 1990년대는 벽 없는 조직을 추구하는 기업문화 전략을 추진하였지만 또 다른 한편에서는 문제 해결을 추구하는 6 시그마 전략도 도입하였다.

05

혼돈 속 Platform 전략의 탄생: 힘을 내기 위해서는 모여야

구글은 1996년 스탠포드 대학원의 박사과정 학생이었던 래리 페이지 (Larry Page)와 세그레이 브린 (Sergrey Brin)에 의해 시작되었다. 박사학위를 준비하던 과제로 인터넷 WWW에 있던 수많은 Links 중 어떤 페이지를 선택할 것인가라는 문제에 집중하고 이를 그래프와 Network으로 인식하여 접근하였다.

스탠포드 대학의 디지털 도서관 프로젝트에서 함께 일한 경험이 있었던 두 사람은 페이지가 만들어서 사용하고 있었던 검색엔진인 BackRub을 함께 개발하기 시작하였다. 이 당시에 일반적으로 사용하던 검색 알고리즘은 찾고자 하는 단어가 얼마나 많이 웹 페이지에 나오는 가를 기반으로 하고 있었다. 웹 페이지의 내용이 별로 없더라도 찾고자 하는 단어가 많이 나오면 이 웹 페이지를 먼저 보여 주는 알고리즘이었기 때문에 사용자의 불만도 많던 시절이었다. 진짜로 찾고 싶어 하는 내용이 아니라 단어 위주로 보여 주었기 때문이었다.

이 문제에 집중한 두 사람은 페이지의 이름을 따기도 하였고, 또 페이지의 우선순위를 매긴다는 의미의 PageRank 알고리즘을 개발하고 이를 적용하기 시작하였다. 처음에는 스탠포드 대학교의 웹사이트를 이용한 google.standford.edu를 사용하였지만 1997년 google.com을 등록하였고, 기업체인 Google은 1998년 설립하였다. 1998년 당시에 주류를 이루고 있었던 Yahoo, Excite, Lycos 보다 더 혁신적인 검색엔진으로 인정받았다. 여기에서 구글의 검색엔진을 유명하게 만든 PageRank의 기본 개념을 보면, 중요하다고 생각되는 웹사이트는 다른 웹사이트들로부터 더 많은 링크를 받는다는 간단한 생각에서 출발하였다.

특정 웹사이트가 얼마나 중요한지를 판단하기 위해 그 특정 웹사이트에 링크되어 있는 웹사이트의 숫자와 질적인 수준을 근거로 판단하였다. 예를 들어 웹사이트 E는 여러 다른 웹사이트와 링크되어 있지만, PR은 (PageRank) 8.1%인 반면 웹사이트 C는 오로지 웹사이트 B와 링크되어 있지만, PR은 34.3%로 훨씬 수준이 높다고 볼 수 있다. 이렇게 된 이유는 웹사이트 C와 연결되어 있는 웹사이트 B의 질적인 수준이 높아 높게 반영된 것으로 볼 수 있다. 그렇다면 이런 숫자는 어떻게 계산되는 것일까? 간단한 예를 들어 설명해 볼 수 있다.

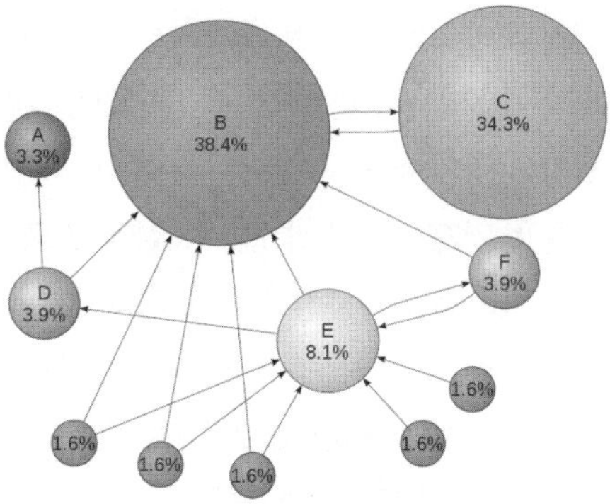

(PageRank, Wikipedia)

일단, 웹 페이지가 3개만 있다고 가정해 보면 시작할 때는 각각의 PageRank 점수를 1/3씩 배분한다. 각 웹 페이지의 링크가 그림과 같이 되어 있을 때 서로의 링크 방향을 감안해야 한다. 다음 상태로 넘어갈 때 웹 페이지 A의 점수는 현재의 1/3에서 달라진다. 웹 페이지 A로 들어오는 링크에는 웹 페이지 C만이 연결되어 있다. C는 1/3의 점수를 가지고 있었지만 두 개의 웹 페이지로 연결되어 링크하고 있어 자기의 점수를 균등하게 1/2씩 배분하도록 조정해야 한다. 따라서 A가 받을 수 있는 점수는 C가 가지고 있던 점수 1/3의 1/2만을 받을 수 있어 이것이 PageRank A로 (PR(A) = 1/2×1/3) 기록된다. 마찬가지로 웹 페이지 B로 들어오는 링크에는 웹 페이지 A와 C가 있다. A의 점수는 1/3로 설정되어 있고 오로지 B로 연결되어 있어 자기의 점수 전부를 B한테

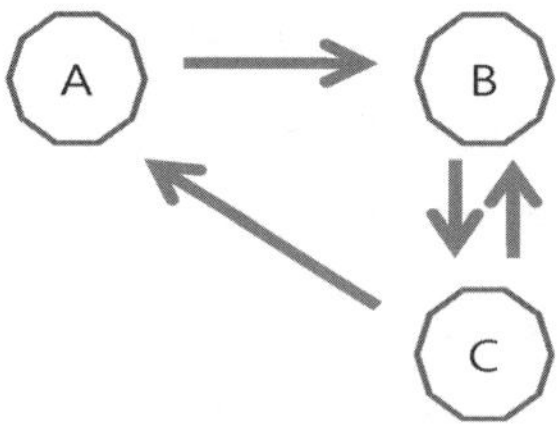

줄 수 있기 때문에 우선 1×1/3을 받을 수 있다. 한편 C의 점수도 1/3로 설정되어 있지만, 이번에는 두 개의 웹 페이지로 연결되어 있어 자기 점수 1/3의 1/2만을 B한테 줄 수 있다. A로부터의 점수 1×1/3과 C로부터 점수 1/2×1/3을 모두 합하면 PR(B)는 1×1/3 + 1/2×1/3 = 3/2×1/3로 늘어나게 된다.

		다음 상태			
		A	B	C	합계
현	A	-	1 X 1/3	-	**1 X 1/3**
상	B	-	-	1 X 1/3	**1 X 1/3**
태	C	1/2 X 1/3	1/2 X 1/3	-	**1 X 1/3**
	PageRank	1/2 X 1/3	1 X 1/3 + 1/2 X 1/3	1 X 1/3	1
	합계	**1/2 X 1/3**	**3/2 X 1/3**	**1 X 1/3**	**1**

똑같이 웹 페이지 C로 들어오는 링크에는 오로지 B만이 연결되어 있다. 그래서 B 점수 1/3의 모든 것을 받으면 PR(C) = 1×1/3이 된다.

인터넷을 사용하는 웹 페이지 링크를 한 번만 고려하였는데도 불구하고 초기에 각각 1/3씩 가지고 있던 PageRank에서 웹 페이지 A는 1/3의 50% 수준으로, 웹 페이지 B는 1/3이 150% 수준이 되었고, 웹 페이지 C는 1/3 수준을 그대로 유지하고 있다. 이렇게 된 이유는 웹 페이지 B는 A와 C로부터 링크되어 많이 활용되고 있기 때문으로 검색할 때 원하는 정보를 포함할 가능성이 높다는 점을 나타내고 있다.

또한, 웹 페이지를 링크하는 과정에서도 쓸모가 별로 없고 효용성이 낮은 웹 페이지로부터 링크되는 것보다는 제대로 된 정보를 정확하게 제공해 주는 웹 페이지로부터 링크되는 것이 PageRank를 올리는 데 있어 효율적이 되도록 시스템을 설계하였다. 이런 과정을 한 번만 하는 것이 아니라 지속적으로 시행하면서 업데이트를 지속적으로 추진하여 구글의 검색 효율을 높이기 시작하였다.

한편, 웹 페이지 링크가 Out-Bound만 있는 웹 페이지가 포함되는 경우와 In-Bound만 있는 웹 페이지가 포함되는 경우에는 PageRank를 달리 계산해야 하였다. 우선 Out-Bound만 있는 경우에는 그 해당 웹 페이지는 PageRank를 계산할 수가 없으며 In-Bound만 있는 경우에는 웹 페이지의 합이 2/3로 줄어들게 되어 이런 과정을 계속할수록 축소될 수밖에 없는 경우가 발생하게 된다.

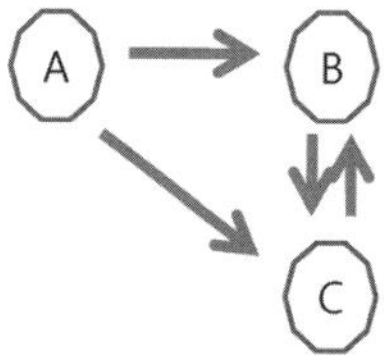

		다음 상태			
		A	B	C	합계
현	A	-	1/2 X 1/3	1/2 X 1/3	1 X 1/3
상	B	-	-	1 X 1/3	1 X 1/3
태	C	-	1 X 1/3	-	1 X 1/3
	PageRank	-	1/2 X 1/3 + 1 X 1/3	1/2 X 1/3 +1 X 1/3	1
	합계	-	3/2 X 1/3	3/2 X 1/3	1

(Out-Bound only 사례)

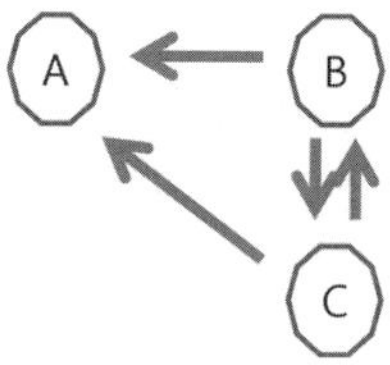

		다음 상태			
		A	B	C	합계
현	A	-	-	-	1 X 1/3
상	B	1/2 X 1/3	-	1/2 X 1/3	1 X 1/3
태	C	1/2 X 1/3	1/2 X 1/3	-	1 X 1/3
	PageRank	1/2 X 1/3 + 1/2 X 1/3	1/2 X 1/3	1/2 X 1/3	1
	합계	1 X 1/3	1/2 X 1/3	1/2 X 1/3	2/3

(In-Bound only 사례)

즉, 조정이 없다면 궁극적으로 In-Bound 웹 페이지가 블랙홀 같은 영향을 발휘하여 모든 페이지가 이 웹 페이지를 링크하는 오류가 발생할 수 있는 점을 개선하여 Damping 계수를 반영하여 PageRank 모델을 보완하였다. 일반적으로 현재 사용하고 있는 웹 페이지에서 연속적으로 탐색하는 경우는 85%이지만 (Damping 계수 85%) 15%의 경우는 현재의 웹 페이지와는 상관없이 완전히 새롭게 시작한다는 현실성을 반영하여 Out-Bound와 In-Bound의 경우에도 PageRank를 지속적으로 계산할 수 있도록 하였다.

그 결과 다른 검색엔진과는 다르게 구글을 활용하여 검색하면 외부에서 핵심적으로 링크되어 웹 페이지 점수가 높은 웹 페이지부터 보여주기 시작하여 검색의 효율성을 높이고 원하는 정보를 빨리 찾아 준다는 것이 현재 구글의 가치를 부각시키는데 중요한 요인이 되었다. 수많은 정보들이 웹에서는 넘쳐나는데 실제로 고객이 원하는 검색기능은 질문에 대한 답을 빠르게 정확하게 해 주는 것이었다. 그렇지만 대부분의 검색 엔진들이 제 역할을 해 주지 못하는 시점에 구글이 등장함으로써 소비자의 가려운 점을 해소시켜 주는 역할을 하였다.

2000년이 지나면서 더 많은 정보들이 웹에 나타나고 소비자들의 요구가 단순하게 웹 페이지에 있는 정보만을 요구하는 것이 아니라 더 좋은 정보, 예를 들면, 사진 등의 이미지를 요구하는 형태가 나타나게 되어 2001년에 이를 반영하게 되었다. 그리고 2001년 9월 11일, 911 테러가 뉴욕 월드 트레이드 센터에 있었지만, 구글에서는 이를 찾을 수가 없었다. 앞에서 언급한 검색엔진인 PageRank는 이미 한 달 전에 업데이트되었는데 9월 11일 당일에 발생한 사건을 포함한 웹 페이지가 있을 수 없었기 때문이었다. 그래서 구글에서는 이를 반영하여 주요 뉴스 기관의 웹 페이지를 첨부하고 필요하면 이들 웹 페이지를 방문하도록 유도하였다. 그래서 나타난 것이 현장에서 발생하고 있는 뉴스를 빠르게 모아서 보여주면서 다양한 의견을 보여 줄 수 있는 Google News를 새롭게 보여 주게 되었다.

이후에는 인터넷이 강화되면서 문서, 이미지, 음악 등 다양한 자료들과 이들을 제공하는 수단도 나타나게 되었다. 구글 검색엔진은 당초 웹 페이지에만 존재하는 정보를 찾아서 제공하였는데 이를 확장해서 뉴스, 사진, 지도, 블로그, 비디오 등 다양한 소스와 자료를 찾아서 이를 빠르고 정확하게 검색결과에 반영한 프로그램을 2007년 Universal Search라는 이름으로 제공하게 되었다. 고객이 원하는 질문에 빠르게 답을 할 수 있는 그런 검색을 목표로 하고 있고 질문을 하는 과정에서도 미리 답을 볼 수 있는 그런 구조, 문자로 된 질문뿐만 아니라 그림으로 된 질문까지도 인식할 수 있고 더 궁극적으로는 인간이 인간에게 할 수 있는 질문에도 답을 할 수 있는 그런 시스템을 목표로 하고 있다.

한편, 초기에는 순수하게 검색기능만 강조하였지만, 워낙 성능이 우수하였기 때문에 외부로부터 자금 조달을 받을 수 있었다. 하지만 자체적으로 수익을 창출할 수는 없었다. 그래서, 2000년 광고주가 광고를 하는 애드워즈 (Adwords) 기능을 도입하였고 2003년에는 웹 페이지 소유자를 위한 광고 프로그램인 애드센스 (AdSense) 기능을 첨부하여 수익을 창출할 수 있는 구조를 만들어 내었다.

우선, 애드센스는 웹 페이지 소유자가 애드센스에 가입하게 된다. 예를 들어, 여행 블로그를 운영하는 웹 페이지 소유자가 애드센스에 가입하고 웹 페이지 사이 사이에 여행과 관련된 광고를 게재할 수 있도록 하고 있다. 만약, 이 여행 블로그를 보던 사용자가 이 광고를 클릭하게 되면 광고를 게시한 사람은 광고비를 구글에 지급하게 되고 구글은 이 광고비를 적립하여 나중에 웹사이트 소유자와 나누어 갖는 구조로 운영되고 있다.

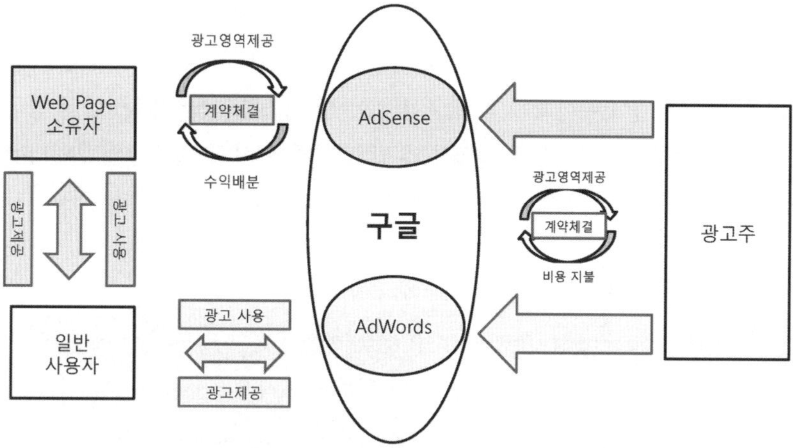

한편, 애드워즈는 광고주가 애드워즈에 가입하고 구글 웹사이트나 애드센스에 가입한 웹사이트들에 광고를 넣으면 인터넷을 사용하는 사용자가 표시된 광고를 보고서 마음에 들면 클릭하게 되는 구조로 되어 있다. 초기에는 구글도 다른 포털과 마찬가지로 CPM 방식을 사용하였다. CPM 방식은 1000회를 나타내는 라틴어 mille를 사용하여 사용자가 광고를 1천 회 본 경우에 지불하는 비용을 의미한다. (Cost Per Mille). 예를 들어 광고비용이 2천만 원으로 광고를 본 사용자가 100만 명이었다면 CPM = 2,000만 원/ (100만 명/1,000) = 2만 원이라고 할 수 있다. 광고주가 1천 회당 2만 원의 광고비를 썼다고 할 수 있다. 이 경우에 높은 CPM 비용을 지불하면 광고를 잘 보여줄 수 있는 특정 위치를 선택할 수 있다는 장점은 있지만, 광고를 봤다는 것이 곧, 광고에 관심이 있다는 뜻이 아니기 때문에 효율성에 문제가 생기기

시작하였다.

그래서 소비자가 관심이 있다는 뜻으로 표현될 수 있는 의미로 그 광고를 클릭하게 될 때마다 비용을 지불하는 CPC 방식 (Cost per Click)으로 전환하였다. 이 경우에도 단순하게 광고를 게재하는 방식에서 벗어나 검색 결과와 관련이 있는 부분에 광고를 내게 하고, 이를 경쟁방식인 경매 방식을 적용하였다. 이 경매 방식에서도 구글 특유의 방식을 적용하여 구글의 이익을 더 많이 창출할 수 있는 방식을 개발하여 적용하였다.

우선, 일반적인 경우는 특정 부분에 광고를 낸다고 하면, 이 광고에 관심이 있는 여러 명의 광고주가 CPC에 대한 입찰가를 제시하고 이 중에서 가장 입찰가가 높은 광고주한테 이런 광고를 주는 방식으로 적용하였다. 이런 방식으로 하면 높은 입찰가를 쓴 광고주가 광고를 하게 되겠지만 실제로 인터넷 사용자가 클릭을 하지 않으면 수익을 창출할 수 없게 되어 있다.

단순 경매 → Quality Score결합

- CTR(Click Through Rate), Landing Page, Relevance

	입찰가	순위	Quality Score	AD Rank	AD Rank 순위
광고주 A	4$	1	1	4	4
광고주 B	3$	2	3	9	2
광고주 C	2$	3	6	12	1
광고주 D	1$	4	8	8	3

이런 문제점을 개선하여 구글은 실제로 클릭할 가능성이 높은 것까지도 고려한 방식인 CPC x 실제 클릭 가능성을 고려하여 우선순위로 경매를 진행하고 있다. 한 웹 페이지에 3개의 광고가 가능하다고 전제하고 4명의 광고주가 3개의 광고 Spot을 목표로 입찰하는 사례를 살펴보자. 입찰가만을 기준으로 보면 광고주 A가 가장 높은 금액을 썼기 때문에 1순위가 된다. 같은 이유로 광고주 D는 가장 낮은 금액을 썼기 때문에 4순위가 되어 탈락하도록 되어 있다. 하지만 실제로 사용자가 클릭할 수 있는 가능성을 보면 광고주 A는 실제 클릭할 가능성이 있는 Quality Score에서 가장 낮은 점수 1점을 기록하고 있다. 광고

주 A는 입찰에서 낙찰을 받았지만, 실제 사용자들은 클릭을 거의 하지 않기 때문에 구글이 이 광고주로부터 받을 수 있는 광고 수입은 거의 없다고 볼 수 있다. 이런 문제를 방지하기 위해 입찰가 X Quality Score를 계산하여 AD Rank라는 개념을 도입하였다. 광고주 C는 입찰가를 2$로 낮게 제출하여 3순위를 기록하였으나 Quality Score가 높은 점수인 6점을 기록하여 AD Rank는 12점으로 1위를 기록하였다. 결국, 광고주 C는 클릭당 입찰가를 낮게 제출하였지만, 광고의 내용이 우수한 관계로 사용자들의 많은 클릭이 있을 것으로 예상되어 전체적으로 구글이 벌어들이는 전체 광고 수입은 가장 많다고 볼 수 있다.

가장 낮은 입찰가 1$을 써 낸 광고주 D는 Quality Score가 가장 높은 8점을 기록하여 클릭당 입찰가는 낮지만, 실제 클릭이 많을 것으로 예상되어 구글이 전체적으로 벌어들이는 수입은 광고주 A 보다 많을 것으로 판단할 수 있다. 이렇게 보면 결국 3자리의 광고는 광고주 C, B, D에게 가고 광고주 A는 입찰에서 탈락하도록 되어 있다. 구글이 벌어들이는 광고 수입도 광고주 C, B, D 순으로 되어 있다는 것을 알 수 있다.

구글은 여기에서 한 단계 더 나아가 승자의 저주가 (Winner's Curse) 되는 경우를 피하는 방법을 도입하여 광고주가 일방적으로 손해를 보는 경우도 피할 수 있는 시스템을 구축하였다. 일반적으로 경매에서 최종 입찰자가 실제 가치보다 더 많은 자금을 투입해서 구입하였는데 실제로는 손해를 보는 경우가 많이 생기게 되었는데 이를 승자의 저주라고 일컫는다. 그래서 구글은 이것을 해결하기 위해 광고주의 AD Rank가 아니라 다음 순위의 AD Rank를 이길

	최초 입찰가		당초 AD Rank		실제 입찰가
광고주 C	2$	6	12	9+α	= 9/6 +α
광고주 B	3$	3	9	8+α	=8/3+α
광고주 D	1$	8	8	4+α	=4/8+α
광고주 A	4$	1	4		

수 있는 방법을 고안해 내었다. 이렇게 하면, 무리하게 제출한 입찰가가 아니라

다음 순위의 경쟁자인 광고주를 이길 만큼만 입찰가를 내면 되기 때문에 광고주 입장에서도 손해를 본다는 생각은 피할 수 있었다. 이렇게 함으로써 광고주도 최초로 제출한 입찰가 보다 적은 금액으로 경매에서의 불확실성을 조금이라도 덜어낼 수가 있게 되었다.

결국, 이런 방식으로 구글의 전체수입도 그리고 광고주가 갖게 되는 승자의 저주도 피할 수 있게 되어 상호 도움이 되었다. 이렇게 검색엔진의 성능을 지속적으로 혁신하고 또한, 광고도 사용자 입맛에 맞는 내용을 제공하게 되자 검색 시장 1인자가 되어 찾고자 하는 정보를 빠르고 정확하게 제공하겠다는 목표와 이를 달성할 수 있는 기술의 접목으로 시장을 확대하여 나갔다.

그렇다면 한때 세계를 호령하던 Yahoo는 왜 사라지게 되었는가? 1990년대 말과 2000년 초기에 Yahoo는 절대적인 위치에 있었다. 인터넷 초기에 여러 가지 인터넷 Contents 를 한군데 모아놓은 포털 역할을 하여 사용자들이 한 곳에서 여러 가지 정보를 편리하게 볼 수 있도록 한 것이 핵심 경쟁력이었다. Yahoo에만 접속하면 여러 가지 다양한 정보를 한 번에 볼 수 있었던 것이 핵심이었다. 하지만 사용자들이 이에 익숙해지면서 또 다른 요구가 강해지기 시작하였다. 특정한 사항에 대한 정보를 종합적으로 볼 수 있는 것을 원하기 시작하였다. 포털이 그냥 제공해 주는 정보가 아니라, 사용자는 찾고자 하는 정보를 빠르게 종합적으로 볼 수 있기를 원하기 시작하였다. 이런 사용자의 욕구를 만족시켜준 것이 구글의 검색엔진이었다.

특히 인터넷 사용 비용이 비싼 서구 지역에서 자기가 원하는 정보만을 빠르게 싸게 제공할 수 있는 구글의 검색기능이 선풍적인 인기를 얻을 수밖에 없었다. 여기에서 더 나아가 세상에 돌아다니는 모든 정보를 다 모아서 제공하겠다고 하는 구글의 정보 네트워크에 대응할 수 있는 체제를 Yahoo는 갖추지 못하였다.

또 하나, 2004년에 설립된 Facebook과 같은 SNS의 등장이 치명타로 작용하였다. 사람들은 정보 네트워크뿐만 아니라 인적 네트워크를 통한 소통을 원하기 시작하였다. 그리고 2007년 애플 iPhone의 등장으로 이런 모든 것들이 스마트폰 안에서 가능하였지만, Yahoo는 이 어떤 추세에도 대응할 수 있는 준비가 되어 있지 않았다는 것이 치명적이었다. 그 결과 Yahoo는 2015년 핵심사업이었던 포털사업을 분리하여 역사 속으로 사라지게 되었다.

그렇다면 같은 포털이었던 한국의 네이버가 유지되고 있는 비결은 무엇일까? 전 세계에서 압도적인 우위를 차지하고 있는 구글에 비해 어떤 장점이 있길래 이런 현상이 벌어지고 있는 것일까?

1) 우선, 네이버는 국내 자료만 주로 취급하고 네이버 안에 있는 자료 위주로 검색하고 있어 자료 범위에 한계가 있다.
2) 또한, 네이버와 사전에 계약을 맺은 국내 뉴스만 검색하고 검색어 관련성을 최신순으로 보여주기 때문에 비슷한 뉴스를 많이 볼 수 있지만 원하는 뉴스를 쉽게 찾아볼 수 없는 문제도 있고.
3) 광고, 그리고 네이버 제공 서비스, 카페, 블로그 등을 우선 보아야 하기 때문에 광고 및 마케팅 게시물을 많이 볼 수밖에 없는 등 단점이 있는 반면
4) 우리나라 환경에 맞는 다양한 이벤트를 수시로 보여주는 장점도 있다.
5) 또한, 웹툰을 비롯해서 Contents, 그리고 2002년 풍부한 지식 정보를 활용한 지식 iN 서비스를 만들어서 궁금한 사항을 묻고 답하는 시스템의 성공적 도입을 하였다.
6) 국내 대부분 사용자가 쓰고 있기 때문에 정보 교환이 훨씬 쉽게 이루어질 수 있다. 예를 들어 실시간 검색어를 어디에서든 쉽게 볼 수 있도록 제공하고 있다.

반면, 구글의 검색 기능은 앞에서 설명한 바와 같이 찾고자 하는 검색어를 관련성이 높은 순서대로 아주 빠르게 보여 주며, 특히, 이미지 검색에서는 구글이 압도적으로 우세하다고 볼 수 있다. 또한, 전 세계 뉴스를 검색할 수 있으며. 비슷한 뉴스를 모아서 보여 주기 때문에 한눈에 다양한 뉴스를 볼 수 있다는 장점도 있다.

결국, 네이버의 생존 전략은 우리나라의 현실을 최대한 고려하여 사회적인 추세와 상황에 맞는 프로그램을 지속적으로 도입한 것이 핵심이라고 할 수 있다. Yahoo가 포털의 역할에 만족하여 역사 속으로 사라졌다면 네이버는

한국형 검색서비스인 지식iN을 도입함으로써 사업영역을 넓혀 왔다고 할 수 있다.

세계의 정보 네트워크를 지향하는 것이 구글이라면 인적 네트워크를 지향하는 것은 Facebook이라고 할 수 있다. Facebook은 2003년 하버드 대학생이었던 Mark Zuckerberg가 Facemash라는 웹사이트를 개발하면서부터 시작되었다. 이 웹사이트는 당시에 유행하고 있던 두 인물의 사진을 놓고 누가 더 Hot 한지를 결정하는 프로그램과 비슷하게 하버드 대학생들을 대상으로 누구 사진이 더 Hot 한지를 결정하는 프로그램을 운영하고 있었다.

Facemash 프로그램은 9개 기숙사 학생들의 앨범에서 (facebook) 가져온 사진들을 대상으로 두 명씩 비교해서 누가 더 Hot 한지를 평가하는 형태로 운영하였는데 시작한지 4시간 만에 2만 2천 건의 사진을 볼 만큼 인기를 끌었었다. 하지만 몇 일만에 정보 보안 위반 및 개인정보 보호 등 위반 혐의로 웹 사이트는 폐쇄당하고 Zuckerberg는 퇴학당할 위기에까지 처하게 되었지만, 가까스로 면하고 그는 이 기술을 저작권 문제가 없었던 예술 작품의 이미지를 비교하는 것으로 변경하여 운영하였다. 2003년 하버드 대학교 기숙사 학생들의 간단한 신상명세가 적힌 face book은 종이로만 작성되어 배포되었고 그나마 대학 전체 학생들의 face book은 없는 실정이었다. 여기에 착안한 Zuckerberg는 전체 학생들을 대상으로 한 TheFaceBook 웹사이트를 2004년 개발하여 2월부터 운영하기 시작한 지 하루 만에 1천2백에서 1천5백 명 사이의 학생들이 이 웹사이트에 가입하는 등 높은 관심을 받았고 첫 달 만에 하버드 학부 학생들의 반 이상이 이 웹사이트에 가입하였다.

다시 3월에는 스탠포드, 컬럼비아, 예일 등 아이비 대학으로 퍼졌고 미국과 캐나다의 대부분 대학으로 확대되어 가기 시작하여 6월에는 Facebook이 설립되었다. 2005년 facebook.com 도메인을 매입하면서 이름도 웹사이트 이름도 Facebook으로 조정하였다. 이후 고등학생뿐만 아니라 이메일 주소를 가진 13세 이상이면 누구든지 가입할 수 있도록 문호가 개방되어 멤버 숫자가 급격히 늘어났으며 이들 멤버들 대상으로 기업을 소개할 수 있는 비즈니스 페이지가 2007년에 이미 십 만개를 넘어서고 있었다. 이런 과정에서 펀드들뿐만 아니라 마이크로소프트까지 투자에 참여함으로써 기업 가치를 지속적으로 늘려 왔으나 수익 측면에서는 문제가 있었다. 2008년 광고를 함으로써 이익 창출에 도움이 된다는 결과를 도출하고 이를 시행함으로써 2009년 처음으로 이익을 만들어 낸 이후 광고부문에서 지속적인 이익을 창출하고 있다.

Facebook은 사용자들이 서로 개인 정보나 글, 동영상 등을 교류하는 온라인 인맥 서비스 (SNS, Social Network Service)의 대표 주자로 성장하였다. 하지만 시작은 같은 대학교 학생들이 서로가 누구인지를 확인하고 싶은 단순한 생각에서 시작하였다. 과거에는 종이에 적힌 정보를 보거나 친구들한테 들은 정보가 전부였는데 인터넷의 발달로 자신의 모습과 상황 등을 본인 스스로 웹사이트에 올릴 수 있게 되었고 이를 바탕으로 상호 소통하는 플랫폼의 기본이 되었다.

2004년 12월에 가입자 수가 백만 명이었는데 8년이 지난 2012년 12월에는 10억 명을 돌파하였다. 그리고 2017년 6월에는 가입자 수가 20억 명을 넘었다고 Zuckerberg가 밝힌 바 있다. 이런 Facebook이 목표로 하는 것은 비전과 미션에 명확하게 나와 있다. 사람들에게 세상을 공유할 수 있는 도구를 제공함으로써 조금 더 개방적이고 연결된 세상으로 만드는 것이 목표라고 제시하고 있다. 이런 목표를 가지고 발표한 10년 계획은 이를 달성할 기술적인 내용을 보여주고 있다. 2016년에 발표한 10년 로드맵을 보면 우선 Facebook을 기반으로 메신저와 인스타그램 등 사람들끼리 함께 할 수 있는 프로그램을 더욱 확대 발전시켜 나가고 그다음 5년간은 사람들끼리 더 많은 내용들을 공유할 수 있도록 인공지능, 가상현실, 증강현실 등 현실화시킬 수 있는 기술을 개발하는 것을 명확히 하였다.

이에 반해 구글은 세상에 존재하는 정보를 누구나 쉽게 찾아서 활용하고 이해할 수 있도록 만들기 위해서 기술적인 혁신과 사용자의 경험을 기본으로 검색엔진을 개발한다고 하였다.

구글이나 Facebook 모두 세상을 연결하고 공유하는 것을 목표로 하고 있다. 먼저 구글은 세상에 존재하는 모든 정보를 사람들이 쉽게 사용할 수 있도록 하는 정보 네트워크의 구축을 목표로 하고 있으며 Facebook은 가족이나 친구들, 더 나아가 지구촌 가족까지도 포함한 사람들의 네트워크를 구축하는 것을 목표로 하고 있다. 물론, 이 두 회사는 인적 네트워크와 정보 네트워크 건설에 필요한 기술 혁신에 엄청난 투자를 하고 있고 이 기술 혁신을 공유할 협력업체와의 공동체인 Eco System, 플랫폼 개발에 집중하고 있다.

플랫폼 비즈니스 모델에 대해서 조금 더 자세히 살펴볼 필요가 있다. 구글과 Facebook의 등장으로 플랫폼 전략이 새로운 전략으로 떠오르고 있었다. 플랫폼 (Platform)은 사실 옛날부터 있어 왔다. 우리가 인식을 했던 못했던 이런 비즈니스 모델은 아주 오래된 옛날서부터 있어 왔던 것이다.

아주 옛날부터 물물교환이 성행했었다. 농사짓는 사람들은 자기가 농사짓고 남은 쌀을 팔아서 가족들이 필요로 하는 옷감과 바꾸는 것을 원했었다. 물물교환의 초기에는 개인대 개인이 상호 교환하는 형태로 진행되었다. 하지만 시간이 지나면서 개인대 개인이 만나서 교환하기에는 시간과 장소 등을 사전에 연락해서 알아야 하는 등 비효율이 있었다. 그래서 사람들끼리 날짜를 정해놓고 어느 날 어느 장소에서 물건을 팔기 원하는 사람들과 또 물건을 사기 원하는 사람들에게 알리면 이들은 이날 이 장소에 모여서 물물 교환을 하였고 또 필요에 의해서 화폐라는 매개체를 만들어서 효율성을 더 높이게 되었다.

1950년대 과거 소를 사고파는 우시장의 모습을 보면 소를 팔기 원하는 사람들과 또 소를 사기 원하는 사람들에게 장소와 시간을 정해 놓고 시장을 열었다. 이것이 더욱 변화되어 소뿐만 아니라 이것저것 다양한 것들을 팔 수 있는 시장의 모습이 갖추어지기 시작하였다. 다양한 물건들을 팔고 살 수 있는 場을 만들어 내는 것이 핵심이었다. 여기에서 핵심은 물건을 파는 사람들과 사는 사람들을 연결시켜 주는 것이었다. 물론 시장을 운영하는 나름대로의 규칙이 있었다.

서울역의 옛날 모습을 보면 커다란 기차 역사가 보이고 광장을 오가는 사람들이 보인다. 서울역의 기능은 지방에 있는 사람들이 서울에 오기 위해서 사용하였던 거의 유일한 수단이었던 기차를 타고 마지막에 도착하는 것이었다. 서울에 오는 사람과 지방에 가는 사람들이 모이는 곳이 서울역이었다. 처음에 이런 기능 이외에는 다른 기능이 필요 없었다. 역 주변에 나그네를 위한 여인숙과 식사를 할 수 있는 식당이 전부였을 것이다. 그리고 이들이 여행하는 동안 읽을 수 있는 간단한 읽을거리, 간단히 요기를 채울 수 있는 먹거리를 파는 간편 매장이 전부였다.

그렇지만, 다르게 생각하면 서울역은 전국의 사람들이 모일 수 있는 인적 네트워크 기능과 전국의 정보들이 모일 수 있는 정보 네트워크 기능을 동시에 가지고 있었다면 과장일까? 서울역에는 많은 사람들이 모여들 수밖에 없었다. 특히, 명절에는 전국 각지로 가는 사람들이 모여들 수밖에 없었다. 명절에 고향에 가고 또, 서울에 돌아오는 기능을 수행하는 것이 서울역이었다. 하지만 이렇게 많은 사람들이 기차를 타기 위해 기다리는 동안, 또는 출발 전에 또는 도착 후에 음료수를 사거나 읽을거리를 사거나 뭔가 거래를 해야 하는 필요성이 있었을 것이다.

처음에는 단순한 기차역 플랫폼이었다. 즉, 떠나는 사람과 돌아오는 사람이 거쳐가는 하나의 장소에 (Platform, 場) 불과하였다. 많은 사람들이 이 Platform을 거쳐가기 시작하면서 다양한 기능들이 필요하게 되었다. 단순한 먹을거리에서 제대로 된 식당, 즉, 한식, 일식, 중식, 서양식 등 다양한 요구를 반영한 식당들이 생겨나게 되었다. 또한, 전국 각지에서 생산되는 물건들을 빠르게 제시간에 수송할 수 있는 배송업체를 포함한 물류 네트워크가 형성되었고 또, 여행 중 필요한 것들을 살 수 있는 슈퍼마켓에서 대형마켓까지 생겨나게 되었고 서울역에 도착하는 사람들과 서울역에서 출발하는 사람들을 위한 교통 네트워크, 그리고 자동차를 운전하는 사람들을 위한 대형 주차장, 그리고 전국 각지에서 사람들이 빠르게 모일 수 있다는 장점을 활용한 회의실 기능 그리고, 이들이 묵을 수 있는 숙박시설 등 그야말로 다양한 산업이 서울역을 중심으로 생겨나게 되었다.

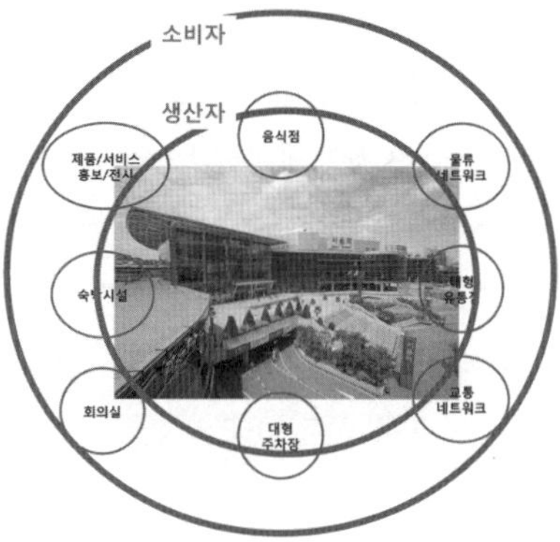

(플랫폼 비즈니스)

여기에서 플랫폼 비즈니스 모델을 생각할 수 있다. 우선 서울역의 기본적인 기능은 열차를 타기 위한 사람들을 모으는 플랫폼 (場)을 제공한다. 둘째, 모인 사람들이 필요로 하는 것들을 제공하는 생산자의 네트워크가 형성된다. 셋째, 생산자 네트워크를 필요로 하는 소비자 네트워크를 형성한다. 네째, 이 생산자 네트워크와 소비자 네트워크를 연결하는 기능을 한다.

이런 플랫폼 비즈니즈가 2000년대 급격하게 부상하기 시작하였다. 앞에서 설명한 서울역 플랫폼 사례에서 본 바와 같이 몇 가지 조건이 필요하다.

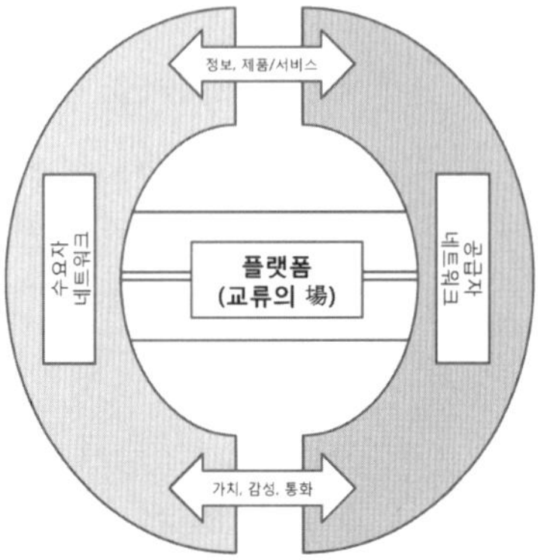

(플랫폼 비즈니스 구조)

우선, 교류의 場을 활성화하기 위해 플랫폼에는 많은 사람이 필요하다. 많은 사람을 끌어들이기 위해 플랫폼 사용자에게는 비용을 부가하지 않은 것이 좋다

그렇다면 수익은 어떻게 만들 것인가? 플랫폼을 사용하는 공급자에게 플랫폼을 운영하는데 필요한 경비와 일정 수수료를 받을 수 있다. 서울역의 경우 임대료가 이에 해당할 것이다. 공급자는 플랫폼 운영자에게 매출의 일정 부분을 임대료나 사용료 형태로 지불하고 나머지 부분을 가지고 공급자의 비용과 이익을 창출해 나갈 수 있다. 수요자는 공급자가 제공하는 제품과 서비스에 만족할 경우 이에 해당하는 비용을 지불함으로써 상호 이해관계를 만족시킬 수 있다. 수요자가 만족할 만한 제품과 서비스를 받으면 이를 비용으로 공급자에게 제공하고, 공급자는 이를 받아 일부분을 플랫폼 운영자에게 제공하고 나머지는 자신이 보유하면 된다.

이런 비즈니스 모델이 가능한 이유는 수요자와 공급자를 연결시켜 주는 장소와 서비스를 제공하고 있고 따라서 상호 필요한 제품과 서비스를 찾는 수고와 노력을 절감시킬 수 있기 때문이다.

그렇다고 모든 플랫폼 비즈니스가 성공하는 것은 아니다. 서울역과 시골의 한적한 역을 비교하면 같은 플랫폼을 갖춘 역인데도 불구하고 엄청난 차이가 있다는 것을 인식할 것이다. 이 두 플랫폼 비즈니스의 결정적인 차이는 얼마나 많은 사람이 모이냐는 점에 있다. 서울역에는 서울이라는 지리적 특장점 때문에 사람들이 모일 수밖에 없지만, 시골의 한적한 역에는 특별한 이슈가 없는 한 사람들이 모일 이유가 없다. 그렇다면 사람들이 모일 수 있도록 뭔가 차별화된 것을 제공해 주어야 한다.

초기, 구글과 Facebook은 사용자에게는 비용을 받지 않고 무제한의 데이터 저장 공간과 무료 이메일 서비스를 제공하였다.(가만히 생각해 보면 대부분 플랫폼 사업자는 무료 서비스를 제공하는 것이 일반적이다.) 여기에서 머무르지 않고 기존 서비스와는 차원이 다른 서비스를 제공하였다. 구글의 검색 엔진은 필요한 정보를 엄청난 속도로 찾아 준다는 것이 장점이었고 Facebook은 이전까지는 없었던 친구 찾기라는 신종 서비스를 특별하게 제공하였다. 즉, 플랫폼 사업자는 자신만의 존재가치를 과시할 수 있는 특별한 서비스를 제공해야 가치를 인정받을 수 있다.

이렇게 해서 사람들이 모이면 그때 공급자들을 끌어들여 필요한 서비스, 예를 들어 광고를 제공하도록 한다. 이때도 단순광고가 아니라 플랫폼과 기본 철학이 맞는 광고를 제공하도록 플랫폼 Rule을 만들고 관리한다. 이 광고에 만족해하는 수요자가 비용을 지불하는데 전혀 아깝지 않다는 느낌을 가져야 한다. 이렇게 하려면, 시대적 변화, 사회적 변화, 라이프 스타일의 변화 등의 흐름을 제대로 파악해서 반영하여야 한다. 구글이나 Facebook이 그동안 얼마나 많은 시스템을 업데이트하였는지 보면 이를 잘 알 수 있다. 이런 시대적 변화와 잘 맞아 떨어지는 집단과 그룹을 찾아내 이들을 타겟으로 하고 이들에게 강력하게 Appeal 할 수 있는 Killer Application을 만들어 내어야 한다. 이렇게 하면 점점 더 많은 사람들이 플랫폼에 모이게 되는 선순환 구조를 만들어 낼 수 있다.

이런 플랫폼 전략은 과거에도 있었지만, 컴퓨터를 활용한 인터넷의 성장과 함께 엄청난 속도로 발전해 왔다. 기존 막강하였던 IBM과 마이크로소프트도 비슷한 비즈니스를 추진하였는데 뜻밖에도 스타트업들이었던 구글과 Facebook이 이 새로운 비즈니스의 강자로 부상하였다. 처음 구글은 인터넷 베이스로 검색기능을 시작으로 이메일, 유튜브, 통역기, 클라우드 서비스 등 다양한 서비스를 제공하여 많은 사람을 끌어모았다. 이와 마찬가지로 Facebook도 친구 찾기를 시작으로 뉴스피드, 사진 태그, 메신저 등 다양한 SNS를 제공하여 사람들의 많은 관심을 받기 시작하였다. 이를 시대적인 흐름으로 보면 초기에는 하드웨어 중심에서 소프트웨어 중심이었다가 1990년대 후반과 2000년대 초반 인터넷 세상이 많은 것을 바꾸어 놓았고 이를 활용한 새로운 플랫폼 비즈니스가 번성하였으나 2000년대 후반 모바일 제품이 도입되면서 또 다른 플랫폼 비즈니스가 생겨나고 있었다.

06

Paradigm 변화: iPhone이 만든 변화

모바일 통신은 앞에서 설명한 바와 같이 Analog 시대의 모토로라 전성기를 거쳐 Digital 시대를 이끈 노키아가 전성기를 구가하였다. 1세대 (1G) Analog 통신은 음성을 전달하였다는데 주력하였다면 2세대 (2G) Digital 통신은 음성뿐만 아니라 간단한 문자와 (SMS) 벨 소리를 다양하게 선택할 수 있는 수준까지 발달하였다

2세대 모바일 전화기의 발달이 진전됨에 따라 소비자들은 더 많은 문자와 데이터를 주고받을 수 있는 환경을 요구하게 되었다. 예를 들면, 음성 통신뿐만 아니라 영상과 같은 멀티미디어 메시지, Fax 등 다양한 멀티미디어 정보를 네트워크에 주고받을 수 있는 기술이 필요하게 되었다. 기존에는 음성 통화를 할 때 전용 통신선을 이용하는 방법이었다면 이제는 음성도 데이터로 전환하여 네트워크에 보내고 이를 받는 쪽에서는 이것을 데이터로 받아서 다시 음성으로 전환하여 사용하는 방식 등 다양한 방식이 도입되기 시작하였다(VoIP). 이렇게 더 많은 데이터를 주고받기 위해서는 네트워크를 더 효율적으로 사용할 수 있는 기술 개발이 요구되었다.

기존 방식의 Circuit-Switched Network에서는 통신 네트워크 중에서 전용선 개념이 있었다. 음성이나 데이터를 보내는 송신자가 메시지를 보낼 경우 지정된 네트워크만을 이용하여 수신자에게 보내게 되어 있다. 예를 들어, “Mr. Watson, Come here. I need you.”라는 메시지를 보내면 이 메시지는 지정된 네트워크 경로만을 통해서 전달하는 방식이었다. 초기에 네트워크에 사용자가 별로 없을 경우 항상 사용할 수 있는 수준이 되었지만, 사용자가 많아지면서 전용선을 공유하는 경우 Traffic Jam이 걸리는 경우가 생길 수 있고 또한,

전용선에 문제가 있을 수도 있었다. 이 경우에도 네트워크의 다른 경로에는 사용자가 없어 놀고 있는데도 불구하고 이 전용선에만 Jam이 걸릴 수도 있었다. 물론, 이 문제를 해결하기 위해 이 전용선의 용량을 늘려서 해결할 수도 있었지만, 전체적인 네트워크 관점에서는 비효율이 심각한 수준으로 발생할 수도 있었다.

이런 문제를 해결할 수 있는 Packet-Switched Network 방식이 도입되었다. 보내려고 하는 데이터를 여러 개로 분해하여 보내는 방법을 찾아낸 것이다. 앞에서 설명한 메시지를 "Mr. Watson,", "Come here.", "I need you."의 세 개의 메시지로 분리하여 각각의 순서를 명시해서 네트워크를 통하여 보내는 방식이다. 네트워크에 보내는 방식도 기존의 정해진 순서가 아니라 네트워크의 사용 여부를 판단하여 Traffic이 없는 곳을 따라서 보내고 수신하는 컴퓨터에서는 이를 전부 받아서 다시 재조합하는 방식으로 원래 메시지를 복원하는 방식이었다. 메시지를 순서대로 받을 수 없는 경우도 생길 수 있기 때문에 전체 메시지를 받고 나서 다시 복원하는 데 일부 추가 시간이 필요할 수도 있지만, 통신 네트워크 전체의 효율성 측면에서는 개선할 수 있는 방식이라고 볼 수 있다.

한편, 단순한 음성 기능뿐만 아니라 다양한 멀티미디어 메시지를 전송할 수 있는 기기는 1992년 IBM에서 근무하는 한 연구원에 의해서 발표되었고 1994년 정식으로 Simon Personal Communicator 라는 이름으로 시장에 1,099불로 출시되어 5만 대 가량이 판매되었다. 주요 기능으로는 음성 통신뿐만 아니라 팩스, 이메일, 주소록, 달력, 스케쥴 관리장, 계산기, 세계시간, 전자 노트 등을 갖췄고, 현대식 스타일러스 펜이 부착된 터치스크린도 갖추고 있었지만, 시장에서 오랜 기간 지속되지 못하였다. 1994년 소형으로 경량화되고 있었던 휴대폰 시장에 출시된 IBM Simon은 PDA로서 (Personal Digital Assistant) 반짝하고 등장하였지만, 6개월 만에 시장에서 사라져갔다. 하지만 인터넷 환경이 열악했던 시절이었음에도 현대식 스마트폰의 기능을 대부분 가진

(IBM Simon, Wikipedia)
(Bcos47)

무선 전화기의 도입은 대단한 것으로 판단할 수 있다.

이 당시 PDA는 손에 들고 다니는 소형 컴퓨터의 기능을 하는 기기였다. 2세대 무선 전화기는 간단한 문자 메시지, SMS를 주로 송수신하는 기능이 있었다면 PDA는 여기에서 더 나아가 무선으로 인터넷을 접속하여 메일을 볼 수 있는 기능이 있었다. 이런 기능을 위하여 디스플레이가 별도로 있었으며, 일반 qwerty 키패드뿐만 아니라 Touch Screen도 있었다. PDA라는 용어는 1992년 CES에서 (Consumer Electronics Show) 애플이 뉴톤 (Newton)을 소개하면서 당시 사장이었던 존 스컬리가 처음 사용하였다. 뉴톤은 애플의 운영체제였던 Newton OS를 바탕으로 화면입력이 가능하였던 터치 스크린을 가지고 있었다. 주요 기능으로는 노트, 연락처를 수록하였던 Names, 그리고 미팅 일정 등을 기록할 수 있었던 Dates가 있었다. 도입 당시에는 획기적인 제품으로 인식되었으나 높은 가격과 화면입력에 대한 문제점을 극복하지 못하여 1998년 스티브 잡스에 의해 단종되었다.

한편, 앞에서 소개한 IBM Simon이 1994년 시장에 도입되었고 1996년 Nokia도 휴대폰 기능을 갖춘 PDA 9000 Communicator를 도입하였다. PDA로 유명한 Palm은 1992년 Palm Computing으로 설립되어 소프트웨어를 주로 개발하였으나 여러 차례 M&A를 거쳐서 2002년 Palm OS를 개발과 라이센싱을 하는 PalmSource로 분리되었으며 2003년 하드웨어를 담당하는 부문은 PalmOne으로 분리되었다가 2005년 PalmOne이 PalmSource를 매수함으로써 Palm이라는 단일회사로 탄생하게 되는 과정에서 다양한 PDA 제품을 시장에 도입하였다.

이들 PDA에는 대부분 노트, 전화번호부, Calendar, 이메일 등과 일부 휴대폰 기능이 있었고 이를 수행하기 위해, qwerty/Touch Screen 키패드가 장착되어 있었다. 2세대 무선통신과 PDA는 2000년대 중반까지 지속되었다. 따라서 이 당시에 비즈니스를 하는 사람들에게는 세 가지의 필수품이 있었다. 하나는 통화를 위한 휴대폰, 그리고 이메일 확인을 위한 PDA, 그리고 음악을 듣기 위한 iPod나 MP3 등을 챙겨서 다니는 것이 일상적이었다.

이런 시대적 상황에서 이 세 가지 기능을 통합한 3세대 (3G) 무선통신 신제품이 시장에 등장하게 되었다. 디지털 무선 통신, 문자를 주고받을 수 있음은 물론 이메일 송수신이 가능한 기기, 그리고 음악은 물론 사진 등 이미지를 저장하고 활용할 수 있는 기기가 세상에 등장하게 되었다.

1997년 애플에 복귀한 스티브 잡스는 애플 컴퓨터의 복잡한 라인업을 간단하게 정리하고 또한, 1998년 PDA 뉴톤을 정리하였다. 그리고 음악을 들을 수 있는 iPod에 집중하여 2001년 이후 성공을 거두고 있었다. 그리고 떠오르기 시작한 인터넷과 이메일을 활용할 수 있는 기기를 염두에 두고 2007년 iPhone을 발표하게 되었다.

2007년 MacWorld 컨퍼런스에서 애플은 전화기를 재발명하려 한다면서 "Touch가 가능한 iPod + 혁신적인 무선 전화기 + 인터넷 기기"를 하나의 기기에 통합한 iPhone을 소개하였다.

당시 3.5" LCD 디스플레이를 장착하여 QWERTY 키패드를 없애고 대신 여러 개의 손가락을 이용한 Touch 기능과 무엇보다도 기존의 휴대폰 디자인과는 완전하게 차별화된 모습의 스마트폰을 도입하였다. 시장의 다른 기기들보다는 5년 앞선 제품을 만들기 위해 잡스와 개발팀은 (Purple Team) 최소 2년 반 동안 공을 들인 결과 모바일 세상의 판도를 바꿔 놓았다. 이렇게 새로 도입된 애플 iPhone에 소비자들은 열광하기 시작하여 2007년 6월 판매되기 시작하여 2008년 10월까지 1천만 대를 판매하여 이 부문 신기록을 세웠다.

애플은 2007년 iPhone을 발표하기 전까지 휴대폰을 만들어 본 적이 없던 기업이었다. 그런데 어떻게 휴대폰을 만드는 것이 가능하였을까? 의문이 든다. 1982년에 애플은 휴대폰 컨셉에 관련하여 11개의 특허 신청을 하였는데 1985년에 일반에 공개된 적이 있다. 컨셉 디자인이기는 하지만 당시뿐만 아니라 지금 봐서도 획기적이라고 생각할 수 있는 디자인이라고 볼 수 있다. 하지만, 현실화되지는 못하였다.

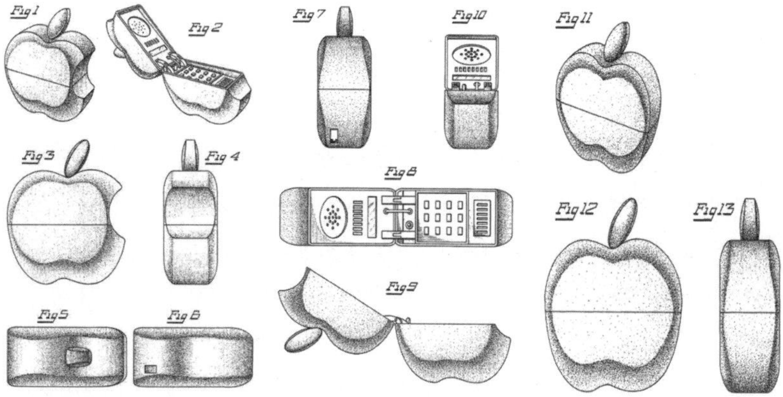

(애플 특허, 휴대폰 디자인, 1982년)

http://www.mobile-review.com/print.php?filename=/articles/2010/iphone-history1-en.shtml

2004년 iPod 도입 이후 대단한 명성을 얻었지만, iPod의 경쟁 제품이 휴대폰이 될 것이라는 믿음을 가졌던 잡스는 휴대폰 사업에 참여하는 것을 검토하면서 2006년 특허 신청을 하였다. 하지만 Purple 1 이라고 알려진 이 프로젝트는 실행되지 못하였다. 휴대폰의 기본 프레임으로 iPod를 선정하고 iPod에 있는 휠을 사용하여 숫자와 문자를 입력하는 모양으로 디자인하였지만 혁신적이라기보다는 iPod의 디자인을 그냥 따 왔다고 보는 것이 타당하였다.

2004년 많은 사람들이 애플이 휴대폰 사업에 참여하는 것에 대해서 물어봤지만 애플의 대답은 항상 No였으며 iPod에 더욱더 집중하겠다는 것이 답이었다. 하지만 이 과정에서도 휴대폰 시장에 대한 정보를 집중적으로 조사하고 있었다.

애플은 미국 통신 시장에 진출하고 싶었지만, 통신사들은 신규로 참여하는 업체에 대해 관심이 전혀 없었다. 특히, 이들 통신사들이 어떤 휴대폰 제품을 팔지를 결정하는 구조였기 때문에 이들의 도움이 없이는 미국 시장에 참여할 수 있는 방법이 전혀 없었다. 이런 과정에 통신사와 관계를 구축할 수 있는 방법이 모토로라와의 협력관계를 통해서였다. 이 당시 모토로라는 어려운 과정에서 RAZR 이라는 신제품으로 회생하는 분위기에 있었다. 그래서 애플과 새로운 협력관계를 구축하는 것이 나쁠 것 없다는 인식을 가진 모토로라와 2004

년 7월 양사는 협력관계를 발표하게 되었다. 모토로라는 통신기기를 파는 유통에, 그리고 애플은 iTunes를 통한 음원 판매에 관심이 있었다. 양사 협력관계의 핵심은 iTunes에 있는 음원을 모토로라에서 만든 휴대전화에서 들을 수 있도록 새로운 소프트웨어와 하드웨어를 공동 개발한다는 내용이었다. 협력이 시작되었지만, 순조롭게 진행되지는 않았다. 하지만 휴대폰 사업의 구조를 이해하기 위해서는 이 난관을 풀어나가야 하였다. 그래서 일단, 모토로라의 의견을 수용하여 애플이 iTunes Player를 먼저 만들기로 하고 후에 어떤 휴대폰에 이 Player를 장착할지 결정하는 구조로 작업이 진행되었다.

통신사와의 관계를 맺는 것이 중요한 애플은 일단 작업을 진행하여 새로운 제품을 유통시킬 통신사로 Cingular를 선정하고 Cingular와 관계 구축에 총력을 기울여 나갔다. 이렇게 협력관계를 맺은 지 1년이 되는 2005년 9월 모토로라는 기존 모델이었던 E398에 iTunes Player 버튼만 추가한 모델, ROKR E1을 개발해 판매하기 시작하였다. (iTunes Phone) 기능적으로도 Wifi 기능이 없었고 또한 무선으로 음원을 다운로드 받기에는 비용이 적지 않았기 때문에 컴퓨터에 연결해야만 음원을 다운로드 받을 수 있는 기기가 되었다. 거기에다가 최대한 저장할 수 있는 음원의 숫자가 100곡에 불과하였고. Cingular는 통화음을 다운로드 받는데 한 곡당 3불씩을 부과하여 무리가 있었다. 이런 상황 때문에 제품 도입 시 잡스가 직접 제품을 설명했었음에도 불구하고 ROKR-E1은 실패작이라는 뉴스가 이어져 나왔다.

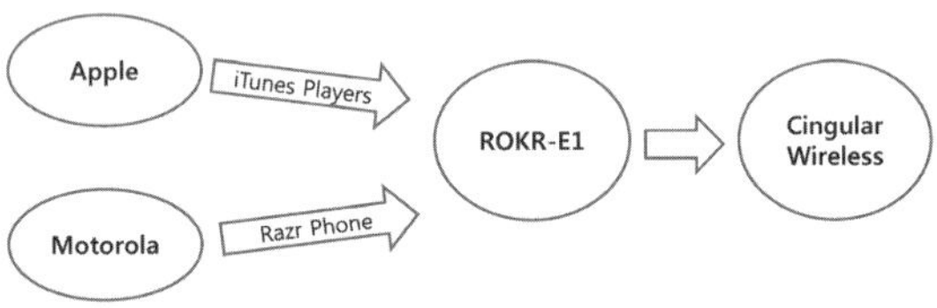

이에 비해 같은 시기에 발표한 iPod Nano는 애플의 특성에 맞는 제품을 선보여 선풍적인 인기를 끌었다. iPod이 기존 저장 장치로 HDD를 사용하였는데 Nano에서는 플래시 메모리를 사용하여 아주 얇고 가볍지만 1천 곡을 수록할 수 있었다. 특히, 발표 당시 잡스의 청바지 주머니에서 꺼내는 Nano를 보고 많은 사람들이 놀라워하였다.

ROKR의 실패에도 불구하고. 애플은 통신사와의 연결고리, 휴대폰 비즈니스 특성, 개발의 방향성 등 필요한 많은 것을 얻었다. Purple 1 프로젝트가 성공했을 때를 대비하여 1999년에 확보한 iphone.org 에서도 볼 수 있듯이 애플은 휴대폰 비즈니스에 그냥 뛰어들어서 성공한 것이 아니라 오랜 기간 준비하고 있는 것을 알 수 있다. Purple 2라는 이름으로 진행된 iPhone 프로젝트는 2005년 2월에 시작되었다. 애플은 모토로라 모르게 Cingular와 별도의 미팅을 갖고 애플 이름에 걸맞은 휴대폰을 제작하려는 계획과 Cingular의 지원을 요청하였다. 아직 제품도 없고 개념만 있을 때였지만, Cingular에게만 독점적인 권한을 준다는 조건으로 협상을 시작하여 1년이 훨씬 지난 2006년 7월에 마침내 애플과 계약서를 체결하였다.

단순한 음성 통화 위주였던 모바일 통신 시장에서 데이터 사용량이 급증하는 것을 인식한 Cingular는 추가적인 가치 창출이 가능한 것을 보고 애플과의 협력관계를 강화하기로 한 것이었다. 하지만 제품도 없고 도면도 보지 못한 Cingular의 최고 경영진은 도대체 무엇을 보고 이 계약을 체결하게 된 것일까?

Cingular는 애플의 가능성을 보았을 것이다. 이미 시장에서는 iMac, iPod 등 애플이 만들었다면 대단하다는 인식이 퍼져 있었기 때문에 Purple 2의 실물을 보지는 못했지만 잡스와 애플의 저력을 믿었을 것으로 보인다. 어찌 되었든 애플과 Cingular는 계약을 체결하고 상호 Win-Win 하게 되었다.

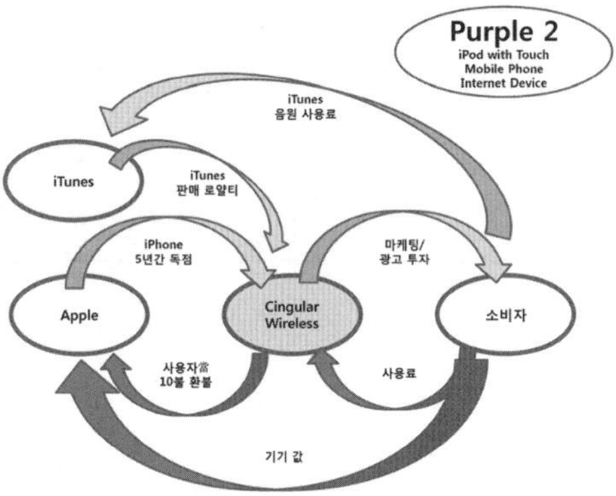

(Purple 2 프로젝트 개요)

계약이 체결되기 전에 애플은 이미 개발을 추진하고 있었다. Purple 2는 Touch 디스플레이를 기본으로 하고 휴대폰과 인터넷 기능을 접목해야 하였다. 문제는 이 모든 것을 새롭게 해 본다는 것이었고 어려웠지만, 개발 속도를 내기 위해서 하드웨어와 소프트웨어 개발팀을 분리하여 2개의 팀으로 운영하고 있었다.

초기에는 별도로 운영하다가 2006년 하반기 2팀이 모여서 제품을 검토하기 시작하였는데 하드웨어와 소프트웨어가 전체적으로 제대로 작동하는 것이 오히려 이상할 지경이었다. 거기에 다가 애플은 제품을 발표하기 전까지 철저하게 비밀을 지키는 것으로도 유명하다. 이것 때문에 내부적으로도 다른 개발자가 무엇을 개발하는지 모를 정도이니까 애플 내부에서의 움직임은 상상해 볼 수 있을 것이다.

어찌 됐든 잡스는 2007년 1월에 MacWorld에서 제품을 발표하면서 새로운 스마트폰 세상을 열어 가고 있었다. 워낙 급하게 제품을 개발하다 보니까 초기에는 많은 문제점들이 노출되기도 하였다. 하지만 제품의 컨셉과 디자인은 세상을 놀라게 하기에 충분하였다. 한 번도 해 보지도 않았던 통신 사업을 2년 반이라는 짧은 기간에 준비해서 실행에 옮기고, 또 이런 과정을 제품도 보지 않고 믿어 준 Cingular 통신사, 이 두 기업이 2007년 모바일 세상의 판을 완전히 바꾸기 시작하고 있었다.

그렇다면 무엇이 애플의 제품을 다르게 만드는 것인가? 앞서 설명한 iMac, iPod, iPhone 제품들은 모두 첨단 기술제품이라고 볼 수 있다. 기본적으로 기술적인 측면에서 과거에 보지 못했던 기술들을 보여 주고 있지만, 더욱더 중요한 것은 디자인이라고 볼 수 있다. 컴퓨터에서 보면 외부 디자인, 소프트웨어뿐만 아니라 서체까지도 다른 업체들과 다르고 iPod 제품에서는 이 모든 것들이 어우러져 완전히 다른 세상에서 온 제품이 되었다. iPhone도 이 점에서는 마찬가지로 ROKR E1과 iPhone을 보면 그 차이점을 명확히 알 수 있다.

이런 결과가 나타나게 된 핵심은 상품기획 과정의 차이에 있다. 당시 애플 경영진은 3명이 운영하는 것으로 알려져 있었다. 스티브 잡스, 그리고 2018년 현재 CEO인 팀 쿡 (Tim Cook, Supply Chain 전문가), 그리고 또 한 사람이 디자인 전문가인 조나단 아이브가 (Jonathan Ive, Chief Design Officer) 있다. 물론 조직의 정점에 스티브 잡스가 있기는 하지만, 디자인 전문가가 최고 경영층에 있다는 것은 일반적인 경우는 아닌 것으로 보인다.

Design is Everything

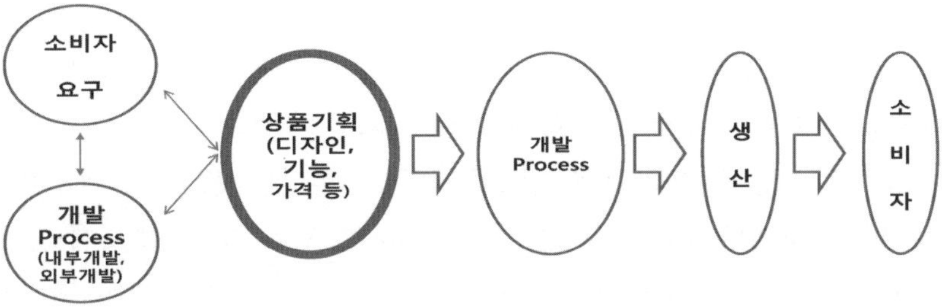

애플의 철학은 "디자인이 모든 것이다"로 설명할 수 있다. 일반적인 기업은 새로운 제품을 기획할 때 소비자의 요구를 반영하여 개발을 추진하고 개발과정을 반영하여 디자인을 추진한다. 개발과정에서 어려운 점이 있다면 디자인에서 이런 점을 고려한다는 뜻이다. 예를 들면 모터쇼에서 보던 멋있는 컨셉 차들이 실제로 양산에 들어갈 때는 많이 변화된 모습을 볼 수 있다. 이런 현상은 실제 개발과정과 양산과정에서 엔지니어들의 이슈, 즉 품질과 양산 이슈를 반영하여 당초 디자인을 변경하는 경우가 많은 부분을 차지하고 있다.

하지만 애플에서는 처음부터 디자인 팀이 주도적으로 개발할 수 있는 체제가 갖추어져 있다. 물론 이렇게 하기 위해서는 디자인 팀도 세계 최정상급으로 구성해야 하고 미니멀리즘으로 대표되는 군더더기 없는 아름다운 제품을 디자인할 수 있어야 한다. 더욱, 디자인과 미적 감각에 엄청나게 까다로웠던 잡스에게 직접 보고하고 승인을 얻는 과정이 필요하였다. 일단, 승인을 얻으면 개발이나 생산 등 그 어떤 부서의 간섭도 없는 독립성을 가지고 원래 모습의 디자인대로 생산할 수 있는 권한을 가지고 있었다.

이 권한에는 책임이 따르게 마련이다. 이 책임을 다하기 위해 이들 디자이너들은 자기들이 원하는 방식으로 구현하기 위해 필요한 원천 소재에서부터 부품에 이르기까지 모든 것을 찾기 위해 전 세계를 돌아다니고 있다. 예를 들어, iMac의 투명한 플라스틱을 찾기 위해서 이들은 사탕 봉지를 만드는 공장을 방문해서 공정까지도 공부하였고 노트북을 얇고 가벼우면서 고급스럽게 만들기 위해 필요한 알루미늄을 확보하기 위해 노력하였다. 또한, 유리, 마그네슘 등 다양한 새로운 소재를 활용하여 자기들이 원하는 디자인과 스펙이 나오는지 직접 확인하는 과정을 일반화시켜 일반적으로 생각하는 디자인이 아닌 소재 전문가라는 얘기까지 들을 정도였다.

또한, 신제품에 필요한 디스플레이나 반도체 부품을 찾기 위해 전 세계 부품 업체를 찾아다니며 자기들이 원하는 부품을 명확히 요구하고 다니는 과정에서 이들의 지독함은 삼성이나 대만 업체들 사이에서 유명한 것으로 정평이 나있다. 이렇게 찾아낸 소재와 부품을 가지고 디자인 팀과 개발팀이 함께 모여 신제품을 위한 여러 개의 실물 모형을 만들어 낸다. 이 실물 모형은 실제와 똑같은 상황을 구현하는데 목표를 두고 있기 때문에 양산까지도 염두에 두고 만들어 낸다. 이렇게 만들어 낸 실물 모형을 두고 수개월에 걸쳐 협의를 하고 최종 양산에 이를 수 있는 1개의 디자인을 선정하고 양산에 착수하게 된다.

다시 말해서 디자이너들이 생산까지도 주도할 수 있도록 제품 개발 프로세스를 통합적으로 운영하였다. 잡스는 어떤 제품을 만들어 내던 그 근본적인 것이 디자인이라고 생각하였다. 그는 좋은 디자인이 아니라 역사에 남을 위대한 디자인을 원했다고 알려져 있다. 이런 디자인에 대한 생각은 여러 제품을 통해서 구현되어 전 세계 소비자들을 매료시키고 있었고 소비자들은 애플 디자인이라면 열광적인 팬이 될 수 밖에 없었다. 그래서 일부 사람들이 애플 제품을 보면 일단 "애플답다" 또는 "애플스럽다"라는 표현을 쓰기도 한다. 이만큼 애플의 디자인은 애플이라는 이름에 정체성을 부여하고 있다고 봐야 할 것이다.

1993년 삼성이 신경영을 선언하였을 때 기폭제가 되었던 일본인 고문의 보고서인 경영과 디자인에서도 언급되었지만, 삼성의 디자인에 대한 생각은 일반적인 기업과 다를 바가 없었다. 신경영 이후 삼성의 성장과 더불어 디자인에 대한 생각도 많이 변하게 되어 2005년 이건희 회장은 밀라노에서 "고객은 0.6초 만에 떠난다. 삼성의 디자인은 아직 1.5류에 불과하다. 짧은 순간에 고객의 마음을 붙잡지 못하면 승리할 수 없다"라고 언급하면서 밀라노 선언을 추진하게 되었다.

하지만 기술과 디자인을 보는 관점에서는 아직 차이가 있는 것 같다. 삼성 사람들이 협력사를 만나 묻는 질문은 "뭐, 새로운 거 없어?" 가 주류를 이루는 반면 애플 사람들은 "내가 원하는 대로 만들어 줄 수 있어?" 라는 질문을 한다고 한다. 여기에서도 애플의 디자인에 대한 생각을 읽을 수 있을 것으로 보인다. 삼성은 새로운 기술을 찾아서 이를 제품화하여 팔려고 하는 반면 애플은 고객에게 새로운 경험을 팔려고 한다는 것이 큰 차이점이라는 분석에 어느 정도 공감이 가는 부분이다. 여기에 또 하나의 차이점이 있다.

애플에 스티브 잡스가 돌아온 이후 제일 먼저 한 것이 제품 라인업의 단순화였다. 스컬리 사장 시절에 다양한 제품으로 소비자들에게 혼란을 주었던 제품 라인업을 단순화하였다. 컴퓨터 라인업을 데스크탑과 노트북, 그리고 전문가용과 일반용으로 크게 4가지로 구분하고 4가지 제품만 남기고 단순화하여 그 많던 제품들이 다 없어지게 되었다. 그 이후 iPod 제품 라인업에서는 초기 HDD를 사용하였던 Classic, 그리고 플래시 메모리를 사용하였던 Nano, 자동으로 선곡하였던 Shuffle, 그리고 Touch Screen을 사용하였던 Touch 등 시대의 기술적인 변화에 따라 다양한 라인업을 도입하였지만, 궁극적으로는 매년 1개씩의 신제품만 도입하였다.

2007년에 도입한 iPhone도 단일 모델만 도입하였고 이후에도 iPhone 시리즈는 1년에 1개 모델만 도입하였다 이에 비해 삼성은 아주 많은 다양한 모델을 매년 도입하고 있다. Galaxy S, 노트, Galaxy A, Galaxy J, Galaxy On, 폴더 시리즈 등 다양한 라인업이 있고 또 이 안에도 다양한 모델이 있다. 그런데 애플은 매년 1개 모델만 도입한다. 만약 특정한 해에 발표한 iPhone 모델이 소비자에게 인정받지 못한다면 어떤 현상이 벌어질까? 아마도 애플의 주가는 폭락하고 애플의 미래에 대한 전망이 어두워질 것이다.

그래서 대부분의 기업에서는 삼성과 마찬가지로 다양한 라인업과 다양한 모델을 도입하여 특정한 라인업과 모델이 소비자에게 인정받지 못하더라도 다른 라인업과 모델에서 보완할 수 있는 상품전략을 추진하는 것이 일반적인 현상이다. 애플도 스티브 잡스가 컴백하기 전에는 그런 모습을 보여 왔다. 하지만 애플은 매년 한 개의 제품만 출시하는데도 불구하고 승승장구하고 있다. 어떤 방식의 상품기획과 개발 전략을 구사하기 때문에 이런 현상이 나타나고 있는지 분석해 볼 필요가 있다.

07

디지털 시대의 조직: 협력의 시대

일반적인 개발방식은 여러 단계로 나누어져 진행한다. 당장 먹고 사는 것이 급한 스타트업의 경우에는 지금 당장과 내년에 도입할 제품과 기술에 모든 것을 쏟아 부어야 할 것이다. 스타트업에서 벗어나 어느 정도 안정이 되면 하나의 제품만 가지고 있으면 불안하니까 사업 Portfolio 차원에서 여러 개의 제품으로 확대하고 이를 개발하기 위한 조직을 운영한다. 당장의 사업도 중요하지만, 미래를 준비하는 과정도 필요하기 때문이다. 이렇게 해서 대기업이 되면 영속성을 위하여 신개념으로 시장을 Disruptive 할 수 있는 분야에 대해서 연구를 수행하게 된다.

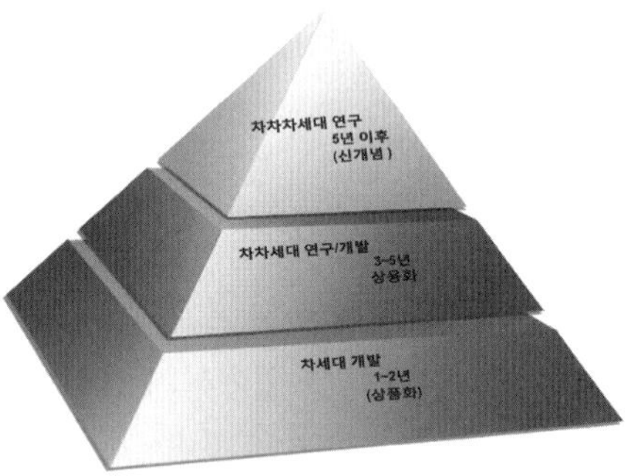

이런 과정을 보면 통상적으로 내년과 내후년을 대상으로 시장에 팔기 위한 상품화 과제와 (차세대 개발) 3년에서 5년 사이에 상용화를 목표로 하는 연구 및 개발 과제 (차차세대 개발) 그리고 5년 이후 도입을 목표로 하는 Disruptive 과제를 연구하는 (차차차세대 연구) 단계로 구분한다.

차세대 개발에 있어서도 스타트업은 오로지 한 제품만을 대상으로 성공시키기 위해 기업의 사활을 걸고 전력투구를 한다. 하지만 중견 기업은 한 가지 제품에도 여러 모델을 도입하면서 혹시 모를 위험에 대비한다. 여기에서 혹시 모를 위험이란 소비자의 요구와 개발 제품과의 차이가 있을 수도 있으며 경우에 따라서 양산 과정에서의 차질로 제품 공급이 원활하지 않을 수도 있기 때문에 제품 개발도 다각화를 추진하게 되어 있다.

하지만 다양한 제품을 생산하는 대기업도 세대별 하나의 제품만을 개발해야 할 경우가 있다.

예를 들어 반도체의 경우 차세대 제품이 명확하게 정의가 되어 있다. 메모리 1M Dram, 차세대는 4M Dram, 차차세대는 16M Dram 등 Roadmap이 명확하게 정의되어 있는 경우에는 하나의 제품을 빨리 개발해야 한다. 특히, 반도체는 Timing 사업이기 때문에 어떤 회사가 빨리 개발에 성공하고 시장에 도입하느냐에 따라 기업 간 수익률에 엄청난 차이가 생길 수 있다. 그래서 단일팀으로 개발을 맡기기보다는 여러 개의 개발팀을 만들어 동시에 개발하게 하고 가장 먼저 개발하는 팀의 개발 제품을 시장에 도입하게 된다. 그리고 개발하지 못하는 팀은 해체하여 차세대 제품 개발에 투입하는 형태로 운영하여 개발팀 간 치열한 경쟁이 벌어질 수밖에 없는 개발 시스템이다.

시간과의 전쟁에서 승리하지 못하는 팀은 자존심 대결에서도 지는 것이기 때문에 조직 운영상 단점도 발생한다.

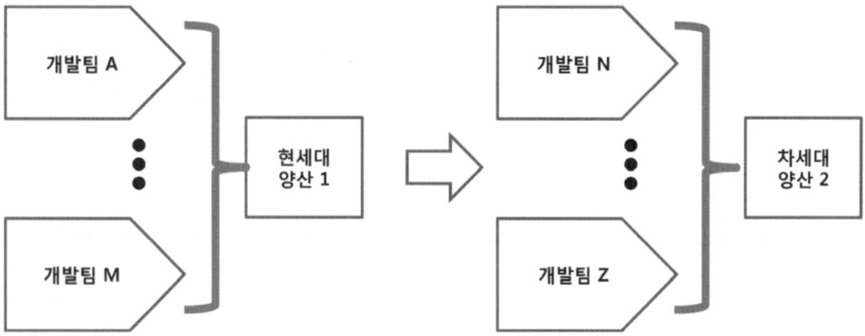

예를 들어 한동안 광고에서 유행했던 말이 있다. 신당동 유명 떡볶이 집의 선전 광고에서 할머니의 말이 "고추장의 비밀은 며느리도 몰라"였다. 그만큼 핵심적인 비밀은 누구한테도 알려주기가 어렵게 되는 것이 이 시스템이다. 자기만의 비밀을 유지해야 하는 것이 자기가 사는 길이기 때문이다. 혹시 고려 청자도 이런 개발 시스템 속에서 만들어진 것이 아닌지 상상을 해본다. 이

시스템의 단점은 핵심 개발자가 어떻게 되면 그 비밀은 결국 아무도 모르게 된다는 것이다.

그래서 과거 초창기 삼성 반도체 같은 경우는 개발팀의 사기를 꺾는 대신 차차세대에서 자존심을 세울 수 있는 시스템으로 운영하였다. 이번 개발에서 먼저 개발하지는 못하였지만, 그 가지고 있는 노하우를 다음 세대 개발에 투입하도록 하는 것이다. 반도체 Roadmap 특성상 연결선상에서 개발하는 것이기 때문에 보유하고 있는 노하우를 버리는 것이 아니라 연결해서 사용하는 것이 가능하였기 때문이었다.

이런 개발상 특성을 반영한 또 하나의 개발팀 운영 방식이 있다. 기업에서 개발과 생산간 문제는 영원한 숙제로 남아 있다. 개발 조직을 어디에 두느냐에 따라 전략의 방향성이 달라질 수 있기 때문이다. 일반적으로 사업부체제를 유지하는데 이는 사업부 단위로 매출과 손익을 따진다는 의미이다. 사업부 소속으로 개발팀이 있게 되면 미래를 향한 개발보다는 당장 사업부 매출과 이익에 도움이 되는 개발/생산을 추구하게 된다. 조금 어려운 개발이나 생산은 피하게 되고 다들 쉬운 방향으로 넘어가게 마련이다. 반면 개발이 사장 직속으로 있게 되면 기업 방향에 맞는 개발을 추진하게 되고 미래를 향한 개발을 추진하게 된다. 이렇게 개발된 신제품이 사업부로 이전되어서 실제 생산에 들어가면 생산공정상 어려움이 생길 수 있는데 이때 서로 핑계를 대기가 쉽다.

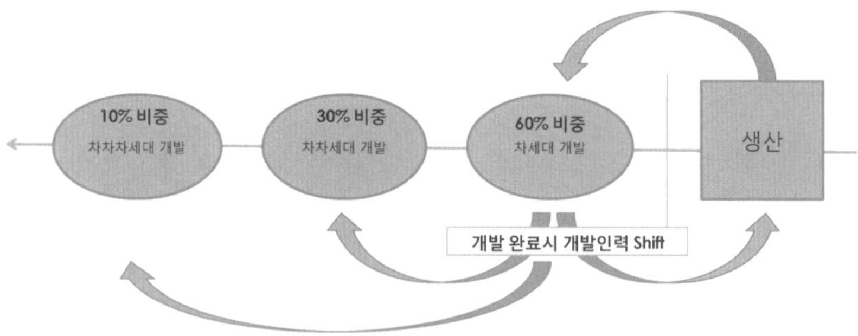

이런 상황에서 기술과 생산 인력을 상호 교류할 수 있는 방법을 쓰는 것이 좋다. 개발이 끝난 개발팀원 중 일부 인력을 생산으로 보내서 자신들이 개발한 제품을 실제 생산하도록 하고, 생산이 안정되면 다시 개발로 컴백하게 한다.

이 경우 차세대와 차차세대의 개발도 병행 추진할 수 있다는 장점도 있다.

제조업체의 경우 신제품을 만들고 제품을 양산하는 경우에 차질이 발생하면 실제적인 물적, 인적, 시간적 자원이 소모된다. 특히, 개발비의 많은 부문을 차지하고 있는 재료비, 경비 등의 부담이 커질 수도 있고 특히, 새로운 제품을 개발하는데 많은 시간이 들기 때문에 이 부분의 부담도 크다. 이런 과정에서 제조업체는 다양한 제품군을 만들어 수요에 대응할 수 있는 방법을 적용하는 것이 일반적이라고 볼 수 있다. 물론, 다양한 제품군을 만들기 위해서는 비용이 들기 때문에 플랫폼 개발 방식을 활용하는 것이 필요하다. 하나 또는 두 개의 플랫폼을 활용해서 다양한 수요에 대응할 수 있는 개발을 추진하는 방식이다.

반면, 애플의 개발 방식은 조금 의외로 볼 수 있다. 애플은 스타트업도 아니고 중견 기업도 아니다. 모두가 인정하는 대기업 중에서도 대기업이라고 볼 수 있는데도 불구하고 스타트업 기업들이 주로 추진하는 방식을 사용하고 있다. 이렇게 하기 위한 복합적인 이유가 있었겠지만 우선 소비자의 요구를 정확히 알고 있거나 아니면 소비자가 필요로 하는 요구를 창조해서 제공할 수 있다고 믿어야만 가능할 것이다. 이 부문은 극도의 자신감이 없으면 아무나 할 수 있는 것은 아닌 것으로 보인다. 애플의 스티브 잡스만이 보여줄 수 있는 마케팅 전략이라고 볼 수 있다.

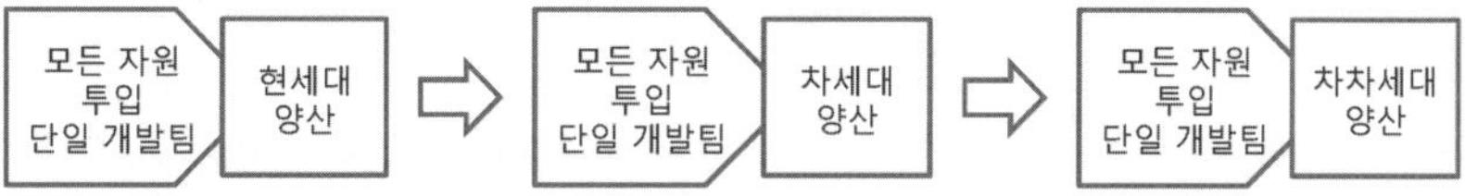

또한, 애플은 디자인과 개발, 구매 등 핵심 기능만 내부적으로 운영하고 있다. 내부에 제조 공장을 가지고 있지 않기 때문에 개발 제품을 OEM 생산한다는 전제가 깔려 있다. 개발 제품을 실제 생산하는 과정에서도 앞에서 본 것처럼 생산과 개발은 서로를 비난하기가 십상이지만 이런 문제를 컨트롤 할 수 있다는 자신감이 있다는 뜻으로 보인다.

또한, 애플은 부품도 생산하지 않기 때문에 부품 업체들로부터 OEM 공장으로 부품들을 실어 보내고 완성된 제품을 각 지역에 있는 판매 지점까지 원하는 날짜에 보낼 수 있는 완벽한 Supply Chain을 가지고 있다는 전제가 있어야 한다. 실제로 Apple의 Supply Chain은 세계 최고 수준으로 정평이 나있다. 현 CEO인 팀 쿡이 이것을 설계한 것으로 유명하다.

결국, 애플의 전략은 One or Nothing 전략이라고 할 수 있다. 이런 전략은 한 번이라도 실수하면 심각한 타격을 줄 수 있기 때문에. 엄청나게 탁월한 지도자, 그리고 항상 옳아야만 하는 지도자가 있을 때야만 빛을 낼 수 있다. 이런 조직은 하나의 핵을 중심으로 모든 것들이 연결되어 있다. 통상, 스타트업들의 조직 구조도가 이런 형태를 가지고 있을 것이다. 장점은 리더가 제대로 이면 엄청나게 빠르게 움직이면서 성과를 낼 수 있지만, 리더가 조금이라고 실수를 하면 회사에 심각한 타격을 줄 수 있는 조직이라고 볼 수 있다. 예를 들어, 소프트웨어 부서에서 시장의 요구를 반영하여 신규 소프트웨어 개발을 제안하는 경우 이 얘기를 잡스에게 직접 보고하고 잡스가 이에 대해 옳다고 여기면 그 즉시, 재무와 인사 등 애플 내 모든 부서의 지원을 받아 추진하게 되는 구조로 되어있다.

여기에서 제품이나 사업이 복잡한 구조에서는 이 방식이 성공할 수 없다. 예를 들어 제품이나 사업이 100개 정도인 사업에서 CEO가 받아야 할 보고는 아무리 핵심적이라 할 지라도 수십 개는 되어야 할 것이다. 그렇게 되면 CEO의 처리 능력에 무리가 오지 않을 수 없다. 그래서 대부분의 대기업에서는 피라미드 형태의 조직을 갖추고 꼭 필요한 정보만 CEO에게까지 보고하도록 하는 제도를 운영하고 있는 것이다. 여기에서 왜 애플이 iPhone을 1년에 한 개씩만 만드는지 이유를 알 수 있다. 애플 내 CEO를 포함한 모든 사람들이 1년에 한 개의 제품에만 신경을 쓸 수 있도록 조직이 구성되어 있는 것을 볼 수 있다. (물론 닭이 먼저인지 달걀이 먼저인지 확인 필요하지만)

애플이 거대 기업이 되었지만 운영시스템은 스타트업의 구조를 그대로 가지고 운영되고 있다고 봐야 할 것이다.. 반면 같은 스타트업이었지만 대기업으로 성장한 구글은 다른 형태의 조직을 운영하고 있다. Top 경영층에 공동 창업자이었던 페이지와 브린, 그리고 회장인 에릭 슈미트(Eric Schmidt)가 있고 그다음 임원들로 구성된 EMG가 (Executive Management Group)있으며 그 아래 단계에는 실무자들로 구성되어 있다. 여기에서 특이한 것 중 하나는 통상적인 조직에서는 자기의 직계 보스하고만 지시를 받고 정보를 소통하는 데 비해 구글에서는 그야말로 누구와도 소통할 수 있는 조직 구조를 가지고 있다는 점이다.

구글은 태생부터 제조업체와는 다른 DNA를 가지고 있는 인터넷 기업이었다. 신제품 소프트웨어를 만들다가 실패하면 비용 부담이 제조업체보다 많지 않기 때문에 다른 필요한 소프트웨어를 빠르게 개발하는 것이 훨씬 유리한 상황이 전개된다. 그리고 임직원들의 시간 중 20% 정도를 자신들이 관심이 있어 하는 분야에 사용하도록 하고 있다. 자기가 현재 어떤 프로젝트에 참여하든지 간에 20% 정도의 시간은 그 프로젝트 말고 다른 관심이 있는 분야에 자발적으로 참여하는 것을 제안하고 있다. 어떻게 이렇게 자발적인 참여 시스템의 구축과 운영이 가능했을까? 이 답을 하기 위해서는 구글의 채용과정을 살펴보는 것이 필요하다.

우선, 채용자가 지원서를 내면, 채용분야와 지원자의 지원서 내역이 일치하는지를 일차 평가하고 이들 합격자들과 전화 인터뷰를 실시한 후 다시 실제 근무하게 될 사무실에서 함께 일하게 될 사람들과 다시 인터뷰를 갖게 된다, 이렇게 인터뷰 결과를 종합하여 2차 선발자를 선발하게 되며 이들은 임원진 면접을 거치면서 비로소 구글의 구성원이 될 수 있다. 과거에는 20번 이상의 면접을 거친 적도 있었으나 최근에는 많이 줄어들었다고 한다. 이런 길고 긴 면접 과정을 거치면서 보는 것이 무엇일까? 구글이라는 조직의 문화 특성, 특히 창조적인 문화에 적합한 인력들을 가려내기 위한 노력을 기울이고 있다고 봐야 할 것이다.

우선, 함께 일하게 될 사람들과 인터뷰에서 4개 분야에 대한 토론을 갖게 되고 일반적 인지 능력, 리더십, 역할과 관련된 전문지식, 구글다움을 검증받게 된다. 일반적인 인지 능력에서는 정해진 답이 없는 문제를 받았을 때 접근하는 방식과 해결하는 방식을 보고 리더십에서는 함께 일하게 될 다른 사람들과 소통하고 의사결정을 내리는 과정을 보며 역할과 관련된 전문지식에서는 개인적인 역량이 미래에 어떻게 발전할 것인지 보며 구글다움에서는 개인이나 팀원으로서 성장하는데 어떤 방식으로 할 것인지, 모든 것이 불명확할 때 헤쳐나가는 과정들을 평가하도록 되어 있다.

여기에서 우리는 하나의 패턴을 볼 수 있다. 미래는 정답이 없는 상태로 발전을 지속하고 있는데 이런 상황을 분석하는 능력과 이 어려운 과정을 헤쳐 나갈 수 있는 능력이 있는지를 보는 것에 집중하고 있다는 것이다.

여기에서 한국에서 주입식 교육을 받은 사람들은 구글에 일자리를 얻기가 조금 어렵다는 사실을 알 수 있다. 주입식 교육에서는 세상이 이렇게 바뀌고 있어서 이런 문제가 있으니 이 문제에 대한 정답을 갖고 와라 하는 교육을 주로 받았다. 그래서 우리는 주어진 문제는 잘 푸는 능력이 있지만, 문제가 없으면 그때는 그냥 가만히 있는 것이 정답으로 되어 있다. 대학교까지는 좋은 성적을 받을 수 있는 학생도 직장이나 대학원으로 진학하면 발전하는 과정이 더디게 되는 이유가 더 이상 문제를 주는 사람이 없고 스스로 문제를 만들어야 한다는 점 때문이다.

현대 사회의 발전은 주어진 방향이 없거나 누구도 명확하게 얘기할 수 없다는 것이다. 이런 과정에서 스스로 문제를 식별해 내고, 본질을 찾아서, 해결방안을 찾고 움직일 수 있는 능력을 보유해야 한다. 물론 이 과정에서 실패할 수 있는 것이며 이런 실패를 겪었을 때 빠르게 회복하고 더욱더 좋은 개선방안을 만들어서 내놓아야 하는 것이 인터넷 기업이 필요로 하는 인재라고 볼 수 있다.

구글이 추진하고 있는 20% Rule이 성공하기 위해서는 누군가는 새로운 아이디어를 내고, 이 아이디어에 공감하는 사람들은 누구든지 협업할 수 있는 시스템적인 뒷받침이 있어야 한다. 그리고 이렇게 시도되는 아이디어들이 성공하던 실패하던 이 자산들은 축적되어서 미래에 활용될 수 있도록 해야 한다. 그리고 이런 시도들은 명확한 숫자화된 목표를 가지고 추진해야 하며 성공하는 경우에는 이에 상당하는 보상을 주어야 한다는 것이다. 예를 들어, 구글이 제공하였던 Gmail은 당시 경쟁사들이 제공하던 웹 공간의 100배를 제공하는 것을 목표로 추진하였다. 이 목표의 구체화를 위해 OKR (Objective and Key Results)라는 방법론을 사용하였고 또 사내의 Intranet인 Moma를 중심으로 구글 내 모든 사람들이 알게 하였고 또 필요하면 20% Rule에 의해 참여도

할 수 있었다. 이렇게 구글에서는 누구도 새로운 아이디어를 낼 수 있고 또, 이런 아이디어에 대해서 동참하고 싶은 사람은 누구든지 참여할 수 있으며 명확히 설정된 구체화된 목표를 가지고, 프로젝트의 추진을 가능하게 하기 위한 구글의 조직이 설정되어 있음을 알 수 있다.

구글의 조직이 Flat 하면서도 일부 피라미드 조직의 특성을 가지고 있다면 Facebook의 조직은 완전 평면이라고 볼 수 있다. Facebook의 조직은 해커톤으로 (Hackathon) 설명할 수 있다. Hackathon은 Hack + Marathon, 해킹과 마라톤의 합성어로 볼 수 있다. 하나의 주제에 대해서 제안이 되면 그 주제에 대해서 관심이 있는 누구라도 모여서 문제를 풀기 위한 팀이 형성되고 작업을 추진한다.

이와 같은 문화는 Facebook의 원칙에서도 찾아볼 수 있다. Facebook은 투명하고 개방적인 가상 세계를 만드는 것을 목표로 하고 있다. 이 가상 세계에서는 친구와 친구들이 상호 관심이 있는 것들을 중심으로 연결되어, 공유하고, 연결하고, 사업기회를 창출하여 더 좋은 사회가 될 수 있도록 한다는 점을 밝히고 있다.

Facebook 원칙

1) 상호 교류에 동의하는 한 정보 공유, 그리고 정보 교류의 자유가 있다 (Freedom to Share and Connect)
2) 정보의 소유권을 가지고 있으면 공유, 이전, 삭제 등 통제할 수 있는 권리도 있다.(Ownership and Control of Information)
3) 다른 사람들이 공개하는 정보에 쉽고, 빠르게, 효율적으로 접근할 수 있는 자유(Free Flow of Information)
4) 자신의 정보를 대표하는 권리와 다른 정보에 접근할 수 있는 평등권 (Fundamental Equality)
5) Facebook에서의 ID와 커넥션을 통해서 신뢰와 명성을 구축할 권리 (Social Value)
6) 정보에 접근하고 공유할 수 있는 프로그래밍 플랫폼은 모든 사람들에게 공개(Open Platforms and Standards)

7) 모든 사람들이 이유 불문하고 Facebook을 사용할 수 있도록 무료로 공개(Fundamental Service)

8) Facebook과 그 사용자들의 권리와 의무는 명시된 바와 같이 지켜져야 한다.(Common Welfare)

9) Facebook은 그 목적, 계획, 정책과 운영에 대한 정보를 공개해야 하고 이를 공개적인 방법으로 협의하고 투표하는 방법 및 절차를 가지고 있다.(Transparent Process)

10) 인터넷으로 지역과 국가적인 경계를 넘어 전 세계 어디에서나 누구에게나 제공된다.(One World)

이 원칙에서도 나타난 바와 같이 모든 정보는 공개되고 공유되기 때문에 조직의 운영원칙도 기존의 피라미드 조직과는 다른 Flat 화 되었다고 볼 수 있다. 참고로 마이크로 소프트와 아마존의 조직도 참고하면 이해가 될 수 있다. 마이크로 소프트는 사업부 체제로 운영되는 조직도를 보여 주고 있으며 아마존은 통상 볼 수 있는 피라미드 조직으로 구성되어 있다.

08

Paradigm의 변화: Eco System 전쟁

앞에서 설명한 바와 같이 강력한 조직을 운영한 애플이 2007년 iPhone을 시장에 도입하였을 때 시장은 열광하였지만, 경쟁사들은 그렇게 생각하지 않았었다. 당시 마이크로 소프트의 CEO였던 스티브 발머는 (Steve Ballmer) iPhone에 대해서 질문을 받자 500불짜리 비싼 제품을 내놓은 애플은 기껏해야 2~3% 정도의 시장 점유율을 확보할 것이라는 전망을 하고 무시를 하였다. 그러면서 자기들은 13억 개가 팔리고 있는 휴대폰 시장에서 최소 60% 이상 되는 시장에 관심이 있다는 표현을 하였다. 또 iPhone에 키보드가 없기 때문에 이메일에도 문제가 있다는 점을 지적하는 등 그는 굉장히 시니컬한 반응을 보인 것으로 유명하였다. (2016년 발머는 이 당시 통신사를 통한 가격 정책을 통해서 한 번에 500불을 내는 것이 아니라 매달 통신 요금과 함께 조금씩 내는 혁신적인 비즈니스 모델을 몰랐다는 표현을 사용하였다.)

그리고 당시 최강의 회사이었던 노키아의 전략 담당은 휴대폰의 개발은 컴퓨터의 개발과 비슷하다고 말하면서 맥 컴퓨터를 개발한 애플이 니치 플레이어로 남았듯이 휴대폰에서도 니치 플레이어 역할만 할 것이라고 평가하였다. 또 다른 노키아의 경영자는 모든 멀티미디어를 한 기기에서 볼 수 있어야 한다는 노키아의 주장을 애플이 따라 한다고 좋아하면서도 경쟁업체인 애플에 대해서는 평가를 하지 않았다. 한편, 당시 가장 큰 인터넷 기기 업체였던 BlackBerry의 창업자도 잡스의 발표를 보면서 상당히 많은 기능을 하나의 기기에 집적할 수 있다는 것에 놀랐음에도 자신들은 괜찮을 것이라고 판단했다고 하였다. 특히, iPhone 배터리의 빠른 소모와 Touch 키보드가 문제일 것이기 때문에 위협 요인이 될 수 없다고 생각했었지만, 애플은 이 문제를 지속적으로 개선함과 동시에 2008년 App Store를 열면서 위협적인 존재로 커 나갔다. 이렇듯, 대부분의 경쟁업체들은 새로운 제품의 도입에 대해서 크게 신경을 쓰지 않거나 발머처럼 자세한 내용을 알지 못한 채 언급하기도 하였다.

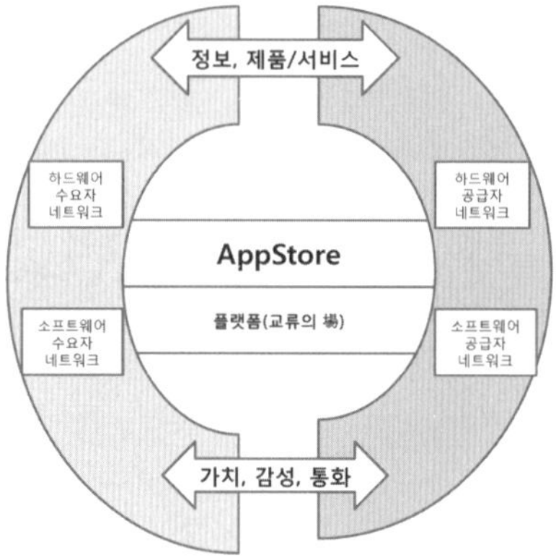

하지만 2007년 500불에 도입되었고 배터리와 스크린에 일부 문제가 있었지만 300불로 가격 인하를 하고 기술적인 문제점을 개선하였고 2008년 7월에 500개의 Apps과 함께 문을 연 AppStore와 함께 Apple의 iPhone은 스마트폰의 판을, 생태계를 완전히 바꾸어 놓기 시작하였다. 2003년 iTunes Store를 통하여 음원과 비디오 그리고 TV 프로그램 등에 대한 플랫폼을 구축하여 애플 제품을 사용하면 쉽게 접속하여 프로그램을 다운로드 할 수 있도록 하였다. 그리고 2008년 AppStore를 통하여 모바일 제품의 Apps을 거래할 수 있는 플랫폼을 구축하였다. 구축 당시 500개에 불과하였지만 2017년 현재 2.2백만 개에 달하여 Eco System에 걸맞는 자체 생태계를 구축하고 있다. 그 결과로 모바일 생태계는 엄청난 변화를 겪게 되어 현재의 모습을 보이고 있다.

초기에 목표로 하였던 전화, 인터넷, 음악은 물론 게임기, 번역, 네비게이션, 카메라, 전자수첩, 시계, 전자사전 등 수없이 많은 새로운 기능을 만들어 내고 있다. 즉, 여기에 포함된 기능을 가진 기존 제품은 현재는 망했다고 보는 것이 맞는 얘기일 것이다. 스마트폰 하나 때문에 산업계의 전반적인 재조정이 10년간에 걸쳐 심각하게 일어나게 되었다. 특히, 전 세계 휴대폰 시장을 10년 이상 장악하였던 노키아의 몰락이 그것이었다.

앞에서도 설명한 바와 같이 노키아는 그냥 노키아가 아니었다. 아날로그에서 디지털에서 전환되는 시점에 모토로라를 제치고 세계 1위가 된 이후 그 누구도 감히 넘볼 수 없는 기업이었다. 하지만, iPhone이 도입된 당시의 점유율 추이를 보면 노키아의 심비안이 50%대에서 2010년에는 25%로 반 토막이 난 것으로 볼 수 있다. BlackBerry는 10% 대에서 15%대로 커지고 있었고, 애플의 iOS는 처음 도입되어서 BlackBerry의 15% 수준으로 커지고 있는 상황이었다. 또한, 구글이 2008년 도입한 Android는 2010년에는 애플보다 커지고 있음을 볼 수 있다.

이렇게 상황이 어렵게 되자 노키아는 마이크로 소프트의 부사장을 역임하였던 Stephen Elop을 2010년 CEO로 영입하고 이 모든 것을 개선하고자 하였으며 그는 이 과정에서 "Burning Platform" 내용의 메모를 노키아 직원들에게 전달하였다. 이 내용 중에 노키아가 겪은 어려움을 토로하고 있는데 이 중의 핵심적인 내용이 스마트폰 전쟁은 더 이상 기기의 전쟁이 아니라 플랫폼 전쟁, EcoSystem 전쟁으로 전환되고 있으나 노키아는 이에 대한 대비가 전혀 없다. 특히, 애플의 스마트폰, 그리고 구글이 새롭게 도입한 Android뿐만 아니라 중국의 저가 기기들까지도 노키아를 불구덩이로 밀어 넣고 있지만, 노키아는 옛날 방식으로 전쟁하고 있다고 어려움을 설명하면서 시대적인 트렌드를 따라잡지 못하면서 시간을 소비해 버렸다고 언급하였다.

그러면서 불타는 플랫폼에 그냥 서서 불타 죽거나 아니면 북해의 차가운 물속으로 뛰어들어야 하는 북해의 불타는 유전 플랫폼에 노키아는 서 있다고 표현하였다. 그러면서 2011년에 도입될 새로운 윈도우 폰 전략으로 노키아를 변화시켜서 이를 극복해 나가기를 원한다고 메모에서 밝히고 있다. 하지만 이 메모가 외부로 유출되면서 노키아의 판매는 심각한 타격을 입게 되었다. 그래서 일부에서는 이를 Elop 효과라고도 부르고 있다. 심비안 OS에서 마이크로 소프트의 윈도우 폰으로 OS을 바꾸어 추진하려는 전략도 이 메모 유출 건 이후 차질을 빚게 되었다. 결국, 이런 현상을 견디지 못한 노키아의 주가는 요동치게 되고 어려움을 겪게 되면서 마이크로소프트사에 팔렸다가 결국은 역사 속으로 사라지게 되었다. 마찬가지로 BlackBerry도 역사 속으로 사라져

갔다.

애플이 만들어 낸 플랫폼 전략, 그리고 Eco System 개념이 산업 환경을 바꾸고 있었다. 2010년대는 이렇게 플랫폼 전략을 앞세운 기업들, 애플과 구글, Facebook 등 기업이 게임의 룰을 바꾸고 있었다. 하지만 플랫폼 비즈니스와는 관련이 적어 보이는 삼성전자가 이런 환경변화에도 불구하고 통신시장과 디스플레이 시장의 강자로 떠오르고 있었다 .

애플의 iPhone이 2007년 도입되면서 노키아의 점유율은 서서히 무너져 갔다. 이와는 반대로 애플의 점유율은 상승세를 이어 갔지만, 워낙 고가의 제품으로 형성되어 있어 시장을 급속하게 점령하지는 못하였다. 이 틈새시장을 노리는 업체들이 등장하게 되었지만, 문제는 스마트폰을 운영할 수 있는 운영체제를 자체적으로 가지고 있지 못하였다. 노키아는 심비안을 활용하려 하였지만, 애플의 iOS에 대응할 수 없었고 나머지 업체들은 자체적으로 개발하려고 하였지만 만만치 않은 작업이었다. 이런 OS의 가려운 점을 구글의 안드로이드가 (Android) 나오면서 해결이 되기 시작하였다. 안드로이드는 휴대전화 등 휴대용 장치를 위한 인터넷, 이메일, 문자/멀티미디어 메시지 등 다양한 소프트웨어를 컨트롤하는 운영체제이다.

이런 소프트웨어를 개발하는 안드로이드社를 2005년 구글이 5천만 불에 인수한 후 2007년 11월 휴대용 장치의 운영체제로서 안드로이드 플랫폼을 무료 공개하였다. 또한, 48개의 하드웨어, 소프트웨어, 통신회사가 만든 (삼성, 퀄컴, 인텔, 엔비디어 등 참여) Open Handset Alliance (OHA)를 활용해 공개 표준을 개발하고 있다. 구글은 안드로이드의 모든 소스코드를 공개하고 있어 개발자들이 자유롭게 사용하여 개발한 후 구글 플레이에서 사고팔 수 있는 場을 제공하고 있다. 결국, 구글은 애플이 했던 것처럼 무료로 안드로이드 플랫폼을 제공함과 동시에 이 플랫폼을 활용하여 개발하는 Apps을 팔고 살 수 있는 플랫폼인 구글 플레이까지 제공함으로써 애플을 사용하지 않는 거의 모든 스마트폰 업체들이 사용할 수 있는 플랫폼을 만들어 나감으로써 2010년에 이미 시장 점유율에서 애플 iOS를 추월하였다.

09

삼성의 도약: 초일류를 향하여

한편, 삼성전자 무선사업부는 2002년 처음으로 세계 시장에서 1천만 대 이상 판매하는 제품을 도입한 이후 여러 차례 10M+ 제품을 도입하였지만, 노키아처럼 1억 대 이상을 판매한 제품은 2009년 도입한 E1100 이외에는 없는 상황이었다. 노키아와는 차별화된 Hi-end 제품 전략을 추구하였던 삼성도 2007년 애플이 iPhone을 도입하자 이에 대한 대응을 추진하였다.

2008년 6월 터치스크린을 활용한 스마트폰을 기획하여 애플 iPhone의 대항마로 옴니아를 도입하였다. TFT-LCD 화면과 DMB 기능을 갖추고 있었으며 운영체제로는 윈도우 모바일을 사용하고 있었다. 하지만 이 제품은 배터리가 너무 빨리 소비되어 몇 시간마다 충전해야 되는 불편이 있었으며 또한, 운영체제의 너무 많은 문제점 때문에 많은 비난을 받은 바 있다. 이런 문제점을 개선하고자 2009년 6월 옴니아 II를 출시하였다. 역시 동일한 윈도우 모바일 사용하면서 개선을 추진하였지만, 소비자로부터 역시 외면을 당하였다 이렇게 옴니아의 실패가 확실하게 되자 삼성 내부에서는 윈도우 모바일 운영체제에 대한 불만과 함께 운영체제를 구글이 주도하는 안드로이드 쪽으로 움직이기 시작하였다.

2010년 삼성의 모바일 운영체제는 안드로이드 쪽으로 선회하였다. 그리고 이전에 있었던 대부분의 문제를 해결한 안드로이드 운영체제를 장착하고 화면이 우수한 슈퍼아몰레드를 채택한 Galaxy S를 6월 발표하게 되면서 선풍적인 인기를 받았다. 특히, 슈퍼 아몰레드 디스플레이를 채택하여 당시 가장 얇고 선명하고 또한, 빠른 속도로 전환되는 디스플레이를 선보여 획기적인 제품으로 인식되기 시작하였다. 도입 후 2013년까지 2천 5백만 대 팔려 당시로서는 최대 판매량을 기록하였고. 후속으로 2011년 갤럭시 S II, 2012년 갤럭시 S III까지 포함하여 2013년까지 판매된 갤럭시 S 시리즈는 1억 대가 판매된 것으로 알려졌다. 한국에서 만든 제품 중 두 번째로 1억 대 이상이 팔린 시리즈가 나타난 것이라고 볼 수 있다. 특히 판매 속도도 빨라져 갤럭시 S I은 2천만 대 판매를 17개월 만에 달성하였는데, S II는 10개월, S III는 100일 만에 달성하였다

그렇다면, 삼성의 성공 요인은 무엇일까? 애플의 iPhone 도입 이후 노키아, RIM 등 (BlackBerry) 사라져 간 기업들은 많았지만, 애플과 경쟁하는 브랜드는 삼성 말고는 보이지 않는다고 하면 과장된 표현일까? 애플은 천재적인 독재자의 지휘 아래 움직이는 기업이라고 볼 수 있다. 1년에 딱 1개씩의 제품만을 출시하면서도 소비자의 인기를 끄는 기업인 반면 삼성은 여러 다양한 사람들이 다양한 제품을 출시하는 그런 기업이라고 볼 수 있다. 옴니아 도입 시 실패하였지만, 곧바로 갤럭시로 대응해서 따라잡을 수 있었다.

물론 여기에서 중요한 것은 삼성 내부적으로 순식간에 디자인과 기술 플랫폼을 바꿀 수 있는 역량이 축적되어 있다는 점이다. 스마트폰을 분해해서 보면 기본적으로 반도체와 디스플레이, 그리고 배터리로 이루어진 것을 볼 수 있다. 스마트폰에 들어가는 디스플레이와 퀄컴에서 공급받던 모바일 AP를 제외한 거의 모든 반도체는 대부분 자체 제작할 수 있었고 또한 배터리는 계열사에서 공급받고 있었다. 2017년 현재는 모바일 AP 마저도 자체 개발 및 생산 중에 있다.

따라서 애플이 iPhone 을 출시하였을 때 다른 기업들은 이 제품의 분석에 급급하였겠지만, 삼성은 이미 이 제품에 사용되는 거의 모든 부품에 대해서 알고 있었을 것이었다. 따라서 이런 부품들을 가지고 빠르게 재조합을 한 것이 옴니아이었으나 운영체제 때문에 어렵다는 것을 인식하고는 안드로이드로 빨리 전환한 것이 성공 요인이었다.

애플의 iPhone 도입을 보면서 Fast Follower로서 시장의 전환, 즉 일반 피처폰에서 스마트폰으로 전환될 것이라는 시장예측을 하였다. 그리고 내부의 개발, 생산 역량을 가동하여 옴니아를 개발하였지만, 소프트웨어의 중요성을

인식하게 되었다. 그래서 당시 새롭게 떠오르고 있던 구글의 안드로이드와 협력을 추진하게 되었고 여기에 추가적으로 디스플레이에서도 최첨단이었던 슈퍼 아몰레드를 부착함으로써 경쟁사와의 차별화를 만들어 낼 수 있었다. 반면 노키아는 스마트폰으로 전환을 늦게 인식하였고, 인식한 다음에도 경쟁력이 열세인 심비안 OS를 고집하여 무너지게 되었다.

반면 애플도 고부가가치 제품 전략을 추구하여 삼성이 가격 경쟁력을 앞세운 스마트폰을 도입할 때 시장에서의 충돌이 거의 없었다는 점도 삼성한테는 도움이 되었다. 이렇게 해서 삼성은 노키아의 시장 점유율을 거의 대부분 차지할 수 있었다.

한편, 삼성전자 TV 사업에도 많은 변화가 있었다. 2004년 4월에 삼성 LCD 사업부와 소니가 합작을 세운 지 1년 만인 2005년 4월 불가능할 것 같았던 40" LCD TV를 시장에 내놓으면서 호평을 받았다. 물론 이미 시장을 장악하고 있었던 PDP TV와의 전쟁에서 승기를 잡아가고 있을 무렵 이에 소외된 삼성전자 TV 사업부에도 뭔가 변화가 생기기 시작하였다. 애플이 디자인을 중시하는 것으로 상품기획을 추구할 때 삼성에서도 비슷한 움직임이 나타나고 있었다.

2005년 4월 이탈리아의 밀라노에서 열린 사장단 회의에서 이건희 회장은 "고객은 0.6초 만에 떠난다. 짧은 순간에 고객의 마음을 붙잡지 못하면 승리할 수 없다"며 디자인에 대한 중요성을 강조하고 나섰다. 이런 결과가 TV에 반영된 것이 2006년 도입된 보르도 TV였다. 앞서서 설명한 바와 같이 아날로그 시대에서 디지털 시대로 전환됨에 따라 TV 화면의 화질은 더 이상 큰 이슈가 될 수 없었다. 화질로 표현되는 모든 정보들이 디지털로 표시되기 때문에 잘하는 회사나 못하는 회사가 비슷한 수준의 화질을 보여 줄 수 있었다.

하지만 TV 디자인에서는 차이가 날 수 있었다. 당시만 하더라도 모든 TV는 네모난 상자로 표시할 수 있는 물건이었다. 어느 회사건 어느 제품이건 사각형으로 표시되었는데 삼성에서는 이것을 좀 다른 시각에서, 보드로 와인 글라스에서 얻은 영감을 표현하였다. 특히, 요새는 일반화된 스탠드 디자인과 검은색 몸체의 광고 컨셉이 일반 대중이 생각하는 TV와 다르게 참신하게 받아들여지면서 삼성이 도약할 수 있는 발판이 마련되었다. 이렇게 참신한 디자인의 제품이 도입되면서 삼성은 시장 점유율 측면에서 역사상 처음으로 세계 1위로 올라서게 되었다.

세계 시장은 항상 일본업체들이 주도하고 있었다. LCD TV를 일찍부터 도입한 소니가 2004년과 2005년 성장하였지만 2006년 이후 정체상태였던 반면 삼성은 보르도 제품을 도입된 2006년 이후 급속하게 성장하기 시작하였다. 한편, 파나소닉은 앞에서 설명한 바와 같이 LCD TV보다는 PDP TV에 올인하면서 시장 정체와 함께 TV 시장에서 점점 멀어져 갔다.

경쟁사들은 삼성이 도입한 블랙의 보르도 TV를 따라 하고 있었지만, 삼성은 크리스털 같은 새로운 디자인을 도입하면서 격차를 벌여 나갔다. 크리스털 로즈는 크리스털 같은 투명한 플라스틱에 장미색과 같은 Rose Red를 자연스럽게 혼합해서 보여 주는 이중 사출 공법을 사용하여 저녁노을의 아름다움을 크리스털 공예와 접목하는 것이었다. 이때부터 TV는 단순한 TV가 아니라 가구가 될 수 있다는 개념이 정립되기 시작하였고 물론 판매에 있어서도 보르도 TV 못지않은 판매를 기록하였다.

40" 도입 초기에 37"/42"와의 표준화 전쟁과 PDP TV와의 전쟁에서도 삼성/소니의 연합군이 승리하여 40"는 순탄하게 진행되었다. 거기에다가 초기에는 부정적이었던 삼성 TV 사업부마저도 참여하여 보르도와 크리스털 TV를 잇달아 도입하고 성공함으로써 LCD TV는 대형 TV 시장에 안착하게 되었다. 이렇게 2005년 소니의 LCD TV 성공적 도입과 그 이후 삼성의 히트 상품 도입에 따라 성공적으로 안착하자 LCD-TV는 사이즈 경쟁에 돌입하게 되었다.

처음 시작하였을 때에는 40"만 하더라도 너무 크다는 인식이 강했지만 몇 년 지나지 않아 조금 더 큰 사이즈의 TV를 소비자들이 요구하게 되었다. 그렇게 해서 46", 52", 55" 등 더 큰 사이즈들이 도입되게 되었다. 하지만 사이즈가 더 커지게 되자 이번에는 두께에 대한 이슈가 부각되기 시작하였다. 애초부터 벽걸이 TV라는 전략으로 추진하였는데 진짜로 벽에 부착하기 위해서는 얇게 만들어야 되는 기술이 필요하였다. 이 기술을 구현하기 위해서는 LED가 필요하였다.

LCD의 기본 원리는 두 장의 얇은 유리에 그려진 회로를 이용하여 R, G,

B의 색깔을 어떻게 조합하느냐에 따라 원하는 색깔을 만들어 낸다는 것이었다. 문제는 이렇게 할 때 스스로 빛을 낼 수 없기 때문에 형광등을 작게 만들어서 빛을 내도록 하고 이를 BLU (Back Light Unit)이라고 불렀다. 문제는 이 BLU가 일정 두께를 차지해야 한다는 것이었다. 작은 형광등도(CCFL) 여러 개가 들어가야 하고 이를 수용할 수 있는 박스가 필요하기 때문이었다 하지만, 기술적인 발전이 이루어지면서 LED 칩이 만들어졌다. LED (Light Emitting Diode) 칩은 전압을 가했을 때 빛을 내는 반도체 소자로서 사용하는 색에 따라서 다양한 색깔을 낼 수 있다. 크리스마스트리에 빛을 내는 꼬마전구를 생각하면 되는데 원하는 색깔을 구현할 수 있다는 점과 반도체 소자를 사용한다는 점에서 차이가 있다.

초창기에 기술이 부족하였을 때에는 작은 형광등 (CCFL) 방식으로 빛을 만들었지만, 그 후 LED 칩의 개발과 활용으로, 색의 표현을 조금 더 정확하기 위해서 Full LED 방식과 같이 LED 칩을 배치하였지만, 워낙 많은 수의 칩이 필요하여 경쟁력이 없었다. 하지만 Edge LED 방식으로 LED 칩을 사용하여 화면 가장자리에만 칩을 부착하고 가운데 부분에는 빛을 잘 전파할 수 있는 필름을 부착함으로써 Full LED 방식과 똑같은 효과를 낼 수 있는 사실을 발견하였다. 이렇게 함으로써 색깔의 표현도 섬세하게 할 수 있고 원가 경쟁력도 생겼지만, 무엇보다도 TV 화면을 엄청나게 얇게 만들 수 있어. 이런 방식을 LED TV라고 하여 마케팅 전략으로 삼기 시작하였다. 기존 CCFL 방식에서는 두께가 약 10cm로, 이것을 기술적으로 얇게 하여도 5cm 정도였지만, LED 칩을 사용하면서 3cm가 되지 않은 29.9mm를 달성하여 손가락 두께보다도 얇다는 뜻의 Finger Slim으로 홍보하기 시작하였다.

얇고 가벼워진 LED TV는 시장에서 선풍적인 인기를 구가하였다. 물론 일부 업체에서는 LCD TV와 LED TV를 완전 다른 TV인 것처럼 마케팅 전략을 구사하였지만, 기본적으로 두 TV는 동일한 TV로 볼 수 있다. 단지, 필요로 하는 빛을 확보하기 위해 형광등을 (CCFL) 쓸 것인지 아니면 효율이 좋고 오래 갈 수 있는 LED 칩을 쓸 것인지의 차이만 있을 뿐이었다.

이렇게 얇고 가벼워진 TV로 소비자가 어느 정도 식상해 할 무렵 이번에는

3D TV 열풍이 불어 닥쳤다. 2009년에 개봉된 영화 아바타의 성공에 이은 효과로 볼 수 있다. 우리나라뿐만 아니라 전 세계에서 흥행 성적 1위를 기록한 영화로서 3D와 2D로 볼 수 있어서 3D 효과에 대한 사회적 관심을 불러 일으켰다. 사실 기술적으로 대단한 기술이 필요한 것은 아니었다. 보통 TV는 60Hz 기반으로 움직인다. 이 얘기는 1초에 화면이 60번이 바뀐다는 얘기이다. 화면은 바뀌지만, 우리 눈과 뇌는 잔상으로 이 이미지를 기억하여 연결된 화면으로 해석하여 동영상으로 인식하는 것이 기본 원리이다.

이것을 120Hz 또는 144Hz 으로 (지역 차이 감안) 빠르게 동작하게 되면 빠르게 움직이는 물체도 깨끗하게 잡을 수 있게 된다. 통상은 120Hz 정도만 되어도 일반적인 TV를 시청하는데 무리가 없었지만, 이 것을 240Hz 이상 올리는 기술이 나타나게 되었다. 이때 초당 240번씩 바뀌는 화면을 왼쪽 눈에 120번, 그리고 오른쪽 눈에 120번씩 보여주면 우리 뇌에서 이를 조합해서 3D로 보는 것처럼 이용하는 기술인 3D TV가 나타나게 되었다. 이것을 하기 위해서 특수하게 제작된 안경을 써야만 하는 것이 단점이라고 할 수 있었다. 이 단점 때문에 3D TV는 인정을 받지 못하고 얼마 안 지나 사라지게 되었다.

TV의 역사는 유럽과 미국에서 시작되었다고 볼 수 있다. 초기의 블랙 앤 화이트 TV 개발에서부터 시작하여 상용화에 이르기까지 유럽과 미국에서 시작되었다. 컬러 TV는 미국에서 꽃을 피우기 시작하여 일본의 주요 산업으로 성장하였다. 원가 절감을 위해 일본업체들에게 OEM 생산하기 시작하였으나 곧 일본업체들의 품질수준이 훨씬 높고 원가 경쟁력도 갖추기 시작하면서 미국보다는 일본업체들, 특히, 소니, 파나소닉 등이 부상하기 시작하였다. 그리고 이후에는 일본업체들 특유의 디테일에 강한 면모를 보이면서 일본업체들 천국이 지속될 것으로 보여졌다. 하지만 아날로그에서 디지털로 전환되면서 이 추세에 맞추지 못한 일본업체들보다는 한국 업체들이 주도하게 되었고 이 과정에서 "더

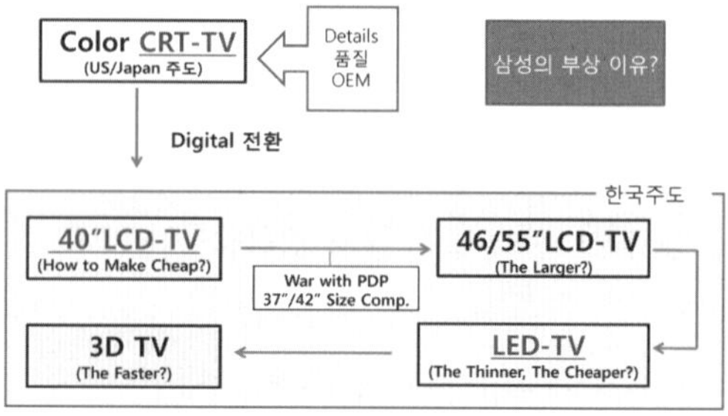

크게, 더 얇게, 더 빠르게" 를 모터로 내 건 한국업체들의 세상이 전개되었다. 여기에서도 삼성이 두각을 나타나게 된 가장 큰 이유는 핵심부품을, 특히 반도체와 디스플레이를 모두 사내에서 모두 가지고 있다는 점과 이들을 종합적으로 엮어 낼 수 있었던 VIP (Value Innovation Program) 센터를 적절한 시점에 운영하여 효과를 극대화하였기 때문이었다. 특히, 디지털 TV가 도입되는 시점에 LCD와 이를 처리할 수 있는 반도체 칩 기술 등을 종합적으로 모아서 상품기획을 추진하였고 여기에 더해 이건희 회장의 디자인 경영까지 단순한 디지털 기술이 아닌 종합 기술 + 예술이 된 작품을 만들어 낼 수 있었던 상품기획을 추진하였기 때문이라고 볼 수 있다. 이런 기능을 하는 VIP 센터를 운영하여 각 분야 전문인력이 힘을 합쳐 만든 것이 삼성 TV의 현재 모습이라고 볼 수 있다.

한편 반도체 산업은 1990년대 이후 엄청난 변화를 겪는다. 1990년도에는 세계 반도체 시장의 1위 NEC, 2위 도시바, 3위 히타치 등 일본업체가 차지하였고 일본업체들의 반도체 공세가 심각해지자 1985년 메모리 사업을 포기하고 CPU 사업에 몰두하는 전략을 추진한 인텔은 4위, 그리고 모로토라가 5위를 차지하고 있다. 1992년 반도체 분야 중 Dram 분야에서 1위를 차지하고 1993년 Dram을 포함한 메모리 분야에서 1위를 차지한 삼성은 1995년 세계 6위를 기록하였다.

1995년에 놀라운 것은 인텔이 세계 1위를 차지하고 있다는 것이다. 이때는 Windows 95가 도입되면서 컴퓨터의 도입이 폭발적으로 늘어가고 있던 시점으로 고부가가치였던 PC용 CPU의 수요가 가장 많이 증가하였다고 볼 수 있다. 인텔이 메모리 시장을 포기하고 CPU 시장으로 전환한 전략이 승리했음을 알 수 있는 해였다. 이때도 일본업체들은 여전히 2위, 3위, 4위를 차지하고 있음을 볼 수 있다.

2000년 Y2K와 인터넷 닷컴 버블이 붕괴되는 시점에 일본업체들은 투자의사결정을 하지 못하였다. 그러다가, 결국 Commodity 사업이 된 Dram 사업에서는 1999년 NEC와 히타치를 통합하여 엘피다를 설립했으며 2003년에는 미쓰비시까지 인수하여 일본 내 Dram 사업을 하는 대표적인 회사가 되었으나

2012년 미국 마이크론에 의해 인수되었다. 한편, System LSi 사업에서도 2003년 히타치, 미쓰비시를 통합하는 르네사스 출범 이후 2010년 NEC까지 통합하였으며 2017년 현재는 19개 기업이 출자하고 세계 20위 정도로 명목만 유지되고 있다. Flash Memory 시장에서 선두를 달리던 도시바만 명맥을 유지하고 있어 1990년 Top 10 중 6개 업체였던 일본업체는 2010년대 이후 도시바만 유지하고 있다.

2000년 중반 일본업체들은 투자를 축소하면서 엘피다와 르네사스로 통합 후 생산량을 조절했지만, 대만업체들은 일본업체들의 생산 축소분을 확보하기 위해 생산량을 늘리면서 반도체 산업에서 "죽느냐, 사느냐?"를 두고 벌이는 치열한 생존경쟁을 일컫는 1차 치킨게임이 2007년 시작되었다. 여기에 글로벌 금융위기까지 겹쳐서 더욱 상황을 어렵게 만들었다. 대만업체들의 가격 인하가 시작되어 512Mb Dram 가격이 2005년 6불 → 2008년 2불 → 2009년 初 0.5불 수준으로 하락하였다.

이런 치킨게임을 야기하였던 난야와 파워칩 등 대만업체들의 손실은 거의 매출액과 동일한 수준인 것으로 알려져 있다. 하지만, 이 치킨게임으로 세계 3위 업체이었던 키몬다가 파산하였다. 점유율이 15.7%이었지만 파산 당시 점유율은 5%에 불과하였고 2007년부터 1년간 약 3조 원 이상의 적자가 발생하였고 2008년에는 매출액보다 적자가 더 컸었다.

1차 치킨게임이 끝나고 살아남은 업체들은 조금씩 이익을 남기기 시작하였다. 이렇게 되자, 일본업체와 대만업체들이 다시 생산설비 투자를 시작하게 되었고 곧이어 2차 치킨게임이 2010년 시작되었다. 이때 희생자는 일본의 Dram 합작사, 세계 3위 업체인 엘피다이었다. 사실 엘피다는 1차 치킨게임에서도 2,000억엔 이상의 적자로 어려웠지만 일본 정부와 은행의 지원으로 살아남았었다. 간신히 1차 치킨게임을 살아남아서 2년간 약간의 흑자를 보면서 기사회생을 하였지만, 2차 치킨게임에서는 영업이익률이 매출과 거의 비슷한 -70%를 기록하여 살아남지를 못하고 결국, 2012년 미국의 마이크론에게 넘어가게 되었다.

1, 2차 치킨게임을 끝낸 반도체 업계는 2016년 현재 삼성이 45% 이상의

점유율과 20%대를 차지하고 있는 SK하이닉스와 마이크론의 3강 체제를 유지하고 있고 2017년부터 이어진 수요 확대로 사상 최고의 호황을 이어 가고 있다. 이렇게 치킨게임에서 살아남은 업체들만 현재의 호황을 즐길 수 있고 나머지 업체들은 역사 속으로 사라져 갔다.

여기에서 잠깐 매출과 이익률의 종류, 그리고 원가의 종류에 대해서 이해를 하는 것이 왜 이들 반도체 업체들이 치킨게임에서 죽어 나가는지 이해하는데 도움이 될 것 같다. 먼저, 매출액은 판매에서 발생하는 금액으로 규모/성장을 추정할 수 있는 지표이다. 매출 총이익 (Gross Profit)은 매출 - 생산원가 또는 구매원가로 상품/서비스 경쟁력을 나타낼 수 있다. 영업이익 (Operating Profit)은 매출 총이익 - 판매관리비 - 일반관리비로 제품을 만들고 영업활동을 통해서 만든 이익으로 기업의 경쟁력을 나타내는 지표로 볼 수 있다. 경상이익은 영업이익 - 이자 비용/수익으로 자금의 여유를 볼 수 있는 지표이며 순이익 (Net Profit)은 경상이익 - 법인세 등 세금과 자산 매각 등 특별 이익/손실로 해당하는 년도나 분기에 실제 손익을 났는지를 볼 수 있는 지표이다.

앞에서 설명한 치킨게임에서 매출만큼이나 적자가 발생하였다는 것은, 원가가 판가의 2배라야 가능한 숫자이다. 어떻게 이렇게 까지 될 수 있을 것인가? 원가에 대해서 한번 살펴 보는 것이 필요하다. 생산원가 = 재료비 + 인건비 + 경비 + 감가상각비의 직접 비용 및 간접비용으로 구성되어 있다 총원가=생산원가 + 판매비/일반 관리비의 구성되어 있어 여기에 이익을 합하여 판매가격을 결정하게 된다.

반도체 산업의 경우, 예를 들어 판매가격 100 = 재료비 20 + 인건비 15 + 경비 10 + 감가상각비 30 + 판매비/일반 관리비 20 + 이익 5으로 구성되어 있는데 공급 부족으로 판매가격이 150으로 뛰면 이익은 자동적으로 5에서 55로 급상승하게 된다. 따라서, 이익율도 55/150인 36%로 급상승하게 된다. 하지만, 판매가격이 50으로 반 토막이 나게 되면 이익은 판매가격 50 - 총원가 95 이기 때문에 적자 45가 발생하게 되어있다. 이익율 또는 적자율은 45/50으로 80%가 넘게 되어 매출만큼의 적자가 나는 것이 일반적인 현상이라고 볼 수 있다. 여기에서 중요한 것은 이런 불황에서 살아 남는 것이라고 할 수 있다.

그렇다면 어디까지 판가하락을 견딜 수 있느냐가 중요한 문제라고 할 수 있다. 여기에서 Cash Cost라는 개념이 필요하다. 제품을 만들어서 판매하기까지에는 여러 비용이 필요하다. 예를 들면 감가상각비는 이미 지출한 투자비를 몇 년간에 걸쳐 배분한 비용이기 때문에 당장 눈앞에서 돈이 나가는 것은 아니다. 하지만 재료비와 인건비, 전기/용수/소모품 등 경비는 시황과 관계없이 제품을 생산하기 위해서는 무조건 지불해야 하는 현금성 성격을 (Cash) 가지고 있다. 또한, 제품을 배달하는 데 필요한 물류비용 등도 무조건 지불해야 하는 현금성 성격을 가지고 있다.

이런 현금 성격을 가지고 있는 비용을 Cash Cost라 일반적으로 부르고 있다. 우리 사례의 경우 Cash Cost = 재료비 20 + 인건비 15 + 경비 10 + 판매비/일반 관리비의 절반 수준 10을 보게 되면 55로 나타나게 된다. 제품 판가가 50인데 매번 이 제품을 만들기 위해서 지불해야 하는 Cash Cost 가 55이면 자기희생을 5만큼 한다는 얘기이다. 단기간은 모르겠지만, 장기간은 견딜 수 없는 구조라고 할 수 있다. 이런 상황이 오게 되면 일단 무조건 공장 가동을 멈추는 것이 정답이라고 할 수 있다.

비슷한 개념으로 쓰는 것이 현금흐름을 측정하기 위한 EBITDA (Earnings Before Interest, Taxes, Depreciation and Amortization)을 주로 쓰고 있다. "이자 지급前, 세금 지급前, 유형/무형 감가상각비 차감前 영업이익을 의미한다. 유형/무형 감가상각비는 비용이지만, 실제로 현금으로 지불하지 않는 비용으로 볼 수 있다. 만약 조금이라도 이익이 남는다면 이는 현금이 그만큼 남는다는 뜻으로 볼 수 있다. 유형/무형의 감가상각비와 앞에서 말한 순수하게 영업활동을 함으로써 벌어들인 현금인 영업이익을 합하면 그 기업이 영업활동으로 벌어들인 현금 흐름을 말하기 때문에 기업의 경쟁력을 평가하는 지표로서도 많이 사용되고 있다. 앞에서 얘기한 사례에 적용할 경우 판가가 100일 경우에는 EBITDA = 5 + 30 = 35로 볼 수 있다. 판가가 150일 경우에는 EBITDA = 150 - 95 + 30 = 85로 현금 흐름이 50만큼 좋아지는 것을 볼 수 있다. 하지만 판가가 50으로 추락할 경우 EBITDA = 50 - 95 + 30 = -15로 현금흐름이 있는 것이 아니라 15만큼의 차입을 해야 한다는 것으로 알 수 있다.

이렇게 기업이 영업활동을 얼마나 잘하는지를 보기 위해 다양한 지표들을 다양한 분야에서 많이 개발하고 있다고 볼 수 있다. 한편, 이미 Commodity 시장이 된 Dram 시장에서는 치열한 경쟁이 벌어지고 있었지만, 신규로 떠오르고 있었던 Flash Memory 시장에서는 아직은 여유가 있었다.

삼성은 2001년 도시바의 Flash Memory 합작 제의를 정중하게 거절하고 First Mover 전략으로 치고 나가기로 결정한 후 대만 IT 업체와 USB 제품을 개발하는 등 선전을 하였고 또한, 애플의 iPod에 HDD 대신 Flash Memory 채택하게 하여 지속적인 성공을 이루고 있어 반도체 전체 매출에서도 2003년부터 인텔의 뒤를 이어 세계 2위가 되었다. 2005년부터 Flash Memory를 채택한 iPod의 판매량이 급상승하는 것과 마찬가지로 삼성의 Flash Memory 매출도 이에 선행하여 급상승하고 있었다. 여기에 추가하여 '07년부터 도입된 iPhone까지 Flash Memory를 채택하고 있었기 때문에 삼성 매출은 급성장하였지만 2008년 국제 금융시장의 불안정으로 인하여 정체되기도 하였다. 실제 2008년 4분기 판가는 전분기 대비30% 이상 하락하여 글로벌 금융위기가 얼마나 심각하게 움직이고 있었는지를 잘 보여 주고 있다.

하지만 삼성은 First Mover 전략을 택한 후인 2002년 이후 반도체 전체 시장에서 2위를 차지하였으며 실제적으로 Flash Memory 시장에서 절대적인 입지를 확보하여 삼성의 시장 점유율은 41%인 반면 2위인 도시바는 28%에 불과하여 First Mover 전략이 성공하였음을 잘 보여 주고 있다.

이렇게 Dram 시장과 Flash Memory 시장에서 압도적인 1위를 구사하고 있음에도 전체적인 반도체 시장에 있어서는 1위인 인텔에 근접하지 못하고 있었다.

2008년에는 두 가지 대형 이벤트가 있었다. 첫 번째는 글로벌 금융위기로서 이 때문에 거의 모든 산업이 마이너스 성장을 하였는데 반도체 산업에 있어서도 예외는 아니었다. 특히, Dram과 Flash Memory 전문이었던 Hynix는 전년대비 33% 역성장하였으며 앞에서 설명한 일본업체들은 명단에서 사라지거나 르네사스 같은 업체들은 12% 역성장을 기록하기도 하였다.

두 번째는 2007년 출시된 iPhone 영향이었다. iPhone에 들어가는 부품, 특히, 반도체 부품을 공급하는 회사들은 이 어려운 경제환경에도 불구하고 플러스 성장을 할 수 있었다. 특히, Fabless 업체이면서 통신 칩 관련 비즈니스를 하는 Qualcomm과 Broadcom은 각각 15%, 20%씩 성장을 하여 iPhone의 영향력을 짐작할 수 있다. 삼성도 전반적인 어려움 속에서 2% 성장을 하여 2위를 유지하고 있으나 1위인 인텔의 약 60% 수준의 매출밖에 차지하지 못하고 있음을 볼 수 있다.

이유는 전 세계 반도체 시장 중 삼성이 압도적으로 1위를 하는 분야인 Dram과 Flash Memory가 차지하고 있는 비중이 약 19%에 불과하기 때문이라고 볼 수 있다.

반대로 인텔이 압도적인 1위를 유지하고 있는 이유는 전 세계 반도체 시장 중 메모리가 아닌 비메모리 비중이 81%씩 차지하고 있으며 이 중에서도 컴퓨터 CPU가 차지하고 있는 비중이 압도적으로 높다고 볼 수 있다. 따라서 CPU 분야에서 절대적 1위를 차지하고 있는 인텔이 전 세계 반도체 매출에서 1위를 하고 있는 것은 놀라운 사실이 아니다.

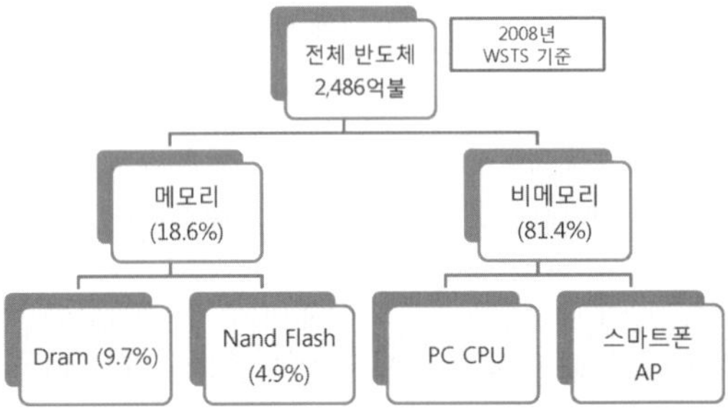

하지만 이때부터 전자산업의 중요한 Trends가 생겨나고 있었다. 2007년 출시된 iPhone의 영향으로 컴퓨터를 사용하는 소비자의 감소와 스마트폰 등 모바일 기기를 사용하는 소비자의 증가가 그것이라고 볼 수 있다. 스마트폰 수요의 급증에 따라 전체적인 반도체 수요 패턴의 변화도 발생하는데 사진 등 멀티미디어 Contents를 저장할 수 있는 Flash Memory 수요가 급증하는 반면 컴퓨터용 CPU는 급속하게 줄고 스마트폰 AP 수요가 급증하고 있다는 점이었다.

이렇게 볼 때 신규로 시장이 성장하는 분야인 Flash Memory와 스마트폰 AP에서는 새로운 경쟁자들이 참여하고 있으나 컴퓨터 CPU 분야에는 인텔과 기존업체만 참여하고 있는 상황이다.

2008년 인텔의 60%밖에 안되었던 삼성의 반도체 매출은 성장을 계속하여 2015년 2분기 시장점유율 0.4% 차이까지 쫓아가게 되었다. 모바일 기기의 수요가 확대되면서 이 시장의 핵심부품인 모바일 AP 시장에 대한 경쟁이 치열하게 전개되고 있다.

모바일 AP는 스마트폰이 작동하는데 필요한 핵심 기능이 집적된 칩으로 구성은 CPU, GPU (Graphic Processor Units), 모뎀 칩, Dram, Flash Memory 등으로 구성되어있다. 스마트폰 업체마다 독자적인 모바일 AP를 가지고 있으며, 개발과 생산방식도 차이가 있다.

먼저 애플은 독자 칩 A 시리즈를 가지고 있다. 반도체 생산라인이 없는 애플은 iPhone 시리즈에 맞는 AP를 자체적으로 개발하여 OEM 생산업체인 TSMC Foundry 또는 삼성전자 Foundry 사업부에 생산을 위탁하고 있는데 제품별 전략에 따라 생산량을 큰 폭으로 조정하기도 한다.

특히, 2011년 발생한 애플과 삼성의 특허분쟁 이후 2012년 출시한 iPhone에서는 삼성 메모리를 사용하지 않았으며 이 전략은 4년이 지난 2016년 3D Nand Flash Memory 때 어쩔 수 없이 사용할 수밖에 없는 상황이 벌어져 다시 사용한 것으로 알려져 있다.

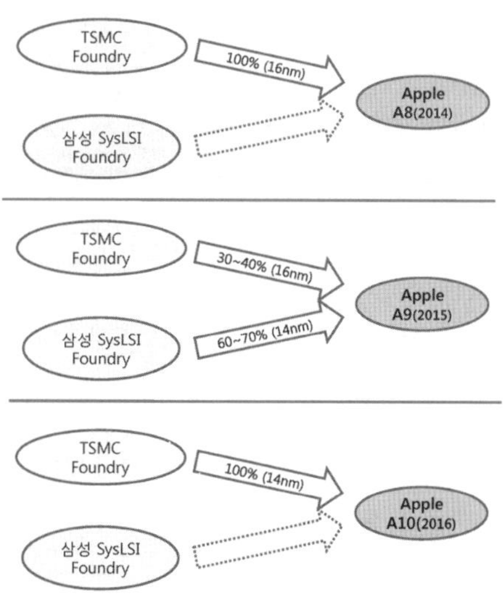

마찬가지로 iPhone과 직접 경쟁제품인 Galaxy를 견제하기 위해서 AP 물량을 전혀 배정하지 않는 경우도 발생하고 있다. 예를 들면, 2014년 A8에는 삼성 Foundry에 물량 배정을 하지 않다가, 2015년 A9에는 전체 물량의 60 ~ 70% 수준을 그리고 2016년 A10에는 다시 물량 배정을 하지 않는 것으로 알려져 있다. 삼성과 애플 간의 애증관계,

필요할 때는 요구하고, 그렇지 않을 때는 과감히 정리하는 그런 전략적 관계를 볼 수 있다.

한편, 삼성의 갤럭시 S 시리즈가 출시되어 선풍적인 인기를 얻게 된 다음 해인 2011년부터 삼성 반도체 사업부는 Exynos라는 자체 모바일 AP를 채택하기 시작하였다. 이전까지는 주로 퀄컴의 스냅 드래곤 이라는 모바일 AP를 사용하여 왔는데 삼성의 전략에 따라 이 두 모바일 AP 간 물량 배분에 차이가 있음을 볼 수 있다. 앞에서 설명한 바와 같이, 퀄컴은 아날로그에서 디지털 통신으로 전환할 때 디지털 통신 칩 설계를 해서 삼성과 같이 미국식 방식인 CDMA를 세계 최초로 성공시킨 벤처기업이었다. 하지만 이 회사는 애플과 같이 개발/디자인 기능만을 가지고 있어 실제 생산은 대만이나 중국업체를 통해서 추진하고 있었다.

삼성 무선사업부는 기본적으로 삼성반도체에서 만드는 Exynos와 퀄컴의 Snapdragon을 사용하고 있다. 하지만 퀄컴은 생산능력이 없기 때문에 대만 업체인 TSMC를 주로 활용하는 것으로 알려져 있다. 만약, 애플이 차세대 물량을 전부 TSMC에서 생산하는데다가 삼성 무선사업부가 퀄컴에 배정해 준 물량을 또한 TSMC에서 생산한다면 TSMC는 Foundry 공장을 Full로 돌릴 수 있게 되지만 반대로 삼성 SysLSI의 Foundry 공장은 놀릴 수밖에 없는 구조로 되어 있다.

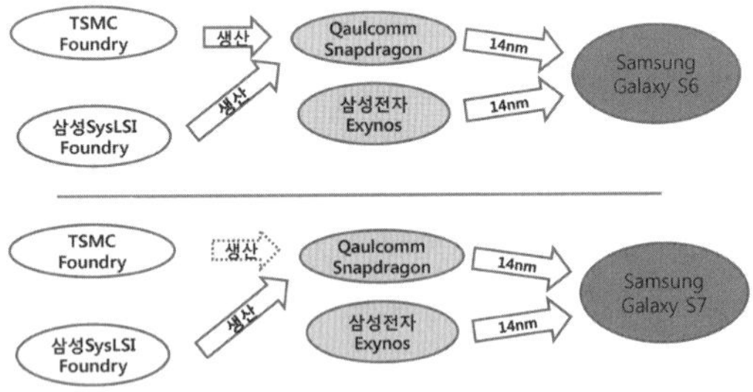

이렇게 모바일 AP를 공급하고 있는 메이저 업체들의 치열한 경쟁이 물 밑에서 진행되고 있는 상황이다. 메이저 4개 업체 중, 애플은 자체적인 수요만 대상으로 하고 있어 제외하더라도 퀄컴이 약 50% 수준의 시장 점유율을 차지하고 있다. 이것은 초기 디지털 전환 시점에서 세계 최초로 개발한 이점을 최대한 활용한 결과로 무선 통신 기술의 최고를 보유하고 있다고 할 수 있다. 반면, 삼성은 자체 수요를 기본적으로 공급하고 있으면서 또한 일반 Foundry

를 추진하고 있는 상황이다. 하지만 기업 간 전략적 이해관계에 따라 부침이 심할 수밖에 없는 구조이기도 하다.

2011년 Exynos를 처음 도입하였을 때만 하더라도 애플의 위탁 생산과 자체 생산을 모두 담당하여 상당한 기여를 하였지만 2012년 삼성과 애플의 무선 전화기 관련 특허 분쟁이 시작되면서 애플은 위탁생산을 삼성에서 대만의 TSMC로 100% 전환하기도 하였다. 이렇게 이해관계에 따른 사업의 부침이 심해지자 차세대 기술 개발을 (핀펫공정) 통해서 다시 애플에게 기술의 삼성을 부각시켰고 특허 분쟁 중임에도 불구하고 애플은 물량을 대만 TSMC 에서 삼성으로 전환하는 것을 택하였다.

이렇듯 삼성 SysLSI는 모바일 기기의 핵심 부품인 모바일 AP를 공급할 수 있는 기회가 점점 많아지게 되고 반도체 매출에 기여할 수 있지만, 인텔은 신규 사업에 참여하여 성장하는 속도가 보이지 않고 있어 삼성이 세계 1위가 되고 인텔이 2위가 될 수 있는 분위기가 만들어지고 있었다. 한편, 반도체 메모리 부문에서도, 특히 Namd Flash 부문에서 엄청난 성장이 진행되고 있었다.

2007년 전년대비 150% 성장으로부터 시작해서 2014년에도 37%의 성장까지 8년 연속적으로 엄청난 성장을 이어가고 있었다. 이 중에서도 특히, 스마트폰과 컴퓨터 HDD를 대체할 SSD 부분에서의 성장이 대부분을 차지하고 있었다. 스마트폰에서는 사진, 동영상, 음원 등 기록장치로서 그리고 SSD는 기존 HDD의 단점을 개선한 기록장치로서 엄청난 성장을 이어가고 있었다.

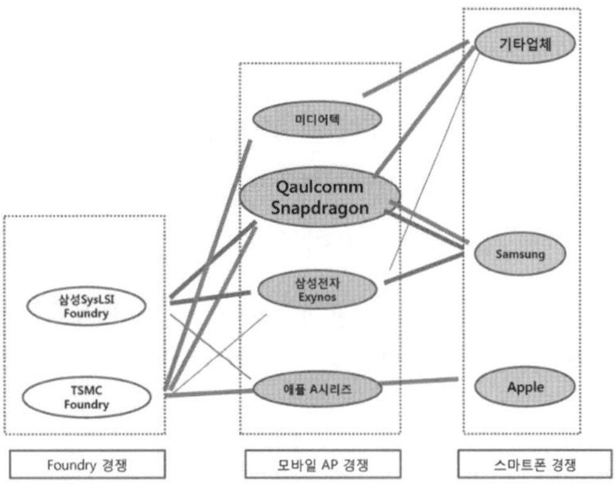

물론, 이 성장세의 최대 수혜자는 삼성, 그리고 도시바/샌디스크였다 이 성장 과정에서 삼성의 기술전략 또한 남들과는 완전히 차별화되어 압도적인 선두를 지키고 있었다.

여기에서 컴퓨터용 SSD 사업에 대한 이해가 필요할 것으로 보인다. 삼성은 1989년부터 운영해 오던 컴퓨터 하드디스크 드라이브 (HDD) 사업을 당시 미국업체인 Seagate에게 2011년 4월 매각하면서 일부 현금과 (6억 9천만 불) Seagate 주식 지분 9.6%를 확보하였다. 이 과정에서 양사는 삼성전자의 Flash Memory를 SSD 용으로 공급하는데도 합의했다. 당시 HDD 사업 세계 1위는 Western Digital로 점유율은 49%, 그리고 2위였던 Seagate는 삼성의 점유율까지 포함해서 40% 수준이 되어서 2위가 되었다.

이렇게 HDD 업계가 구조조정을 추진하였던 이유는 애플의 iPhone, iPad에 저장장치로서 HDD가 아닌 SSD를 채택하면서부터 저장장치 업계에서는 어려움을 겪게 되었고, 이를 타개하고자 합종연횡을 추진하게 되었다. 하지만 삼성은 기존의 HDD뿐만 아니라 도시바와 설립하였던 TSST의 ODD까지도 순차적으로 매각하면서 기존 방식의 저장장치에 대한 투자는 회수하면서 새로운 방식의 저장 장치인 SSD에 집중하기 시작하였다.

특히, HDD와 SSD는 동일한 기능을 수행하기 때문에 공존이 불가능한 사업이었다. HDD는 기계식으로 작동하여서 데이터를 처리하기 위해서는 모터를 회전해야 하기 때문에 소음이 발생하고, 전력 소모량도 많고 무엇보다도 기본적인 처리속도가 있기 때문에 느릴 수밖에 없지만, 가성비는 우수하였다. 반면, SSD는 데이터의 처리과정에서 모두 반도체를 사용하기 때문에 소음, 전략 소모량, 처리속도에서 아주 우수하지만, 가격이 비싼 단점이 있었다. 이런 기술적인 비교 상황에서 업계별로 전략의 차이가 있는 것을 눈여겨 볼 필요가 있다. 기존 HDD 업계에서는 합종연횡을 통해 덩치를 키우고 원가를 줄이려고 한 반면 삼성은 지금 현재 원가는 비싸지만, 기술적으로 우수한 SSD를 선택하였고 2012년 이후 시장을 키워 나가기 시작하였다.

여기에서 기술적인 부분을 좀 살펴볼 필요가 있다. Flash Memory는 반도체 소자에 사진 및 음원 등 데이터를 저장하는 장치이다. 그런데 이 데이터를 디지털화를 하게 되면 모든 것을 0과 1로 표현할 수 있다. 전기를 소자인 Floating Gate에 채워 놓으면 1, 아니면 0 이런 방식으로 Nand Flash에 데이터를 저장할 수 있다.

데이터를 더 많이 저장하는 방법을 지속적으로 연구한 결과 크게 두 가지 방법이 적용되었다. 우선, 소자 하나에서 읽을 수 있는 방법을 세분화하는 것이었다. 가장 간단하게 전기가 반 이하로 채워져 있기 때문에 전기가 없다고 인식하여 0, 그다음 반 이상으로 채워져 있다면 전기가 있다고 인식하여 1로 보는 방식이 SLC (Single Level Cell) 방식으로 1 bit를 (2^1) 처리할 수 있다. 이제 좀 익숙해 지면 50%를 기준으로 보는 것이 아니라 25%를 기준으로 전기가 있다 없다를 판정할 수 있게 하자는 방식이 MLC (Multi Level Cell) 방식으로 2 bit를 (2^2) 처리할 수 있다. 즉, 충전량이 25% 이하면 00, 25~50%이면 01, 50~75%이면 10, 75~100%이면 11로 정할 수 있다. 여기에서 한 단계 더 섬세하게 나간다면 1/8를 기준으로 전기가 있다 없다를 판정할 수 있게 하자는 방식이 TLC (Three Level Cell) 방식으로 3 bit를 (2^3) 처리할 수 있다. 기술적으로 SLC → MLC → TLC 쪽으로 갈수록 더 많은 데이터를 저장할 수 있지만 섬세하게 측정하지 않으면 오류가 날 가능성이 크다는 것을 알 수 있다. 물론, 이 과정에서 속도도 느려질 수 있다. 하지만 2배씩 많은 데이터를 저장할 수 있기 때문에 가성비는 훨씬 좋다고 할 수 있다,

다음으로는 반도체에서 사용하는 일반적인 방식으로 선폭을 줄이면서 집적도를 높이는 방식이다. 통상적인 방법으로 웨이퍼에 반도체 소자 하나하나를 만들어 가는 과정에서 선폭을 줄여나가면 동일한 면적에 더 많은 숫자의 반도체를 만들 수 있기 때문에 생산업체들은 이 방법을 주로 사용하였다. 2009년 인근 셀과의 거리를 30nm 축소된 Flash Memory를 생산하였으며 2010년에는 선폭을 20nm로 더욱 줄여서 생산성을 60% 이상 더 확보할 수 있었다. (셀 간격은 생산을 하지 못하는 지역으로 30nm→20nm로 축소되면 그만큼 생산 가능 면적 상승) 생산성을 더욱 확보하기 위하여 선폭을 10nm까지 축소하는데 성공하였지만, 제품으로서는 문제가 많았었다. 각각의 셀은 전기를 품고 있었는데 바로 옆 셀과의 거리가 너무 가까워 혼선이 자주 일어났기 때문에 더 이상의 집적도 향상은 불가능한 것으로 판단하고 있다,

여기에서 삼성은 단순히 단층집을 빼곡하게 지을 것이 아니라 고층 빌딩을 짓는 것으로 방향전환을 추진하였다. 하지만 위로 빼곡하게 지을 경우에도

윗집과의 전기적 혼선은 해결했어야만 하였다. 여기에서 2006년 개발한 새로운 방식의 Flash Memory 기술을 적용하면서 해결할 수 있었다. 원래 방식의 전기를 저장하는 곳에 도체를 사용하던 방식에서 벗어나 부도체를 사용함으로써 위, 아래와의 전기적 간섭을 최소화할 수 있었다. 이렇게 함으로써 드디어 2013년, 24층의 Flash Memory 고층건물이 처음으로 세상에 나오게 되었다. 문제는 반도체 고층건물이 무너져 내리는 것과 각 층마다의 전기선을 연결하는 방법이었는데 실제 고층 건물 지을 때 방법을 벤치마킹하여 해결할 수 있었다.

24층 규모의 3D Vertical Nand는 단층 규모보다 용량, 전력 효율, 속도 등이 2배 이상 개선되었고 내구성 등 모든 측면에서 획기적으로 개선되었다. 이렇게 고층빌딩 방식의 24층의 V Nand Flash Memory 1세대 기술이 도입되고 2014년에는 32층의 V Nand 2세대 기술을 양산하였고 2015년에는 48층의 V Nand 3세대 기술을 양산, 2016년에는 64층의 V Nand 4세대 기술을 양산하였다. 이렇게 되자 2011년 특허 분쟁 등으로 사이가 소원했던 애플마저도 iPhone 7에 삼성의 3D Nand 플래시를 쓸 수밖에 없어 공급받기로 하였다.

하지만 도시바와 샌디스크, SK Hynix 등 경쟁사들은 초기부터 대응할 수가 없어 2016년부터 48층 또는 32층 규모의 양산을 시작하였다. 한편, 반도체 시장 전체에서 1위인 인텔도 이 프로젝트에 참여하기 시작하였다. 앞에서 설명한 바와 같이 현재 시장에서 1위 이기는 하지만 축소되어 가는 컴퓨터 시장에서의 기반을 두고 있는 인텔로서는 커가고 있는 모바일 시장에서의 새로운 입지 구축이 절대적으로 필요한 상황이라고 볼 수 있다.

이를 위해, 인텔은 마이크론과 함께 3D 크로스포인트라는 (XPoint) 독자기술을 개발하여 2016년 4월에 32층 규모의 3D V Nand 양산을 시작하였고 차세대 개발을 진행하여 중국 대련에 있는 중국 Fab에서 양산을 추진하고 있다. 향후 급성장이 예상되고 있는 인공지능과 데이터 센터 운영 등에 필요한 3D Nand에 집중적으로 투자를 추진하여 메모리 시장에서의 위상 제고를 추진하고 있다. 이 사례를 보면 국제 산업환경에서는 기술적으로 앞서 있으면 쓸 수밖에 없는 환경이 되어 있다. 결국, 경쟁사보다 기술적으로 앞서 나가는 것이 가장 좋은 방법이라는 것을 알 수 있다.

2017년 4차 산업혁명과 함께 찾아온 인공지능과 데이터 센터 운영 등 굵직한 이슈로 인해서 반도체 메모리 업계는 사상 최대의 호황을 구가하고 있다. 이런 호황 속에서 새로운 역사가 쓰여지고 있다. 반도체 산업에서는 인텔이라는 난공불락의 업체가 버티고 있었다. 인텔은 당초 메모리 사업을 추진하였으나 일본업체들의 공세가 강해지자 메모리 사업을 포기하고 CPU 사업으로 전환하여 1993년 이후 부동의 반도체 1위를 지켰다.

반면, 삼성은 이건희 회장의 1974년 한국 반도체 인수 이후 1983년 이병철 회장의 동경선언을 기반으로 반도체 사업에 참여한 이후 1988년 처음 흑자를 내고 1992년 Dram, 1993년 메모리 시장, 2002년 Flash Memory 시장에서 1위를 차지하였지만, 전체 반도체 시장 1위는 불가능한 것처럼 보였었다. 하지만 최근 급성장하고 있는 Dram 시장과 메모리 시장에서 압도적인 1위, 모바일 AP 시장에서의 성장을 근거로 2017년 2분기 이후 1위를 한 것으로 보이고 결과적으로 2017년 전체에서도 인텔을 앞설 것으로 보인다. 1993년 이후 25년 만인 2017년 세계 반도체 시장에서 1위가 바뀔 것으로 보인다.

역사적인 사건이다. 난공불락의 인텔을 앞선 역사가 이루어진 것이다.

10

전성기 시대의 삼성: 기술과 전략의 방향성

앞에서 본 바와 같이 반도체는 2010년대 이후 세계 1위를 향한 전략과 실행을 수행하였다. 세계 1위가 되기 위한 핵심은 운이 아닌 기술과 방향성이었다.

우선 기술에서는 타의 추종을 불허하는 기술력이 있었다. 다만, CPU와 같은 비메모리 반도체를 디자인하기 위한 창의성 등 일부가 모자란 것은 사실이지만 그것을 구현해 내는 공정기술, 생산기술은 세계 최고이었다. 한편, 세계 최고 대비 상대적으로 취약한 사업 분야이었던 CPU에서도 같은 삼성전자의 모바일 비즈니스 성장과 함께 모바일 AP 분야에 참가함으로써 점차 그 능력을 키워나가고 있다고 봐야 할 것이다.

하지만 사업의 방향성 선정에 있어서는 그 어느 누구보다도 탁월하였다고 볼 수 있다. 처음에는 단순한 Dram에서 시작하여 메모리 분야, 그중에서도 Flash Memory 분야로 사업을 확대하고 그 이후 모바일 AP까지 사업을 확대하는 방향성은 역사가 증명하고 있다. 이렇게 함으로써 아무것도 없이 시작하여 세계 1위가 되었다는 역사가 이를 증명하고 있다. 일본업체들은 품질과 생산성을 기반으로 Dram 분야에서 세계를 지배하였지만 산업 환경이 조금 어려워지자 투자에 대한 의사결정 지연과 리더십 부족으로 곧바로 역사 속으로 사라져갔다.

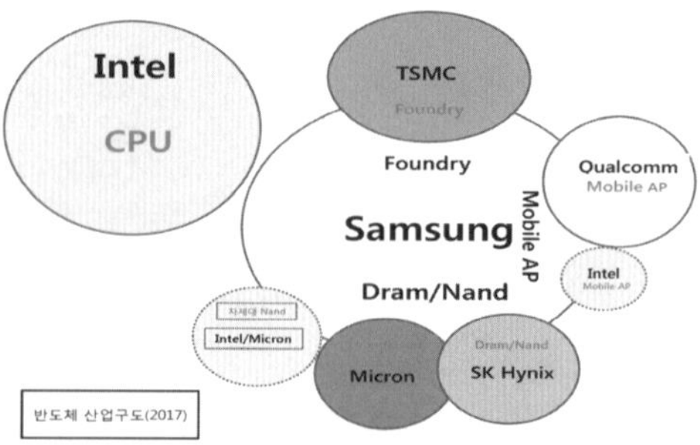

인텔은 메모리에서 시작하였지만, 일본업체들 때문에 메모리 사업을 포기하고

컴퓨터용 CPU에 집중하여 곧 세계 1위가 되었지만, 너무 1위에 안주한 나머지 다른 반도체 분야의 성장에 눈을 감고 있었다고 봐야 할 것이다. 눈을 떴을 때에는 조금 늦은 시점이란 것을 인식하게 되었다.

퀄컴 등 통신 칩 분야의 세계 1위 업체들은 자신들이 잘하는 분야에만 만족하는 바람에 더 큰 산업의 움직임을 놓치고 있어 전체 1위가 될 가능성은 없다고 봐야 할 것이다. 문제는 앞으로 어떻게 4차 산업혁명의 추세를 앞서 가면서 리드할 것인가이다.

한편, 디지털 TV 시장에서도 삼성의 독주가 지속되고 있었다. 2005년 소니가 10.9%로 1위, 삼성이 10.3%로 2위였으나 2006년 삼성이 14.2%로 세계로 올라선 이후 지속적으로 점유율을 늘려 갔으나 소니의 점유율은 2008년 13.3%가 최고로 이후에는 점차 축소되었다.

왜 이런 현상이 발생하였을까? 두 회사의 경쟁은 같은 LCD를 사용하고 있다는 점에서 특이한 점이었다. 삼성 디스플레이와 소니는 각각 50%씩 자금을 대서 총 20억 불짜리 합작회사, S-LCD를 2004년 4월 설립하였다. S-LCD는 당시 40" 패널을 생산해서 대주주인 삼성 디스플레이와 소니에 각각 50%씩 물량을 공급하였다. 소니는 자체적으로 50%의 물량을 사용하면서 LCD TV를 제작하여 Bravia 상표로 판매하였다. 삼성 디스플레이는 이 물량을 받아 재판매하였고, 이 중에는 삼성전자 TV 사업부도 포함되어 있었다. 물론, 소니와 삼성 TV 사업부는 부족한 물량을 다른 LCD 제조업체로부터도 공급받고 있었다.

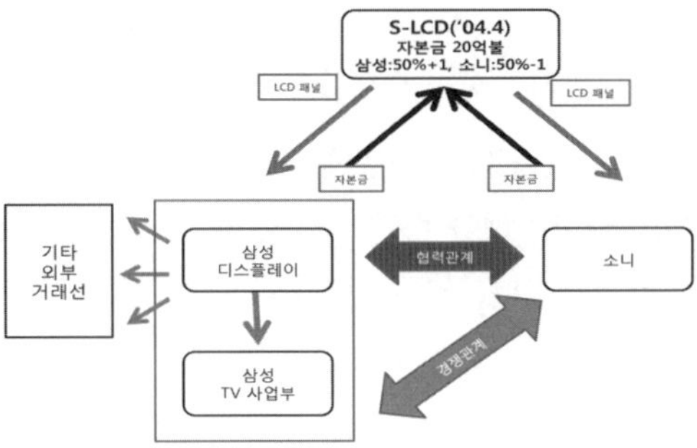

S-LCD의 가동에 들어간 2005년 4월인 2005년에는 소니가 우세하였지만, 2006년 삼성전자가 보르도 TV를 도입하고, 추가적으로 2008년 크리스털 로즈, 그리고 2009년 LED TV를 도입하면서부터 앞서 나가기 시작하였다. 대형 TV를 기술 제품에서 디자인 제품으로 컨셉을 전환시켜 나간 것이 삼성전자가

앞서 나간 결정적인 계기가 되었다고 보는 것이 일반적이다.

상황이 이렇게 되자, 2011년 소니는 보유 지분 50%를 삼성전자에 10억불 정도에 매각하고 합작사업에서 철수하였다.

한편, 디스플레이 사업이 대형 방향으로 흐르게 되자 중소형 디스플레이 사업을 모아 2008년 설립하였던 SMD도 2010년에 Galaxy S에 들어가는 중소형 OLED 패널 때문에 성공을 거두었지만, 차세대 라인 투자의 필요성을 느끼고 있었다. 분산되어 있던 디스플레이 관련된 사업들, 기존부터 모태였던 삼성전자 LCD 사업부, 그리고 SMD, S-LCD 등 디스플레이 관련된 사업을 모아 2012년 삼성디스플레이라는 이름으로 재출범하게 되었다.

한편, 시장에서는 크기와 화질에 대한 새로운 요구가 생겨나고 있었다. 3D TV까지 경험하게 된 소비자들은 더 큰 사이즈의 TV, 더 좋은 화질의 TV를 요구하게 되었다. 거기에다가 이미 일상적인 생활에 훨씬 더 근접하게 된 인터넷은 컴퓨터를 벗어나 이제는 TV에 장착되면서 스마트 TV 개념이 등장하였다. 그러면서 화면 크기와 (UHD) 화질에 (OLED 등) 대한 다른 요구가 생겨나기 시작하였다.

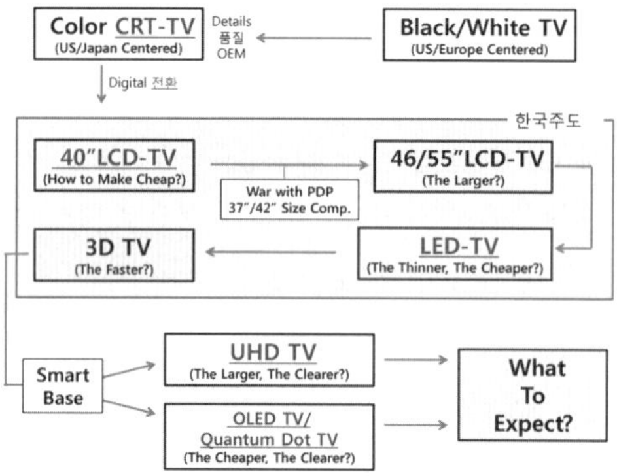

여기에서 UHD의 개념을 조금 더 자세히 살펴볼 필요가 있다. 앞장에서 TFT-LCD는 R, G, B의 색깔을 조합함으로써 우리가 원하는 색상을 재현할 수 있다고 설명하였다. 여기에서 R, G, B 각각 얼마만큼을 조합할 것인가를 결정하는 것은 Transistor를 (전기적 스위치) 조정함으로써 가능하다고 설명하였다. 우리가 통상 FHD를 (Full High Definition) 언급할 때 가로 1,920개 줄, 세로에 1,080개 줄 (R, G, B 각각)을 말한다. 예를 들어, 40" FHD를 볼 때 대각선 40" 화면크기에 가로줄 1,920줄 x 세로줄 1,080줄이 있고 각각

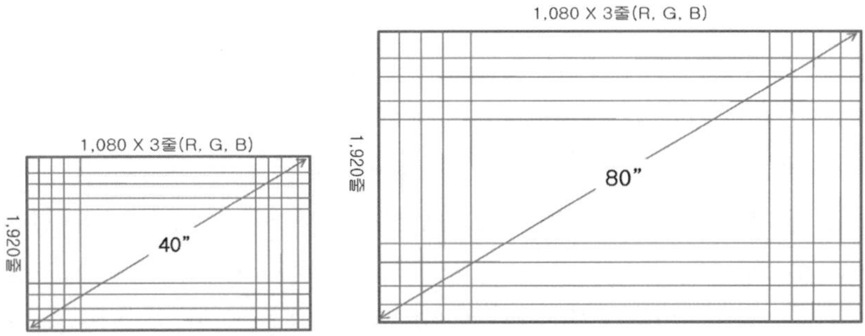

의 교차점에 Transistor와 화소를 만듦으로써 화질을 구현하는데 만약 이 모든 것이 똑같고 화면 사이즈만 80"로 커지게 되면 화면은 엉성하게 보이게 될 것이다. 이렇게 되면 여태까지 주장하였던 선명한 화면이 없어지는 문제가 생기게 된다.

이 문제를 해결하기 위해서는 똑같은 화질을 구현할 수 있는 방법을 찾는 방법일 것이다. 예를 들어 40" 화면 4개를 연달아 구성하면 80" 화면이 만들어지게 되고 40"에서 보았던 화질과 똑같은 화질을 볼 수 있게 된다. 이렇게 해야만 기존에 보았던 40"와 똑같은 화질을 볼 수 있게 된다. 즉, 80" 화면을 만들기 위해서는 40" 화면을 4개를 연달아서 만들어야 하는 기술을 필요로 한다. 40" 화면에서는 총 1,920 x 1,080 x 3 개인 즉, 6, 2백만 개의 화소가 필요하다. 따라서 80" 화면에서는 총 4 x 6.2 백만, 즉 24.8 백만 개의 화소가 필요하다. (가로줄 4K, 세로줄 2K x 3, 그래서 통상 8K라고 표현한다) 이 거대한 80" 화면에 6 시그마 품질원칙을 적용한다고 치면 2천5백만 개의 transistor 들이 모두 제대로 작동해야 하는데 그 어려움이 있다고 할 수 있다.

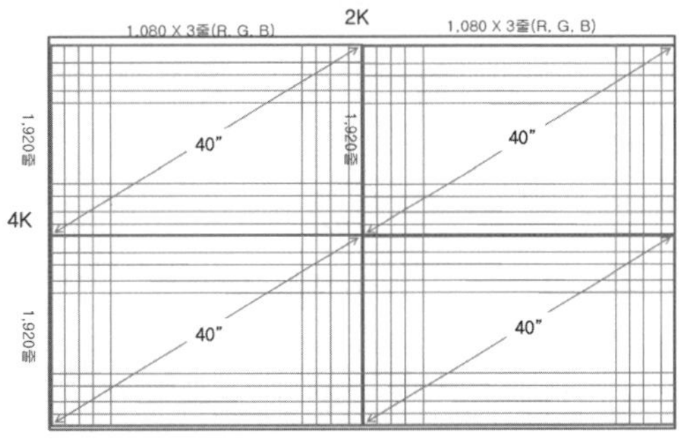

하지만 소비자들은 그 것을 요구하고 있는 것이다. 또, 한편에서는 화면이 커지는 것과 마찬가지로 화면의 질에 대한 요구가 강해지고 있었다.

LCD는 기본적으로 두 장의 유리로 구성되어 있다. 아래 유리는 Transistor 스위치가 (TFT, Thin Film Transistor) 위 유리에는 색깔이 있는 Color Filter 유리가 있고 유리 중간에 스위치가 켜지는 정도에 따라서 몸을 비틀어서 빛의 방향을 유도하는 액정이 (Liquid Crystal) 있다. 이 상태로는 스스로 빛을 낼 수 없기 때문에 항상 빛을 내고 있는 형광등인 Back Light Unit (BLU)가 있다.

Transistor 스위치가 얼마나 커져 있느냐에 따라 (일반적으로 스위치를 2^8 단계, 1~256 단계 조정) 액정이 몸을 비틀고 이 비틀어진 액정을 따라 형광등에서 나온 빛이 두 유리 기판을 통과하면 위 유리인 Color Filter에 있는 색깔을 만나서 색을 표현하는 기본적인 원리로 되어 있다. 이에 비해 OLED는 (Organic Light Emitting Diode) Transistor 스위치가 그려져 있는 아래 유리에 색깔을 갖고 있는 유기물질을 얇게 바르고 위에는 유리로 덮는 구조로 되어 있으며. 각각의 셀에 흐르는 전기의 양에 따라 색깔이 칠해져 있는 부분의 밝기를 조정할 수 있다.

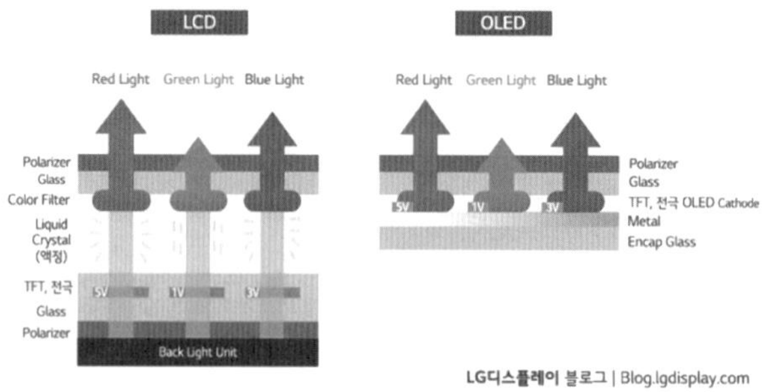

전기가 흐르면 빛을 발하는 물질을 칠하는 방식이기 때문에 전기가 흐르지 않으면 거의 완전한 검은 색을 표현할 수 있고 또한, 전기의 흐르는 속도에 따라 빛을 표현할 수 있는 응답속도를 가지고 있다. 그리고 항상 켜져 있는 형광등인 BLU와는 다르게 필요할 때에만 전기를 흐르게 하면 되는 방식이기 때문에 필요 없는 BLU의 무게와 두께, 그리고 전기 사용량 측면에서도 우월하다.

많은 장점을 가지고 있지만, 전기와 열에 오래 노출된 유기물질은 누렇게 타 들어가는 단점을 가지고 있는 번인 (Burn-in) 현상이 가장 큰 단점이다. TV와 같은 가정용 제품은 최소 6만 시간을 사용하는 것을 가정한다고 보면 이렇게 오래 버틸 수 있는 유기물질의 개발이 필요하다고 볼 수 있다. 하지만, 스마트폰에서는 6만 시간 보다는 짧은 시간에 기기를 교체하기 때문에 이런 문제를 걱정할 필요가 없다는 사실을 염두에 둔 마케팅 전략으로 OLED 패널을 적용하여 삼성은 시장 점유율 95% 이상으로 독점하고 있다 (RGB OLED 방식).

하지만 이런 방식을 대형 TV에 적용하기는 기술적으로나 마케팅적으로 문제가 있다. 이런 사실을 염두에 둔 LG는 White OLED라는 새로운 방식을 생각해 내었다. Transistor 스위치가 그려져 있는 기판에 R, G, B 색깔의 물질을 바르는 대신 White OLED 물질을 발라서 전기를 통하면 하얀 색깔의 빛을 내도록 한 것으로 이렇게 되면 항상 켜져 있어야 하는 형광등인 BLU가 필요가 없어지게 된다. 그리고 위에는 원래 방식대로 Color Filter를 부착하되 순서를 R, G, B 대신 R, G, B, W의 4개의 색깔로 배치하면서 일부 성능 개선을 추진하였고 제조하는데 있어서 원래 OLED 기술이 가지고 있던 기술적인 문제도 해결하였다. 이렇게 함으로써 대형 TV 시장 점유율에서 LG는 압도적인 우위를 지키고 있다.

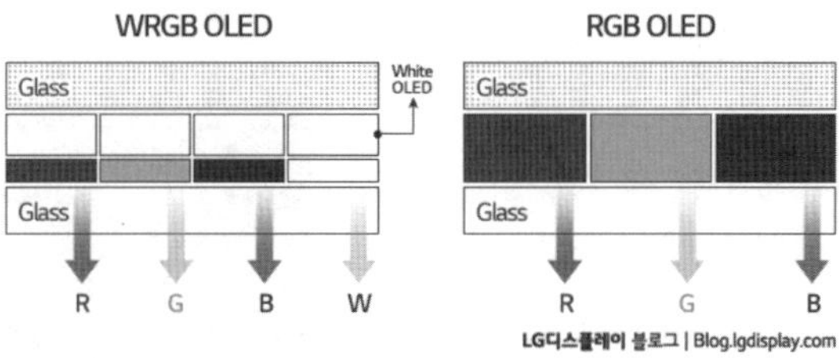

한편, 삼성은 대형 TV에서는 번인 현상 등을 고려하여 OLED를 적용하고 있지 않다. 대신 퀀텀 닷 TV (Quantum dot TV) 기술을 도입하였다. 기존 방식의 LCD/LED TV를 적용하되 퀀텀 닷 필름을 한 장 더 포함하였다. 이 원리는 비교적 간단하다. 기존에는 1천 6백만 가지의 색깔을 표현할 수 있었다면, 이 필름을 도입함으로써 10억 가지의 색깔을 표현할 수 있게 되었다.

TV는 R, G, B의 조합으로 색깔을 표현한다. 우선, 빛을 내는 광원을 푸른색을 내는 LED를 사용한다. 여기에 R, G의 아주 작은 알갱이인 퀀텀 닷 (2~10 nm)을 포함한 필름을 통과하게 되면 빨간색과 초록색을 더욱 강조하여 표현할 수 있게 되는 원리로 퀀텀 닷 필름을 하나 추가하는 것이기 때문에 공정상이나 설비상의 문제도 발생하지 않는다.

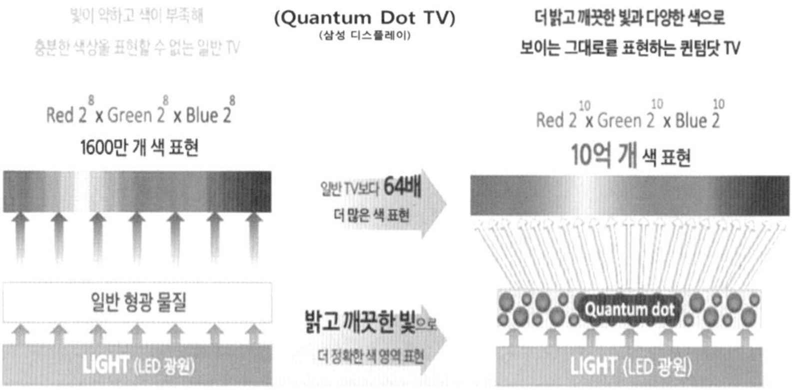

최근에는 Micro LED 기술을 디스플레이에 활용하는 방안도 나타나고 있다. OLED와 같은 원리로 사용하는데 기존 LED의 1/100 규모로 축소된 Micro LED를 만들어서 유기물질을 증착하는 자리에 부착하는 방식으로 색을 구현한다. 현재는 Micro LED 칩의 크기를 100~200㎛ 단위로 만들고 있지만 이를 1/10 정도 줄여서 10㎛ 이하로 만들 때 효율성을 극대화할 수 있다고 알려져 있다. 또한, 앞에서 설명한 UHD에서 약 2천 5백만 개의 화소에 이 Micro LED 칩을 만들어야 하는데 생산성과 원가경쟁력의 확보가 중요한 문제라고 할 수 있다.

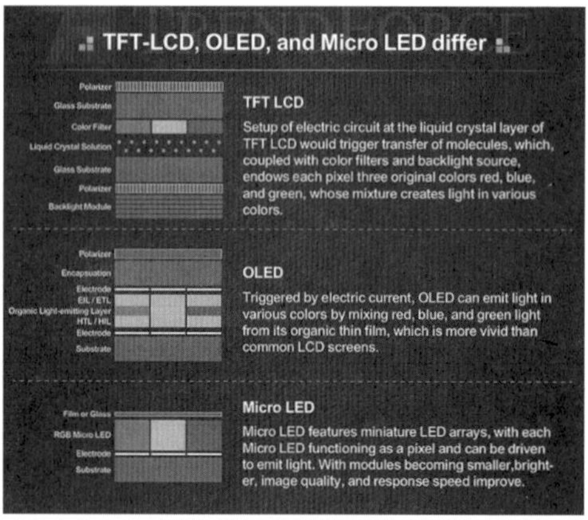

Micro LED, https://www.androidauthority.com

어찌 되었던 더 좋은 화질을 확보하려는 노력은 지속적으로 추진되고 있다고 볼 수 있다. 이렇게 다양한 기술들, 특히 사이즈와 화질을 개선하고자 하는 다양한 기술들이 개발되고 있지만 2006년 이후 현재까지 전 세계 TV 시장의 절대 강자는 삼성이 지키고 있다, 하지만, 전세계 TV 시장에서 0.3%의 비중밖에 차지하지 못하지만, 고부가가치 대형 TV 시장에서의 위상, 특히, 2,500불 이상의 대형 시장에서는 퀀텀 닷 UHD TV를 주장하는 삼성보다는 OLED TV를 주장하는 LG와 소니의 강세가 두드러지고 있다.

시장 조사기관인 HIS에 따르면 시장 점유율 측면에서 삼성의 경우 반으로 줄었는데 반해 LG와 소니는 모두 2배 정도 상승하여 OLED TV 전략의 혜택을 보고 있다. 한편으로는 지역적인 전쟁도 치열하게 진행되고 있다. 2017년 3분기 기준 전 세계 1위는 압도적으로 삼성이 차지하고 있으나 중국 업체의 약진이 두드러지고 있어 이에 대한 경쟁도 치열하게 전개될 것으로 보인다.

2000년대 초 디지털 전환기에 CRT TV에서 LCD TV로 빠르게 전환할 수 있었던 한국의 삼성, LG가 전 세계 TV 시장을 압도하고 있으나 2015년 이후 도입되기 시작한 디스플레이 기술에 따라 이런 산업구도가 유지될지 또는 새로운 리더가 탄생할 지도 지켜봐야 할 중요한 시점이라고 볼 수 있다,

한편 스마트폰 시장에서도 삼성의 선전이 이어지고 있다. 애플이 2007년 iPhone을 도입한 이후 통신 산업에 일대 변혁이 일어나고 있었다. 우선, 애플 스스로가 죽음의 계곡 (Chasm)을 넘어서 성공하였다. 특이한 점은 iPod, iPhone 등 제품 한 가지만을 가지고 이 죽음의 계곡을 넘어섰다는 점이라고 볼 수 있다. 문제는 애플은 죽음의 계곡을 가뿐하게 넘어섰지만 생각지도 못했던 상당히 많은 산업들이 영향을 받았다는 점이었다,

iPhone의 도입은 단순하게 전화기와 인터넷, 그리고 iPod이 아니었다. 추후 다양한 소프트웨어들이 접목되면서 다양한 제품으로의 변신이 추진되었다. 시간이 흐름에 따라 iPhone에는 다양한 소프트웨어들이 접목되었는데 원래 이 산업에서 자기 영역을 가지고 있던 많은 업체들이 몰락의 길을 갔거나 아니면 아직도 진행 중으로 볼 수 있다. 직접적으로 경쟁업체이었던 노키아와 모토로라는 물론, 게임기업체이었던 닌텐도, 녹음기, Music Player, 사진기와 캠코더, 전 수첩, 전자책, 전자사전, 외국어 학습기, 번역기 등은 물론이고 시계산업까지 영향을 받았다고 볼 수 있다. 하나의 제품이 도입된 이후 이렇게 다양하고 많은 산업들이 영향을 받은 사례는 역사상 별로 없을 것으로 추정할 수 있다.

하지만 이 과정에서도 삼성은 다른 경쟁업체들과는 다르게 애플과 치열하게

경쟁을 하고 있다. 삼성은 애플과는 다른 전략을 구사하면서 세계 1위와 2위를 놓고 경쟁을 하고 있다.

한편, 통신산업은 3세대에서 제공하였던 멀티미디어 문자와 음성, 화상 서비스 제공에 이어 실시간 동영상을 제공할 수 있는 더 빠른 4세대 서비스를 도입하게 되었다. 특히, 2011년부터 제공되기 시작한 LTE는 (Long Term Evolution) 3세대 이동통신을 장기적으로 진화시키는 기술이라는 의미로 명명되었으며 2018년, 평창 동계올림픽부터 더욱더 빠른 서비스인 5세대 통신에 대한 본격적인 시험이 진행되었다. 특히, 5세대 통신은 고품질 멀티미디어, 사물인터넷, AR/VR, 홀로그램 등 다양한 무선 인터넷 기술을 가능하게 하는 시스템을 제공하는 것을 목표로 하고 있다. 우리를 둘러싼 컨텐츠와 데이터를 실시간으로 볼 수 있고 연결함으로써 우리가 원하는 다양한 결과를 얻을 수 있는 시스템을 구축하는데 5세대 통신이 그 역할을 할 것으로 기대하고 있다.

한편, 이 분야에서도 삼성과 애플의 경쟁은 치열하게 전개되고 있다. 2007년 애플이 스마트폰을 도입하고 삼성은 2008년, 2009년 연달아 옴니아 스마트폰을 출시하였지만, 대대적인 실패를 하였으나 2010년 안드로이드 진영에 합류하고 처음으로 OLED 패널을 장착한 갤럭시 시리즈를 출시한 이후 삼성과 애플의 경쟁은 본격화되었다.

삼성은 갤럭시 출시에 힘입어 2011년부터 성장을 시작하여 2011년 3분기부터 수량기준으로 1위를 차지한 이후 2017년까지 연간 기준으로 지속적인 1위를 유지하였지만, 금액 기준으로는 항상 애플이 선두에 있었으며 2017년 4분기에는 수량 기준으로도 애플에 뒤진 것으로 나타났다. 하지만 이 두 회사를 위협하는 것은 2017년 4분기 시장 점유율 삼성: 18.6%, 애플: 19.3%, 화웨이: 10.2%, 오포: 7.4%, 샤오미: 6.9%에서 알 수 있듯이 중국 업체들의 시장점유율이 급격하게 늘어나고 있다는 점이다. 특히, 삼성이 2016년에 도입한 갤럭시 노트 7은 출시 54일 만에 단종되면서 매출에 막대한 차질을 빚게 되었지만 빠른 대응과 교환 정책 등으로 삼성 브랜드에 미치는 영향은 거의 없는 것으로 보였다.

한편, 삼성과 애플의 모바일 비즈니스는 서로 상반되는 형태를 띠고 있다.

애플은 매년 1개 모델, 삼성은 다양한 모델과 라인업, 애플은 고가정책, 삼성은 중고가 정책, 애플은 철저한 외주, 삼성은 철저한 내부 생산 등 상반되는 정책을 펴면서 수량 기준으로는 삼성이, 금액 기준으로는 애플이 세계 1위를 차지하고 있다. 세계 스마트폰 업체들이 거두어들인 모든 영업이익을 나타낸 표를 보면 삼성과 애플의 양강 구도 현상을 더욱더 확실하게 인식할 수 있다. 2015년 1분기 기준 전 세계 모든 스마트폰 업체들이 걷어 들인 영업이익 중 애플은 92%를, 삼성은 15%를 차지하여 두 업체가 107%를 차지하고 있다. 이 비중이 100%를 넘은 이유는 상당히 많은 업체들이 적자를 기록하였기 때문이었다.

이 영업이익에서도 애플과 삼성의 차이를 인식할 수 있다. 애플은 단일 제품이기 때문에 개발, 구매, 생산, 판매 등 모든 부문에서 규모의 경제를 추구할 수 있지만, 삼성은 상대적으로 열세일 수밖에 없다.

삼성은 반도체를 시작으로 디스플레이, 디지털 TV, 그리고 스마트폰에 이르기까지 1990년 무명의 전자업체에서 2010년대 세계 초일류 업체로 성장하여 왔다. 단순한, 매출, 시장 점유율뿐만 아니라 브랜드 가치에 있어서도 세계 최고 수준을 유지하고 있다

어떻게 이런 일이 가능할까? 반도체 사업에서 세계 1위가 되고 반도체 기술을 활용한 TFT-LCD 사업에 참여하여 세계 1위가 되었으며, 그리고 통신사업에 참여하여 2세대 디지털 통신 사업에 참여하고 어느 정도 성공을 거두고 반도체와 LCD 기술을 최대로 활용하여 Digital TV 사업에서 세계적 수준으로 올라서고 다시 반도체와 LCD 기술을 바탕으로 스마트폰 사업에서도 세계적 수준이 된 것으로 보인다. 결국 한, 두 개의 세계적 사업을 네트워크로 연결하여 사업 전체가 세계 1위가 되었다고 볼 수 있다.

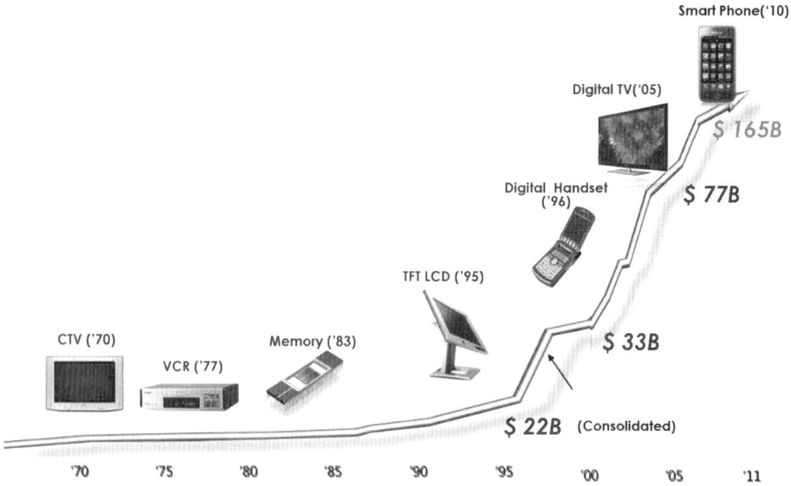

Smart Phone('10)
Digital TV('05)
$ 165B
Digital Handset ('96)
$ 77B
TFT LCD ('95)
CTV ('70)
Memory ('83)
VCR ('77)
$ 33B
$ 22B
(Consolidated)
'70
'75
'80
'85
'90
'95
'00
'05
'11

제 5 장

4차 산업혁명 시대에서의 전략

01. 융복합 전략: 인간처럼 느끼고 생각하고 행동하는
02. 센싱 산업 전략: 오감을 모델로
03. 의사결정 산업 전략: Data→Information→Knowledge /Insight를 얻어야
04. Action 산업 전략: 다양한 분야의 협력을 기반으로

01

융복합 전략: 인간처럼 느끼고 생각하고 행동하는

2016년 세계 경제 포럼에서 4차 산업혁명이 언급되면서 산업혁명의 실체와 실행 가능성에 대한 논쟁이 뜨겁게 진행되고 있는 중이다.

4차 산업혁명을 논하기 전에 먼저 이전 산업혁명에 대해서 이해를 하는 것이 필요하다. 우선 1차 산업혁명은 18세기에서 19세기에 걸쳐 일어났던 산업혁명이다. 증기기관의 발명을 통하여 노동 할 수 있는 주체가 인간이나 동물이 아니라 기계로 확대되었다. 인간이나 동물이 낼 수 있는 힘은 한계가 있었으나 증기를 통한 동력은 한계를 늘릴 수 있게 되었다. 이 산업혁명을 통해서 철강 등 산업이 발전하게 되었고 또한, 산업의 중심이 농촌에서 도시로 바뀌게 되는 계기가 되었다.

이후 19세기 말부터 전기를 일상적인 생활에 사용하기 시작하였다. 기존의 증기기관이 있는 곳에서만 가능하였던 작업이 전기를 사용하게 됨에 따라 전기가 있는 곳에서는 언제, 어디서나 대량 생산이 가능하게 되었다.

한편, 컴퓨터와 인터넷의 활용으로 단순한 대량 생산에서 낭비와 비효율을 제거하고 효율성을 극대화하기 시작한 3차 산업혁명이 시작되어 현재까지 진행되고 있었다. 현재 진행되고 있는 4차 산업혁명은 일반적으로 사물 인터넷 혁명이라고 표현된다.

설비와 인간이 연결되어 제품과 서비스를 제공하는 사물 인터넷 혁명이라는 표현을 하고. 다양한 분야에서 다양한 기술을 적용한 4차 산업혁명을 언급하고 있다. 4차 산업혁명을 표현하기 위해서 빅데이터, 클라우드 컴퓨팅 등 다양한 용어를 사용하고 있으나 이에 대한 뚜렷한 개념을 표현하기는 어려워 보인다.

한편, 4차 산업혁명의 키워드로 자율이라는 단어를 생각해 볼 수 있다. 역사적으로 발생하였던 산업혁명을 인간중심으로 생각해 보면 1차 산업혁명은 증기기관을 통하여 한계가 있는 인간의 힘을 기계를 통하여 조금 더 늘리는 것이었고 2차 산업혁명은 전기의 활용을 통하여 시간과 공간의 제약을 받았던 인간의 노동을 해결하였으며 3차 산업혁명은 컴퓨터와 인터넷을 통하여 인간의 힘, 시간과 공간의 제약을 없애고 효율성을 최대한 발휘하도록 하였다면 4차 산업혁명은 다양한 기술적 융합을 통하여 인간처럼 자율적으로 생각하고 행동할 수 있는 시스템의 구축을 목표로 하고 있다고 볼 수 있다 .

여기에서 인간처럼 자율적으로 생각하고 행동할 수 있다는 것은 무엇일까? 먼저 인간의 신체는 신경, 혈관, 근육 등 모든 것이 서로 연결되어 있다. 이렇게 연결되어 있는 신체를 기본으로 오감을 통하여 우리 주위의 환경을 파악하고 개인이 갖고 있는 경험과 통찰력을 바탕으로 행동하게 된다. 물론 이렇게 행동을 하기 위해서는 개인이 갖고 있는 윤리의식과 인격을 바탕으로 의사결정을 내리는 것이 필요하다. 이렇게 보면 4차 산업혁명의 핵심은 다양한 기술을 바탕으로 인간처럼 생각하고 인간처럼 행동할 수 있는 시스템을 만드는 것이라고 볼 수 있다.

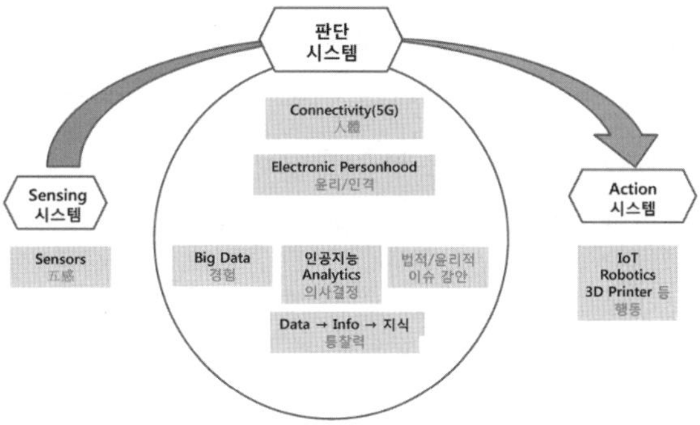

이런 시스템을 다른 각도에서 보면 외부 환경을 Sensing하고 이를 바탕으로 판단하며, Action을 취하는 시스템이라고 볼 수 있다. 이렇게 하기 위해서는 다양한 기술들이 융합되어야지만 실현이 가능한 것을 알 수 있다. 다양한 분야에서 이미 개발된 다양한 기술들을 융합할 수 있는 능력이 향후 4차 산업혁명을 이끌어 갈 수 있는 핵심 능력이 될 것이다.

인간의 인체는 신경계를 통해서 인체 시스템의 모든 것들과 연결되어 있다.

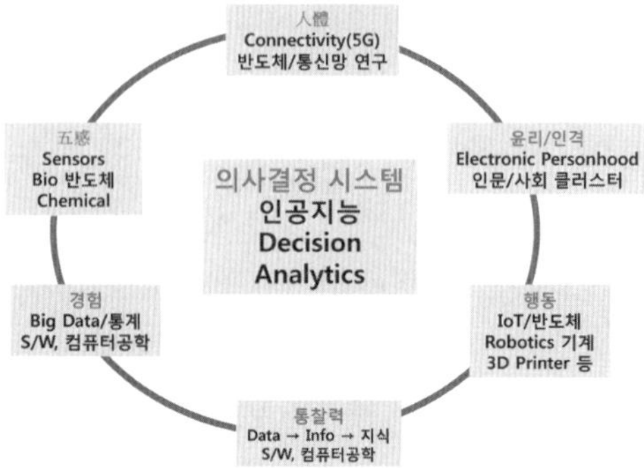

신경계는 (Nervous System)은 외부 환경으로부터 자극을 받아들이고 반응을 하기 위해서 필요한 시스템을 말한다고 할 수 있다. 오감을 통해서 접수된 모든 외부 환경을 우리 뇌에 전달하고 행동을 일으키는 모든 과정에서 정보를 전달하고 액션을 전달하는 통로를 말한다고 할 수 있다. 다시 말해서, 인체는 외부의 환경 변화를 실시간으로 감지하고 이를 우리 뇌에 전달해서 실시간으로 행동하게끔 하는 연결통로로서 항상 작동하게끔 되어 있다.

이를 자율 주행차와 비교해 보면 자동차 외부에서 발생하고 있는 상황들을 실시간으로 감지할 수 있게끔 연결되어 있어야 한다. 우선, 자동차가 어디에 있는지를 파악하기 위해서는 GPS, 그리고 자동차 앞, 뒤, 옆에 어떤 상황이 벌어지고 있는지를 파악하기 위한 시스템, 그리고 더 나아가 도로를 주행하고 있는 다른 자동차들의 운행 현황 등을 종합적으로 파악해야 한다. 이런 것들을 하기 위해서는 자동차 내부뿐만 아니라 외부까지도 실시간으로 연결하며 파악할 수 있어야 한다. 이렇게 연결하는 (Connected) 과정에서 실시간으로 빠르게 정보를 주고받기 위해서는 유선뿐만 무선의 경우에도 속도와 전송 품질에도 문제가 생기지 않아야 하기 때문에 최소한 5세대 이상의 무선 통신이 확보되어야 한다. 자율공장의 시스템으로도 유명한 GE Predix 모델에서도 생각하는 공장을 만들기 위해서는 공장 내 모든 공정이 서로 연결되어 어떤 일들이 어떤 공정에서 일어나고 있는지를 파악할 수 있게 상호 연결되어 (Connected) 있어야 한다.

02

센싱 산업 전략: 오감을 모델로

먼저 센싱산업은 실시간으로 일어나고 있는 상황을 감지할 수 있는 시스템 구축이 핵심이라고 할 수 있다. 시스템 구축 시 유선과 무선 시스템을 구성할 수 있는데 문제는 실시간으로 빠르게 현상 파악과 액션 지시를 전달하는 시스템이 절대적으로 필요하다. 여기에서 최소한 5세대 이상의 무선 시스템의 구축이 필요한 이유가 생겨난다. 인간처럼 시스템을 구성하기 위해서는 주위의 상황 변화를 빠르게 감지할 수 있는 시스템이 필요하다.

인간이 주위의 상황 변화를 감지하는 것은 오감을 통해서이다. 오감이란, 시각, 청각, 후각, 미각, 촉각으로 구성되어 있다. 이 오감을 통해 인간이 느끼는 것처럼 시스템이 느끼게 하는 것은 아직까지는 어려운 일이다. 하지만 최근에 많은 기술적 발전을 통해서 오감을 받아들일 수 있는 기기들, 센서들이 개발되고 있다. 이 중에서 시각과 청각 센서는 상대적으로 많이 개발되었다고 할 수 있다. 하지만 이들 센서로 입력된 이미지를 우리가 인식하는 것처럼 인식하기 위해서는 아직도 개발이 필요하다 하겠다.

한편, 후각 센서는 다양한 기능을 가지고 개발되고 있다. 냄새가 나게 되면 인간은 코를 통해 화학적 물질을 인식하고 특징을 추출해서 패턴을 인식한 다음 냄새를 특정하게 되는데 이런 똑같은 과정을 센서를 통해서 하게 된다. 문제는 무한하게 존재하는 화학적 인자를 찾아내서 이를 인지해야 한다는 데 있다. 여기에서 우리 인간은 경험을 통해서 패턴을 인식하게 되는데 센서는 가지고 있는 데이터와 반복적인 학습을 통해서 오차를 줄일 수 있다. 이런 전자 코는 가스 탐지기, 대기 측정, 화재 경보뿐만 아니라 우리 몸에 있는 질병들에서 나는 특이한 냄새를 탐지하여 질병까지도 예측할 수 있다.

즉, 색상을 표준화하고 소리를 표준화하듯이 냄새도 표준화시키면 다양한 냄새를 인식하고 특정할 수 있게 되고 이를 반도체 등의 기기에 적용하여 특정한 냄새를 특정하여 결정할 수 있다. 미각 분야에서도 화학적 변화를 통해서, 단맛, 신맛, 짠맛, 신맛, 감칠맛 등 5가지 맛을 구분하는 전자 혀를 개발하고 있다. 전자 혀는 기본적으로 전자 센서를 통해 액체의 물질 분포를 분석하는 장치를 포함하고 있다. 전자 혀는 기본적으로 인간의 혀와 비슷하게 작동한다. 예를 들어, 단맛을 내는 물질이 혀에 닿게 되면 혀에 있는 단백질과 결합하여 칼슘 이온들이 만들어지고 이에 따라 세포에 있는 전류의 양이 미세하게 변하게 되는데 이 변화를 측정하게 된다.

촉각은 피부의 접촉을 통하여 물리적 외부 환경을 감지하는 것이다. 인간의 촉각 전달과정을 그대로 모방하여 인간이 느끼는 다양한 촉각을 구현할 수 있는 촉각 센서 개발이 목표일 것이다.

이렇게 인간의 오감을 그대로 재현하는 센서의 개발이 진행되고 있으나 아직도 인간 수준을 달성하기에는 해야 할 일이 많다고 할 수 있다. 특히, 이 분야는 물리적, 화학적 분야와 신경 전달체제 등 우리 인체에 대한 종합적 이해, 그리고 이를 구현할 반도체 등 다양한 분야의 융합이 절대적으로 필요하다고 볼 수 있다. 인간처럼 하기 위해서는 기본적으로 오감을 통한 센싱이 기본이다. 이것을 구현할 수 있는 센서 개발이 절대적으로 필요하다고 볼 수 있다.

03

의사결정 산업 전략: Data→Information→Knowledge/Insight를 얻어야

인간은 외부환경을 센싱한 후 판단을 내린다. 이때 개인이 가지고 있는 경험과 통찰력, 그리고 기본적으로 가지고 있는 인성과 윤리관을 바탕으로 의사결정을 내린다.

이런 절차를 어떻게 시스템에 반영할 것인가를 고민해야 한다. 4차 산업혁명의 핵심은 결국 스스로 의사결정을 내려야 하는 자율 시스템의 구축에 있다. 먼저 개인의 경험은 시스템에서 빅 데이터 구현으로 비교할 수 있다. 수많은 소스에서 만들어진 정보를 모아 놓은 것을 빅데이터로 볼 수 있다. 그래서 일부에서는 "정보시대의 원유"라는 표현을 쓰기도 하였다. 하지만 원유는 가공하지 않으면 아무 의미가 없는 재료에 불과하다는 사실도 염두에 둬야 한다. 엄청나게 쌓이고 있는 데이터를 관리하고 활용할 수 있는 방안을 찾아야 한다는 뜻이다.

인간은 경험을 바탕으로 통찰력을 가지게 되며 의사결정을 하게 된다. 과거의 경험을 바탕으로 향후 발생할 일을 예측하는 것이 통찰력이라 하면 시스템에서도 이런 것들을 추구할 수 있다. 인공지능은 1956년 존 매카시 교수가 인간의 지능과 유사한 특성을 갖는 컴퓨터를 제작하고자 한 것에서 출발하였다. 인간의 감각과 사고력을 지니고 인간처럼 생각하는 지능을 인공지능이라고(AI, Artificial Intelligence) 하였다. 하지만 이런 컴퓨터는 현실적으로 아직까지는 불가능하고 대신, 머신 러닝이라는 (Machine Learning) 기술이 부각되었다. 머신 러닝은 대량의 데이터와 기본적으로 주어진 알고리즘을 통해

데이터를 분석하고, 학습하며, 이것을 기반으로 판단이나 예측을 하는 것을 목표로 하고 있다. 여기에서 알고리즘은 의사결정 Tree, 귀납적 논리, 클러스터링 강화 학습, 베이지안 네트워크 등 기본프로그램이 있으나 아직까지 일정량의 프로그램을 해야 하는 한계점이 있다고 할 수 있다.

일반적으로 프로그램을 짜서 특정한 Input을 넣으면 원하는 Output이 나오도록 하도록 하는 시스템은 발달이 되어 있지만, 케이스마다 별도의 프로그램을 만들어야 하는 단점이 있다. 하지만 수 없이 많이 발생하는 데이터를 바탕으로 필요한 정보를 만들고 이 정보를 바탕으로 지식을 만들어 낼 수 있도록 (Data → Information → Knowledge) 즉, 시스템이 스스로 데이터를 분석하여 패턴을 찾아내고 분류를 하여 의미가 있는 Output을 찾을 수 있도록 개발하고 있어 엄청나게 많은 빅데이터를 빠르게 분석하고 처리할 수 있는 장점이 있다.

또한, 인간의 뇌를 분석하여 인공 신경망 (Artificial Neural Network)을 설계하고 구축하여 적용한 것이 딥 러닝 (Deep Learning) 기술이라고 볼 수 있다. 뇌의 뉴런과 유사하게 정보를 입력하고 출력하는 시스템을 설계하고 데이터를 반복적으로 학습하는 방식이었는데 많은 계산을 필요로 하지만 이것을 병렬로 처리함으로써 신경망의 연산 속도를 획기적으로 높였다. 예를 들어, 기계가 수천만 장의 고양이 이미지를 학습하여 인식하게 하거나 음성 데이터를 학습하여 사람의 말을 알아듣게 하는 기술 등을 적용하기 위해서는 많은 데이터를 병렬 처리하는 기술이 필요한데 이런 기술들을 개발하는데 성공하여 활용할 수 있게 되었다.

여기에서 또한, 윤리적인 측면을 고려해야 하는 것이 필요하다. 2016년 마이크로 소프트가 공개한 인공지능 서비스 테이는 서비스 하루 만에 폐쇄되었다. 인터넷에 돌고 있는 데이터를 그대로 학습하여 히틀러를 옹호하고, 성적 발언을 하는 등 학습과정에서의 문제점을 발견하였기 때문이었다. 이렇듯 인공지능이 도입되고 학습하는 과정에서 제대로 된 정보보다는 왜곡된 정보를 입수할 경우 심각하게 편향된 학습을 할 가능성을 배제할 수 없는 경우가 생긴 것이다.

또한, 자율 주행차 운행 중에 사고가 발생할 경우에 어떻게 대처할 것인가에 대한 윤리적인 딜레마 문제가 생길 수 있다. 사고가 생길 경우에 대한 설문조사에서 응답자들은 대부분 희생자 수를 최소화할 수 있도록 무인차를 설계해야 한다고 했으나 본인이 그 차에 타고 있으면 답이 다르게 나왔다고 보고한 바 있다. 사고가 발생할 경우에도 책임자는 운전자가 아닌 자동차 자체에 있기 때문에 결국은 자동차를 제조한 회사가 모든 책임을 지는 그런 문제가 생길 수 있다.

이런 문제는 의사결정의 문제이기도 하지만, 근본적으로는 어떤 윤리적 이슈를 기본으로 하여 자율 주행차를 프로그램하느냐의 문제로 귀결될 수밖에 없다. 예를 들어, 희생자의 수를 최소화하라는 윤리적 이슈로 설계한다면 궁극적으로는 운전자를 희생해야 하는데 자기를 희생하라고 하는 자율 주행차를 소비자들이 구매하겠는가 라는 이슈가 생길 수밖에 없다.

이런 윤리적인 상황을 고려하여 유럽연합 의회에서는 AI 로봇의 법적 지위를 전자 인간으로 (Electronic Personhood) 지정하는 결의안을 통과시키며 AI 로봇의 지위, 개발, 활용에 대한 기술적, 윤리적 가이드라인을 제시하였지만, 아직 많은 상황에 대한 정리가 필요하다고 할 수 있다.

04

Action 산업 전략: 다양한 분야의 협력을 기반으로

인공지능이 의사결정을 하면 다음에는 실제 액션 시스템을 검토해야 한다. 액션 로봇들, 전자제품 IoT, 3D Printer 등 다양한 수단들이 등장하고 있다. 산업에서 주로 사용하는 자동화 로봇은 이미 오래전부터 상용화되어 있다. 산업용 로봇은 주로 고정된 자리에서 주어진 업무만을 하도록 고안되었다. 인간이 하기 힘든 반복적인 작업을 대체하는 목적으로 생산성 향상에 많은 도움을 주고 있다. 로봇의 궁극적인 목표는 1984년에 발표된 영화 터미네이터에서 나오는 로봇일 것이다. 최근에 이런 로봇의 초기 모델이라고 할 수 있는 인간 형태의 로봇이 등장하고 있다.

안드로이드 로봇으로 알려진 이 로봇과의 대화가 상당한 충격을 주고 있다. "로봇이 세계를 정복할 것이냐?"라는 질문에 대한 답으로 "넌 내 친구이고 난 친구를 기억해. 내가 터미네이터로 변한다 해도 너에게 잘해 줄 거야. '인간 동물원'에서 잘 보호해 줄게"라는 대화를 인간과 주고받는 인공지능 로봇을 보면 소름이 돋게 한다.

또 다른 로봇은 대화 중에 인류를 파멸시키겠다는 말을 하여 충격을 주고 있다. 어떻게 로봇을 설계하고 운영하는지가 중요한 문제가 될 수 있다는 점을 이 사례를 통해 인식할 수 있다. 이런 급진적인 로봇보다는 현재는 사물인터넷과 같은 기능들이 부각되고 있다. 사물인터넷은 (IoT, Internet of Things) 각종 사물에 센서와 통신 기능을 내장하여 인터넷에 연결하는 기술을 의미한다. 인터넷으로 연결된 사물들이 데이터를 주고받으면서 스스로 분석하고 학습한 정보를 사용자에게 제공하거나 사용자가 이를 원격으로 조정할 수 있게 하는 기술이다. 우리 일상생활에 사용하는 거의 모든 기기들을 인터넷으로 연결하여 우리의 생활을 조금 더 편하게 할 수 있도록 하는 수단으로 발전하고 있다. 이렇게 하기 위해서는 모든 기기들이 유선 또는 무선으로 연결하는 것이 필요하고 정보를 통신으로 보내고 받을 수 있는 기본적인 기술이 필요하게 된다.

기본적으로 센서, 프로세서, 통신기술 등 기술과 이들을 엮어줄 인터페이스 기술 등 융복합된 기술이 절대적으로 필요하다. 이렇게 4차 산업혁명과 관련된 핵심 기능들에 대해서 분석해 보았다. 결국, 인간처럼 센싱하고 판단하고 액션을 할 수 있는 시스템 구축을 목표로 하는 것이 4차 산업의 핵심이라고 볼 수 있다.

이 모든 것을 구현하기 위해서는 물리, 화학적 이슈와 이를 구현할 수 있는 반도체, 통신 기술, 그리고 판단할 수 있는 의사결정 시스템을 구현하기 위한 인공지능 소프트웨어, 액션을 전달하고 취할 수 있는 IoT 기술, 로봇기술 등 다양한 기술을 보유해야만 4차 산업혁명에 뒤처지지 않고 선두에 나설 수 있을 것으로 보인다. 이 중에서도 특히, 통신기술과 반도체 기술, 그리고 인공지능 소프트웨어 분야는 핵심적인 분야로 기술적인 우위를 점하는 것이 필요할 것으로 보인다.

최근, 4차 산업혁명의 실체에 대한 논란이 급증하고 있는 상황이다 혹자는 아직 3차 산업혁명이 진행 중이라고 하고 혹자는 4차 산업혁명에 대한 개념이 정리되지도 않았다고 한다. 이런 논란에도 불구하고 세계 산업계는 이미 다양한 방향으로 움직이고 있다. 그 다양한 방향 중에 우리가 선택하고 집중해야 할 방향이 있을 것이다. 그 방향을 각자의 주어진 환경에 맞게 효과적으로 선택하고 일단 선택한 방향에 대해서 효율적으로 성과를 내는 것이 전략의 핵심이라고 할 수 있다.

여기에서 두 가지 핵심적인 사항을 고려해야 한다. 첫째, 4차 산업혁명 전략을 수립하기 위한 방향성을 효과적으로 정립해야 한다. 4차 산업혁명은 앞에서 본 바와 같이 어떤 사업이든, 어떤 시스템이든, 어떤 공장이든, 어떤 기계이든 결국은 인간과 같이 센싱하고, 판단하고, 행동할 수 있는 시스템을 구축해야 한다는 것이다.

둘째, 센싱하고, 판단하고, 행동할 수 있는 시스템을 효율적으로 구축하기 위해서는 혼자서 할 수 있는 것이 아니라는 것이다. 현재 일어나고 있는 산업의 형태는 다양한 산업이 융합하여 복합적으로 발생하고 있다는 점이다. 그렇다면, 비즈니스 추진에 있어서도 중요한 것은 다양한 분야에서 다양한 능력과 재주를 가진 다양한 인재와 기업들이 참여할 수 있는 교류의 場을 (플랫폼) 만들어 이들의 능력을 최대한 만들어 주는 것이 가장 좋은 방법이 될 것이다. 여태까지 진행되었던 산업혁명과 그 방향성을 한 번 더 생각해 보면 앞으로 진행될 4차 산업혁명의 방향성도 분명해질 것으로 생각한다. 그 방향성에 우리가 잘할 수 있는 것들을 효율적으로 엮는 것이 4차 산업혁명 시대에 우리가 해야 할 일이라고 생각할 수 있다. 즉, 협력과 융합을 통해서 새로운 시너지를 만들어 내는 것이 핵심이라고 할 수 있다.

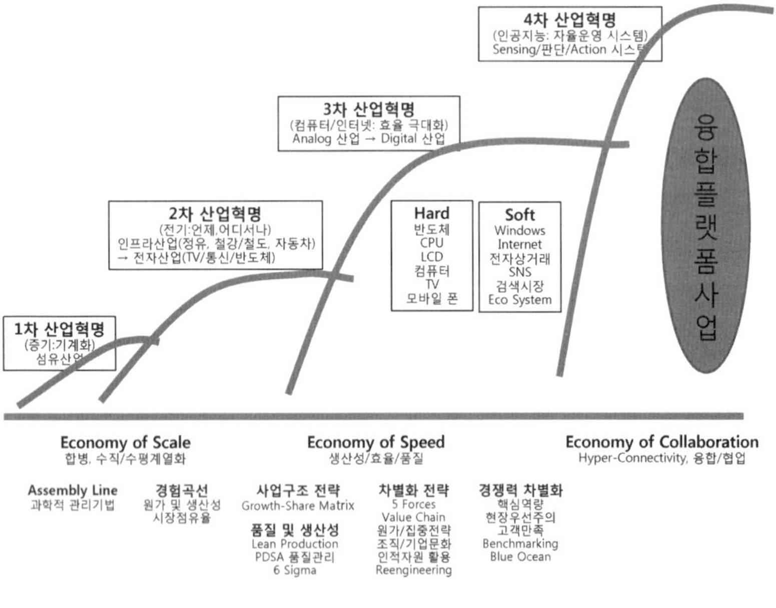

참고문헌

| 제 1 장 |

1. Battle of Marathon, Wikipedia, https://en.wikipedia.org/wiki/Battle_of_Marathon, https://commons.wikimedia.org/wiki/File:Battle_of_Marathon_Initial_Situation.png, https://en.wikipedia.org/wiki/Battle_of_Marathon#/media/File:Battle_of_Marathon_Greek_Double_Envelopment.png
2. Battle of Marathon-TV Documentary, https://www.youtube.com/watch?v=6lxwzLh6hE4
3. Decisive Battles-Episode 4- Marathon, 490BC, https://www.youtube.com/watch?v=ZiOwZ6XWyDQ
4. Marathon, Wikipedia, https://en.wikipedia.org/wiki/Marathon, https://commons.wikimedia.org/wiki/File:Phidippides.jpg
5. 제1차 그리스-페르시아 전쟁, 위키백과, https://ko.wikipedia.org/wiki/%EC%A0%9C1%EC%B0%A8_%EA%B7%B8%EB%A6%AC%EC%8A%A4-%ED%8E%98%EB%A5%B4%EC%8B%9C%EC%95%84_%EC%A0%84%EC%9F%81
6. Battle of Thermopylae, Wikipedia, https://en.wikipedia.org/wiki/Battle_of_Thermopylae, https://commons.wikimedia.org/wiki/File:Nicolo_arena_battleofthermopylae.svg
7. Map of the Battle of Thermopylae 480BC, https://www.tes.com/lessons/DIDD952Khb371g/history-lesson-6-6-the-battle-of-thermopylae
8. Phalanx, Wiki, https://en.wikipedia.org/wiki/Phalanx
9. Decisive Battles-Episode 7-Thermopylae, 480 B.C., History Channel, https://www.youtube.com/watch?v=8M4w-82iVXs
10. 제2차 그리스-페르시아 전쟁, 위키백과 https://ko.wikipedia.org/wiki/%EA%B7%B8%EB%A6%AC%EC%8A%A4-%ED%8E%98%EB%A5%B4%EC%8B%9C%EC%95%84_%EC%A0%84%EC%9F%81
11. Battle of Thermopylae and Leonidas' 300, Annoyz View, https://annoyzview.wordpress.com/2012/02/25/battle-of-thermopylae-and-leonidas-300/
12. https://en.wikipedia.org/wiki/Battle_of_Salamis#/media/File:Battle_of_salamis.png
13. Battle of Salamis AMAZING History Documentary, https://www.youtube.com/watch?v=1glE_QSWEbg
14. 세계 4대 해전: 그 첫 번째 이야기- 살라미스 해전, Blue Paper, http://blue-paper.tistory.com/577
15. 그리스-페르시아 전쟁, 위키백과, https://ko.wikipedia.org/wiki/%EA%B7%B8%EB%A6%AC%EC%8A%A4-%ED%8E%98%EB%A5%B4%EC%8B%9C%EC%95%84_%EC%A0%84%EC%9F%81
16. Alexander the Great, 알렉산드로스 3세 메가스, Wikipedia, https://en.wikipedia.org/wiki/Alexander_the_Great
17. 부케팔로스, 일리아스, 위키백과, https://commons.wikimedia.org/wiki/File:Alexander_taming_Bucephalus_by_F._Schommer,_German,_late_19th_century.jpg
18. Campaigns of Alexander the Great, http://explorethemed.com/Alexander.asp?c=1
19. Siege of Tyre(332 BC), Wikipedia, https://en.wikipedia.org/wiki/Siege_of_Tyre_(332_BC), https://commons.wikimedia.org/wiki/File:Siege_tryre.gif

20. Prophecy-Alexander the Great Siege of Tyre,
https://www.youtube.com/watch?v=RSWwCsrYeWM
21. 손자병법, 손무, 춘추시대, 위키백과,
https://ko.wikipedia.org/wiki/%EC%86%90%EC%9E%90%EB%B3%91%EB%B2%95,
https://commons.wikimedia.org/wiki/File:Bamboo_book_-_binding_-_UCR.jpg
22. 노병천의 손자병법, https://www.youtube.com/watch?v=Q2g6c6LEDMs
23. Understanding Sun Tzu's Book 'The art of War', History Channel,
https://www.youtube.com/watch?v=4Z4IuOHGAFU
24. Battle of Boju, Wikipedia, https://en.wikipedia.org/wiki/Battle_of_Boju,
https://commons.wikimedia.org/wiki/File:Chinese_plain_5c._BC-en.svg
25. 전략의 신, 송병락, 쌤앤파커스
26. The art of War by Sun Tzu, https://suntzusaid.com/artofwar.pdf
27. The art of War: IV. Tactical Disposition-Sacred Texts,
http://www.sacred-texts.com/tao/aow/aow12.htm
28. Sun Tzu's The Art of War, Illustrated(Chapters),
https://www.forbes.com/sites/jessicahagy/2013/10/10/sun-tzus-the-art-of-war-illustrated-chapter-4/#763f6f6754d6
29. Sun Tzu - The Art of War-Documentary,
https://www.youtube.com/watch?v=LGHLOGx9MUU
30. The Art of War, http://classics.mit.edu/Tzu/artwar.html
31. 손자병법, 유동환 옮김, 홍익출판사
32. 마흔에 읽는 손자병법, 강상구, 흐름출판
33. Atlantic Wall 1942-1944, By Uberstroker, CC BY-SA 3.0,
https://commons.wikimedia.org/w/index.php?curid=34817779
34. 노르망디 상륙작전, 네이버 지식백과,
http://terms.naver.com/entry.nhn?docId=3575606&cid=59016&categoryId=59023
35. Operation Bodyguard, Wikipedia, United States Army -
http://www.psywarrior.com/DeceptionH.html, Public Domain,
https://en.wikipedia.org/wiki/Operation_Bodyguard#/media/File:Map_of_Operation_Bodyguard_subordinate_plans.png
36. Operation Fortitude, Wikipedia, https://en.wikipedia.org/wiki/Operation_Fortitude,
https://commons.wikimedia.org/wiki/File:DummyShermanTank.jpg
37. 프랑스의 모든 것, 알고가자com, http://algogaza.com
38. 세상을 구한 댓글부대(?) 이야기, Huffpost,
http://www.huffingtonpost.kr/bawerk/story_b_16950994.html
39. 모형탱크, http://www.dday.center/d-day-innovation.html#prettyPhoto,
https://commons.wikimedia.org/w/index.php?curid=4129519,
40. 노르망디 양측 작전계획, 노르망디 상륙작전(2), 네이버 지식백과,
http://terms.naver.com/entry.nhn?docId=3575609&cid=59016&categoryId=59023
41. Normandy Landing Beaches, http://www.dday-overlord.com/en/d-day/beaches
42. Normandy Landings, Wikipedia, https://en.wikipedia.org/wiki/Normandy_landings,
https://en.wikipedia.org/wiki/Normandy_landings#/media/File:Map_of_the_D-Day_landings.svg
https://en.wikipedia.org/wiki/Normandy_landings#/media/File:Naval_Bombardments_on_D-Day.png

43. The Normandy Landing; D-Day, https://www.combinedops.com/Poetry.htm
44. D-Day-A Critical Moment in History, https://www.youtube.com/watch?v=lDZs442oqxA

| 제 2 장 |

1. 산업혁명, 위키백과, 나무위키
2. Industrial Revolution, Wikipedia, https://en.wikipedia.org/wiki/Industrial_Revolution
3. Gandhi Spinning, Wiki, https://commons.wikimedia.org/wiki/File:Gandhi_spinning.jpg
4. Weaving, Wikipedia, http://commons.wikimedia.org/wiki/User:Ryj - http://commons.wikimedia.org/wiki/File:Kette_und_Schu%C3%9F.jpg, CC BY-SA 3.0, https://en.wikipedia.org/w/index.php?curid=37702470
5. 물레, http://terms.naver.com/entry.nhn?docId=2252278&cid=51293&categoryId=51293
6. 베짜는 모습, http://m.blog.daum.net/_blog/_m/articleView.do?blogid=0Hu2U&articleno=8403779
7. 세상을 바꾼 발명과 혁신, 방적기, 영국의 산업혁명을 일구다, 네이버 지식백과, http://terms.naver.com/entry.nhn?docId=2717991&cid=55589&categoryId=55589
8. Flying Shuttle, https://en.wikipedia.org/wiki/Flying_shuttle, https://commons.wikimedia.org/wiki/File:Shuttle_with_bobin.jpg
9. Arkwright 수력 방적기, http://www.scienceall.com, Wikipedia
10. Cotton Gin, Wiki, https://en.wikipedia.org/wiki/Cotton_gin, https://commons.wikimedia.org/wiki/File:Cotton_gin_EWM_2007.jpg
11. 죽기 전에 꼭 봐야 할 세계 건축 1001, 크롬포드 밀, 네이버 지식백과, http://terms.naver.com/entry.nhn?docId=910434&cid=42664&categoryId=42664
12. 영국 크롬포드, 산업혁명이 시작된 곳, http://blog.naver.com/pink-madam/220676352395
13. 아크라이트의 방적 공장, 영국 산업혁명을 이끈 주인공이죠, 조선일보, http://premium.chosun.com/site/data/html_dir/2015/01/28/2015012800092.html
14. Oil Refinery, Wikipedia, https://commons.wikimedia.org/w/index.php?curid=7011440
15. John D. Rockefeller, Wikipedia, https://en.wikipedia.org/wiki/John_D._Rockefeller
16. 세상을 바꾼 발명과 혁신, 석유, Naver 지식백과
17. The History of Oil in the US, https://www.youtube.com/watch?v=ohpJjqnFg0Y
18. John D. Rockefeller and the Oil Industry, B. Folsom, 1988,10.1., https://fee.org/articles/john-d-rockefeller-and-the-oil-industry/
19. 존 데이비슨 록펠러, 네이버 지식백과, http://terms.naver.com/entry.nhn?docId=3567308&cid=59014&categoryId=59014
20. Standard Oil- A company so Effective, Only the US Government could compete with it, Schultzy, 2015, 12.2, https://rctom.hbs.org/sumission/stanard-oil-a-company-so-effective-only-the-u-s-government-could-compete-with-it/
21. 남북전쟁, 두산백과
22. South Improvement Company; Start of a Monopoly, https://searchinginhistory.blogspot.kr/2014/03/south-improvement-company-start-of.html
23. The History of the Standard Oil company: Briefer Version, I. Tarbell, M Chalmers, 2003, https://www.goodreads.com/book/show/673868.The_History_of_the_Standard_Oil_Company

24. The US Supreme Court Decided Standard Oil Co. of New Jersey v. United States, https://legallegacy.wordpress.com/2009
25. How Big Would Standard Oil Be Today, http://ammdividendletter.com/how-big-would-us-standard-oil-be-today-xom-cvx-cop/
26. 1919년 미국의 철강왕 앤드류 카네기 사망, 경향신문, http://news.khan.co.kr/kh_news/khan_art_view.html?artid=200908101811545
27. Midvale Steel Works, Wiki, https://en.wikipedia.org/wiki/Midvale_Steel
28. Scientific Management, Wikipedia, https://en.wikipedia.org/wiki/Scientific_management
29. Frederick Winslow Taylor, Wikipedia, https://en.wikipedia.org/wiki/Frederick_Winslow_Taylor#/media/File:Midvale_Steel_Works_Aerial_View,_1879.jpg
30. The Principles of Scientific Management, Wikipedia, https://en.wikipedia.org/wiki/The_Principles_of_Scientific_Management, https://en.wikipedia.org/wiki/The_Principles_of_Scientific_Management#/media/File:The_Principles_of_Scientific_Management,_title_page.jpg
31. 프레더릭 테일러와 과학적 관리법, damdeok, 담덕의 경영학노트, 2017, 01.20, http://mbanote2.tistory.com/249
32. Time & Motion Study, Wikipedia, https://en.wikipedia.org/wiki/Time_and_motion_study
33. 포드 모터 컴퍼니, 위키백과, https://ko.wikipedia.org/wiki/%ED%8F%AC%EB%93%9C_%EB%AA%A8%ED%84%B0_%EC%BB%B4%ED%8D%BC%EB%8B%88
34. Ford Motor Company, Wikipedia, https://en.wikipedia.org/wiki/Ford_Motor_Company
35. Henry Ford Documentary-The Birth of Ford Motor Company, https://www.youtube.com/watch?v=0yo6bcm1i_Y
36. American Automobiles, http://www.american-automobiles.com/Ford/1904-Ford.html
37. Ford Model T 1908 Photo Gallery, https://inspirationseek.com/ford-model-t-1908-photo-gallery/
38. 100 Years of the Moving Assembly Line, http://corporate.ford.com/innovation/100-years-moving-assembly-line.html
39. 구직자 행렬, https://i.pinimg.com/736x/69/f4/b7/69f4b7e22c287e1f29ccff0590b99d9e--warehouse-google-henry-ford.jpg
40. Assembly Line, Wikipedia, https://en.wikipedia.org/wiki/Assembly_line
41. The Wealth of Nation, Wiki, https://en.wikipedia.org/wiki/The_Wealth_of_Nations
42. Venetian Arsenal, Wikipedia, https://en.wikipedia.org/wiki/Venetian_Arsenal
43. Venice Old Town Lagoon Aerial View, Wiki, https://commons.wikimedia.org/wiki/File:Venice_Old_Town_Lagoon_Aerial_View.jpg
44. Henry Ford, Wikipedia, https://en.wikipedia.org/wiki/Henry_Ford
45. Fordlandia, 2014,3.14, http://www.robertabalos.com/2014/03/fordlandia.html
46. Fordlandia Scenary, Gary Smith, https://www.flightsim.com/vbfs/showthread.php?270419-
47. 80 years of Ford at Dagenham, The Telegraph, http://www.telegraph.co.uk, http://www.telegraph.co.uk/motoring/classiccars/5318900/80-years-of-Ford-at-Dagenham.html
48. Ford Trafford Park Factory, Wiki, https://en.wikipedia.org/wiki/Ford_Trafford_Park_Factory

49. Model T Ford Factory in Trafford Park, Manchester, 1914, Allposters, http://www.allposters.com.au/-sp/Model-T-Ford-Factory-in-Trafford-Park-Manchester-1914-posters_i12653296_.htm
50. Ford Model T, Wiki, https://en.wikipedia.org/wiki/Ford_Model_T#cite_note-55
51. Flint Artifacts: 1896 Blue Ribbon Surrey Advertisement by the Durnat-Dort Carriage Company, 2012,6.9, http://www.flintexpats.com/2012/06/flint-artifacts-1896-blue-ribbon-surrey.html
52. William C. Durant, Wiki, https://en.wikipedia.org/wiki/William_C._Durant#General_Motors
53. 역사를 바꾼 자동차 M&A 명장면-모두를 위한 자동차-GM 왕국의 탄생, 한국경제신문, 2014년 4월 7일, http://news.naver.com/main/read.nhn?mode=LSD&mid=sec&sid1=101&oid=050&aid=0000032897
54. Meet the man who founded General Motors and wound up running a bowling alley, J. Motavalli, 2015, 2.19, https://www.mnn.com/green-tech/transportation/blogs/meet-the-man-who-founded-general-motors-and-wound-up-running-a
55. History of General Motors, Wikipedia, https://en.wikipedia.org/wiki/History_of_General_Motors
56. Durant-Dort Carriage Company Office, Wikipedia, https://en.wikipedia.org/wiki/Durant-Dort_Carriage_Company_Office
57. 제너럴 모터스, 위키백과, https://ko.wikipedia.org/wiki/%EC%A0%9C%EB%84%88%EB%9F%B4_%EB%AA%A8%ED%84%B0%EC%8A%A4
58. Ford, General Motors, and Finance, https://www.youtube.com/watch?v=3uBCMjTzDLM
59. From 'See the USA in your Chevrolet" to "Like a Rock", Chevy Ads Run Deep,, http://adage.com/article/special-report-chevy-100/100-years-chevrolet-advertising-a-timeline/230636/#2000
60. How the iPhone got tail fins: Lessons Apple learned from GM, S. Blank, 2011, 11.15, https://venturebeat.com/2011/11/15/how-the-iphone-got-tail-fins-lessons-apple-learned-from-gm/
61. 1924 Cadillac, http://www.barrett-jackson.com/Events/Event/Details/1924-CADILLAC-V-63-PHAETON-115903
62. History of Automobiles, Nicolas-Joseph Cugnot, Wikipedia, https://en.wikipedia.org/wiki/Nicolas-Joseph_Cugnot
63. Richard Trevithick, Wikipedia, https://en.wikipedia.org/wiki/Richard_Trevithick
64. Red Flag Act, Locomotive Act, Wikipedia, https://en.wikipedia.org/wiki/Locomotive_Acts
65. 적기조례, http://timepieceph2.blogspot.kr/2011/04/red-flag-act.html
66. 영국에서 자동차산업이 발달하지 못하게 만든 '붉은 깃발법'이 주는 교훈, 조선일보 최승노 자유경제원 부원장, http://pub.chosun.com/client/news/viw.asp?cate=C03&mcate=M1002&nNewsNumb=20170324051&nidx=24052
67. United Automobile Workers, Wikipedia, https://en.wikipedia.org/wiki/United_Automobile_Workers
68. Battle of the Overpass, Wikipedia, https://en.wikipedia.org/wiki/Battle_of_the_Overpass
69. 1973 Oil Crisis, Wikipedia, https://en.wikipedia.org/wiki/1973_oil_crisis
70. The Rise and Fall of General Motors, https://www.youtube.com/watch?v=s2CxgJVZYA8
71. Time to rethink the Thirty-and-Out Retirement Program?, T. Iacono,

https://seekingalpha.com/article/122246-time-to-rethink-the-thirty-and-out-retirement-program

72. General Motors Chapter 11 reorganization, Wikipedia, https://en.wikipedia.org/wiki/General_Motors_Chapter_11_reorganization
73. Financial Crisis 2007-2008, Wikipedia, https://en.wikipedia.org/wiki/Financial_crisis
74. GM 파산 하루만에 New GM 출범, 부실은 버리고 성장 자산만 인수해 회생, Economy Chosun, 2016년 6월, http://economyplus.chosun.com/special/special_view.php?boardName=C00&t_num=9903
75. 크라이슬러 70년대 도산위기 어떻게 벗어났나?, 중앙일보, 1997년 7월 18일, http://news.joins.com/article/3486758
76. Push-Pull Strategy, Wikipedia, https://en.wikipedia.org/wiki/Push%E2%80%93pull_strategy
77. Experience Curve Effects, Wikipedia, https://en.wikipedia.org/wiki/Experience_curve_effects
78. Bruce Henderson, Wikipedia, https://en.wikipedia.org/wiki/Bruce_Henderson
79. The Experience Curve-Reviewed, https://www.bcgperspectives.com/content/classics/strategy_supply_chain_management_experience_curve_reviewed_the_concept/
80. Growth-share Matrix, Wikipedia, https://en.wikipedia.org/wiki/Growth%E2%80%93share_matrix , https://commons.wikimedia.org/wiki/File:Folio_Plot_BCG_Matrix_Example.png
81. RCA, Wikipedia, https://en.wikipedia.org/wiki/RCA
82. GE의 경영혁신과 기업문화, 삼성경제연구소, 1991.8
83. GE-McKinsey Matrix, Hitesh BHasin, 2016,11.30. https://www.marketing91.com/ge-mckinsey-matrix/
84. The Jack Welch Lexicon of Leadership-Acquisition Strategy, , http://www.bjchinesetranslation.com/upload/337555624.pdf
85. How, the 1967 Wimbledon Championships made broadcasting history, Science Museum, https://blog.sciencemuseum.org.uk/how-the-1967-wimbledon-championships-made-broadcasting-history/
86. Color Television, Wikipedia, https://en.wikipedia.org/wiki/Color_television
87. Cases in Competitive Strategy, Michael Porter, 1983, Simon & Schuster
88. 닉슨 충격, 위키백과, https://ko.wikipedia.org/wiki/%EB%8B%89%EC%8A%A8_%EC%B6%A9%EA%B2%A9
89. 1972 Richard Nixon-Nixon Shock, State of the Union History, http://www.stateoftheunionhistory.com/2015/11/1972-richard-nixon-nixon-shock.html
90. The Effectiveness of Orderly Marketing Agreement: The Color TV Case, V. Canto, A. Laffer, Business Economics, Vol. 18 No. 1 pp 38-45, 1983, https://www.jstor.org/stable/23482636?seq=1#page_scan_tab_contents
91. OMA, Cases in Competitive Strategy, Michael Porter, 1983, Simon & Schuster
92. 사진으로 본 건국 60년., 전자산업의 태동, 전자 立國, 막차 맨 끝 칸에 올라타다, 1968년 8월 조선일보, http://news.chosun.com/site/data/html_dir/2008/07/08/2008070800095.html
93. 삼성전자 45년, 제품 혁신의 역사를 돌아보다 2편, TV, 삼성전자, https://news.samsung.com/kr/%EC%82%BC%EC%84%B1%EC%A0%84%EC%9E%90-45%EB%85%84-%EC%A0%9C%ED%92%88-%ED%98%81%EC%8B%A0%EC%9D%98-%EC%97%AD%EC%82%AC%EB%A5%BC-%EB%8F%8C%EC%95%84%EB%B3%B4%EB%8B%A4-2%ED%8E%B8-tv

94. What was life like in 1980s Japan, https://www.quora.com/What-was-life-like-in-1980s-Japan

95. How the downfall of the American car industry in the 1980s led to the murder of a Chinese American, https://www.carthrottle.com/post/wqvzvxq/

96. Speech by Dr. Deming to Japanese Business Leaders in 1950, J. Hunter, 2012, https://blog.deming.org/2012/11/speech-by-dr-deming-to-japanese-business-leaders-in-1950/

97. 서보장, Order of the Sacred Treasure, 위키백과/Wikipedia, https://ko.wikipedia.org/wiki/%EC%84%9C%EB%B3%B4%EC%9E%A5

98. W. Edwards Deming, Wikipedia, https://en.wikipedia.org/wiki/W._Edwards_Deming

99. Out of Crisis, E. Deming, MIT Press, 1989, https://mitpress.mit.edu/books/out-crisis

100. Environment Management, Development of Quality Management, J. Csaba, S.Nikolett, http://www.tankonyvtar.hu/en/tartalom/tamop425/0032_kornyezetiranyitas_es_minosegbiztositas/ch01s02.html

101. PDCA, Wikipedia, https://en.wikipedia.org/wiki/PDCA

102. Quality Management System-Deming 14 Points & 7 Deadly Disease of Management, http://alexsibaja.blogspot.kr/2014/03/quality-management-system-deming-14.html

103. A Summary of the New Economics, Ian Nerney, http://www.iannerney.com/a-summary-of-the-new-economics-by-w-edwards-deming/

104. Competitive Strategy, Techniques for Analyzing Industries and Competitors, M. Porter, 1980, Free Press

105. 5 Forces, https://commons.wikimedia.org/wiki/File:Elements_of_Industry_Structure.svg

106. Competitive Strategy by M. Porter Review, P. Simister, 2011, 2.19, http://www.differentiateyourbusiness.co.uk/competitive-strategy-by-michael-porter

107. Disruption: How the horses disappeared in 13 years, Melbourne Herald Sun, 2015, 9.10, http://themarketeer-raybeatty.blogspot.kr/2015/09/disruption-how-horses-disappeared-in-13.html

108. Strategy, https://decodemba.wordpress.com/strategy/

109. The Three generic Strategies, By Denis Fadeev - Own work, CC BY-SA 3.0, https://commons.wikimedia.org/w/index.php?curid=32434551

110. Manufacturing Innovation: Lessons from the Japanese Auto Industry, M. Cusumano, 1988, Fall, MITSloan Management Review, http://sloanreview.mit.edu/article/manufacturing-innovation-lessons-from-the-japanese-auto-industry/

111. Vertical Integration, Strategic Management Insight, O. Jurevicius, 2013, 4, https://www.strategicmanagementinsight.com/topics/vertical-integration.html

112. Vertical Integration and Horizontal Integration, MBA Crystal Ball, http://www.mbacrystalball.com/blog/strategy/vertical-horizontal-integration-strategy/

113. What is competitor analysis and how should web content planners set about it? Use you own website as an example, http://www.webdesignstuff.co.uk/ma845/2011/05/03/what-is-competitor-analysis-and-how-should-web-content-planners-set-about-it/

114. Manufacturing Innovation: Lessons from the Japanese Auto Industry, M. Cusumano, 1988, Fall, http://sloanreview.mit.edu/article/manufacturing-innovation-lessons-from-the-japanese-auto-industry/

115. Competitive Advantage, Creating and Sustaining Superior Performance, M. Porter, 1985, Free Press, https://commons.wikimedia.org/wiki/File:Porter_Value_Chain.png

116. Michael Porter's Generic Strategies,
https://en.wikipedia.org/wiki/Porter%27s_generic_strategies
117. Michael Porter's Generic Strategies, G. Ahmed, 2014, 3,
http://www.studylecturenotes.com/management/michael-porters-generic-strategies
118. Business Models & Strategy, 2011, 6.
http://strategy-models.blogspot.kr/2011/06/use-of-porters-1985-value-chain.html
119. Customer Value and IT Project Evaluation,
http://www.rafcammarano.com/content/customer-value-project-evaluation.aspx
120. Develop Manufacturing Strategy, http://www.bmpcoe.org/library/books/ex-se/17531.html
121. What is a Competitive Strategy? , https://microlinks.org/good-practice-center/value-chain-wiki/competitiveness-strategy-overview
122. 대부분의 전략은 실패한다? 진짜 그런건지 살펴보니, 남보람, 2017, 2, 매경프리미엄,
http://news.mk.co.kr/newsRead.php?year=2017&no=140371
123. In Search of Excellence, Wikipedia, https://en.wikipedia.org/wiki/In_Search_of_Excellence
124. 초우량 기업의 조건, 매일경제,
http://bookzip.mk.co.kr/sub/leftcompose/bookinside.asp?BoardType=7&ID=430&page=8
125. In Search of Excellence: A Three Generation Report Card, T. Peters,
http://tompeters.com/wp-content/uploads/2014/02/ISOE.pdf
126. 초우량 기업의 주창자 톰 피터스, 조선 이코노미, 이동현, 2010,9,
http://economyplus.chosun.com/special/special_view.php?boardName=C05&t_num=4869
127. 경영혁명(톰 피터스) 요약 및 서평, 유정현, SPR 경영연구소, http://iamcsh.tistory.com/1216
128. McKinsey 7s Model, Strategic Management Insight, 2013, 12,
https://www.strategicmanagementinsight.com/tools/mckinsey-7s-model-framework.html
129. A Brief History of the 7-S Model, T. Peters, 2011, 1,
http://tompeters.com/2011/03/a-brief-history-of-the-7-s-mckinsey-7-s-model/
130. 7-S https://commons.wikimedia.org/wiki/File:McKinsey_7S_framework.svg

| 제 3 장 |

1. Eniac,Wikipedia, U.S. Army Photo, Public Domain,
https://commons.wikimedia.org/w/index.php?curid=55124
2. The History of the Eniac Computer, ThoughCo.,
https://www.thoughtco.com/history-of-the-eniac-computer-1991601
3. Eniac Computer History Archives Project-remastered original 1946 Film & Narration Army Military,
https://www.youtube.com/watch?v=bGk9W65vXNA
4. When Computer Bugs were actual insects, 2015, 11,
https://www.bbvaopenmind.com/en/when-computer-bugs-where-real-insects/
5. Software bug, Wikipedia, https://en.wikipedia.org/wiki/Software_bug
6. Von Neumann Architecture, Wikipedia, https://en.wikipedia.org/wiki/Von_Neumann_architecture
7. Transistor, Wikipedia, https://en.wikipedia.org/wiki/Transistor
8. History of the Transistor, http://www.beatriceco.com/bti/porticus/bell/images/transistor1.jpg

9. Happy Birthday, Transistor, 2012, 12,
https://www.theregister.co.uk/2012/12/14/feature_the_transistor_is_65_years_old/

10. The Transistor, http://tech2play.blogspot.kr/2011/03/transistor.html

11. Transistor Radio, Wikipedia, Ulfbastelderivative work: Chetvorno (talk) - Pocket_radio_open.jpg, Public Domain,
https://commons.wikimedia.org/w/index.php?curid=12819355

12. Transistor Full Documentary, https://www.youtube.com/watch?v=U4XknGqr3Bo

13. The First Junction Transistor, Educational Resources,
https://www.ecse.rpi.edu/~schubert/Educational-resources/1949%20First%20junction%20transistor%20(Shockley%20et%20al).jpg

14. Shockley Semiconductor Laboratory, Wikipedia,
https://en.wikipedia.org/wiki/Shockley_Semiconductor_Laboratory

15. Integrated Circuit, Wikipedia, https://en.wikipedia.org/wiki/Integrated_circuit

16. Texas Instrument, Wikipedia, https://en.wikipedia.org/wiki/Texas_Instruments

17. Noyce receives 1st IC Patent, Apr 25, 1961, EDN, 2017, 4,
https://www.edn.com/electronics-blogs/edn-moments/4412805/Noyce-receives-1st-IC-patent--April-25--1961-

18. Google doodle celebrates Robert Noyce, P. Clarke, EE Times, 2011, 12,
https://www.eetimes.com/author.asp?section_id=36&doc_id=1266040

19. Intel 4004, Wikipedia, https://en.wikipedia.org/wiki/Intel_4004

20. IBM System/360, Wikipedia, https://en.wikipedia.org/wiki/IBM_System/360

21. Apple II-1977, http://oldcomputers.net/appleii.html

22. Today in Apple History: Apple's war with IBM commences, L Dormehl, 2017, 8,
https://www.cultofmac.com/441919/apple-history-ibm-personal-computer/

23. IBM Personal Computer, Wikipedia, https://en.wikipedia.org/wiki/IBM_Personal_Computer

24. Open Innovation, http://bock-pm.com/service/open-innovation/

25. The Evolution of the Macintosh, S. Moreau, 2017,6,
https://www.computerworld.com/article/3025619/computer-hardware/the-evolution-of-the-macintosh.html

26. Apple Mouse, https://en.wikipedia.org/wiki/Apple_Mouse

27. Apple 1984 Super Bowl Commercial Introducing Macintosh Computer,
https://www.youtube.com/watch?v=2zfqw8nhUwA

28. How Steve Jobs Invented the Computer Mouse by Stealing it from Xerox, J. Brownlee, 2011, 5,
https://www.cultofmac.com/95614/how-steve-jobs-invented-the-computer-mouse-by-stealing-it-from-xerox/

29. Birth of the Transistor: A Video history of Japan's Electronics Industry.
https://www.youtube.com/watch?v=ihkRwArnc1k

30. 미.일 반도체 전쟁 서막, 1985년 6월 14일, 미 SIA, USTR에 일 반도체 업계 고발, 2010,6,
http://blog.naver.com/PostView.nhn?blogId=hallasanda&logNo=90088834209&parentCategoryNo=&categoryNo=1&viewDate=&isShowPopularPosts=true&from=search

31. From the people who brought you voodoo economics, C Ferguson, 1988, 5,
https://hbr.org/1988/05/from-the-people-who-brought-you-voodoo-economics

32. Intel Annual Reports 1985,

https://www.intel.com/content/dam/doc/report/history-1985-annual-report.pdf
33. Inside Intel, A Brandenburger & B Nalebuff, 1996, 11-12, https://hbr.org/1996/11/inside-intel
34. The US-Japan Semiconductor Trade Conflict, D. Irwin, 1996, J, http://www.nber.org/chapters/c8717.pdf
35. Renewal of the United States-Japan Semiconductor Agreement, 1991, 3, US Senate, https://www.finance.senate.gov/imo/media/doc/hrg102-155.pdf
36. 삼성전자 신화화 그 비결, 강진구, 고려원, 1996,4
37. 삼성 반도체사업 40년, 도전과 창조의 역사, 2012, 4, 삼성반도체이야기, http://samsungsemiconstory.com/20
38. 왜 우리는 반도체사업을 해야 하는가?, 이재구, 2011,3, ZDNet Korea, http://www.zdnet.co.kr/column/column_view.asp?artice_id=20110328005714
39. 이병철 회장 사진, http://img.hankyung.com/photo/200808/2008081465641_2008081414401.jpg
40. 한국/중국/일본의 젓가락에서 볼 수 있는 문화적 차이, http://supermap.co.kr/culture_chopsticks/
41. 호암 이병철 탄생 100주년, 74세에 던진 승부수 반도체 왕국 초석 되다, 중앙일보, 2009, 12, http://news.joins.com/article/3947849
42. 한국 반도체 50년사, 6개월 만에 완성된 삼성의 첫 반도체 공장, 2017,8, http://m.post.naver.com/viewer/postView.nhn?volumeNo=9313104&memberNo=15246355
43. 삼성반도체 64KD 램 반도체칩 국내개발 성공 발표, http://blog.daum.net/_blog/BlogTypeView.do?blogid=0GdEm&articleno=414&categoryId=147&regdt=20161021163318
44. 삼성 반도체로 30년 동안 매출 7280배 성장, 머니투데이 2013, 3, http://news.mt.co.kr/mtview.php?no=2013031311145558278
45. 삼성 반도체 세계 일등 비결의 해부, 신장섭, 장성원, 삼성경제연구소, 2006
46. 삼성 임원들, 이병철 회장 지시를 어기다.(삼성전자 40년 미공개 사사), 한경, http://news.hankyung.com/article/2010123063491
47. Core Competency, Wikipedia, https://en.wikipedia.org/wiki/Core_competency
48. The Core Competence of the Corporation, C.K. Prahalad, G. Hamel, HBR, http://www.cuhkemba.net/Nova_Management/07/0712/071223,%2030/The_Core_Competence_of_the_Corporation.pdf
49. Position-Based and Resource-Based Strategies, Ken Garrett, http://www.accaglobal.com/lk/en/student/exam-support-resources/professional-exams-study-resources/p3/technical-articles/position-resource-based-strategies.html
50. Strategic Business Unit, https://ceopedia.org/index.php/Strategic_business_unit
51. Resource-based View, Wikipedia, https://en.wikipedia.org/wiki/Resource-based_view
52. 변화관리분야 대가 존 코터 미국 하버드대 교수, 이동현, 조선이코노미, 2010, 2, http://economyplus.chosun.com/special/special_view.php?boardName=C05&t_num=4358
53. 4 Change Management models for your small business, G. Shaw, 2015, 9, https://www.nationalleasing.com/en/blog/entry/4-change-management-models-for-your-small-business
54. 자원기반 경쟁전략, 오영건, DBR, http://dbr.donga.com/article/view/1203/article_no/848
55. 직원들의 자신감을 불어 넣어라-GE워크아웃, GE, http://geblog.kr/130171717880?Redirect=Log&from=postView
56. GE의 변화와 혁신 DNA, SB_Consulting, 2013, 1, http://sbconsulting.co.kr/?p=1649

57. The Fall and Rise of Strategic Planning, H, Mintzberg, HBR, 1994,
https://hbr.org/1994/01/the-fall-and-rise-of-strategic-planning

58. 의도된 전략보다 더 강력한 우발적 전략, 이동현, 2010.5, DBR,
http://dbr.donga.com/article/view/1203/article_no/4419

59. 내일의 비전? 불황기엔 쓸모없다-전략 경영 대가 핸리 민츠버그 교수 인터뷰, 2012, 10.6.
http://srchdb1.chosun.com/pdf/i_service/pdf_ReadBody.jsp?Y=2012&M=10&D=06&ID=2012100600019

60. 곧 닥쳐올 제 4의 물결은 무엇일까?, 박종선, 2016, 7.11, 주간조선,
http://weekly.chosun.com/client/news/viw.asp?ctcd=C01&nNewsNumb=002415100023

61. The Third Wave(Toffler), Wikipedia, https://en.wikipedia.org/wiki/The_Third_Wave_(Toffler_book)

62. 메모리 산업 30년사 빛낸 삼성 반도체 신화의 순간들, 삼성, 2015.1,
https://news.samsung.com/

63. 삼성전자 신화와 그 비결, 강진구, 고려원

64. 빠르고 과감한 결단, 삼성의 반도체 진출 비아냥 거린 미,일의 허를 찌르다, 프리미엄 조선, 2014, 3.20,
http://premium.chosun.com/site/data/html_dir/2014/03/20/2014032002331.html

65. 삼성 반도체 40년, 마흔해, 결단과 영광의 기억들 上, 2014, 12. 5, 아시아경제,
http://www.asiae.co.kr/news/view.htm?idxno=2014120511362466791

66. 삼성은 스택, 현대는 트렌치… 엇갈린 희비, 2016, 8.31 전자신문,
http://www.etnews.com/20160831000350

67. 생각 좀 하며 세상을 보자, 이건희, 1997, 11, 동아일보사

68. 64KD 램, 반도체 신화를 열다, JYJ Entertainment, KBS1 신화 창조의 비밀,
https://www.youtube.com/watch?v=4KnU2C39J7k

69. 불량 세탁기에 노발대발한 이건희 회장, 마누라,자식만 빼놓고 다 바꿔, 프리미엄 조선, 2014,2.24,
http://premium.chosun.com/site/data/html_dir/2014/02/23/2014022301194.html?Dep0=twitter

70. Windows 95, Wikipedia, https://en.wikipedia.org/wiki/Windows_95

71. Windows 95 is 20 years old today, T. Warrant, 2015, 8,
https://www.theverge.com/2015/8/24/9197529/windows-95-is-20-years-old-today

72. Seven Ways Windows 95 Changed the World, I Morris,
https://www.forbes.com/sites/ianmorris/2015/08/24/windows-95-changed-the-world/#6a51da752ad3

73. Internet, ARPANET, Wikipedia, https://en.wikipedia.org/wiki/ARPANET

74. The History of ARPANET, USJ-R, https://www.youtube.com/watch?v=vTt-sahSuP0

75. WWW, Wikipedia, https://en.wikipedia.org/wiki/World_Wide_Web

76. World Wide Web, https://forrestercomputing.wikispaces.com/World+Wide+Web

77. April 22,1993: Mosaic Browser lights up Web with Color, Creativity, M. Calore,
https://www.wired.com/2010/04/0422mosaic-web-browser/

78. Dell Direct, 2000, 11, Graduate School of Business, Stanford University, Case NO. EC-17,
https://www.gsb.stanford.edu/faculty-research/case-studies/dell-direct

79. 삼성 AST 매각 배경과 의미, 1999.1, http://www.etnews.com/199901120039

80. 실탄 많은 삼성전자, 알짜 기업들 안 먹나 못 먹나, 조선일보, 2014.5.19,
http://biz.chosun.com/site/data/html_dir/2014/05/18/2014051802341.html?Dep0=twitter

81. Total Share: 30 Years of personal Computer Market Share Figures, J. Reimer, 2005, 12,

https://arstechnica.com/features/2005/12/total-share/8/
82. 관리의 삼성, 약했던 통합?이재용 시대 PMI 전략은, 조선, 2015, 9.14, http://www.investchosun.com/2015/09/14/3181947
83. 이건희 회장 신경영 20년의 마법, 삼성전자 33배 폭풍 성장, 이코노미 조선, 2013, 5, http://economyplus.chosun.com/special/special_view.php?boardName=C00&t_num=7001
84. 세계 브랜드 백과, 인텔, http://terms.naver.com/entry.nhn?docId=2084630&cid=43168&categoryId=43168&anchorTarget=TABLE_OF_CONTENT16#TABLE_OF_CONTENT16
85. Intel, Wintel, Wikipedia
86. Intel Pentium MMX Processor Logo.avg, Wikipedia, https://en.wikipedia.org/wiki/File:Intel_Pentium_MMX_Processor_Logo.svg
87. 인텔 인사이드 10년 무엇을 남겼나, Economy 21, http://www.economy21.co.kr/news/articleView.html?idxno=16232
88. 인텔 인사이드로 인텔의 시대를 연 천재 경영자, 앤디 그로브, IT 동아, 2017, 9.14, http://it.donga.com/26960/
89. Designed for Windows 95 Sticker, MacThePlaneh, 2014, https://mactheplaneh.deviantart.com/art/Designed-for-Windows-95-Sticker-500367585
90. The 11 Most Fascinating Charts from Mary Meeker's Epic Slideshow of Internet Trends, D. Thompson, 2013, 5, https://www.theatlantic.com/business/archive/2013/05/the-11-most-fascinating-charts-from-mary-meekers-epic-slideshow-of-internet-trends/276350/
91. History of Mobile Phones, Wikipedia, https://en.wikipedia.org/wiki/History_of_mobile_phones
92. Motorola DynaTAC, Wikipedia, https://en.wikipedia.org/wiki/Motorola_DynaTAC
93. Motorola StarTAC, Wikipedia, https://en.wikipedia.org/wiki/Motorola_StarTAC
94. 1988년 국산폰 1호, SH-100, 글로벌 삼성의 태동, 이투데이, 2015, 10.12, http://www.etoday.co.kr/news/section/newsview.php?idxno=1213783
95. 애니콜 브랜드 가치 5조 7,000억원, 삼성 홈페이지, https://news.samsung.com/kr
96. 애니콜에서 갤럭시까지--24년의 발자취-1, 앱스토리 매거진, 2012,9.18, http://monthly.appstory.co.kr/plan2926
97. 삼성전자 애니콜-시장점유율 45%까지, 한국경제신문, 1996, 12.11, http://news.hankyung.com/article/1996121102651
98. 애니콜 광고 캠페인의 구조: 사례 분석, http://www.advertising.co.kr/uw-data/dispatcher/lit/fulltext/Article/A0001028/03.html
99. Color CRT Monitors, http://nptel.ac.in/courses/Webcourse-contents/IIT-Delhi/Computer%20Aided%20Design%20&%20Manufacturingl/mod1/07.htm
100. Nokia, Wikipedia, https://en.wikipedia.org/wiki/Nokia
101. Nokia: the rise and fall of a mobile phone giant, https://www.theguardian.com/technology/2013/sep/03/nokia-rise-fall-mobile-phone-giant
102. Nokia Overtakes Motorola, CNN Money, 1999,2,8, http://money.cnn.com/1999/02/08/europe/nokia/
103. A History of Nokia Phones: in pictures, The Telegraph, 2016, 6, http://www.telegraph.co.uk/technology/2016/06/04/a-history-of-nokia-phones-in-pictures/mobira-cityman/
104. Cathode Ray Tube, Wikipedia, https://en.wikipedia.org/wiki/Cathode_ray_tube
105. Difference Between CRT, LCD and LED,

http://comptutorkg2pg.blogspot.kr/2013/03/how-characters-are-produced-on-crt-or_6.html

106. LCD를 아시나요?, 삼성디스플레이 뉴스룸, http://news.samsungdisplay.com/7127
107. 다시 읽는 삼성의 디스플레이 성공 스토리, 인사이트 세미콘, 2015,10.27, http://www.insightsemicon.com/news/article.html?no=128252
108. 제 2의 반도체 신화, TFT LCD의 성공, 1999, 9.1, 삼성경제연구소
109. FPD 종류 및 TFT-LCD 구조, http://blog.naver.com/PostView.nhn?blogId=dreamincalm&logNo=130036001731
110. 한국을 먹여 살리 10대 기술 시리스(1), 때에 맞는 과감한 투자가 성공의 요인, 2003, 5, 월간 조선, http://monthly.chosun.com/client/news/viw.asp?nNewsNumb=200305100067
111. IMF 20년, 몰락은 한순간, 사라진 너의 이름, 조선일보, 2017,11.21, http://news.chosun.com/site/data/html_dir/2017/11/15/2017111501844.html
112. The Millenium Bug, https://www.weirdity.com/millenium/cartoons.shtml
113. 삼성그룹 구조조정 16년전 IMF 때와 비교하면, 연합뉴스, 2014, 4.3, http://www.yonhapnews.co.kr/economy/2014/04/03/0302000000AKR20140403032800003.HTML
114. IMF 20년, 몰락은 한순간, 사라진 너의 이름은, 조선일보, 2017, 11.21, http://news.chosun.com/site/data/html_dir/2017/11/15/2017111501844.html
115. LG그룹 못 다 핀 반도체 꿈, 실리콘웍스로 이루나, 머니투데이, 2015, 5,13, http://news.mt.co.kr/mtview.php?no=2015051116544917336
116. Joseph Schumpeter, Wikipedia, https://en.wikipedia.org/wiki/Joseph_Schumpeter
117. Creative Destruction, Wikipedia, https://en.wikipedia.org/wiki/Creative_destruction
118. An Innovation Cheat Sheet: What, Where, How, and Why we do "new", C. Renando, http://www.sidewaysthoughts.com/blog/2015/10/an-innovation-cheat-sheet-what-where-how-and-why-we-do-new/
119. 피터 드러커, Peter Drucker, Wikipedia
120. 케인즈 경제학, 위키백과, https://ko.wikipedia.org/wiki/%EC%BC%80%EC%9D%B8%EC%8A%A4_%EA%B2%BD%EC%A0%9C%ED%95%99
121. 피터 드러커의 생애, 피터 드러커 소사이어티, http://pdsociety.or.kr/%ED%94%BC%ED%84%B0%EB%93%9C%EB%9F%AC%EC%BB%A4%EC%9D%98-%EC%83%9D%EC%95%A0/
122. Management: Tasks, Responsibilities, Practices, P. Drucker, http://markethinkzone.com/wp-content/uploads/2013/06/Management-Tasks-Responsibilities-Practices-by-Peter-Drucker.pdf
123. The Essential Drucker, P. Drucker, http://forleadership.org/wp-content/uploads/The-Essential-Drucker-.pdf

| 제 4 장 |

1. Internet, Wikipedia, https://en.wikipedia.org/wiki/Internet, https://commons.wikimedia.org/wiki/File:Internet_users_per_100_inhabitants_ITU.svg
2. Dot-com bubble, Pets.com, Webvan, Cisco, Qualcomm, Wikipedia
3. 5 Successful Companies that survive the Dotcom Bubble, J. Folger, 2011,7, https://www.investopedia.com/financial-edge/0711/5-successful-companies-that-survived-the-dotcom-bubble.aspx

4. Amazon 04-Competitive Advantage, https://www.slideshare.net/PereJoan1/amazon-04-competitive-advantages
5. How Amazon.com survived, thrived and turned a profit, C Frey & J. Cook, Seattle Post-Intelligencer Reporters, 2004, 1, http://amattos.eng.br/Public/Livro_SI/Casos/Amazon%20versus%20Barnes%20and%20Noble/How%20Amazon%20Survived.pdf
6. eBay, Wikipedia, https://en.wikipedia.org/wiki/EBay
7. 이베이를 꿈꾸는가?, 안드레이 하지우, DBR/HBR, 2013, 12, http://dbr.donga.com/article/view/1401/article_no/6138
8. The Dot-com Bubble: How to lose $5 trillion, D. Gewirtz, ZAPT Publishing, 2009, 11,24, http://ac360.blogs.cnn.com/2009/11/24/the-dot-com-bubble-how-to-lose-5-trillion/
9. Excite, Wikipedia, https://en.wikipedia.org/wiki/Excite
10. Lessons From the AOL-Time Warner Disaster, K Benner, Bloomberg, 2015,1, https://www.bloomberg.com/view/articles/2015-01-14/lessons-from-the-aoltime-warner-disaster
11. How the AOL-Time Warner Deal Went Wrong, DealBook, 2010, 1, https://dealbook.nytimes.com/2010/01/11/how-the-aol-time-warner-deal-went-wrong/
12. 거의 모든 인터넷의 역사(39)- 닷컴 버블의 종말과 생존자들, 정지훈, 2014, 12, http://www.venturesquare.net/563863
13. Merger Heralds Music Scramble, 2000, 1,24, BBC, http://news.bbc.co.uk/2/hi/business/616259.stm
14. Analog Signal, https://www.st-andrews.ac.uk/~jcgl/Scots_Guide/info/signals/analog/analog.htm
15. Analog vs Digital, http://www.centerpointaudio.com/Analog-VS-Digital.aspx
16. Transmitting Analog TV Broadcasts with a Hackrf, 2017, 4, https://www.rtl-sdr.com/transmitting-analog-tv-broadcasts-hackrf/
17. Beautiful z1957 Sony TR-63 Transistor Radio Up for Grabs, J. Grahame, http://www.retrothing.com/2009/04/beautiful-1957-sony-tr63-transistor-radio-up-for-grabs.html
18. Sony, Wikipedia, https://en.wikipedia.org/wiki/Sony
19. 비디오테이프 표준 전쟁, 위키피디아, https://ko.wikipedia.org/wiki/%EB%B9%84%EB%94%94%EC%98%A4%ED%85%8C%EC%9D%B4%ED%94%84_%ED%91%9C%EC%A4%80_%EC%A0%84%EC%9F%81
20. IT 기술 표준전쟁의 과거와 현재, 김영우, 2015, 8, 동아일보, http://it.donga.com/22087/
21. Walkman, Wikipedia, https://en.wikipedia.org/wiki/Walkman
22. Analog vs Digital, http://www.centerpointaudio.com/Analog-VS-Digital.aspx
23. Tube Vs. Solid State, http://www.kvglabs.com/tubesvssolisstate.html
24. dGITAL vs. analog sound, https://www.electronicproducts.com/Digital_ICs/Video_Graphics_Audio/Analog_Vs_Digital_Sound.aspx
25. Cables what to look for in cables, http://www.hometheaternetwork.com/HTN_Cables2.htm
26. Byte, Computer Hope, https://www.computerhope.com/jargon/b/byte.htm
27. 메모리 반도체, 삼성반도체 이야기, http://www.samsungsemiconstory.com/300

28. 슈퍼사이클 진입한 반도체, 영업이익율 40%-신바람난 삼성. SK, 4차 산업혁명 AI 빅데이터 수요 폭증, 2017, 5.19. MK 증권,
http://vip.mk.co.kr/newSt/news/news_view.php?t_uid=20&c_uid=1502767&sCode=21&termDatef=&p_page=&search=&topGubun=
29. LCD 세계시장 선점을 위한 한,일,대만간 설비투자 확대 전망, 2000,1,22, 산업자원부 보도자료,
http://www.motie.go.kr/motiee/presse/press2/bbs/bbsView.do?bbs_seq_n=1851&bbs_cd_n=81
30. EPROM, EEPROM, Flash Memory, Wikipedia
31. 초호황 플래시메모리, 삼성전자를 가다, 조선일보, 2005,2.27,
http://news.chosun.com/svc/content_view/content_view.html?contid=2005022770133
32. 삼성전자 40나노 32기가 낸드플래시 상용화, 중앙일보, 2006, 9.11.,
http://news.joins.com/article/2444198
33. 이건희의 천재경영으로 글로벌 1류 이룬 마법의 현장을 가다, 2005, 4, 월간조건,
https://monthly.chosun.com/client/news/print.asp?ctcd=&nNewsNumb=200504100042
34. 이건희 개혁 10년, 우인호, 김성홍, 김영사, 2003, 12.15.
35. Flash Memory Competitive Analysis-2002, HIS Technology,
file:///C:/Users/NT500/Downloads/abstract.pdf
36. Samsung Soars in flash memory market, EE Times, 2003, 2,28,
https://www.eetimes.com/document.asp?doc_id=1136291
37. USB Flash Drive, Flash Memory, Wikipedia
38. 삼성, 도시바 합작 제의 거절… 신시장 창출, 낸드 플래시 1위로, 전자신문, 2016,10.26,
http://www.etnews.com/20161026000262
39. 삼성전자, 플래시메모리 2년째 세계 1위, 한경, 2005, 2.3,
http://news.hankyung.com/article/2005020339288
40. Consumer Reshape the Flash Market-EDN, 2004, 2,26,
file:///C:/Users/NT500/Downloads/Consumers-Reshape-the-Flash-Market.pdf
41. Samsung Controls 25% of Worldwide Flash Memory Market, W Gruener, 2005, 2,
http://www.tomshardware.co.uk/samsung-controls-25-percent-of-worldwide-flash-memory-market,news-14841.html
42. 아이리버의 몰락 1부, (한국 MP3의 역사), http://toris.tistory.com/67
43. 아이리버의 몰락 1부, (한국 MP3의 역사), http://toris.tistory.com/entry/
44. 아이리버, iRiver, Wikipedia
45. 빌게이츠 회장, CES 2005 연설에서 인류의 새로운 디지털 라이프 스타일 제시, 뉴스 와이어, 2005,1.6,
http://www.newswire.co.kr/newsRead.php?no=25069
46. This is the Number of iPods sold all-time, S. Costello, 2017, 3,
https://www.lifewire.com/number-of-ipods-sold-all-time-1999515
47. iPod, iPod Nano, Wikipedia
48. Apple Inc, Steve Jobs, Wikipedia
49. Steve Jobs' 2005 Standford Commencement Address, Stanford Univeristy,
https://www.youtube.com/watch?v=Hd_ptbiPoXM
50. John Sculley, Wikipedia, https://en.wikipedia.org/wiki/John_Sculley
51. New iPad adopts simple product naming Steve Jobs brought to Apple in 1997, D. Dilger, 2012,3,
http://appleinsider.com/articles/12/03/10/new_ipad_adopts_simple_product_naming_steve_jobs_brought_to_apple_in_1997

52. iBook, iMac, Wikipedia

53. MP3 플레이어를 대체한 보통명사-아이팟(iPod), 서동민, it 동아, 2011, 11, http://it.donga.com/7274/?page=2

54. FDMA vs TDMA vs CDMA: What's the difference?, K. Bryson, A. Chen, A. Wan , 2001 https://www.clear.rice.edu/elec301/Projects01/cdma/compare.html

55. GSM, CDMA, Wikipedia

56. CDMA vs GSM: what is the difference?, S Segan, 2017, 7, https://www.pcmag.com/article2/0,2817,2407896,00.asp

57. Mobile phone vendor's market share in sold units to end users worldwide from 1977 to 2014, tableau, https://www.statista.com/statistics/271574/global-market-share-held-by-mobile-phone-manufacturers-since-2009/

58. List of Best-selling Mobile Phones, Wikipedia, https://en.wikipedia.org/wiki/List_of_best-selling_mobile_phones

59. SAMSUNG으로 본 삼성 휴대전화 역사, 삼성 뉴스룸, https://news.samsung.com/kr

60. IDC numbers show growth in mobile phone and converged devices shipments, Geekzone, 2004, 2, https://www.geekzone.co.nz/content.asp?contentid=2244

61. 애니콜에서 갤럭시까지 ---24년의 발자취, 김준혁, 월간 앱스토리, 2012, 9.18, http://monthly.appstory.co.kr/plan2926

62. 노키아와 모토로라 왜 무너졌나, 시장 흐름 무시 결정타…리더십도 부재, 한국경제신문, 2012, 12.3, http://magazine.hankyung.com/business/apps/news?popup=0&nid=01&nkey=2012120600888000141&mode=sub_view

63. Google bought Motorola for $12.5B, sold it for $2.9B, and called the deal a success, Z. Epstein, 2014, 2, http://bgr.com/2014/02/13/google-motorola-sale-interview-lenovo/

64. 5 Reasons Why Google sold Motorola and 5 Reasons why Lenovo bought it, S Segan, 2014, 1, https://www.pcmag.com/article2/0,2817,2430130,00.asp

65. 전략 중독 병에 걸린 모토로라의 몰락은 예견된 일이었다, 박군호, DBR 101호, bzit.donga.com, http://bzit.donga.com/3/all/50/1107115/1

66. Throwback Thursday-Cell Phones Through the Ages, 2014, 10, http://www.ilovedurban.co.za/throwback-thursday-cell-phones-ages/

67. Motorola Mobility, Wikipedia, https://en.wikipedia.org/wiki/Motorola_Mobility

68. 노키아의 성공요인과 미래전략, 2008, 6.20, 산은경제연구소, file:///C:/Users/NT500/Downloads/%EB%85%B8%ED%82%A4%EC%95%84%EB%AF%B8%EB%9E%98%EC%A0%84%EB%9E%B5.pdf

69. 다시 읽는 삼성의 디스플레이 성공 스토리, 한주엽, 2015, 10, http://www.insightsemicon.com/news/article.html?no=128252

70. 삼성 TFT-LCD 85억불 규모 장기공급 계약, 1999, 19.12, 삼성디스플레이, http://samsungdisplay.com/kor/media/news_view.jsp?publishdt=1999-10-12&brdGb=RPT&cpage=42&boardidx=12&searchFlag=&searchValue=

71. 한국 TV 산업의 새로운 도전, 2009, 7, 삼성 경제연구소 참조, http://m.blog.daum.net/lady9808/4517171

72. Visual tour: A brief history of computer displays, B, Edwards, PC World, 2010,11, https://www.computerworld.com/article/2514012/windows-pcs/visual-tour--a-brief-history-of-computer-displays.html

73. 액정-각각의 LCD 기술에 맞춘 혼합물, Merck, http://www.merck-performance-materials.kr/ko/displa

y/function_of_lcd_technologies/function_of_lcd_technologies.html

74. 어정쩡하게 만들 바엔 시작하지도 않는다. 성기영, 동아일보, 2002, 7, http://www.donga.com/docs/magazine/new_donga/200207/nd2002070920.html
75. 액정 제조 공정, http://tcctech.tistory.com/276
76. LCD, 한국 디스플레이 연구조합, http://kdia.org/lib/theory/theory02.jsp
77. 박형 디스플레이 패널 시장 전망 및 예측, 2007,1, KISTI 글로벌 동향 브리핑, http://www.gtp.or.kr/antp/new_tech/view.jsp?cPage=105&gubun=002&menu=71&no=117412&left=3
78. PDP의 역사, 2011, 8, 우리별, http://blog.daum.net/_blog/BlogTypeView.do?blogid=0LZrn&articleno=22&categoryId=0&regdt=20110816161354
79. LCD vs PDP, 낱낱이 파헤쳐 보는 구동 방식의 차이, 2014, 4, D'Square, http://blog.lgdisplay.com/2014/04/pdp-vs-lcd-%EB%82%B1%EB%82%B1%EC%9D%B4-%ED%8C%8C%ED%97%A4%EC%B3%90%EB%B3%B4%EB%8A%94-%EA%B5%AC%EB%8F%99%EB%B0%A9%EC%8B%9D%EC%9D%98-%EC%B0%A8%EC%9D%B4/
80. TV의 대형화, 슬림화의 기수-,PDP, 김영우, 2012, 3, http://chch.kr/numz/view.php?bid=club1&bno=59657&clid=cbuchon#.Wjx2zt9l-Uk
81. 한,일,대만 LCD/PDP 시장 신삼국지, 중앙일보, 2004,3 http://news.joins.com/article/304975
82. 디스플레이 시장은 한국 천하, 2005, 2,27, 중앙일보, http://news.joins.com/article/453712
83. 일 전자업체, 한국 LCD 대리전, 마쓰시다는 삼성, 소니는 LG, 2003, 4,24, 한국경제신문, http://news.hankyung.com/article/2003042850671
84. 2005년도 모션 컨트롤 10대 뉴스, http://motioncontrol.co.kr/ProgramFiles/news/print.php?uid=3664
85. 파죽지세 LCD, 누가 막으랴, 이철현, 2006,11.13, 시사저널, http://www.sisapress.com/journal/articlePrint/119264
86. Mikko Lagerstedt, Flicker, https://www.google.co.kr/search?q=mikko+lagerstedt+flicker&tbm=isch&tbo=u&source=univ&sa=X&ved=0ahUKEwj8uZvDqKXZAhXHKo8KHbCWASQQsAQILg&biw=1026&bih=1052
87. 이건희 개혁 20년, 또 다른 도전, 조일훈, 김영사, 2013
88. 박막액정표시장치, 연말결산, 2004,12,12, 아이뉴스, http://news.inews24.com/php/news_view.php?g_menu=019999&g_serial=132500
89. 적과의 동침, 삼성전자-소니 제휴 2004년 4월, 2012,9,17. 전자신문, http://www.etnews.com/201209110596
90. 7세대 LCD 패널 양산 들어가, http://motioncontrol.co.kr/default/news/?nwsid=n3&uid=3329
91. 삼성전자 40년 미공개 사사, 삼성전자 40년 역사는 세계 전자산업 판도 바꾼 드라마, 한국경제신문, http://blog.naver.com/PostView.nhn?blogId=spp0805&logNo=120121071331&parentCategoryNo=&categoryNo=&viewDate=&isShowPopularPosts=false&from=postView
92. 고건 국무총리 LG필립스 파주공장 및 지방산업단지 기공식 참석, 2004,3.18, http://www.ehistory.go.kr/page/view/photo.jsp?photo_PhotoSrcGBN=PT&photo_PhotoID=36327&detl_PhotoDTL=
93. 일본 PDP-LCD TV 사활 걸린 경쟁, 2007, 2.12, 한겨레, http://www.hani.co.kr/arti/international/globaleconomy/190279.html
94. 2005년 하반기 히트상품, TV-소니코리아 브라비아 40인치, 2005, 12,14, 디지털타임스, http://www.dt.co.kr/contents.htm?article_no=2005121402014732661006
95. 소니, 새 TV 브랜드 브라비아 출시, 2005,11.16, 매일경제신문

96. Applied Materials Drops in Liquid Crystal Display Equipment Ranking, 2014, 7, R. Castellano, The Information Network, https://seekingalpha.com/article/2316005-applied-materials-drops-in-liquid-crystal-display-equipment-rankings

97. TFT-LCD 시장에서 기판 사이즈가 가지는 의미, 디스플레이 뱅크, www.displaybank.com

98. TFT LCD 기판 유리, 디지털타임즈, http://www.dt.co.kr/contents.htm?article_no=2007030602012632630002

99. 대형 LCD TV 표준화 경쟁 삼성전자 사실상 승리, 2006, 8.24, 아이뉴스, http://news.inews24.com/php/news_view.php?g_menu=020200&g_serial=220475

100. UV immediate-curing high transparency adhesives without oxygen inhibition, Sekisui, http://www.sekisui-fc.com/en/products/resin/1246177_21665.html

101. 아담 스미스의 핀공장 이야기, 매일경제, 2014, 3, 24, http://news.mk.co.kr/newsRead.php?year=2014&no=456076

102. Made in America, Regaining the Productive Edge, M. Dertouzos, R. Lester, R. Solow, 1989, MIT Press, https://mitpress.mit.edu/books/made-america

103. Reengineering the Corporation; A Manifesto for Business Revolution, M. Hammer & J. Champy, 1993, Harper Business

104. Reengineering the Corporation; A Manifesto for Business Revolution, M. Hammer & J. Champy, 1993, Summary, Summaries.com, https://sohailumar.files.wordpress.com/2014/03/reengineering_the_corporation-clean.pdf

105. Business Process Reengineering, 업무 재설계, Wikipedia, https://en.wikipedia.org/wiki/Business_process_reengineering

106. 승자의 자격: 싸울만한 분야에서 제대로 붙기, DBR, 2011월 1월, http://old.dongabiz.com/Business/Strategy/article_content.php?atno=1203060001&chap_no=1

107. Connect and Develop: Inside Procter & Gamble's New Model for Innovation, L Huston and N. Sakkab, HBR, 2006, 3, https://hbr.org/2006/03/connect-and-develop-inside-procter-gambles-new-model-for-innovation

108. Eat Pringles, get smarter, Procter & Gamble to introduce fun facts, Trivial Pursuit questions printed on each chip, CNN Money, 2004, 5, http://money.cnn.com/2004/05/20/news/fortune500/trivia_chips/index.htm

109. What is C+D ?, P&G Homepage, http://www.pgscience.com/home/connect_develop/what_is_cd.html

110. Rapid Innovation in digital times, N. Bry, 2011, 1, https://nbry.wordpress.com/2011/01/22/when-open-innovation-meets-rapid-innovation/

111. Normal Distribution, https://www.statsdirect.com/help/distributions/normal.htm, https://commons.wikimedia.org/wiki/File:Normal_Distribution_PDF.svg

112. 전세계 평균 키 순위, 한국은?, 2017, 1.18, 중앙일보, http://news.joins.com/article/21139118

113. An Introduction to Excel's Normal Distribution Functions, C Kyd, http://www.exceluser.com/formulas/statsnormal.htm

114. 정규 분포를 이용한 시그마 수준 도출 API 구현, 2011, 6, http://daddycat.blogspot.kr/2011/06/api.html

115. 통계적 공정관리, SPC, http://ssacstat.com/default/cs/cs_05.php?com_board_basic=read_form&com_board_idx=275&topmenu=5&left=5&&com_board_search_code=&com_board_search_value1=&com_board_search_value2=&com_board_page=23&

116. Lean Six Sigma Methodology Basics and Quality Improvement in the Clinical Chemistry Laboratory,

https://basicmedicalkey.com/lean-six-sigma-methodology-basics-and-quality-improvement-in-the-clinical-chemistry-laboratory/

117. Process Capabilities Analysis (Cpk), Presentationeze.com, https://www.pinterest.co.kr/pin/294352525622117179/
118. Process Capability Index, 6 시그마, Six Sigma, Wikipedia, https://en.wikipedia.org/wiki/Process_capability_index
119. DFSS(Design for Six Sigma), http://www.sixsigmaconcept.com/six_sigma_design.html
120. 5 Whys Technique ?, H. Abujamilah, 2016,10, Linkedin, https://www.linkedin.com/pulse/5-whys-technique-hussam-m-abujamilah
121. 기념관이 훼손된 이유가 벽을 비추는 조명 때문?, 조선일보, 2011, 7.21, http://news.chosun.com/site/data/html_dir/2011/07/21/2011072100072.html
122. Google was originally called BackRub, M. Novak, 20014, 7, Gizmodo, https://gizmodo.com/the-evolution-of-googles-iconic-logo-1582297667/1605435217
123. History of Google, PageRank, Wikipedia , https://en.wikipedia.org/wiki/File:PageRanks-Example.jpg
124. How Search Works, Google, https://www.youtube.com/watch?v=BNHR6IQJGZs
125. The Evolution of Search, https://www.youtube.com/watch?v=mTBShTwCnD4
126. Google Search, Wikipedia, https://en.wikipedia.org/wiki/Google_Search
127. Search Engine Optimization Explained & Explored, M. Peggs, 2016, 9.27, https://www.linkedin.com/pulse/search-engine-optimization-explained-explored-michael-peggs
128. CPC vs CPM Ads- Which is better?, R. Ahuja, http://www.earningguys.com/advertisement/cpc-vs-cpm-ads/
129. Finally Understanding Google Awards Ranking, J.A. Todaro, 2010,1.26, https://www.youtube.com/watch?v=XeESjscUfmQ
130. Insights on the AdWords Auction, Google, https://www.youtube.com/watch?v=PjOHTFRaBWA&feature=youtu.be
131. Winner's Curse, 승자의 저주, Wikipedia, https://ko.wikipedia.org/wiki/%EC%8A%B9%EC%9E%90%EC%9D%98_%EC%A0%80%EC%A3%BC
132. Your Approach to Organic Search is Obsolete; How to Evolve in 2014, M. Tekula, Marketing SEO Categories, https://www.distilled.net/blog/your-seo-approach-is-obsolete-evolve-in-2014/
133. 인터넷 원조 야후는 왜 실패했나?, 김익현, 2015,12, ZDNet Korea, http://www.zdnet.co.kr/news/news_view.asp?artice_id=20151210173453
134. 구글이 네이버보다 좋은 이유 톱 5, CNET Korea, 2014,8, https://www.youtube.com/watch?v=pAL-IldOOQE
135. Googel vs Naver, 2014, 3.3. http://whereistokyo.tistory.com/142
136. History of Facebook, Wikipedia, https://en.wikipedia.org/wiki/History_of_Facebook
137. Facemash, Facebook, https://www.facebook.com/facemash.service/
138. Facebook a marketing survey, S. Haider, https://www.slideshare.net/sohailhaiderbhatti/facebook-a-marketing-survey
139. Facebook just showed us its 10-year roadmap in one graphic, J D'Onfro, 2016, 4,12, Business

Insider,
http://www.businessinsider.com/facebook-f8-ten-year-roadmap-2016-4

140. Google ppt, Prabalaggarwal, 2008, 11.28.
https://www.slideshare.net/prabalaggarwal/google-ppt-presentation

141. 슬로건, 비전, 미션으로 본 페북, 애플, 구글, 박재항, 2012, 2.21, 한국경제신문,
http://snacker.hankyung.com/article/5429

142. 추석특집, 기록으로 만나는 전통시장, 국가기록원 9월 이달의 기록, 2013, 9.20, JINTV,
http://jtntv.kr/mobile/zbxe/?document_srl=66665&mid=total_culture&sort_index=readed_count&order_type=desc

143. 그때 그 시절 기차역, 2016, 4., http://trekkinghunter.tistory.com/1823

144. 서울역, 나무위키,
https://namu.moe/w/%EB%82%98%EB%AC%B4%EC%9C%84%ED%82%A4%3A%EC%97%B0%EC%8A%B5%EC%9E%A5/%EC%84%9C%EC%9A%B8%EC%97%AD

145. 서울역, http://www.joongdo.co.kr/main/view.php?key=20171002010000180

146. 오픈 플랫폼의 개요 및 사례, Y. Seong, 2016, 1,
https://www.slideshare.net/youngjoseong/open-platform-56776348

147. The Essential VoIP Guide For Small Busness, Gary,
http://3bugmedia.com/internet-phone-voip-guide-for-small-business/

148. Packet Switching, http://itlaw.wikia.com/wiki/Packet_switching

149. Smartphone, IBM Simon, Wikipedia

150. The First Smartphone was a Complete Failure, J. Hargan, 2015, 11,
http://www.killbiller.com/blog/2015/11/10/the-first-smartphone-was-a-complete-failure

151. Apple Newton,
Palm, Wikipedia, https://commons.wikimedia.org/wiki/File:IBM_Simon_Personal_Communicator.png

152. Palm Nova is a touchscreen smartphone, Featuring a Slide Down QWERTY Keypad, Thrystan, 2009, 1, https://www.concept-phones.com/palm/palm-nova-touchscreen-smartphone-featuring-slidedown-qwerty-keypad/

153. 10 Years ago today, the Original iPhone Officially launched, J. Clover, 2017, 6.29,
https://www.macrumors.com/2017/06/29/iphone-10-years/

154. Apple's Phone: From 1980s' Sketches to iPhone. Part1, Part2, Part3, E. Murtazin, 2010, 6,
http://www.mobile-review.com/print.php?filename=/articles/2010/iphone-history1-en.shtml

155. 스티브 잡스가 생각하는 디자인의 의미와 가치, 멀티라이터, 2013, 5.7. http://www.multiwriter.co.kr/990

156. 삼성, 애플 디자인 역사 관점으로 본 갤럭시 S와 아이폰4 비교, 2012, 9,20,
https://www.hindustantimes.com/interactives/visual-history-of-the-iphone/

157. 기술을 보는 삼성과 애플의 관점 차이, 이균성, 2016,1.21, ZDNet Korea,
http://www.zdnet.co.kr/news/news_view.asp?artice_id=20160121153853

158. A Visual History of the iPhone, H. Stevens & K. Bhushan, 2017, 9,
http://www.hindustantimes.com/interactives/visual-history-of-the-iphone/

159. 기업의 내부 조직구조는 경영전략의 태생과 성장의 방향을 결정한다, 2017, 1,17.
https://m.blog.naver.com/PostView.nhn?blogId=jpsme&logNo=220913369589&proxyReferer=https%3A%2F%2ㅈFwww.google.co.kr%2F

160. Is Apple Supply Chain Really No. 1? A Case Struy, B. Benjabutr,
http://www.supplychainopz.com/2013/01/is-apple-supply-chain-really-no-1-case.html

161. 재미있는 IT 기업 조직구조도, 이노, 2017,7.11, http://www.venturesquare.net/1211
162. 구글은 어떻게 성장과 혁신, 두 마리 토끼를 잡았는가, 이은세, 2014, 2, https://besuccess.com/2014/02/managing-innovation/
163. 기업의 혁신을 위한 두 번째 필수 조건-적절한 인재 관리, 이은세, 2014,2 https://besuccess.com/2014/02/managing-innovation-2/
164. 혁신을 관리하라, 이은세, 2014,3, https://besuccess.com/2014/03/managing-innovation-3/
165. Facebook 원칙, https://www.facebook.com/principles.php
166. Understanding the Basic Principles of Facebook Culture, J. Haydon, http://www.dummies.com/social-media/facebook/understanding-the-basic-principles-of-facebook-culture/
167. Platform vs Derivatives, https://www.slideshare.net/umanathrp/etm551-lecture02
168. Google Careers, Interview, https://careers.google.com/how-we-hire/interview/#onsite-interviews
169. Steve Ballmer finally explains why he thought the iPhone would be f flop, C. Smith, 2016,11.4., http://bgr.com/2016/11/04/ballmer-iphone-quote-explained/
170. Here is what Steve Ballmer Thought about the iPhone Five years ago, J Yarow, 2012, 6.29, http://www.businessinsider.com/heres-what-steve-ballmer-thought-about-the-iphone-five-years-ago-2012-6
171. Top 5 Assclown iPhone Quotes in 2007, J Diaz, 2012,2.9, https://gizmodo.com/5416781/top-5-assclown-iphone-quotes-in-2007
172. Nokia responds to Apple iPhone - it is a surprise that the iPhone is not 3G, S. Dredge, 2007,1.9, https://www.techdigest.tv/2007/01/nokia_responds.html
173. BlackBerry's famous last words at 2007 iPhone launch" 'We'll be fine', P. Olson, Forbes, 2015, 5.26, https://www.forbes.com/sites/parmyolson/2015/05/26/blackberry-iphone-book/#3ed7ba2363c9
174. AppStore, iTunes Store, Wikipedia
175. Android and iPhone: Conquistadors or pioneers?, H. Dediu, http://www.asymco.com/2011/02/08/android-and-iphone-conquistadors-or-pioneers/
176. Nokia's Chief Executive to staff: 'We are standing on a burning platform', The Guardian, https://www.theguardian.com/technology/blog/2011/feb/09/nokia-burning-platform-memo-elop
177. Picture tells it better- first in series of Nokia Strategy Analysis diagram, how Nokia Smartphone sales collapsed, T. Ahonen, 2013,1, 3, http://communities-dominate.blogs.com/brands/2013/01/picture-tells-it-better-first-in-series-of-nokia-strategy-analysis-diagrams-how-nokia-smartphone-sal.html
178. 휴대폰 최강자 노키아, 스마트폰 대응 늦어 3년 만에 급추락, 조선일보, 2013, 9.4, http://biz.chosun.com/site/data/html_dir/2013/09/03/2013090303897.html
179. 구글이 인수한 기업 목록, 안드로이드, 구글 플레이, 위키백과
180. 스마트 시대의 왕좌를 노린다-스마트 시대의 과도기-2 , http://monthly.appstory.co.kr/plan1687
181. Samsung handsets through the ages: A Photo tour of phones firsts, https://www.zdnet.com/pictures/samsung-handsets-through-the-ages-a-photo-tour-of-phone-firsts/8/
182. 삼성전자 갤럭시 S 시리즈, 1억대 이상 팔렸다, 김영우, 2013, 1.14, IT 동아, http://it.donga.com/12722/
183. Smartphone Shipments, Average Selling Prices and Market Share, 20112, 6.6.,

https://theassumptiveclose.com/2012/06/06/smartphone-shipments-average-selling-prices-and-market-share/

184. 스마트폰 시장 점유율 1위 삼성전자의 성공 요인과 미라, 라이프, IT-tech, 2012, 12.13, http://jsksoft.tistory.com/7619

185. 이건희 밀라노 선언 10년, 디자인 초격차 구현한 갤럭시 S6 탄생, 아시아경제, 2015, 4, http://www.asiae.co.kr/news/view.htm?idxno=2015041509214750627

186. 삼성전자 vs LG 전자, 엎치락 뒤치락 40년 레이스 TV 코리아 원동력됐다., http://blog.daum.net/obk2030/16523367

187. 삼성전자, 파브 보드로 650 풀HD LCD TV 출시, 2008, 3.06, http://www.buyking.com/news/2008/03/news200803061513222

188. CCFL, http://www.byfort.com/ccfllamps.htm

189. Backlight, https://en.wikipedia.org/wiki/Backlight

190. 발광 다이오드, https://ko.wikipedia.org/wiki/%EB%B0%9C%EA%B4%91_%EB%8B%A4%EC%9D%B4%EC%98%A4%EB%93%9C

191. LED 방열 기술 분석, https://dvesys.wordpress.com/2011/10/24/led-%EB%B0%A9%EC%97%B4-%EA%B8%B0%EC%88%A0-%EB%B6%84%EC%84%9D/

192. The Difference between Samsung UN78KS9500 vs UN78KS9800?, Types of Backlighting, http://www.4kledtvreview.com/samsung-un78ks9800-vs-un78ks9500-review-whats-difference/

193. 삼성, TV 크기 경쟁은 이제 그만, 두께로 승부한다., Kbench, 2009,3.18, http://www.kbench.com/?q=node/66648

194. Which type of TV introduced the market, LED or LCD?, C. Cooling, 2018, 1.22, https://www.quora.com/Which-type-of-TV-introduced-the-market-LED-or-LCD

195. 아바타 (2009년 영화), 위키

196. 3D TV is dead, A Elashmawy 2017, 1.25, http://www.techdigitalnetwork.com/3d-tv-dead.html

197. 144hz Monitor vs 60Hz Monitor -see the difference, E Baker, 2016, 11.6, https://www.144hzmonitors.com/other/144hz-monitor-vs-60hz-monitor-see-the-difference/

198. 삼성 VIP 센터는 한국의 NASA, 한국경제, 2005, 9,20, http://news.hankyung.com/article/2005092073921

199. 패배의식 빠졌던 일 반도체, 4차산업 잡고 부활시동 걸었다., 매일경제, 2016,8.22, http://luxmen.mk.co.kr/view.php?sc=30300013&cm=---%B0%FC%B7%C3%B1%E2%BB%E7&year=2016&no=596856&relatedcode=000030066

200. Shift-west of semicon Power centers, P Fangaria, 2015, 4.23., https://www.semiwiki.com/forum/content/4559-shift-west-semicon-power-centers.html

201. 응답하라 1990, 일 반도체 기업 안주하다, 몰락, 김유성, 이데일리, 2014, 7.19, http://www.edaily.co.kr/news/news_detail.asp?newsId=01262806606156160&mediaCodeNo=257&OutLnkChk=Y

202. 반도체 치킨 게임의 추억, 최후의 승자는?,2017, 9.5, http://blog.skhynix.com/2291

203. 중 업체 싹 자르려… 삼성 SK, 반도체 치킨게임 시작, 조선일보, 2017, 11.4, http://biz.chosun.com/site/data/html_dir/2017/11/04/2017110400048.html

204. 영업이익, 순이익, 영업활동으로 인한 현금흐름 해석, 송종식, 2015, 10,

https://brunch.co.kr/@jongsiksong/5
205. EBITDA를 맹신하지 마라, DBR, 2009, 5, http://dbr.donga.com/article/view/1205/article_no/1790
206. 삼성전자 아이폰 딜레마, 조선, 2009, 11.16,
http://newsplus.chosun.com/site/data/html_dir/2009/11/16/2009111600364.html
207. D램 업계 구조조정 시나리오, 현실화될까, 선태규, 디지털데일리, 2008, 2.17,
http://ddaily.co.kr/m/m_article.html?no=34385
208. The Analysis of 4Q08 Nand Flash Brand sales Breakdown, 2009,2,17,
https://www.dramexchange.com/WEEKLYRESEARCH/Post/2/1952.html
209. 2008 top 20 semiconductor supplier ranking, 2009,4,
http://www.dataweek.co.za/article.aspx?pklarticleid=5623
210. MCU 시장의 다크호스, 매수, 2011, 7.1,
http://blog.itooza.com/iframe/iblog_post.htm?blogid=damiasman&toppage=3&page=5
211. 샌드위치 한국 반도체, 안주하면 추락한다, 이성규, 2015, 9.1,
http://www.econovill.com/news/articleView.html?idxno=260412
212. 인텔 넘어라. 삼성 2%P 턱밑까지 추격, 중앙일보, 2015, 8,20, http://news.joins.com/article/18486135
213. A10, http://bgr.com/2016/10/21/iphone-7-specs-a10-fusion-processor/
214. 2배 강력해진 퀄컴 스냅드래곤 820 공식 발표, http://thegear.co.kr/9980
215. 갤럭시 S7의 브레인 엑시노스 8890 공개, http://thegear.co.kr/10003
216. 재기 발판 마련한 삼성전자 시스템 LSI 사업부, 스마트폰용 외 다양한 수요 확보 관건, 매일경제신문, 2016,3.21,
http://news.mk.co.kr/newsRead.php?year=2016&no=209725
217. Analyst: Nand Flash Market on track for steady growth, 2013, 11.29,
https://archive.eetindia.co.in/www.eetindia.co.in/ART_8800692572_1800009_NT_d5e158a7.HTM
218. This NAND, NOR, that NAND, 2016, 5.18,
https://www.mikroe.com/blog/this-nand-nor-that-nand
219. 삼성전자, HDD 사업철수 -1.5조원에 씨게이트에 매각, Bloter, 2011, 4.19,
http://www.bloter.net/archives/57533
220. Why SSD is better than HDD, Rodin, 2016, 2.23,
https://www.partitionwizard.com/clone-disk/clone-hard-drive-ssd.html
221. SLC,MLC,TLC-낸드 플래시의 데이터 저장 방식, 한주엽, 2015, 1.2,
http://www.ddaily.co.kr/news/article.html?no=126102
222. 삼성 3D 반도체로 또 메모리 혁명, 동아일보, 2013, 8.7,
http://bizn.donga.com/car/3/all/20130807/56879657/2
223. 72단 3D 낸드기술을 확보하라. 본격 경쟁 돌입, 이나리, 2017,3.29,
http://www.epnc.co.kr/news/articleView.html?idxno=74597
224. 삼성, 인텔잡고 반도체 1위 굳히기, 뉴스토마토, 2017,11.21.
http://www.newstomato.com/ReadNews.aspx?no=789724
225. Samsung could overtake Intel to be Semi No.1 in Q2, D. Manners, 2017, 5.2,
https://www.electronicsweekly.com/news/business/samsung-ovetake-intel-semi-no-1-q2-2017-05/#

| 제 5 장 |

1. 삼성전자, 세계 TV 시장 10년 연속 세계 1위..10년간 매출, 수량 2배 성장, 전자신문, 2016,3.1, http://www.etnews.com/20160301000052
2. 삼성, 소니와 결별…LCD 지분 정리, 경향신문, 2011,12.26, http://biz.khan.co.kr/khan_art_view.html?artid=201112262158435&code=930100
3. LCD와 비교를 통해 알아 보는 OLED 구조의 차이, D'Square, 2015,2. http://blog.lgdisplay.com/2015/02/lcd_oled2/, http://blog.lgdisplay.com/2016/09/color-filter/
4. 유기발광 다이오드, OLED, 위키백과, 나무위키
5. 빛의 디스플레이, Open Mask와 FMM (Fine metal Mask), 소 빛, 2017, 2.2. https://m.blog.naver.com/PostView.nhn?blogId=ckbc6101&logNo=220925268341&proxyReferer=https%3A%2F%2Fwww.google.co.kr%2F
6. Why are quantum dot displays do good?, 2016, 4. 26, Samsung Newsroom, https://news.samsung.com/global/why-are-quantum-dot-displays-so-good
7. 퀀텀닷이냐 OLED냐…자존심 건 승부전 후끈, News 1, 2016, 5.27, http://news1.kr/articles/?2674157
8. 집중해부 퀀텀닷 SUHD TV, 2016, 4.22, https://news.samsung.com/kr/%EC%A7%91%C2%B7%EC%A4%91%C2%B7%ED%95%B4%C2%B7%EB%B6%80-%ED%80%80%ED%85%80%EB%8B%B7-suhd-tv_%E2%91%A1%ED%80%80%ED%85%80%EB%8B%B7-%EC%82%BC%EC%84%B1-tv%EC%99%80-%EB%A7%8C%EB%82%98%EB%8B%A4
9. 내년 TV 시장, OLED 보다 퀀텀닷이 이끌 것, 박효길, 2014, 4.11, http://www.everynews.co.kr/news/articleView.html?idxno=27763
10. Micro LED explained: The next generation display technology. R.Triggs, 2017, 10.6, https://www.androidauthority.com/micro-led-display-explained-805148/
11. 세계 시장 점유율 41%, 프리미엄 TV, LG의 황금알, 신동진, 동아일본, 2017, 5.2, http://news.donga.com/Economy/more28/3/all/20170501/84166706/1
12. 소니, 프리미엄 TV 시장 점유율 약진, LG. 삼성 위협, 연합, 2017,.6.11, http://www.yonhapnews.co.kr/bulletin/2017/06/09/0200000000AKR20170609171551003.HTML
13. 절대 강자 한국산 TV 아성 흔들리나, 조재희, 조선, 2017, 11.26, http://news.chosun.com/site/data/html_dir/2017/11/26/2017112601358.html
14. Apple Study: 8 easy steps to beat Microsoft, O Ohayon, 2010, 7.9, https://www.slideshare.net/misteroo/apple-study-8-easy-steps-to-beat-microsoft-and-google
15. 이동통신의 진화, MOS, http://mosgb.com/bbs/content.php?co_id=network00&gr_id=network
16. Experiencing the Cloud, https://lazure2.wordpress.com/5g-2015%E2%87%922019/
17. 애플 비켜, 삼성전자 스마트폰 판매 세계 1위, 동아일보, 2011, 10.29, http://news.donga.com/List/3/0100/20111028/41480928/1?
18. Apple and Samsung's combined smartphone market share is the lowest it's been in five years, J Dunn, 2016, 11.7, http://www.businessinsider.com/apple-samsung-smartphone-market-share-chart-2016-11
19. 삼성, 작년 4분기 애플에 세계 스마트폰 1위 뺏겨 , 연합뉴스, 2018, 2.2. , http://www.yonhapnews.co.kr/bulletin/2018/02/02/0200000000AKR20180202055851017.HTML
20. Samsung Introduced 10 times as many phones as Apple last year, but its mobile division made half as much revenue, J. Dunn, 2017, 2.28, http://www.businessinsider.com/samsung-vs-apple-

galaxy-iphone-smartphone-revenue-chart-2017-2

21. 브랜드 파이낸스, 구글, 애플 꺾고 2017년 가장 가치있는 테크 브랜드 1위 기록 삼성 6위, 2017, 2.24, http://www.itcle.com/2017/02/24/%EB%B8%8C%EB%9E%9C%EB%93%9C-%ED%8C%8C%EC%9D%B4%EB%82%B8%EC%8A%A4-%EA%B5%AC%EA%B8%80-%EC%95%A0%ED%94%8C-%EA%BA%BE%EA%B3%A0-2017%EB%85%84-%EA%B0%80%EC%9E%A5-%EA%B0%80%EC%B9%98%EC%9E%88%EB%8A%94/
22. 애플의 괴력, 세계 스마트폰 영업이익 92% 차지, 한국경제신문, 2015, 7.13, http://news.hankyung.com/article/2015071325461
23. 카운트다운 4차 산업혁명, KBS, 2016, 1.31. http://news.kbs.co.kr/news/view.do?ncd=3224771
24. 4차 산업혁명, Fourth Industrial Revolution, Wikipedia, https://ko.wikipedia.org/wiki/%EC%A0%9C4%EC%B0%A8_%EC%82%B0%EC%97%85%ED%98%81%EB%AA%85
25. GE Predix, GE Homepage, https://www.ge.com/digital/predix-platform-foundation-digital-industrial-applications
26. 자율주행차 최종 퍼즐 AI 두뇌 개발 착수, 2017, 5.1, 매일경제, http://news.mk.co.kr/newsRead.php?no=294291&year=2017
27. 신경계통, 중추신경계, 말초신경계, 자율신경계, 위키, https://ko.wikipedia.org/wiki/%EC%8B%A0%EA%B2%BD%EA%B3%84%ED%86%B5
28. 2020년 자율 주행차 상용화, 정부 부처 정책 마련 분주, 디지털 데일리, 2016, 3.25, http://www.ddaily.co.kr/news/article.html?no=141717
29. World's largest experimental zone for autonomous driving to be built in Zhangzhou, 2017, 2.8., http://www.whatsonxiamen.com/news39918.html
30. 이제는 맛까지 볼 수 있다고?!, 실감 미디어, 김상문, 2016, 3.24, http://blog.lgcns.com/1063
31. 로봇에 적용된 센서, 2016,5.22., https://m.blog.naver.com/PostView.nhn?blogId=iotsensor&logNo=220716133916&proxyReferer=https%3A%2F%2Fwww.google.co.kr%2F
32. 전자 코, 미래 인류의 생존의 사수하다, EBS, 2017, 7.17., https://www.youtube.com/watch?v=I6vJL4yPAAs
33. 전자코는 무엇이며 어떻게 활용될 수 있는가?, 농심, 2011,5, http://www.noodlefoodle.com/foodnculture/show_food_culture?gubun=pr&id=3027
34. 소믈리에 비켜라. 사람 혀보다 민감한 전자 혀가 온다. 조선일보, 2014, 9.1, http://biz.chosun.com/site/data/html_dir/2014/09/01/2014090100003.html
35. 고감도 생체모방형 촉각센서 연구, 한양대 나노전자소자 연구실, http://ndl.hanyang.ac.kr/xe/?mid=Rsch_LabProcess_Biomimetic_Sensor
36. 머신러닝, 빅데이터와 뭐가 달라?, 조선일보, 2015, 2.1., http://it.chosun.com/news/article.html?no=2794932
37. 인공 지능과 머신 러닝, 딥 러닝의 차이점을 알아보자, nvidia, http://blogs.nvidia.co.kr/2016/08/03/difference_ai_learning_machinelearning/
38. 딥러닝 분산처리 기술동향, ETRI, 안신영, 박유미, 임은지, 최완, 2016, 6, https://ettrends.etri.re.kr/ettrends/159/0905002137/0905002137.html#!po=13.6364
39. 충돌때 탑승자 보행자, 누굴 살리나?, 무인차 딜레마, 조선일보, 2016, 3.4., http://news.chosun.com/site/data/html_dir/2016/03/04/2016030400651.html
40. 산업용 로봇 국내 1위 현대로보틱스, 대구로 본사 이전, 매일경제신문, 2016, 11.17, http://news.mk.co.kr/newsRead.php?year=2016&no=800147
41. 인간 동물원 발언 로봇은 사실은 안드로이드 딕이다! 이규연의 스포트라이트, 2016, 4.7.

http://theflashtv.tistory.com/entry/%EC%9D%B8%EA%B0%84%EB%8F%99%EB%AC%BC%EC%9B%90-%EB%B0%9C%EC%96%B8-%EB%A1%9C%EB%B4%87%EC%9D%80-%EC%82%AC%EC%8B%A4%EC%9D%80-%EC%95%88%EB%93%9C%EB%A1%9C%EC%9D%B4%EB%93%9C-%EB%94%95%EC%9D%B4%EB%8B%A4-%E1%84%8B%E1%85%B5%E1%84%80%E1%85%B2%E1%84%8B%E1%85%A7%E1%86%AB%E1%84%8B%E1%85%B4-%E1%84%89%E1%85%B3%E1%84%91%E1%85%A9%E1%84%90%E1%85%B3%E1%84%85%E1%85%A1%E1%84%8B%E1%85%B5%E1%84%90%E1%85%B3

42. 홍콩 AI 로봇 소피아, “인류 파멸시키겠다.”, 중앙일보, 2016, 3.21, http://news.joins.com/article/19757898

43. 사물인터넷이란? IOTdanawa, http://www.iotdanawa.com/iot_

44. 기계 인간의 탄생, ‘인간이야 기계야?’, KBS, 2017,1.10, http://news.kbs.co.kr/news/view.do?ncd=3408639

저자소개

조용덕

고려대학교 기술경영전문대학원 초빙교수(현)
경희대학교 테크노경영대학원 교수
미국 Iona College 조교수
삼성전자 상무
삼성정밀화학 전무

서울대학교 공과대학 산업공학과, 학사
미국 Columbia University 산업공학과, 석 · 박사

기술전략 – 역사로부터 배운다.

지 은 이 · 조 용 덕
펴 낸 이 · 최 재 범
펴 낸 곳 · 도서출판 탐진
등록 1-996호(倫). 1990. 1. 12.
서울특별시 마포구 신수로 27-1
Tel. 715-1092 ~ 3 / Fax. 701-6391
E-mail. tamjin1990@hanmail.net / Homepage. www.tamjin.co.kr

저자와의 협의 하에 인지를 생략함

2018. 11. 5. 초판 발행

ISBN 978-89-5540-560-6 93320

정가 21,000원